高职高专教育法律类专业教学改革试点与推广教材 ｜ 总主编　金川

经济法律与案例分析

谢东鹰　主编

清华大学出版社
北京

华中科技大学出版社
http://www.hustp.com
中国·武汉

图书在版编目(CIP)数据

经济法律与案例分析/谢东鹰主编. —武汉:华中科技大学出版社,2013.6(2024.8重印)
高职高专教育法律类专业教学改革试点与推广教材/金川主编
ISBN 978-7-5609-9020-0

Ⅰ.①经… Ⅱ.①谢… Ⅲ.①经济法-案例-中国-高等职业教育-教材
Ⅳ.① D922.290.5

中国版本图书馆 CIP 数据核字(2013)第 102558 号

经济法律与案例分析　　　　　　　　　　　　　　　　　谢东鹰　主编
Jingji Falü yu Anli Fenxi

策划编辑:王京图
责任编辑:李　静
封面设计:傅瑞学
责任校对:九万里文字工作室
责任监印:徐　露
出版发行:华中科技大学出版社(中国·武汉)　　电话:(027)81321913
　　　　　武汉市东湖新技术开发区华工科技园　　邮编:430223
录　　排:华中科技大学出版社美编室
印　　刷:武汉邮科印务有限公司
开　　本:710mm×1000mm　1/16
印　　张:21.5
字　　数:400 千字
版　　次:2024 年 8 月第 1 版第 4 次印刷
定　　价:46.00 元

本书若有印装质量问题,请向出版社营销中心调换
全国免费服务热线:400-6679-118　竭诚为您服务
版权所有　侵权必究

内 容 简 介

《经济法律与案例分析》教材编写遵循"课程服务于能力培养"的指导思想,以高职法律专业对应的基层法律事务、中小企业法务等岗位能力培养的需要,进行教材内容的选取与安排。依据上述岗位中经常出现的经济法律问题的主要类型,在尊重经济法律内在逻辑性的前提之下,对经济法的传统学科体系进行了一定的重构。

本教材共有八个单元,每个单元均由两部分组成,第一部分为基础理论,第二部分为案例分析。在基础理论部分,本着"必须、够用"的原则,精选了核心理论和主要制度,内容主要包括:经济法基本理论、企业法律制度、竞争法律制度、消费者权益保护法律制度、产品质量法律制度、广告法律制度与税收法律制度等内容,凸显教材适用于高职基层法律事务人才培养的需要。

在教材编写体例上,采取"理论+案例分析"的基本结构,突出实践性特色。理论部分内容选取体现精炼概括的要求,案例分析部分力求选取具有针对性的真实案例,重点在于认知、识别具体的经济法律关系,并对所涉及的具体经济法律问题能够正确认识、分析和解决。概而言之,即体现为对所学理论知识的实际运用。

总 序

我国高等职业教育已进入一个以内涵式发展为主要特征的新的发展时期。高等法律职业教育作为高等职业教育的重要组成部分,也正经历着一个不断探索、不断创新、不断发展的过程。

2004年10月,教育部颁布《普通高等学校高职高专教育指导性专业目录(试行)》,将法律类专业作为一大独立的专业门类,正式确立了高等法律职业教育在我国高等职业教育中的重要地位。2005年12月,受教育部委托,司法部牵头组建了全国高职高专教育法律类专业教学指导委员会,大力推进高等法律职业教育的发展。

为了进一步推动和深化高等法律职业教育的改革,促进我国高等法律职业教育的类型转型、质量提升和协调发展,全国高职高专教育法律类专业教学指导委员会于2007年6月确定浙江警官职业学院为全国高等法律职业教育改革试点与推广单位,要求该校不断深化法律类专业教育教学改革,勇于创新并及时总结经验,在全国高职法律教育中发挥示范和辐射带动作用。为了更好地满足政法系统和社会其他行业部门对高等法律职业人才的需求,适应高职高专教育法律类专业教育教学改革的需要,该校经过反复调研、论证、修改,根据重新确定的法律类专业人才培养目标及其培养模式要求,以先进的课程开发理念为指导,联合有关高职院校,组织授课教师和相关行业专家,合作共同编写了"高职高专教育法律类专业教学改革试点与推广教材"。这批教材紧密联系与各专业相对应的一线职业岗位(群)之任职要求(标准)及工作过程,对教学内容进行了全新的整合,即从预设职业岗位(群)之就业者的学习主体需求视角,以所应完成的主要任务及所需具备的工作能力要求来取舍所需学习的基本理论知识和实践操作技能,并尽量按照工作过程或执法工作环节及其工作流程,以典型案件、执法项目、技术应用项目、工程项目、管理现场等为载体,重新构建各课程学习内容,设计相关学习情境,安排相应教学进程,突出培养学生一线职业岗位所必需的应用能力,体现了课程学习的理论必需性、职业针对性和实践操作性要求。

这批教材无论是形式还是内容,都以崭新的面目呈现在大家面前,它们在不同层面上代表了我国高等法律职业教育教材改革的最新成果,也从一定角度集中反映了当前我国高职高专教育法律类专业人才培养模式、教学模式及其教材建设改革的新趋势。我们深知,我国开展高等法律职业教育的时间不长,可资借鉴的经验和成果还不多,教育教学改革任务艰巨;我们深信,任何一项改革都是一种探索、一种担当、一种奉献,改革的成果值得我们大家去珍惜和分享;我们期待,会有越来越多的院校能选用这批教材,在使用中及时提出建议和意见,同时也能借鉴并继续深化各院校的教育教学改革,在教材建设等方面不断取得新的突破、获得新的成果、作出新的贡献。

全国高职高专教育法律类专业教学指导委员

2008 年 9 月

前　言

《经济法律与案例分析》教材编写遵循"课程服务于能力培养"的指导思想，以高职法律专业对应的基层法律服务、中小企业法务等岗位能力培养的需要，对教材内容进行了筛选与安排。依据上述岗位中经常出现的经济法律问题的主要类型，在尊重经济法律内在逻辑性的前提之下，对经济法的传统学科体系进行了一定的重构。

本教材由八个学习单元组成。每一个单元又分为两部分内容，第一部分为基本理论，第二部分为案例分析。主要内容如下：学习单元一经济法的基础理论。学习单元二个人独资企业法，学习单元三合伙企业法，学习单元四公司法，学习单元五竞争法，学习单元六消费者权益保护法，学习单元七产品质量法，学习单元八税法。

本教材并未完全囿于经济法的学科体系，而是在经济法学科体系基础之上，对教材内容进行了适当和必要的删减与增加，凸显教材适用于高职基层法律事务人才培养的需要。一般的本科经济法教材，往往长篇大著，篇章规模颇大。而现有的高职经济法教材，在内容上与本科教材相比有较大删减，但在体例结构上的突破并不显著，实务性特征不够明显。为此，本教材尝试做一些探索。在内容选取上，舍弃了普遍"大而全"的模式，突出针对性，进行了大量精简。例如，在宏观调控经济法律制度部分仅选取了税法制度，而对其他众多内容都未涉及。这主要是基于高职法律事务专业人才培养目标和人才定位的实际需要而选定的。而第二至第四学习单元都是企业法的内容，占整个教材内容的比重较大。这样的内容安排，也同样取决于高职法律事务专业对应的基层法律事务和中小企业法务等岗位的需求。基层法律实务中除了大量的民事纠纷外，中小微型企业的法律问题与纠纷随着民营经济的进一步发展，其数量与规模都有增长之势；而中小企业法务岗位对企业法律知识与实务能力的要求则更为突出。

在教材编写体例上，采取"基本理论＋案例分析"的结构，意在突出高职法律教育的实用型特色，使学习者能够通过对典型案例的理解与分析，更进一步理解和把握经济法律的基本理论和具体制度，从而实现认识和分析经济法律现象的意识飞跃，即运用经济法理论来指导经济法律活动的实践。由理论到实践,再由实践到理论,理论与实践如此交替作用,有助于培养学生的法律思维能力,以及分析和解决经济法律实务问题的实际能力。唯有如此,方可达到教材与岗位能力相呼应的教材编写的基本目标。

基本理论部分本着"够用"的高职教育原则,精选了核心理论与主要制度。在理论阐释上,语言力求简洁易懂,并无过多的理论推导。案例分析部分,是本教材的特色所在。在案例选取上,依据三大标准进行。其一为关联性标准,即所选案例应当能够解释清楚一个或数个经济法理论知识的重点、难点或者法律条文的内涵及其运用;其二为挑战性标准,即所选案例应该具有一定难度,在保证教学要求的同时,提高学生对案例参与的积极性;其三为适应性标准,即所选案例不仅应当适合教学目的要求,而且应当符合学生的水平层次。选择的案例多为常见和典型案例,具有较强的代表性,同时难易程度适中,利于学生理解和学习。对案例材料的组织,采取"案例+问题+重点提示"的基本结构,在案例呈现的基础上,通过问题的提出和对问题的提示性解答,一方面体现了案例学习的针对性和目的性,另一方面也为分析案例提供了一定的思考方向和解决路径。

从上述对教材内容、体例结构和语言表述等方面的介绍可以将其特点概括为以下几点:首先,教材实用性突出,强调对实际案例的分析和解决。在注重对案件法律关系的识别与分析的同时,也关注对具体案件的基本流程与方法的分析。

其次,教材简明易懂,适用于高职学生的层次水平。其一体现在教材内容的选取上,基本理论部分和案例选取都坚持突出重点和典型性的要求,力争做到少而精,而勿求大而全;其二体现在语言表述上,力求平铺直叙、开门见山。

最后,教材具有共享性。在内容的选取和深度的安排上,力求适应高职学生的实际水平,因此这本教材不仅适用于高职法律事务专业的教学需要,也同样适用于高职非法律专业的经济法教学需要。此外,这本教材也适用于本科非法律专业,如企业管理、财经等专业学习经济法的需要。

本教材编写在内容和体例上与以往的教材相比较,都有一些创新的尝试,但也存在不足和欠缺。同时,由于编著者自身时间、精力和能力水准的局限性,教材编写中难免存在偏差与谬误,希望能在以后的使用中进行修改和完善。

本教材的编写花费了编著者大量时间。在此,编著者要衷心感谢家人的支持和理解;同时,也十分感谢国内经济法学者和实践者提供的丰富和宝贵的研究资料,尤其要感谢专注于案例实践和研究的法官们,正是他们为本教材的案例分析部分提供了素材和分析思路与见解。

谢东鹰

2012年4月30日于浙江杭州兰园

目 录

学习单元一 经济法基础理论与案例分析 ·········· 1
  学习内容1 经济法的概念与经济法的产生 ·········· 1
    一、经济法的概念 ·········· 1
    二、经济法的产生 ·········· 3
    三、经济法的调整对象 ·········· 5
  学习内容2 经济法的体系 ·········· 7
    一、经济法的体系 ·········· 7
    二、经济法与相邻法律部门的关系 ·········· 10
  学习内容3 经济法的基本原则 ·········· 13
    一、法律原则与经济法基本原则 ·········· 13
    二、经济法基本原则的既有观点 ·········· 14
    三、经济法基本原则的具体内容 ·········· 15
  训练项目一：关于经济法本质的案例分析 ·········· 18
  训练项目二：关于经济法调整对象的案例分析 ·········· 21

学习单元二 个人独资企业法律基础与案例分析 ·········· 23
  学习内容1 个人独资企业概述 ·········· 23
    一、我国个人独资企业法的立法历程 ·········· 23
    二、个人独资企业的概念 ·········· 24
    三、个人独资企业的法律特征 ·········· 24
    四、个人独资企业与个体工商户的比较 ·········· 25
    五、个人独资企业与一人公司的比较 ·········· 26
  学习内容2 个人独资企业的设立 ·········· 27
    一、个人独资企业的设立条件 ·········· 27
    二、个人独资企业的登记 ·········· 29
    三、个人独资企业分支机构的设立 ·········· 30

学习内容3　个人独资企业的投资人与事务管理 ……………… 31
  一、个人独资企业的投资人 …………………………………… 31
  二、个人独资企业的事务管理 ………………………………… 34
  三、个人独资企业的权利与义务 ……………………………… 35
  四、个人独资企业的营业转让 ………………………………… 36
学习内容4　个人独资企业的解散和清算 …………………… 37
  一、个人独资企业的解散 ……………………………………… 37
  二、个人独资企业的清算 ……………………………………… 38
训练项目一：个人独资企业的事务管理案例分析 ……………… 40
训练项目二：个人独资企业解散的案例分析 ………………… 41
训练项目三：个人独资企业营业转让的案例分析 …………… 43

学习单元三　合伙企业法律基础与案例分析 ………………… 46
学习内容1　合伙企业概述 ……………………………………… 46
  一、合伙企业的概念与分类 …………………………………… 47
  二、合伙企业的特征 …………………………………………… 50
  三、合伙企业与法人企业的区别 ……………………………… 51
学习内容2　合伙企业的设立 …………………………………… 52
  一、合伙企业的设立 …………………………………………… 52
  二、合伙企业的财产 …………………………………………… 53
  三、入伙与退伙 ………………………………………………… 57
学习内容3　合伙事务执行与管理 ……………………………… 61
  一、合伙事务执行的含义 ……………………………………… 61
  二、合伙事务执行制度 ………………………………………… 62
学习内容4　合伙企业的债务清偿 ……………………………… 67
  一、合伙人对合伙企业债务的清偿责任 ……………………… 67
  二、合伙企业财产与个人财产清偿合伙债务的顺序 ………… 68
  三、合伙债权优先原则与双重优先权原则 …………………… 70
  四、合伙人内部债务分担比例 ………………………………… 72
  五、合伙企业债务清偿的特别规定 …………………………… 73
  六、合伙企业与第三人关系 …………………………………… 75
学习内容5　合伙企业的解散、清算 …………………………… 75
  一、合伙企业的解散事由 ……………………………………… 75
  二、合伙企业的清算 …………………………………………… 76

学习内容 6　有限合伙企业 …… 77
　　一、我国有限合伙的含义 …… 77
　　二、有限合伙的利弊分析 …… 79
　　三、有限合伙人承担有限责任的条件与例外 …… 80
　　四、有限合伙企业不同于普通合伙企业的特别规定 …… 82
　训练项目一：普通合伙企业案例分析 …… 83
　训练项目二：有限合伙企业案例分析 …… 86
　训练项目三：合伙企业解散案例分析 …… 89

学习单元四　公司法律基础与案例分析 …… 94
学习内容 1　公司及公司法概述 …… 94
　　一、公司的产生与发展 …… 94
　　二、公司的概念与特征 …… 96
　　三、公司法概述 …… 97
学习内容 2　公司的设立 …… 99
　　一、公司设立概述 …… 99
　　二、公司设立条件 …… 101
　　三、公司设立程序 …… 105
学习内容 3　股东资格和股东权利 …… 106
　　一、股东资格 …… 106
　　二、股东权(股权)的概念 …… 107
　　三、股东权(股权)的种类 …… 108
　　四、股东权(股权)的主要内容 …… 110
　　五、股权转让 …… 111
学习内容 4　公司的组织机构 …… 114
　　一、股东(大)会 …… 114
　　二、董事会 …… 117
　　三、监事会 …… 119
　　四、董事、监事、高级管理人员的任职资格和义务 …… 121
学习内容 5　公司的解散与清算 …… 124
　　一、公司解散 …… 124
　　二、公司清算 …… 126
　训练项目一：公司设立纠纷的认定与分析 …… 131
　训练项目二：涉及公司特征纠纷的认定与分析 …… 132

训练项目三：股东资格与股东权纠纷的认定分析 …………… 137
　　训练项目四：股东权纠纷的认定与分析 ………………………… 142
　　训练项目五：有限责任公司股权转让纠纷的分析与认定 …… 143
　　训练项目六：公司董事、监事与高级管理人员的义务与
　　　　　　　　责任纠纷的认定与分析 ………………………… 145
　　训练项目七：公司会议决议纠纷的认定与分析 ………………… 148
　　训练项目八：公司解散纠纷的认定与分析 ……………………… 152
　　训练项目九：公司清算纠纷的认定与分析 ……………………… 154

学习单元五　竞争法律基础与案例分析 …………………………… 156
学习内容1　竞争与竞争法基本理论 …………………………… 156
　　一、竞争的含义与特征 ……………………………………… 156
　　二、竞争法概述 ……………………………………………… 157
　　三、竞争法的体系 …………………………………………… 159
　　四、竞争法的作用 …………………………………………… 159
学习内容2　反不正当竞争法 …………………………………… 161
　　一、反不正当竞争法概述 …………………………………… 161
　　二、不正当竞争行为的概念和特征 ………………………… 162
　　三、不正当竞争行为的具体类型 …………………………… 163
　　四、对不正当竞争行为的监督检查 ………………………… 167
　　五、不正当竞争行为的法律责任 …………………………… 168
学习内容3　广告法 ……………………………………………… 169
　　一、广告法概述 ……………………………………………… 169
　　二、广告活动原则 …………………………………………… 170
　　三、广告活动管理规定 ……………………………………… 172
　　四、广告的认定 ……………………………………………… 173
　　五、法律责任 ………………………………………………… 176
学习内容4　反垄断法 …………………………………………… 178
　　一、反垄断法概述 …………………………………………… 178
　　二、垄断协议 ………………………………………………… 181
　　三、滥用市场支配地位 ……………………………………… 184
　　四、经营者集中 ……………………………………………… 186
　　五、滥用行政权力排除、限制竞争 ………………………… 189
　　六、对涉嫌垄断行为的调查 ………………………………… 192

训练项目一：不正当竞争行为的认定与分析 …………………… 193
　　训练项目二：广告法律纠纷的认定与分析 ……………………… 197
　　训练项目三：垄断行为的认定与分析 …………………………… 200

学习单元六　消费者权益保护法律基础与案例分析 ……………… 205
学习内容1　消费者权益保护法概述 …………………………… 205
　　一、消费者的定义及特征 ………………………………………… 205
　　二、消费者权益保护法的概念与特征 …………………………… 206
　　三、消费者权益保护法的基本原则 ……………………………… 207
学习内容2　消费者的权利与经营者的义务 …………………… 209
　　一、消费者的权利 ………………………………………………… 209
　　二、经营者的义务 ………………………………………………… 212
　　三、损害消费者权益的法律责任 ………………………………… 212
　　四、消费者权益争议解决途径 …………………………………… 215
学习内容3　惩罚性赔偿制度 …………………………………… 215
　　一、消费者权益保护与惩罚性赔偿 ……………………………… 215
　　二、《消费者权益保护法》第五十五条的适用条件 …………… 217
　　训练项目一：消费者的认定与分析 ……………………………… 220
　　训练项目二：惩罚性赔偿纠纷的认定与分析 …………………… 221
　　训练项目三：消费者权益常见纠纷的认定与处理 ……………… 227
　　训练项目四：消费者权益纠纷解决机制 ………………………… 230

学习单元七　产品质量法律基础与案例分析 ……………………… 232
学习内容1　产品质量法基本理论 ……………………………… 282
　　一、产品质量法概述 ……………………………………………… 232
　　二、产品的含义 …………………………………………………… 233
　　三、产品质量的含义与分类 ……………………………………… 234
学习内容2　产品质量监督管理制度 …………………………… 235
　　一、产品质量监督管理体制 ……………………………………… 235
　　二、产品质量监管制度 …………………………………………… 236
学习内容3　产品缺陷责任与产品瑕疵责任制度 ……………… 238
　　一、产品缺陷责任 ………………………………………………… 238
　　二、产品瑕疵责任 ………………………………………………… 241

学习内容 4 缺陷产品召回制度 ········ 244
　　一、缺陷产品召回制度的概念、特征及分类 ········ 244
　　二、召回的含义与召回产品的缺陷认定 ········ 245
　　三、缺陷产品召回程序 ········ 246
　　四、缺陷产品召回制度与强制收回制度比较 ········ 247
训练项目一：产品责任案例分析 ········ 248
训练项目二：常见产品责任纠纷处理 ········ 254
训练项目三：缺陷产品召回案例分析 ········ 256
训练项目四：产品质量投诉处理 ········ 258

学习单元八 税收法律基础与案例分析 ········ 259
学习内容 1 税法基本理论 ········ 259
　　一、税收的概念与特征 ········ 259
　　二、税收的分类与职能 ········ 260
　　三、税法的概念与调整对象 ········ 263
　　四、税法的特征与基本原则 ········ 267
　　五、税法的构成要素 ········ 270
学习内容 2 流转税法律制度 ········ 273
　　一、流转税概述 ········ 273
　　二、增值税 ········ 274
　　三、消费税 ········ 277
　　四、营业税 ········ 278
学习内容 3 所得税法律制度 ········ 280
　　一、企业所得税法 ········ 280
　　二、个人所得税法 ········ 283
学习内容 4 财产税法律制度 ········ 286
　　一、财产税的概念、特征与分类 ········ 286
　　二、土地税法 ········ 288
　　三、房产税法 ········ 291
　　四、契税法 ········ 292
　　五、车船税法 ········ 293
学习内容 5 资源与行为税法律制度 ········ 293
　　一、资源税法 ········ 293
　　二、行为税法 ········ 295

学习内容6　税收征收管理法律制度 ··· 300
　一、税务登记制度 ··· 300
　二、税款征收制度 ··· 301
　三、税务检查制度 ··· 311
训练项目一:税收作用与功能案例的认定与分析 ····································· 313
训练项目二:个人所得税税收案例认定与分析 ······································· 314
训练项目三:企业税收案例认定与分析 ··· 316
训练项目四:税务筹划案例分析 ··· 317

参考文献 ··· 321

学习单元一 经济法基础理论与案例分析

【学习目的与要求】

确立经济法的基本理念，明确学习经济法的意义。理解并掌握经济法的属性、调整对象，以及基本原则，对法律实务中的经济法律问题与具体的法律关系能够准确判断与区分。

【学习重点与提示】

经济法的概念；经济法产生的原因；经济法的调整对象；经济法基本原则的含义及其功能。

基本理论

学习内容 1　经济法的概念与经济法的产生

一、经济法的概念

（一）经济法概念的历史考察

从世界范围考察，经济法理论发源于德国，日本继承并进一步发展成经济法理论。关于经济法概念的产生与演变可以概括为四个阶段：

第一阶段：经济法概念的语源。1755年法国摩莱里的《自然法典》一书中首次使用，但不是以现实生活为基础，而是属于空想社会主义的范畴。1843年法国德萨米的《公有法典》中提到经济法概念，尽管经济法概念的内容更为丰富，但与前例相同，它还是一种与现实脱节的空想。

第二阶段：经济法概念的雏形。1865年法国蒲鲁东《论工人阶级的政治能力》一书中提及经济法概念，认为它是政治法和民法的补充和必然产物。这一观点接近于现代经济法的主张。

第三阶段：经济法概念的诞生。1906年德国莱特《世界经济年鉴》中使用经济法一词，说明有关世界经济的各种法规概况。

第四阶段：经济法概念的完善。在第一次世界大战期间和之后，经济法概念大量出现，并引起人们的重视。在1922年—1924年期间，德国鲁姆夫的《经济法的概念》和赫德曼的《经济法字典》标志着经济法概念的成熟与完善。

从我国来看，经济法的概念最早在20世纪30年代被传入，但真正的系统性研究则迟至20世纪70年代末。1978年7月胡乔木同志在其论文《按照经济规律办事，加快实现四个现代化》中，明确提出了发展经济立法与经济司法的观点，"把国家、企业、职工的利益和各种利益关系，用法律形式体现出来……"。随后，邓小平、叶剑英、彭真等中央领导人也在不同场合表达了类似的思想。借此，我国理论界才开始了广泛的经济法研究。

（二）经济法的概念及其特征

经济法是调整在市场经济运行过程中，现代民主政治国家及其政府为了修正市场缺陷、实现社会整体效益的可持续发展而履行各种现代经济管理职能时与各种市场主体发生的社会经济关系的法律规范的总称。

这一定义昭示了经济法的四大基本特征，即经济性、规制性、现代性及社会性。

首先，经济法的经济性特征主要体现在如下几个方面。其一，经济法作用于市场经济，调整特定的经济关系，调整目标为节约交易成本，提高市场运行效率。它要反映经济规律，如价值规律、竞争规律、投入产出规律等。其二，经济法是经济政策的法律化，其调整主要运用的是法律化的经济手段。其三，经济法追求的是社会整体的经济效益，从这个角度而言经济法可以被称为效益法。

其次，经济法的规制性意指在其调整目标和手段上，经济法具有将积极的鼓励、促进与消极的限制、禁止手段相结合的特征。

再次，经济法的现代性主要体现在以下几方面。其一，精神追求上的现代性。从资源配置到财富分配，从调整手段到调整目标都强调"和谐与协调"，侧重于保护社会公共利益，兼顾个人利益与国家利益。其二，背景依赖上的现代性。作为部门法意义上的经济法，产生于国家对市场经济进行积极的调控与规制后，具体是在资本主义经济大危机与第二次世界大战以后产生的。现代市场经济存在着明显的市场失灵，如垄断、外部性、公共物品的供给不足、信息不对称和分配不公。面对这些依靠市场之手无法解决的问题，才产生对经济法的现实需求。其三，制度建构上的现代性主要体现在制度形成、制度构成和制度运作三个方面。制度形成上的现代性意指经济法制度的形成与经济政策密切相关,具有很强的政策性,是经济政策的法律化;制度构成上的现代性主要体现为经济法律规范实体与程序规范并存的特点;制度运作上的现代性则表现为经济法的实施主要在行政执法领域,而非司法领域。

最后,经济法的社会性体现在经济法是社会本位法。现代市场经济是一种兼具国家因素的市场经济体制,经济法调整的领域既然与国家介入社会经济生活密切相关,每一个经济法主体都必须以发展社会生产力、提高社会整体的经济效益为宗旨。社会公共利益是经济法关注的中心。因此,经济法强调权力(权利)与义务的相互统一。政府行政部门不得以过度的行政权力干涉生产力发展,破坏经济秩序。市场主体也不得片面追求个体利益,而置社会利益于不顾。

二、经济法的产生

关于经济法的产生,概括而言主要包括以下几种观点。1. 认为经济法是在资本主义进入垄断阶段后才产生的;2. 认为近代经济法产生于19世纪末,但不否认市民革命前的经济法;3. 认为随着国家的产生,经济法了,但垄断资本主义使其成为一个新的部门法;4. 作为一个独立的法律部门产生于古代。

经济法学界通说认为,现代经济法产生的标志是美国1890年的《谢尔曼反托拉斯法》。随后在19世纪末20世纪初先后在德国、日本、捷克斯洛伐克等国家产生。究其产生的根源,概括为以下几点。

首先,市场缺陷和市场失灵被视为经济法产生的经济根源。所谓市场缺陷是指市场调节机制的局限性。缺陷产生的原因如下:

第一,市场障碍,即在市场上存在阻碍市场机制发挥作用的因素,使得某些领域中市场机制无法发挥其作用。垄断与限制竞争的行为是影响市场机制发挥作用的主要障碍。

第二,市场的唯利性,即投资经营者所关注的是自身的经济利益和眼前可实现的利益,对于某些经济领域(投资周期长、风险大的行业,如基础建设、公用事业等领域)经营者往往不愿意进入。此时就需要政府直接介入这些领域进行投资。

第三,市场调节的被动性和滞后性。市场主体掌握信息量严重不足和滞后,不能适时调整经营决策,往往等到市场供求严重失调、产品大量积压后才能作出反应,导致社会财富浪费。

市场失灵是指市场缺陷在社会化大生产的现代社会显露出来并引发的严重后果。这些后果包括垄断、信息偏在、负外部性等问题。在现实经济中,不完全的垄断或竞争会导致市场失效。首先是垄断市场的效率损失。在完全竞争市场中，无论短期还是长期，厂家总是在价格等于边际成本处进行生产，而价格等于边际成本又是资源有效配置的条件，因此完全竞争市场是有效率的市场。然而垄断厂商总是在价格高于边际成本处进行生产，所以垄断厂商的产量小于竞争厂家的产量，而垄断厂商的价格却要高于竞争厂家的价格，所以垄断市场是缺乏效率的。其次，在垄断情况下，产量低而价格高，消费者的利益受损，而垄断厂商却可以从中获得垄断利润，同时还会造成对生产者和消费者都无法补偿的净损失，产生很多无谓的社会成本，浪费社会资源。再次，垄断厂商为了获取、保持垄断势力，往往会花大量的金钱做广告、装备额外的生产能力、游说政府，进一步加大了垄断的社会成本。为了减少垄断造成的弊端，政府应努力使垄断行业更有竞争性，管制垄断者的行为。政府对垄断市场的管理手段可来自法律等方面。在法律上，各国政府通过设立各种反垄断法直接限制垄断厂商。

信息不对称是指交易的双方之间，其中一方掌握了另一方所没掌握的关于交易方面的信息，具有信息优势，这样就会造成交易困难。信息不对称会导致市场上的逆向选择。所谓逆向选择是指信息不对称的情况下由于交易的一方无法观察到另一方重要的外生特征，交易市场上出现劣质品驱逐优质品的现象。几乎所有的商品都或多或少存在信息不对称问题。信息不对称还有另一种情况——道德风险，也就是交易的一方无法观察到另一方所采取的行动，拥有信息优势的一方可能故意不采取谨慎行动的情况。

市场中信息不对称的存在突出了政府在经济运行中的重要性，所以政府应加强对经济运行的监督力度，使信息尽量从不对称向对称转变，从而更正由此所造成的一些不良影响。

外部性是指一个人或一个厂商的行为对另外一个人或另外一个厂商的福利产生了直接的影响，但是产生影响的渠道不是通过价格机制来完成的。外部性既有正的外部性又有负的外部性，前者对受影响者是有益的，后者对受影响者则是有害的。如一个企业在生产中造成的空气污染会对附近居民的健康造成损害，即工厂对居民有负的外部性。正负外部性划分的依据在于私人成本与社会成本、私人利益与社会利益的对比关系。私人成本是指企业生产商品时各种投入的费用，社会成本是指外部成本加上私人成本。例如，工厂排放有毒物质到空气或水中，社会并没有因此而向它收费，但会造成对他人的损害。私人利益是指某一经济主体通过市场上的经济活动所得到的利益。社会利益是指某一经济主体的私人利益加上该经济主体活动所产生的外部利益。正负外部性的存在会造成私人成本与社会成本、私人利益与社会利益之间的差别，会使市场失效，影响资源的最优配置。引入政府干预是解决外部性的方法之一，常用的干预形式有税收和补贴等。

其次，为满足市场经济的需求，国家经济职能调节机制做出了应对。其一，针对市场障碍，国家强势介入市场，规制市场竞争秩序，打击垄断和不正当竞争。其二，针对市场的唯利性，国家作为财产所有者，以国有经济的方式介入高风险和高额投资领域。其三，针对市场的滞后性和盲目性，国家通过宏观调控社会经济的方式，以保持国民经济的稳定发展。

最后，法律体系的因变与经济法的产生。一方面，国家经济调节职能作为新生事务，国家及其政府并不熟悉，容易出现违背经济规律而行事的情况，从而严重影响社会经济的发展。另一方面，政府作为调节者，掌握着极大的权力资源，必须对其进行约束和限制，以保证权力的有效运行。上述情形即所谓的政府失灵，由此便产生了经济法对干预市场经济的国家机关行为进行法律规制和约束的需要。具体而言，经济法在调整市场经济主体之间关系的同时，也限定了政府机关干预市场的权力界限。

三、经济法的调整对象

经济法的调整对象是经济法基础理论的核心问题。目前我国经济法学界主要形成了"国家协调论""经济管理与经济运行经济法论""国家干预经济法论""国家调节经济法论"和"经济管理经济法论"等若干有代表性的学说，这些学说的主要分歧在于对经济法调整对象的理解不同，而分歧又集中体现在对经济法调整范围的界定不同上。

（一）确定经济法调整对象范围的标准

首先，需要确定研究经济法调整对象的出发点，是从现行的法律规定出发还是以西方法的体系为标准？目前，经济法学界一致认为应以实践的需要来确定经济法的调整对象，"根据改革、开放的需要，根据社会主义现代化建设的需要，根据发展生产力的需要，来确定经济法的调整对象。"[①]

其一，从法理上看，法的部门是实质意义上的，即它是由特定的法律规范组成的，而不是指某一个规范性法律文件，从现行的法律规定出发确定法的部门有违常识。所以，显然不能想当然认为《民法通则》以及《合同法》

[①] 杨紫烜：《论中国的经济法理论》，载《北京大学学报》（哲学社会科学版）1991年第3期。

的出现，经济法与民法便泾渭分明了。

其二，从法的发展历史来看，西方法的体系是历史地形成的，对于我们而言，有必要进行扬弃，而在扬弃中，其基本依据必然是从实践的需要出发。经济法调整对象的范围应符合现实的要求，并不一定拘泥于现已被认可的法的体系。法的体系是主观的产物，而法的部门的存在与否却不以人的意志为转移。一方面，人的认识可能落后于实践，人们可能认识不到已经存在的事物，或虽有所认识但混同于其他事物。另一方面，人的认识是不断发展的，随着知识的积累、现实发展的要求，人们的认识会逐渐提高。已有的法的体系将会逐渐被打破，更为科学的法的体系将会逐渐被建立。

其次，经济法调整对象的范围应是特定的，是由经济法调整的特定的经济关系的性质所决定的。目前，国内经济法学界虽然对经济法所调整的经济关系的性质有不同的表述，但均认为经济法不调整非经济关系，也不调整所有的经济关系，只调整国家对经济生活发生作用而产生的经济关系，即体现国家意志的经济关系。

最后，经济法的调整对象与其他法的部门的界限应当区分清楚，否则，经济法无从建立，经济法的体系也不可能严谨科学。

(二) 经济法调整对象的范围

经济法调整对象的范围是由经济法所调整的经济关系的特殊性决定的，它发生在经济运行过程中，是体现国家协调意志的经济关系的总和。经济法的调整对象的内容包括以下四个方面。

第一，经济管理关系。

经济法调整的经济管理关系，是指国家在行使经济管理职能过程中所发生的社会经济关系，即宏观经济管理关系和微观经济管理关系。宏观经济管理关系是事关国家和整个社会的经济管理关系；而微观经济管理关系主要是针对社会主体产生的具体的经济管理关系。

经济管理关系主要包括政府对社会组织的经济管理关系，政府对行业、经济区域的经济管理关系，行业、经济区域内的经济管理关系，以及经济监督关系等。

经济管理关系表现为国家行政机关实施的行政行为，但就其本质而言，经济管理关系应当由经济法调整。

第二，市场竞争关系。

经济法调整的市场竞争关系，是指国家在实现其竞争政策促进和保护市场有序竞争过程中而形成的社会经济关系。

市场自由竞争的实现以及其程度如何，主要取决于市场经济主体的自治。"竞争不足"和"竞争过度"都会影响市场的有序竞争，影响社会资源的有效配置，阻碍国家竞争政策的贯彻与落实。可见，市场竞争关系重大，基于社会整体经济利益的需要，应当将市场竞争纳入经济法调整领域。

第三，经营协调关系。

经济法调整的经营协调关系，是指国家在实现其整体经济规划、区域经济规划和其他重大经济发展目标过程中所形成的社会经济关系。

经济法协调的是国家运用市场经济手段实现重大经济目标而形成的横向经济关系。这种横向经济关系是国家摒弃行政手段而用市场经济手段形成的横向经济关系，各有关市场主体均应该在此基础上实现经营协调活动。

第四，市场主体规制关系。

主要是指市场准入、企业形态的设定、财务管理、审计、监督检查等规制关系。

学习内容2 经济法的体系

一、经济法的体系

经济法体系是由经济法各子部门所组成的统一整体，这些经济法子部门应该是内外协调一致的，它们既要具备经济法的基本属性，体现国家调控经济的意志性，保证经济法与其他法律部门相协调，保证国家法律体系的和谐统一，又要具有特定的功能和作用，相互间能配合和补充，以保证经济法的独立存在和经济法整体作用的发挥。经济法体系不同于立法体系，它与经济法部门一样，是一个学理概念而非形式意义上的法律，它是学者们为了理论研究的目的而对经济法律规范的归纳、分析和综合。因此，无论是研究经济法体系的内部结构还是研究经济法与其他部门法的关系，都应该研究具有经济法基本属性的法律规范，而不是研究形式意义上的法律。形式意义上的法律在一个法律文件中包容性质不同的法律规范，这在现代立法中十分常见。从来没有学者认为民法就是由一个民法的法律文件所构成的，否则，在中国颁布《民法通则》以前，就没有民法部门的存在，经济法也是如此，所以经济法体系的概念只能是学理概念而非形式意义上的法律，与立法体系有联系但又不同于立法体系。经济法体系是由经济法规范的特殊性决定的，而经济法规范的特殊性又是由其社会关系参加者的意志行为所决定的。经济法作为市场经济的产物，它从开始产生就既不同于民商法，又不同于行政法，它以弥补传统民商法、行政法对市场经济的调控不足为己任，以规范国家对经济的干预行为为目标，以保证经济公平和社会公平为宗旨。它一方面限制市场主体的意思自治，强调社会公共利益，另一方面扩大政府的经济职权，强化国家对经济的干预。这类规范所体现的效益性、规制性特征，是其他任何法律规范所不具备的。

（一）经济法体系的构成

经济法体系是由具有特定功能和作用的法律规范所组成的，研究经济法的内部结构，也就是要研究经济法规范的不同功能和作用。经济法作为社会主义市场经济法律体系的重要组成部分，一个重要的功能是通过法律调整保证和促进国家调节机制与市场调节机制的有机结合，而实现这种结合的法律方式就是建立协调统一的市场规制法和宏观调控法。

从实践中看，我国目前经济法存在两方面的问题：一方面，在统一的市场体系形成过程中，与之相适应的统一市场规制法滞后，极大地影响了市场经济的发展；另一方面，我国缺乏行之有效的宏观调控法，也导致了经济无序、法律功能不能正常发挥的现象。

市场主体由于其利益驱动机制，往往会与整个社会经济利益发生冲突，为有效地解决这些冲突，正确调整经济个体与社会整体的经济利益关系，就必须对经济个体完全的意思自治进行限制，制定市场规制法，以解决市场经济发展过程中出现的垄断与竞争、公平与效率、个体营利性与社会公益性的矛盾和防止市场机制失灵。同时，还必须制定相应完备的宏观调控法，以规范和强化国家干预经济的职能。否则，国家计划失控、政府调控职能弱化或经济管理部门滥用权力，都将导致经济失调，也将使市场规制法的作用不能充分发挥。在市场经济条件下，只有市场规制法和宏观调控法同时并存，同等地发挥调整功能，才能充分发挥社会主义制度和市场经济的优势，并将两者充分协调起来。通过市场规制法规范市场环境，为建立创造适合中国国情的市场机制创造条件，保证市场公平竞争；同时通过宏观调控法改善和制约政府的经济行为，使政府能真正做到按客观经济规律办事，从而保证社会经济高效益、健康地发展，这两个子系统各有其特定功能和作用，构成经济法的内部结构；同时又有着共同的特性，紧密交织在一起，与构成其他法律部门的法律规范相区别。

基于以上认识，可以将经济法体系概括如下：经济法包括市场规制法和宏观调控法两个子部门。在市场规制法中，主要包括反垄断法、反不正当竞争法、消费者权益保护法；在宏观调控法中，主要包括产业结构调节法、财政法、税法、金融法和对外贸易管理法。作为经济法的子部门法，它们还有各自的层次结构或称其为亚部门，正是这些子部门和亚部门法构成了多层次的规范群，共同组成经济法体系。这样的经济法体系充分体现了经济法的本质属性和宗旨。

在市场规制法中，反垄断法、反不正当竞争法和消费者权益保护法分别以两大类市场主体——企业和消费者为立法对象，从限制企业行为和保护消费者权益两个角度体现国家在限制盲目竞争所造成的负面效应、防止"市场失灵"和规范市场环境等方面的意志性，反映出国家"有形之手"对企业意思自治的限制。在宏观调控法中，产业结构调节法、财政税收法、金融法和对外贸易管理法则主要是以政府为立法对象，通过以法律形式赋予政府制定经济政策并综合运用各种手段鼓励、促进经济健康稳定发展的权力，从而在生产、流通、分配、消费、外贸等各个领域均发挥作用，直接影响到资源配置、产业结构、经济与社会发展的目标和整体经济效益。这两类法又互相影响：市场规制法的有效调整能够保障良好的市场竞争秩序，使市场竞争有效而充分，这是宏观调控法发挥作用的基础和前提；而宏观调控法又可以为市场规制法提供有效调整的重要条件，为规制市场提供必要的手段和措施，如对垄断行为进行征税、对企业的价格行为进行调控，等等。因此，只有这两类法律的共同调整，并与其他相关法律部门相协调，才能更好地实现经济法体系的效率和效能。

(二) 经济法体系的外部关系

市场经济体系是一个有机的系统，对市场经济的法律调整需要多个法律部门相配合。各法律部门从不同的层面和角度对市场主体的市场行为进行调整，共同作用于经济运行的各个环节，它们之间存在密切的联系。这一点在市场经济立法中尤为显见。形式意义上的法律大量地存在着多种法律规范并存于一个法律文件中的现象，使得各法律部门间的联系变得纷繁复杂。所以，研究经济法体系，还必须研究经济法与相邻法律部门的关系，研究法条竞合现象。

经济法是国家适用公权对私法领域进行调整的法律，其所规范的对象包括政府和市场主体两大类。它一方面赋予政府权力，对市场主体的市场行为进行干预；另一方面这种干预又必须以保证市场主体的独立性为前提，以间接调控和监督检查为主要手段，也就是说必须规范政府的经济行为。因此，经济法与民商法、行政法都有着密切的联系。经济法调整的目的是为了解决个体营利性和社会公益性的矛盾，兼顾效率与公平，保障社会公共利益，促进经济与社会的良性运行和协调发展，所以它与社会法也有着一定的共性。正因为如此，才使得人们在研究经济法时将这些有关部门法都纳入经济法体系，形成了庞大的经济法部门法内容。

一个法律部门能不能或是否纳入经济法体系，要以该部门是否具有经济法规范的性质而决定。讨论经济法体系以及经济法与相邻部门法的关系，必须始终贯彻统一的划分标准，以保证经济法体系的独立性。据此，一些与经济法有密切联系但又不具备经济法律规范属性的法律部门不应纳入经济法体系，而现行的一些经济法部门也有重新界定的必要。企业法作为规定企业的法律地位和企业行为规则的法律，包括两种不同性质的法律规范，即规定企业法律地位的法律（如公司法、合伙法等）和规定企业行为规则的法律，尤其是国家为实现一定的经济政策，对各种企业从经济上加以规制的法律（如中小企业促进法、企业科技进步法等）。前者作为市场主体的组织法，主要是规定市场主体取得权利能力和行为能力的条件，赋予符合条件的主体进入市场的资格，应该是民商法的内容。后者主要是国家运用法律手段对各种市场主体的经济行为进行规制，应该是经济法的内容。金融法体系也包括了两种不同性质的法律规范，其中一些规范如中国人民银行法、货币法、外汇管制法、金银管理法、投资法等充分体现了国家主动运用金融政策调控经济运行的特征，属于经济法的范畴。但其中也有一些法律规范如商业银行法主要规定商业银行作为特殊企业的主体资格，票据法和证券法主要规定票据流通和证券交易的基本规则，这些规范都不应纳入经济法体系。

合同法是调整平等主体间的民事活动的法律规范，其在市场经济体系中作用的充分发挥有赖于"契约自由"精神的确立，因而，根本不能将经济合同法纳入经济法的范畴。否则，将有害于中国社会主义市场经济体制的建立。

环境法、劳动法、社会保障法是典型的以保证社会、环境和经济协调发展为宗旨的法律，是以限制经济效益和眼前经济利益为特征和保护劳动者基本人权的法律，它们虽也体现了国家对经济的干预性，但其干预的性质主要属于社会公共事务职能而非经济职能方面，因此这些法律部门应纳入社会法的范畴而不属于经济法。

二、经济法与相邻法律部门的关系

（一）经济法与民法

经济法与民法是市场经济条件下存在的两个互补的法律部门，经济法是通过国家权力来完成民法无力解决的市场主体规制问题的法律部门，它们的互补性表现在如下方面：

首先，经济法作为一个历史的概念并不是自古就有的，它产生于西方商品经济发展的高级阶段——市场经济时代，其产生的社会经济动因是商品经济高速发展所形成的日益复杂的社会关系，社会的一切经济活动都要通过市场进行，市场成为资源配置的调节机制，但市场机制又存在盲目性，经常造成市场失灵和混乱，传统的调节市场的法律手段——民法，由于其调整方法、立法宗旨和功能等诸多限制，无力解决市场失灵、解决效率与公平、解决个体营利与社会公益性的矛盾等问题，于是便要求国家运用权力对市场经济进行干预。因此也就产生了规范国家干预经济的法律部门——经济法。经济法从产生之初便以其对市场主体的规制和宏观调控为显著特征，明显地区别于民法的意思自治和等价有偿原则。从一定意义上讲，经济法就是限制意思自治的法律。经济法产生和发展的过程就是法律从个人权利本位到社会权利本位的过程，而社会权利实现的法律手段就是对个人权利的限制。经济法的产生虽然与战争和经济危机有着某种联系，但经济法绝不是战争的必然产物，否则，它在和平时期就没有存在的必要；而经济法与经济危机的关系则正好反映了民法条件下企图通过价值规律的自发作用，由经济危机强制实现平衡的缺陷，反映了经济法产生的必要性以及它从临时性的危机对策到成为现代市场经济国家的一项基本职能的过程就是弥补民法在市场主体规制方面的缺陷的过程。

其次，经济法的基本理念是公平，这种公平包括经济公平和社会公平，它的基本要求是既要为市场经济主体创造公平竞争的环境，又要力求保障经济收益的公平和社会分配的公平。它明显地区别于民法的个人主义和自由主义，区别于民法的主体平等性。民法上的平等通常是指主体资格的平等、权利能力的平等、主体地位的平等、主体地位互换等，并且这种平等的根基是权利的个人意志性，即法律建立在充分的个人意志的基础之上。然而，经济法直接以弥补民法调整手段的不足为目的，以解决市场经济发展过程中出现的垄断与竞争、公平与效率、个体营利性与社会公益性的矛盾为己任。因而，经济法建立的基础就是对个人意志的限制，对社会整体利益的尊重，由此才有了所谓的权利意志说和权利法律说的区别，也才有了市场经济法的公平——经济公平、社会公平，这种公平较之于民法上的平等已具有了全新的内涵。

最后，经济法的人性标准或对人的基本要求明显地高于民法。经济法的人性标准是"君子"标准，它要求个人不仅做到"利己利人"，而且还要"损己利人"；而民法的人性标准至多是"中人"标准，它只要求个人做到不"损人利己"就行了，他可以在法律允许的范围内追求自身利益的最大满足。诚实信用也仅是要求其行为不以损害他人利益为目的，还谈不上牺牲自身利益满足他人利益的问题。然而，在经济法中，道德化的法律条款比比皆是，它们具体而明确地要求其主体牺牲个人利益以谋求社会的整体公平。因而，诚实信用与公序良俗在经济法中真正得到了体现。

（二）经济法与行政法

经济法与行政法同样是市场经济体制下相互补充的两个法律部门，经济法是运用国家权力完成行政法所不能完成的国家经济调控职能的法律部门，它们的关系如下所述：

首先，经济法产生于20世纪政府职能的巨大变化时期，在民法盛行时代，"管得最少的政府是最好的政府"，"不乱不理"是政府的行为准则，政府是典型的"守夜警察"。然而，从20世纪初开始，随着生产力水平和科学技术的迅猛发展，政府的形象发生了巨大变化，"警察国"变成了"行政国"，此时现代国家职能日益显现：（1）国家对社会的事后监控变为了事先和事中的监控；（2）管理机关的数量巨增；（3）政府干预社会经济生活成为现代社会不可缺少的组成部分或重要因素，离开了政府的管理，社会生活将会出现混乱。与此同时，行政法虽然是赋予行政机关国家权力的法律部门，但它作为"管理管理者之法"，始终以约束行政机关权力为己任，其核心是限制政府行为，政府既不能越权，又不能怠职，以此保护行政相对人的合法权益不受侵犯。这种以控权为目的而授权的行政法已远远不能适应现代市场经济体制下政府干预社会经济生活成为一项经常性的国家职能的需要，于是便出现了以授予政府经济权力或社会权力为宗旨的"管理者管理之法"，这里主要是经济法和一些社会法（如妇女儿童合法权益保护法、残疾人保护法、环境保护法，等等）。这些法律以约束行政相对人的个人权利、赋予政府较大自由裁量权和较多行政处理权为基本特征。正是因为经济法的产生，才有了经济管理部门的迅速增加和这些部门所享有的广泛的行政立法权、行政执法权和行政司法权。可见，经济法是为了弥补行政法在运用国家权力干预社会经济生活方面不足而产生的法律部门，它从一开始产生就以建制（建立管理体制）授权（授予管理权限）为特征，明显地区别于以约束力为主的行政法。

其次，经济法作为运用国家权力干预社会经济生活的法律部门，必须遵循行政法最基本的原则——法治原则。依法行政是现代文明国家的基本标志之一，而效率和简便是现代国家行使管理职能的基本行为准则，因此，经济法在建立管理体制，授予管理权限时也必须体现法治原则的这些基本要求，防止和避免权力的滥用和对相对人合法权益的肆意侵害。这样便出现了诸多经济法规范尤其是授予政府管理职权的规范体现依法行政原则的情形，具体表现为，众多的部门经济法规定适用行政诉讼法的现象。于是有人便认为经济法就是行政法。这一结论显然有失偏颇。

在现代国家，法治是任何法律部门都必须遵循的最高原则。任何主体都必须在法律规定的范围内进行活动，以法律所赋予的行为能力作为行为的界限。作为行使国家权力的各经济管理部门也不例外，它们必须依法行使权力，接受法律的约束，否则就必须承担相应的法律责任。经济法的管理主体必须有严格的行为准则，才能真正发挥国家的经济管理职能，并保证政府经济行为的规范化、科学化。

最后，经济法作为行政法的补充较为集中地体现在经济法的立法宗旨、立法对象和法律手段方面。经济法以实现社会公平和经济公平为己任，其立法的对象主要是市场主体，广泛授予经济管理部门管理权限的目的在于约束市场主体的权利，规范市场主体的行为，利用经济管理部门手中掌握的国家物质力量强制推行有利于市场经济持续发展的规则与制度。因而，经济法的法律手段主要体现为各种调控或监控措施，体现为赋予经济管理部门事前和事中的监督权，赋予经济管理部门处分私法上的权利的权限，其根本目的在于保证这些管理部门对市场主体行为的强制实施力，这样的立法显然不同于以约束行政行为为目的、立法的对象主要是行政主体的行政法。当然，在人性标准方面，行政法对行政主体中的人和经济法对经济管理部门中的人的要求应该是一致的，即均应为"公务人"，要求他们依法行使自己的职权，忠实地履行自己的职责。这也体现了经济法与行政法的互补性。

综上，由于经济法与民法、行政法既存在立法宗旨、基本理念和价值取向上的差别，又有着某些主体行为规则上的共性，因而产生了在对市场经济条件下市场行为规制方面的互补性，它们分别具有自己独立存在的基础和原因，有自己独立的功能和作用，因而三个法律部门既不能混同又不能替代。

学习内容3 经济法的基本原则

一、法律原则与经济法基本原则

法律原则是一种准则、法律规范。从功能上讲，法律原则是为法律规则或其他法律要素提供原理或价值准则或出发点,是发展立法所使用的原则,甚至可直接用于判决;从内容上讲,法律原则是法的某种基本价值或其他道德层面要求的载体。

法律原则为法的适应性和确定性提供了保障,使法能最大限度地适应社会经济的发展。面对飞速发展变化的社会实践,法律永远是保守和滞后的。法律的这种确定性让人们感受到了法的规范价值和约束力。然而,法律规范的确定性与适应性永远是一对相伴相生的矛盾。随着社会经济的变化发展,规则必然会出现穷尽空白。此时,秉承着法的内在品格的法律原则,不管是实定的还是非实定的法律原则都将成为法官适用法律或创造新法的依据和根源。由此,法律原则成为法律规则发展的根基、促进法律体系协调统一的扭结点、指导法律推理和司法裁决的依据。

法律原则可分为基本法律原则和具体法律原则。经济法原则相对于法律原则是具体法律原则,相对于经济法的部门法的具体法原则则是基本法律原则。根据原则间的种属关系,经济法基本原则应具有法律原则的属性,是经济法基本精神和价值的承载,反映着经济法的理念,是经济法规则和具体原则的出发点,是隐藏于经济法具体原则背后的原则,贯穿于经济法运行始终,具有最高层次的效力。[①]

二、经济法基本原则的既有观点

在经济法理论研究与发展过程中,众多学者对经济法基本原则提出了各自独到的见解,但众说纷纭,概括而言主要有四种代表性观点。

李昌麒以经济法调整对象为轴心提炼经济法的基本原则,将其概括为资源优化配置、国家适度干预、社会本位、经济民主、经济公平、经济效益和可持续发展。寻求资源的优化配置是经济法的首要价值目标,在追求和实现经济法的价值目标中,国家干预起着关键性的作用。但国家干预必须以社会公共利益为出发点和归宿,必须有利于促进经济民主和经济公平实现,经济效率的提高,达到维护经济安全和实现可持续性发展的目的。

史际春和邓峰坚持由经济法价值到经济法基本原则的提炼路径,将经济法原则归结为平衡协调原则、维护公平竞争原则和责权利相统一原则。经济法具有社会性和公私交融性,不是在国家与私人极端对立下维护任何一方利

---

① 蒋悟真、詹国旗:《现代经济法基本原则的梳理与提炼》,载《江西财经大学学报》2010年第4期。

益的工具,不是国家单纯用以矫正社会不公、保护经济弱者的手段,而是以实现个人、国家、社会调和和实现经济自由与经济秩序、社会效益与经济效益、经济民主与经济集中的统一。维护公平竞争是社会化市场的内在要求,将其作为经济法的基本原则,从而引导经济主体的行为。

张守文先生通过系统—网络的方法确立经济法基本原则的地位及其与经济法宗旨、理念的关系,通过行为—结构—绩效的方法,将经济法基本原则的内容确定为调制法定原则、调制适度原则和调制绩效原则。从结构角度来说,规范的形成特别是公法性质的经济法的规范结构与公共物品的提供,与市场主体的利益都密切相关,涉及国民基本权利的保护,因而"国民同意"即"法律保留"是经济法规范的应有之意。从行为角度来说,国家对经济的调制行为是经济法应当规制的重要问题,确保调制的适度是其中的核心。从绩效角度来说,经济法的社会性要求强调经济效益和社会效益,是经济法宗旨要求。

刘水林从经济学的视角中总结出效率是经济法基本原则之一。其认为经济法产生于高度发达的市场经济,而现代市场经济是一种市场和政府共同作用的经济机制。这种机制运行结果完全取决于政府对经济的干预程度。政府作用于市场机制的最有利评价方式就是社会经济效率,同时,随着文明的进步,"人不只是工具而且是目的",公平也成为国家组织经济的目标,且公平在某种意义上是实现高效率的手段。经济法作为达到组织经济目标的制度设计,应当以效率和公平为导向。

三、经济法基本原则的具体内容

(一) 适度干预原则

适度干预是指国家在遵循市场调节机制的基础性和保护自由竞争的前提下,依据实体性和程序性权力,运用经济、法律、行政手段对市场经济进行的干预。资本主义从自由竞争发展到垄断时期,为了规避垄断带来的经济无序性、负外部性和无效率性,国家干预逐渐兴起和发展。直到20世纪60年代国家全面干预主义导致了"滞涨"的出现,西方国家对凯恩斯主义进行了修正,新凯恩斯主义提出了"适度干预"原则,如克林顿政府的"第三条道路"。国家干预经济的发展与变迁过程正是经济法产生与发展以及相关理论孕育、确立和成熟的过程,也是国家适度干预原则的形成过程。

经济法规制的目的,概括地说,是在于从经济政策上实现资本主义社会中的社会协调的要求。适度干预原则体现国家通过宏观和微观措施,克服

"市场失灵"问题,实现有序竞争、经济效益、经济公平、经济民主和可持续发展等经济法价值。

(二) 社会本位原则

法律部门的本位思想是指这个法律部门在解决社会矛盾中的基本立场。国家采用什么样的法律形式来平衡和解决这些矛盾就构成了法律部门之间的权力分配状况,并成为一个法律部门区别于另一个法律部门的重要标志。经济法的理论研究,立法和司法实践均应从社会整体利益出发,以尊重个体利益为基础,维护社会整体利益为己任,把社会整体利益作为衡量一切行为的标准。这即是经济法社会本位的基本含义。垄断资本主义时期,经济人的利己本性使得自由竞争秩序混乱、社会公共利益被危害,导致恶性垄断、权力寻租、贫富悬殊、环境污染等重大社会问题不断涌现。以个人为本位的私法只能在微观上对社会整体利益做出有限的调整,无法解决全局性问题。为调和社会公共利益、个人利益与国家利益间的矛盾,以社会为本位的经济法应运而生。社会本位成为经济法区别于其他法律部门的标志。社会本位原则成为经济法特有的原则,承载着政治道德原则和经济法的价值:社会整体利益——经济民主、经济效益、经济自由、实质公平、自由竞争秩序、可持续发展等要求。经济法社会本位原则反映了经济法调整对象的内在要求,体现了经济法的本质特性,成为解决经济法法规间、具体原则间及法规与原则间冲突的最终落脚点。

(三) 经济民主原则

经济民主原则的内涵,意为给予经济主体更多的经济自由和尽可能多的经济平等。经济自由是指经济主体在市场机制有效运作的领域,自由参与、退出市场,享有不受国家行政权力随意干预的权利。经济平等是该原则追求的目标,某种程度上限制着自由。

在宏观调控领域,市场规律发挥作用需要经济自由,市场主体在竞争性领域可以自由进出;同时,由于市场本身的缺陷,可能导致市场失灵,为体现平等,需要国家的宏观调控。

在微观经济领域,市场需要自由的竞争,但是过度竞争会破坏公平竞争,所以需要竞争法的规制。

经济法领域首倡的保护弱者理念也秉承了经济民主的精髓。通过对弱者的利益倾斜,实现实质公平,是经济法重要的价值目标。经济法就是以自己特别的方式保护和维护社会公平,而弱者保护是对实质公平价值最直观的解释，所以弱者保护原则也可以称为公平原则。

在市场经济条件下，人们在追求个人利益的同时，被一只"看不见的手"引导着促进社会经济的增长。由于价值规律的作用导致收入与消耗的极大不平等，而这种不平等是市场固有的缺陷。这一缺陷只能由经济法来弥补，否则再高的效益经过一定发展阶段后，都必然会回落或倒退。

一般认为，社会资源占有的份额相对较少的个人或组织可以称之为弱者。例如，消费关系中的消费者、垄断关系中的小经营者等；反之则为强者。强者与弱者之间利益差别不仅会影响弱者的基本生存，也会影响整个社会的公正形象和秩序。所以为了保障国民经济的良性运行，保护弱者，经济法必须为市场主体的公平竞争提供条件，制止违法行为，保护弱者原则的确立使得法律对权利和利益分配同等对待。[①] 例如各国的竞争法，无论在其立法宗旨或各种具体规定中，都鲜明地体现着经济法上述基本原则。对于为什么要反对垄断，哪些垄断和限制竞争行为应在反对之列，哪些应当适用除外，哪些甚至应予以扶助或由国家参与垄断等，都是从维护社会经济总体效益这一原则精神出发的。经济法的经济民主原则可以保障对整个社会的管理格局的维护，更可以促进经济个体法律地位的平等。

（四）可持续发展原则

可持续发展原则不属于经济法所独有，它是立法的普遍指导思想和价值目标，整个法律体系都要贯彻可持续发展的精神。

"可持续发展"被定义为既满足当代人的需要，又不对后代人满足其自身需求的能力构成危害的发展。它的实质是人与人之间、人与自然之间的互利共生、协同进化和发展，包括自然、经济、社会的可持续发展三个基本的方面，强调社会的发展是复杂系统的整体推进，是不断优化的过程。

可持续发展理论有两个基本点：一是强调人类在追求健康而富有生产成果的生活权利的同时，也应当与自然保持一种和谐的关系，而不应当凭借手中的技术和投资，采取耗竭资源、破坏生态和污染环境的方式追求这种权利的实现。二是强调当代人在创造和追求发展与消费的时候，应承认并努力做到使后代人与自己的机会平等，不允许当代人一味片面、自私地追求自己今世的发展与消费，而毫不留情地剥夺后代人本应享有的同等生活、消费与发展的机会。

可持续发展原则着眼于国民经济整体，强调把发展建立在和人口、资源、

---

① 江帆：《经济法的价值理念和基本原则》，载《现代法学》2005 年第 9 期。

环境相协调的基础上，强调经济效益、社会效益、环境效益统筹兼顾，这与经济法以社会为本位，追求社会正义，保护社会整体经济利益的价值取向相适应。而经济法着眼于社会整体利益，没有和谐健康、能持续发展的自然环境和社会环境，就谈不上任何发展，经济法与可持续发展原则的结合是历史的必然。

案例分析

训练项目一：关于经济法本质的案例分析

【训练目的与要求】

通过训练，理解并掌握经济法的基本属性，认识其社会本位的实质特性，认识并理解经济法的本质为国家干预经济之法。

【实例训练】

案例：

2008年，美国因次贷危机引发了自20世纪30年代以来最严重的一次金融危机。危机不但引发美国本土股市大幅下挫、银行纷纷破产、实体经济效益欠佳、企业大量裁员、国内消费极度萎缩和失业率大幅上升等一系列问题，而且其负面影响不断向其他国家和地区蔓延，进而演变为世界经济危机。危机发生后，各国政府纷纷采取措施应对，就连"自由市场坚定维护者"的美国前总统布什也很快改弦易辙，主动出手救市。而具有民主党身份的奥巴马总统，救市态度更为积极。2008年9月，布什政府向国会提出了7000亿美元金融救市方案，10月3日国会通过该方案，布什于当日签署。2009年1月2日奥巴马总统就职，随后向国会提出了7870亿美元的经济刺激计划。从布什总统于2008年9月20日首次提出金融救市方案到10月3日通过，历时13天；而奥巴马总统2009年1月就职后提出经济刺激方案，到2月16日国会批准前后近1个月。

各国政府采取的救市措施包括降息、减税等常规性措施，另外还采取向特定企业提供贷款、注入资金、购买不良资产、收购银行股份和实行部分国有化等非常规措施，有的甚至向银行和企业派出监管人员。

此次金融危机不可避免地波及了我国，具体表现为国内股市大幅下挫、出口大量萎缩、外向型性企业开工不足甚至停产、中小企业纷纷破产和大量人员失业等。为防止危机进一步蔓延，中央政府及其相关部门采取了一系列行动，如降低银行利率和减少税收等基本干预措施。此外，实施了 4 万亿元的经济刺激计划。一些地方政府也纷纷出台针对当地的经济刺激计划或救市措施，如举办公共工程、向居民发放补贴和消费券等。可以说，我国政府对危机的反应速度以及做出应对措施的效率，令其他国家望尘莫及。

面对我国各级政府的大规模应对危机行动，早已习惯在政府主导下的市场经济中生活的人们，对政府的各种干预措施具有天然的认同感。但同时法律界也对政府救市行为提出了质疑。例如，上海律师要求国家发改委和财政部公布 4 万亿经济刺激计划的呼声就表明法律界在关注政府在经济危机中的所作所为。与美国相比，我国规范政府应对危机的法律制度更为短缺，人们不可能不担心政府使用庞大财政力量救市的实际效果。毕竟危机不是最后一次，今后肯定还要发生，市场本身的缺陷决定了政府必须不时地去设法克服，政府救市行动有其正当性和合理性。无论学者们如何反对，各国政府也不会放弃其救市行动。所以，在法治条件下，就需要将政府的救市行为乃至所有经济活动法治化，建立一套既能保障政府有足够的权力应对危机，又能防止政府蜕变为利益集团和个别官员谋取私利的工具的制度。

问题：

1. 试针对上述事实，运用经济法理论论证政府救市的必要性。
2. 政府救市的实质是对市场的干预，请说明政府救市与法治化，以及其与经济法的关系。
3. 评价我国面对金融危机的政府救市行为。
4. 根据"从布什总统于 2008 年 9 月 20 日首次提出金融救市方案到 10 月 3 日通过，历时 13 天；而奥巴马总统 2009 年 1 月就职后提出经济刺激方案，到 2 月 16 日国会批准前后近 1 个月"，试评价美国政府救市行为的程序性限制的意义。

核心提示：

政府救市的实质是一种权力行为。在诸多救市措施中，除减税和降息具有典型的权力特征外，其他从形式上看都具有私法特征，特别是政府以契约方式向特定企业注资、购买银行不良资产和提供贷款，愈加显示其私法性。但是，不能就此将这些行为简单地定性为私法行为并根据私法原则进行约束。首先，从主体身份看，不论是直接投资公共工程，还是提供贷款或者向企业注资，政府主权者的身份并不因为从事类似普通个人或厂商的行为而发生改变。其次，从政府的目的看，政府救市与私法主体目的完全不同。私法主体的投资、提供贷款和其他任何行为是为了满足自身利益，而政府救市是为了提供更多的就业岗位和实现经济增长等公共目标，目的是社会公共利益。再者，私法主体是以自有财产从事各种活动的，而政府救市所使用的资金全部来源于公共财政，并非政府自我所有。所以，私法主体行动失败的后果由行为人自行承担；而政府救市如果失败，后果则是由全体公众集体承受。最后，个人自由是私法追求的基本价值，所以私法主体的行为完全是意思自治，当事人可以是根据自己的意志和利益选择行为的方式和对象。政府救市行为虽然体现一定的自由决定权，但不具有与私法主体一样的自由，而必须服从特定的目的和程序。因此，不能仅仅根据表象看待政府救市行为的法律属性，而应当根据该行为的实质内容来判断。政府救市的内容决定了其仍然具有权力性。它具有控制、操纵或影响他人行为构成的权力行为的基本特征。政府救市通过巨大的经济势力来控制和影响整个市场按照预设的方向运行。它虽未使用直接强制手段，但仍然是通过巨大的公众财政能力来控制、操纵或影响市场运行，即通过市场权力来实现自己的意志。

在政府强大的经济势力面前，任何一个市场主体都无法抗拒，都不得不遵从其救市意图。因此，政府在救市中以权力控制和影响他人的本质并未改变。这是现代政府为了应对日益复杂的经济社会而产生的一种新型权力，仍然属于公共行政范围。

政府救市行为的实质内容首先决定了不能将其理解为私法行为，更不能用私法上的契约自由原则去规范该行为，否则救市意味着赋予政府巨大的财政权力，如果允许政府完全根据自己的意志选择救助的对象和交易对象，必然导致政府滥用选择权，并通过协议方式为利益集团或个人谋取不法利益，必然导致公共资金使用效率不高、公共工程质量低劣、政府采购的物品质次价高和破坏不公平竞争等损害社会公共利益的后果，这些即为政府失灵的具体表现。近年来我国在出让土地使用权、出售国有资产、政府采购、公共工程建设等领域，不加限制地采用了私法上的合同自由和意思自治原则，由此导致了国有资产的大量流失，其中的教训充分说明从私法角度定性并规范政府的经济行为是一个重大误区。

政府救市的性质决定了要突破传统公法所固守的政府与公民个人对立的关系范式，从政府与社会公共利益相互对立的视角审视政府的救市活动。社会虽然由人为构成，但社会本身就是一个由自然资源、经济环境、公共物品、制度规范和精神文化系统等诸多要素构成的有机整体和人类共同体，任何个体都必须面对与社会共同体的关系。特别是作为社会管理者的政府，不但与公民个人之间存在着矛盾，而且与社会共同体同样存在着矛盾。它应当以维护社会公共利益为己任，但其行为并不必然地有利于社会共同体，有时可能危及公共利益。最后，政府救市的法治化应当以程序控制为主，实体控制为辅。政府行为法治化包括实体和程序两个方面，前者也称为严格规则模式，它是通过规定政府行使权力的具体范围来实现对政府的控制；后者则通过合理的程序设计控制政府。

对政府经济行为的控制模式应当侧重于程序规范。金融危机的原因极其复杂，所产生的后果也难以预料，政府只有根据市场的变化随时调整其应对措施，才能避免经济形势进一步恶化。因此，法律不应当规定政府具体的救市权力范围，而应当通过民主决策、公开公正和公平竞争的程序规则设计，保障政府的救市行动不被利益集团和政府官员的利己心左右，从而保障公众的积极权利和社会公共利益。民主决策是救市成败的前提，它可以消除因政府信息不充分和官员个人因素而产生的不足。公开公正和公平竞争，既能有效抵御利益集团对政府的影响和控制，又能保障公众参与和监督的权利，从而使政府的救市行为能最大程度地接近预设目标。

训练项目二：关于经济法调整对象的案例分析

【训练目的与要求】

通过训练，能够认识经济法调整对象的内容，能够区分经济法律关系与民事法律关系，以及行政法律关系之间的差异。对经济法律实务问题能够识别，并能够正确运用经济法原理进行分析和解决。

【实例训练】

案例：

2011年，杭州市物价局检查发现，浙江某汽车有限公司等9家广州本田杭州地区经销商，自2011年1月以来，多次以月度例会的形式，约定广州本田各款车型零售价格的优惠幅度底限，制定最低零售价格。例如，这9家广本4S店在2011年8月27日召开的例会中，形成了自2011年9月1日起执行的销售价格单，其中型号为HG7241A的2011款雅阁，在厂家指导报价22.98万元基础上，规定了最低限价为20.18万元（最高优惠额度2.8万元）。在月度例会上，9家经销商同时对上月最低限价执行情况进行通报，对执行共同商定的价格体系提出严格要求，并约定对突破限价的经销商实施经济制裁。

对牵头的浙江某汽车有限公司、杭州某汽车销售服务有限公司，杭州物价局拟分别处以50万元和40万元罚款，对其余7家单位分别处以30万元罚款。杭州市物价局此次开出的罚单共达300万元。据悉，这是当时杭州物价部门开出的涉车行业价格违法最大罚单。

问题：

1. 案例中浙江某汽车有限公司等 9 家 4S 店，以协议的形式约定了车辆的零售价格。试分析协议的性质。
2. 案例中物价局干预并处罚 4S 店价格协议的行为，具有何种属性？
3. 案例中物价局处罚 9 家 4S 店的理由有哪些？
4. 结合案例，具体分析经济法与民法，以及经济法与行政法在调整对象和调整方法上的区别。

核心提示：

当前，由于市场环境的变化，不正当价格行为的表现形式逐步呈现多元化趋势，价格串通、价格联盟、签订价格垄断协议等排斥竞争的价格违法行为越来越多地显现，已成为价格违法行为的主要形式之一。与价格欺诈等一般价格违法案件相比，价格串通和垄断案件涉及的违法行为更隐蔽，对公平交易的市场规则破坏性更大，对消费者和其他经营者利益的损害也更为严重。

从表象来看，9 家 4S 店的最低限价已经低于厂家指导报价了。但由于这些 4S 店之间应该是相互竞争的关系，各店的车价应该各自根据市场供需情况自主定价，而不应当由他们这个"小协会"来商定一个最低限价。这些 4S 店的行为严重破坏了市场公平，损坏了消费者利益，构成明显的价格串通。经营者相互串通，操纵市场价格，损害其他经营者或者消费者合法权益的行为，是《中华人民共和国价格法》明令禁止的不正当价格行为。

学习单元二　个人独资企业法律基础与案例分析

【学习目的与要求】

通过学习，学生对个人独资企业的概念、特征有所了解，对个人独资企业的设立条件、解散和清算，个人独资企业的权利义务，个人独资企业的法律责任等能清晰掌握，并学会运用个人独资企业的基本原理解决实际企业设立、经营中的实务问题。

【学习重点与提示】

个人独资企业的设立条件，个人独资企业及其投资人各自的权利义务，个人独资企业投资人、分支机构和管理人员的责任，个人独资企业与其他企业形态的区别。

基本理论

学习内容1　个人独资企业概述

一、我国个人独资企业法的立法历程

个人独资企业作为私营企业的一种形态，在新中国成立初期就已经存在。为了规范和发展私营企业，中央人民政府政务院在1950年发布了《私营企业暂行条例》，该条例对私营企业的发展起到了积极的促进作用。但是随着合作化和集体化运动的进行，私营企业逐渐减少，1956年以后大多被并入公有制经济中，随后的"文革"使之消失殆尽，《私营企业暂行条例》的历史使命也结束了。

改革开放以后，我国贯彻了以公有制为主体、多种经济成分共同发展的方针，这使得个体工商户、个人独资企业等得到了迅速发展。顺应这一形式，1988年4月12日第七届全国人民代表大会第一次会议通过的《中华人民共和国宪法修正案》肯定了私营经济，明确规定："国家允许私营经济在法律规定

的范围内存在和发展。私营经济是社会主义公有制经济的补充。国家保护私营经济的合法权利和利益，对私营经济实行引导、监督和管理。"随后，国务院于1988年6月25日发布的《中华人民共和国私营企业暂行条例》《中华人民共和国私营企业所得税暂行条例》《国务院关于征收私营企业投资者个人收入调节税的规定》，使得党和国家对私营经济的基本政策得到具体体现与落实。1997年9月，党的十五大进一步明确了非公有制经济的地位和作用。1999年3月，第九届全国人大二次会议通过的《宪法修正案》提高了非公有制经济的地位，并规定"在法律规定范围内的个体经济、私营经济等非公有制经济，是社会主义市场经济的重要组成部分。"党的十五大和第九届全国人大二次会议通过的宪法修正，不仅表明我们党和国家对个体私营经济有了新认识，而且表明党和国家发展个体私营经济的大政方针已定。1999年8月30日第九届全国人大常委会第十一次会议通过了《中华人民共和国个人独资企业法》（以下简称《个人独资企业法》），自2000年1月1日起施行。该法对有关个人独资企业的设立、个人独资企业的投资人及事务管理、个人独资企业的解散和清算等进行了全面规定。

二、个人独资企业的概念

在我国，目前对独资企业概念存在理解上的差异，除多数坚持传统的独资企业概念的理解外，也有的撇开自然人作为投资人的限制，而把所有由一个投资者单独设立的企业都称之为独资企业，而不论唯一的投资者是个人、法人或其他社会组织。因此，我国的独资企业也包括全体所有制企业、集体所有制企业、外商独资企业等在内，这些法人独资企业的责任形式也就不限于无限责任，而完全可能存在有限责任。为避免对独资企业理解的不同，我国《个人独资企业法》特别将独资企业限定为"个人独资企业"。

依据我国《个人独资企业法》的规定，个人独资企业是指依照《个人独资企业法》在中国境内设立，由一个自然人投资，财产为投资人个人所有，投资人以其个人财产对企业债务承担无限责任的经营实体。

三、个人独资企业的法律特征

个人独资企业与其他形式的企业有许多相同之处和共同的属性，但也有不少自身的特性。个人独资企业与合伙企业和公司相比较，具有十分鲜明的个性，其主要法律特征有以下五个方面。

1. 投资主体具有单一性

个人独资企业仅由一个投资者出资设立,且该单一性投资主体又只能是自然人,不包括法人或其他社会团体组织。而我国的公司,一般要求必须是两个或两个以上的股东投资设立(一人公司除外),从投资主体上看,既可以由自然人投资设立,又可以是社团或其他组织共同出资设立,还可以是数个法人投资组成,对投资主体没有任何限制。合伙企业不仅需要两个以上投资人,而且投资人不限于自然人,还包括了法人和其他组织。

2. 企业产权自有

个人独资企业是由一个自然人投资设立的,法律不要求最低注册资本金,企业的财产也是由投资人个人享有所有权,即所谓企业产权自有。因此,投资人个人享有企业的财产和盈利,并有自由处分权。由此性质所决定,个人独资企业的经营决策权也归属于投资人个人。在公司中,财产和盈利为公司所有,对财产和盈利的处分必须由全体股东共同决定,任何一个股东无权私自处分。在企业的经营决策方面,公司由股东集体决策,成员间相互制约,不允许某个人的独断。

3. 不具有法人地位

个人独资企业是典型的非法人企业。按法律人格理论,民事主体人格分为自然人人格和法人人格,独资企业本身不是独立的法律主体,不具有法人人格,是非法人的经营组织。虽然个人独资企业不是法人,但其能以企业的名义对外进行独立的经营活动和诉讼活动,有自己的住所,因此,也有观点认为个人独资企业具有相对独立的法律人格。

4. 财产具有相对独立性

个人独资企业的非法人地位决定了独资企业的财产由独资企业主所有,企业本身不享有所有权。但投资人的财产和用于经营的企业财产仍是有区别的,企业财产在财务制度上是相对独立于投资者的其他个人财产的。

5. 投资人承担无限责任

个人独资企业对其债务的承担,应先以其自身相对独立的财产承担责任,其财产不足以清偿债务的,才由投资人以个人其他财产承担无限责任。对此,我国《个人独资企业法》第三十一条作了规定。

四、个人独资企业与个体工商户的比较

个体工商户是我国法律制度特有的概念和形式,在各国传统商人概念中

并无此概念。实质上,作为公民从事工商业经营的法律形式,个体工商户与传统的独资企业的形式基本相同。二者都是由一个自然人投资,法律对资本金额均无限制,投入的财产及由此所产生的收益均归投资者个人所有,可依法转让或继承。但二者之间仍存在着以下方面的具体差异:

1. 成立的法律依据不同

个人独资企业是依《个人独资企业法》成立和规范运行的;而个体工商户是依《个体工商户条例》成立和规范运行的。

2. 成立的条件不同

个人独资企业必须具有合法的企业名称、固定的生产经营场所和必要的生产经营条件及从业人员;而个体工商户无此类限制。

3. 享有的权利不同

个人独资企业享有广泛的经营自主权,如依法设立分支机构权,依法申请贷款权,取得土地使用权、外贸经营权,获得有关技术权、广告发布权、商标印制权、招用职工权等。而个体工商户在土地使用、广告发布、商标印制及招用职工等方面均受到限制。

4. 核发营业执照的期限不同

工商行政管理机关在收到设立个人独资企业申请文件之日起15日内,对符合法定条件的予以登记,发给营业执照。而工商行政管理机关在受理个体经营申请之日起15日内作出是否予以登记的决定;准予注册登记的,登记机关应当自登记之日起10日内发给营业执照。

5. 清算程序不同

个人独资企业解散,由投资人自行清算或者由债权人申请人民法院指定清算人进行清算;而个体工商户不再从事经营活动时无清算程序,只需向原登记机关办理注销登记即可。

6. 承担民事责任的除斥期间不同

个人独资企业解散后,原投资人对企业存续期间的债务仍应承担偿还责任,但债权人在5年内未向债务人提出偿债请求的,该责任消灭;而法律对个体工商户偿还债务并无除斥期间的规定。

五、个人独资企业与一人公司的比较

一人公司是指只有一个股东的有限责任形式的公司,即公司的投资人为一人，由投资人独资经营，但投资人对公司债务仅负有限责任。我国新修改的《中华人民共和国公司法》（以下简称《公司法》）规定了一人有限责任公司，自然人和法人都可以出资设立一人有限责任公司。除自然人和法人出资设立的一人公司外，我国《公司法》中的国有独资公司也属于一人有限责任公司，只是其股东地位特殊而已。个人独资企业和一人公司都是一个主体出资设立的企业，但两者性质是完全不同的，体现在如下方面：

1. 出资人不同。个人独资企业只能由自然人出资设立；一人公司既可以由自然人出资设立，又可以由法人出资设立，还可以由国家出资设立。

2. 主体资格不同。个人独资企业属于非法人组织，不具有法人资格；一人公司作为公司的一种，是企业法人，在公司成立时取得法人资格。

3. 责任承担不同。个人独资企业的投资人对企业的债务承担无限责任；一人公司的投资人（股东）仅以出资额为限对公司负责，即负有限责任。

4. 注册资本要求不同。对个人独资企业，法律并无最低注册资本的要求；而对一人公司，法律有最低注册资本的要求，依据公司法的规定，其最低注册资本为10万元，且需在公司成立时一次足额缴纳。

5. 设立的法律依据不同。个人独资企业依照《个人独资企业法》设立；一人公司则须依照《公司法》设立。

6. 税收政策不同。个人独资企业只需企业所有人缴纳个人所得税；一人公司要缴纳企业所得税。

学习内容2 个人独资企业的设立

一、个人独资企业的设立条件

1. 投资人只能是一个自然人

个人独资企业，顾名思义，是一个人投资的企业，没有与其他人合作投资或合伙投资的关系。"人"作为法律主体，在法律上有自然人和法人之分。我国《个人独资企业法》在界定投资人时，明确其是一个自然人，将法人和其他组织排除在投资人之外。根据《中华人民共和国民法通则》（以下简称《民法通则》）的规定，自然人是我国民事法律活动的主体。有时将其与公民的概念混同使用。投资作为一种经济活动，自然人既可以自己独立进行，又可以通过他的法定代理人或经过他的法定代理人同意后进行。在代理人代理投资时，必须以被代理人的名义进行。

作为个人独资企业投资人的自然人，在国籍上要求具有中国国籍。在年龄和精神状况上一般要求为完全民事行为能力人，如为无民事行为能力人或限制民事行为能力人则需有具有完全民事行为能力人为其委托代理人；在职业类群划分上，公务员、公检法人员以及商业银行的工作人员等法律法规禁止从事营利活动的人不能成为个人独资企业的投资人。

2. 有合法的企业名称

个人独资企业名称是企业所享有的一种人格权，它必须依法确定才能受法律保护。企业名称也是企业对外交往的标志。个人独资企业的名称也就是其作为经营实体对外交往的标志。在有的情况下，也将这种企业名称称作"商号"。对个人独资企业来说，有确定的企业名称十分必要。否则，对第三人而言，就很容易弄不清究竟是投资人个人的行为还是个人独资企业的企业行为。

按我国有关企业名称登记管理的规定，企业名称在企业申请登记时，由企业名称登记主管机关核定方可使用，并在规定的范围内享有专用权。企业只准使用一个名称，并且在登记主管机关辖区内不得与已登记注册的同行业企业名称相同或者近似。企业名称应当由以下几个部分组成：字号或者商号、行业或者经营特点、组织形式以及企业所在地省、市或县等行政区划名称（几类特殊企业除外）。企业名称中不得含有下列内容和文字：有损于国家、社会公共利益的；可能对公众造成欺骗或误解的；外国国家或地方名称及国际组织名称；政党名称、党政军机关名称、群众组织名称、社会团体名称及部队番号；汉语拼音字母和数字及其他法律、行政法规规定禁止的。除几类特殊企业外，其他企业不得在企业名称中使用"中国""中华"或"国际"等字词。企业不得随意在其名称中使用"总"字。个人独资企业在申请登记自己的名称时，应当遵守这些规定。

此外，《个人独资企业法》第十一条还规定，个人独资企业的名称应当与其责任形式及从事的营业相符合。

3. 有投资人申报的出资

个人独资企业作为一个生产经营性实体，从事的是经济活动，投资人又只有一个，投资人是一定要投入相当的人财物等生产要素的，所以规定了投资人的出资事项，并进而要求投资人申报。法律对具体的出资数额并未要求，这与公司的情况大不相同，主要原因在于个人独资企业大多数是小型企业，需要照顾其灵活性。

在个人独资企业投资人申报出资方面，《个人独资企业法》并未规定最低注册资本要求，但并不意味着投资人可以不受限制地申报出资。依据国家工商行政管理总局《关于贯彻实施〈个人独资企业登记管理办法〉有关问题的通知》，投资人申报的出资额应当与企业的生产经营规模相适应。上述规定可以理解为工商行政管理机关为指导和规范个人独资企业设立而作出的行政解释，但仔细推敲该通知推行本意与实践有如下相悖之处：一方面，企业的生产经营规模是一个动态、连续的概念，实际中很难在设立之初就对生产经营规模予以确立，因此在实务中不具有操作性。另一方面，实践中，工商行政管理机关在依此通知进行执法时会出现权力寻租以及抑制投资人创业积极性等问题。

4. 有固定的生产经营场所和必要的生产经营条件

个人独资企业与其他企业一样，作为"企业"就是一个经营实体，必须从事特定的生产经营活动。而要进行生产经营，就需要一定的场地设施，并且具备必要的生产经营设施，比如机器设备、营销柜台等。

5. 有必要的从业人员

根据《个人独资企业法》第六条的规定，个人独资企业应当依法招用职工。根据该法第十九条的规定，个人独资企业投资人可以自行管理企业事务，也可以委托或者聘用其他具有民事行为能力的人负责企业的事务管理。这里的从业人员，应作较为宽泛的理解，在依该法第六条招用职工和第十九条聘用其他管理人员的情况下，只要个人独资企业投资人也从事业务活动，就应理解为从业人员，在没有招用和聘用其他人员的情况下，独资企业投资人自己从事业务活动，也说明该个人独资企业具有了"有必要的从业人员"的条件。

二、个人独资企业的登记

(一) 设立登记

个人独资企业的申请人是个人独资企业的投资人。投资人也可以委托其代理人向个人独资企业所在地的登记机关申请设立登记。投资人申请设立独资企业，应向登记机关提交下列文件：

1. 设立申请书。设立申请书应包括的事项如下：(1) 企业的名称和住所（个人独资企业以其主要办事机构所在地为住所）；(2) 投资人的姓名和居所；(3) 投资人的出资额和出资方式；(4) 经营范围。

2. 投资人身份证明。
3. 生产经营场所使用证明等文件。

由委托代理人申请设立登记的，应当出具投资人的委托书和代理人的合法证明。

（二）登记机关核准登记与企业成立

个人独资企业实行准则设立的原则，即个人独资企业依《个人独资企业法》规定的条件设立。登记机关应当在收到设立申请文件之日起15日内，对符合个人独资企业法规定条件者，予以登记，发给营业执照；对不符合个人独资企业法规定条件者，不予登记，并给予书面答复，说明理由。个人独资企业营业执照的签发日期，为独资企业的成立日期。在领取个人独资企业营业执照前，投资人不得以个人独资企业名义从事经营活动。违反《个人独资企业法》规定，未领取营业执照，以个人独资企业名义从事经营活动的，责令停止经营活动，处以3000元以下的罚款。

（三）变更登记

个人独资企业的变更是指个人独资企业存续期间登记事项发生的变更。如企业名称、住所、经营范围、经营期限等方面发生的改变。个人独资企业应当在作出变更决定之日起15日内依法向登记机关申请办理变更登记。个人独资企业登记事项发生变更时，未按《个人独资企业法》规定办理有关变更登记的，责令限期办理变更登记；逾期不办理的，处以2000元以下的罚款。

（四）注销登记

根据《个人独资企业法》第三十二条的规定，个人独资企业清算结束后，投资人或者人民法院指定的清算人应当编制清算报告，并于15日内到登记机关办理注销登记。注销登记一旦完成，个人独资企业即告消灭。

三、个人独资企业分支机构的设立

个人独资企业的分支机构是指个人独资企业在住所地以外设立的从事业务活动的办事机构。个人独资企业分支机构的设立与登记程序与个人独资企业的设立程序大体相同。

1. 设立申请与登记

个人独资企业欲设立分支机构的，由投资人或者其委托的代理人向分支机构所在地的登记机关申请登记，领取营业执照。

2. 登记备案

个人独资企业分支机构经核准登记后，应将登记情况报该分支机构隶属的个人独资企业的原登记机关备案。

3. 个人独资企业分支机构民事责任的承担

企业的分支机构是企业的一部分，其产生的民事责任理应由企业承担。由于投资人以其个人财产对个人独资企业的债务承担无限责任，所以，个人独资企业分支机构的民事责任实际上还是应由投资人承担。

可见，我国相关法律只对个人独资企业设立分级机构有程序性的规定，未对设立个人独资企业分支机构的实体条件予以明确规定。同时，在社会实践中大量存在个人独资企业擅自设立分支机构的现象，如何予以规制成为《个人独资企业法》要破解的一个重要问题。在鼓励个人独资企业发展壮大的同时，应当对个人独资企业分支机构设立条件予以明确规定，要求其达到一定的设立条件才能予以设立而不是个人独资企业投资人想设就设。如个人独资企业擅自设立分支机构，工商行政管理机关应当按照《个人独资企业法》和《无照经营查处取缔办法》施行定性处罚。

学习内容 3　个人独资企业的投资人与事务管理

一、个人独资企业的投资人

（一）个人独资企业投资人的条件

由于个人独资企业具有投资主体的单一性、经营管理的直接性等特点，与公司大为不同，所以《个人独资企业法》没有对企业的组织机构作出具体规定，而是集中在投资人的条件以及企业的事务管理两方面。

个人独资企业的投资人，只能是一个自然人，其投资的财产必须是私人所有的财产。关于独资企业投资人的条件，个人独资企业法并未规定其积极条件，而只规定了其消极条件，即不得成为个人独资企业投资人的条件。《个人独资企业法》第十六条规定："法律、行政法规禁止从事营利性活动的人，不得作为投资人申请设立个人独资企业。"这一规定表明，除法律、行政法规禁止从事营利性活动的自然人以外，其余自然人均可以作为个人独资企业的投资人。我国现行法律、行政法规所禁止从事营利性活动的人包括法官，即凡取得法官任职资格、依法行使国家审判权的审判人员；检察官，即凡取得检察官任职资格、依法行使国家检察权的检察人员；人民警察和国家公务员。

（二）个人独资企业投资人的权利

1. 个人独资企业投资人对企业财产享有所有权。个人独资企业成立时的出资和经营过程中积累的财产都归独资企业的投资人所有。此处的财产既包括房屋、机器、设备、原材料等有形财产，又包括工业产权、专有技术等无形财产。

2. 个人独资企业的投资人的有关权利可以依法进行转让或继承。由于个人独资企业投资人的人格与企业的人格密不可分，企业财产所有权均归投资人，所以投资人对于企业财产享有充分和完整的支配与处置权，可以将企业财产的某一部分转让给他人，也可以将整个企业转让给他人。同时，当投资人死亡或被宣告死亡时，其继承人可以依继承法的规定对独资企业行使继承权。

（三）个人独资企业投资人的责任

个人独资企业投资人对企业债务承担无限责任。依照《个人独资企业法》第十八条的规定，个人独资企业在申请企业设立登记时明确以其家庭共有财产作为个人出资的，应当依法以家庭共有财产对企业债务承担无限责任。换言之，以投资人个人财产出资设立的，由投资人的个人财产承担无限责任；以投资人的家庭财产出资设立的，由投资人的家庭财产承担无限责任。

投资人对个人独资企业债务承担无限责任是独资企业的显著特征，也是各国立法的通例。我国《个人独资企业法》第三十一条也规定了投资人对个人独资企业债务的无限责任。在司法实践中，要认定与实现投资人的无限责任，应注意如下几个问题：

1. 个人独资企业财产与投资人其他财产的清偿顺序。《个人独资企业法》第三十一条规定："个人独资企业财产不足以清偿债务的，投资人应当以其个人的其他财产予以清偿。"据此，对个人独资企业存续期内的债务首先应以个人独资企业的财产予以清偿；只有当企业财产不足以清偿其债务时，才由投资者个人的其他财产负补充清偿责任。换言之，个人独资企业的债权人不得绕开个人独资企业的财产，而径行要求强制执行投资者个人的其他财产，否则，投资者得以行使此条赋予的抗辩权而拒绝履行。

2. 投资人的财产性法律责任的冲突与协调。在司法实践中，由于法律规范竞合的存在,投资人有时既要承担民事责任,又要承担财产性的行政责任或者刑事责任。而投资人个人的财产总量是有限的,不能同时履行民事责任及行政、刑事责任中的财产部分,这就产生了投资人的财产性法律责任之间的冲突。对此,《个人独资企业法》第四十三条规定:"投资人违反本法规定,应当承担民事赔偿责任和缴纳罚款、罚金,其财产不足以支付的,或者被判处没收财产的,应当先承担民事赔偿责任。"从而确立了投资人财产性法律责任的民事赔偿责任优先的原则。根据这个原则,投资人财产足以承担各项法律责任的,分别承担;不足以承担各项法律责任时,民事赔偿义务优先履行。

3. 投资人责任财产范围的认定。如前所述,当个人独资企业财产不足以清偿债务时,投资人应当以其个人的其他财产负补充清偿责任。因此,准确界定此处"其他财产"的范围就具有十分重要的意义。在确认投资人个人"其他财产"的范围时,关键是要识别投资人个人财产与夫妻共有财产、家庭共有财产的关系。

(1) 投资人个人财产与夫妻共有财产。由于我国现行《婚姻法》实行的是以法定财产制为主、约定财产制为辅的夫妻财产制度,因此,区分投资人个人财产与夫妻共有财产就有相当的难度。尤其是在投资人与其配偶恶意串通,假离婚、真避债时,这种难度就更大。债权人此时首先应当依照《民法通则》第五十八条第(四)(七)款的规定,主张投资人与其配偶的恶意处分行为无效,以恢复投资人责任财产的原有状态。

(2) 投资人个人财产与家庭共有财产。《个人独资企业法》第十八条规定:"个人独资企业投资人在申请企业设立登记时明确以其家庭共有财产作为个人出资的,应当依法以其家庭共有财产对企业债务承担无限责任。"探究本条立法的本意,应当可做这样的理解,即投资人在申请设立个人独资企业时,可将家庭共有财产作为个人财产出资,在独资企业财产不足以清偿债务时,投资人应以家庭共有的其他财产负责清偿。然而,这种理解又显然违反了《个人独资企业法》及《民法通则》的有关规定。

其一,根据《个人独资企业法》第二条的规定:"本法所称个人独资企业,是指依照本法在中国境内设立,由一个自然人出资,财产为投资人个人所有,投资人以其个人财产对企业债务承担无限责任的经营实体。"很明显,投资主体的单一性、财产归属的单一性以及承担责任主体的单一性,是个人独资企业的基本属性。如果允许投资人以家庭共有财产出资,以家庭共有财产承担无限责任,即意味着出资主体、担责主体的多元化,企业的性质显然不再是个人独资企业,而更符合家庭合伙的表征。

其二,依照最高人民法院《关于贯彻执行〈中华人民共和国民法通则〉

若干问题的意见》(试行)第 89 条的规定:"共同共有人对共有财产享有共同的权利,承担共同的义务。在共同共有关系存续期内,部分共有人擅自处分共有财产的,一般认定无效。"依此,在设立个人独资企业时,如果投资人未经其他共有人同意而将家庭共有财产作为个人财产出资,当属侵权行为,应向其他共有人承担侵权赔偿责任;如果征得其他共有人同意,则又可细分为两种情况:第一,投资人与其他共有人共同出资、共享收益与风险,对企业债务负连带无限责任,即彼此间是合伙关系;第二,其他共有人将属于自己所有的财产借给投资人使用,投资人以该部分财产连同自己所有的个人财产作为出资设立个人独资企业。此时,投资人与其他共有人之间是一种普通的债权债务关系,对个人独资企业的债务,其他共有人不负任何清偿义务。当然,从衡平的原则出发,如投资人将个人独资企业的主要经营所得用于家庭成员的非生活必需品的消费,债权人可要求该部分受益的家庭成员承担一定责任。[①]

二、个人独资企业的事务管理

(一) 个人独资企业事务管理的方式

投资人有权自主选择企业事务的管理形式,主要有三种模式:

1. 自行管理。由个人独资企业投资人本人对本企业的经营事务直接进行管理。

2. 委托管理。由个人独资企业的投资人委托其他具有民事行为能力的人负责企业的事务管理。

3. 聘任管理。个人独资企业的投资人聘用其他具有民事行为能力的人负责企业的事务管理。

委托管理,须由投资人与受托人签订书面合同,明确委托的具体内容和授予的权利范围。聘用他人管理企业事务,须由投资人与被聘用的人签订书面合同,明确委托的具体内容和授予的权利范围。投资人委托或者聘用的人员管理个人独资企业事务时违反双方订立的合同,给投资人造成损害的,应承担民事赔偿责任。应当注意的是,投资人对受托人或者被聘用的人员职权的限制,不得对抗善意第三人。

[①] 龙著:《个人独资企业法若干问题刍议》,载《河北法学》2001 年第 1 期。

(二) 受托人或者被聘用的管理人的义务

受托人或者被聘用人应当履行诚信、勤勉义务,按照与投资人签订的合同负责个人独资企业的事务管理。

根据《个人独资企业法》第二十条的规定,投资人委托或者聘用的管理个人独资企业事务的人员不得有下列行为:

(1) 利用职务上的便利,索取或者收受贿赂;
(2) 利用职务或者工作上的便利侵占企业财产;
(3) 挪用企业的资金归个人使用或者借贷给他人;
(4) 擅自将企业资金以个人名义或者以他人名义开立账户储存;
(5) 擅自以企业财产提供担保;
(6) 未经投资人同意,从事与本企业相竞争的业务;
(7) 未经投资人同意,同本企业订立合同或者进行交易;
(8) 未经投资人同意,擅自将企业商标或者其他知识产权转让给他人使用;
(9) 泄露本企业的商业秘密;
(10) 法律、行政法规禁止的其他行为。

投资人委托或者聘用的人员违反上述规定,侵犯个人独资企业财产权益的,责令其退还侵占的财产;给企业造成损失的,依法承担赔偿责任;有违法所得的,没收违法所得;构成犯罪的,依法追究刑事责任。

三、个人独资企业的权利与义务

(一) 个人独资企业的权利

个人独资企业享有以下权利:自主经营权、组织机构设置权、工资制度决定权、企业名称专用权、知识产权、贷款申请权、土地使用权、拒绝摊派权,以及法律、行政法规规定的其他权利。

(二) 个人独资企业的义务

1. 个人独资企业应当依法设置会计账簿,进行会计核算。这一点不同于个体工商户。个体工商户可以不设置会计账簿。
2. 个人独资企业招用职工的,应当依法与职工签订劳动合同。
3. 个人独资企业应当按照国家规定参加社会保险,为职工缴纳社会保险费。

4. 依法履行纳税义务。个人独资企业不缴纳企业所得税，而由投资者个人按照《个人所得税法》的有关规定缴纳个人所得税。

5. 个人独资企业从事经营活动必须遵守法律、行政法规，遵循诚实信用原则，不得损害社会公共利益。

四、个人独资企业的营业转让

实践中个人独资企业因产权明晰且相对公司企业而言规模较小的特点，转让现象较为常见。因个人独资企业只能由一个自然人作为出资人，不存在投资份额多少和股权机制等问题，故个人独资企业的转让遵循整体处分的原则。根据国家工商行政管理总局颁布的《个人独资企业登记管理办法》的相关规定，个人独资企业因转让或继承致使投资人发生变化的，个人独资企业可以向原登记机关提交转让协议书或者法定继承文件，申请变更登记。司法实践中，上述规定的不明晰致使变更后的个人独资企业与原债权人以及个人独资企业转让人与受让人之间纠纷数量呈逐年增多之势。

个人独资企业营业转让可分为债权和债务转让。对于债权转让，各国立法确认了两种立法例。前者以《德国民法典》为代表，该法典第25条第1款规定："以原商号、附加或不附加表示继任关系的字样继续生前所取得的营业的人，对所有人在营业中设定的一切债务负责任。原所有人或其继承人已同意继续使用商号的，对于债务人而言，在营业中设定的债权视为已移转于取得人。"作为补充性条款，该法典第25条第2款规定："有另行约定的，另行约定只有在其已登入商业登记簿并且已经公告，或已由取得人或让与人通知第三人时，才对第三人有效。"[①] 从上述法条来看，德国商法典确立了债权自动转移给受让人的立法例。后者以《韩国商法典》为代表，该法典第7章系统地阐述了营业转让的若干规定："营业受让人继续使用出让人的商号时，关于因出让人的营业所发生的债权，受让人也应承担清偿责任。"[②] 从上述法典所涉章节和条款来看，《韩国商法典》确立的是营业发生转让，债权不发生转移，归转让人所有的立法例。

对于债务转让，《日本商法典》规定了受让人原则上应承担营业转让前的企业存在的债务，同时又规定了两个但书条款。一是受让人可于商业登记时表达不承担责任的意旨；二是受让人或转让人在营业转让后及时通知第三人，

---

① 《德国商法典》，杜景林、卢谌译，中国政法大学出版社1999年版。
② 《韩国商法典》，吴日焕译，中国政法大学出版社1999年版。

则受让人也不需要对转让前的债务承担责任。与之相对应的是,为充分保护第三者的债权,我国香港等地的立法确立了受让人应承担转让前债务的立法例。

我国个人独资企业营业转让法律制度的完善应当遵循如下思路。首先,在债务转让方面,个人独资企业的营业转让应当考虑营业转让行为受到合同法债之保全制度的制约。考虑这样的安排是基于投资人出于逃避债务的目的而不合理地低价转让或无偿处分个人独资企业。其次,个人独资企业营业转让属债务转移的,应履行告知债权人,并以其同意为债务转移的有效要件。如不同意发生债务转移,个人独资企业须履行清偿义务后,营业转让行为才始发生。再次,如债权人同意债务发生转移,基于个人独资企业所具有现行法律法规所确立的商主体的资格以及充分保护第三人的债权之客观需求,债务承担的客体应当是个人独资企业,个人独资企业的受让人与转让人承担补充责任。当然对于债务的消灭时效应当在立足我国法律传统与借鉴其他国家立法例基础之上作出对于受让人债务的消灭时效为5年,对于转让人如已完全正确地履行法律程序,其债务消灭时效为2年的具体规定。对于债权的转让,我国《个人独资企业法》应借鉴《德国民法典》,采债权自动转移给受让人的立法例,以转让人与受让人合同的另行约定作为但书条款予以规定。

学习内容4 个人独资企业的解散和清算

一、个人独资企业的解散

个人独资企业的解散是指个人独资企业因出现某些法律事由而导致其民事主体资格消灭的行为。解散仅仅是个人独资企业消灭的原因,企业并非因解散的事实发生而立即消灭。

根据《个人独资企业法》第二十六条的规定,个人独资企业的解散有下列四种情形:

(一) 投资人决定解散

这是个人独资企业解散的任意原因。只要不违反法律规定,投资人有权决定在任何时候解散个人独资企业。

（二）投资人死亡或者被宣告死亡，无继承人或者继承人决定放弃继承

在投资人死亡或宣告死亡的情况下，如果其继承人继承了个人独资企业，则企业可继续存在，只需办理投资人的变更登记即可，但若出现无继承人或全部继承人均决定放弃继承的情形，个人独资企业失去继续经营的必备条件，故应当解散。

（三）被依法吊销营业执照

这是个人独资企业解散的强制原因。被处以吊销营业执照的处罚的原因包括个人独资企业提交虚假文件以欺骗手段取得登记情节严重的行为，涂改、出租、转让营业执照情节严重的行为，企业成立后无正当理由超过6个月未开业或开业后自行停业连续6个月以上的行为等。

（四）法律、行政法规规定的其他解散情形

二、个人独资企业的清算

如前所述，解散仅仅是个人独资企业消灭的原因，企业并非因解散的事实发生而立即消灭。个人独资企业的清算即是处理解散企业未了结的法律关系的程序。清算结束，进行注销登记，个人独资企业才最后消灭。

（一）清算人的产生

清算人是指清算企业中执行清算事务及对外代表者。清算企业因解散而丧失经营活动的能力，不能继续进行经营活动，而只存在清算事务。因此，企业的管理人应代之为清算人。

《个人独资企业法》第二十七条规定，个人独资企业解散，由投资人自行清算或者由债权人申请人民法院指定清算人进行清算。因此，个人独资企业的清算原则上以投资人为其清算人。但经债权人申请，人民法院得指定投资人以外的人为清算人。

（二）通知与公告程序

投资人自行清算的，应当在清算前15日内书面通知债权人，无法通知的，应当予以公告。债权人应当在接到通知之日起30日内，未接到通知的应当在公告之日起60日内，向投资人申报其债权。

但《个人独资企业法》对投资人自行清算的通知形式、公告的载体及通知、公告次数没有规定,对债权人申请人民法院指定清算人进行清算的具体程序以及清算费用也未作规定。对此,可做如下完善。

1. 对清算人的任职资格和选任条件作出明确规定。根据多数国家和地区的规定,自然人和法人均可出任清算人,我国亦应仿照此例规定自然人与法人均可担任清算人。另外,对自然人担任清算人的资格应做如下限制:一是规定无民事行为能力、限制民事行为能力人不能担任清算人;二是对于受过刑事处罚的人,也应规定其不能担任清算人;三是曾任清算人而被人民法院解除的人,不能担任清算人;四是清算人应具备相应的专业知识。

2. 规定无论是投资人自行清算还是由债权人申请人民法院指定清算人进行清算,通告、公告债权人的次数都是一次即可,规定清算人自被确定之日起 10 日内将企业解散事项通知债权人,并于 60 日内在报纸上公告。关于债权人向清算人申报债权的时间可以参考《中华人民共和国合伙企业法》(以下简称《合伙企业法》)的规定,做到与其保持一致,规定为债权人应当在接到通知之日起 30 日内,未接到通知的应当在公告之日起 45 日内向投资人申报债权。对于通知的形式,规定必须采用书面形式。对于公告的载体,可以规定在债权人可能居住的地区范围内,以及可以见到的媒体。

3. 规定无论是投资人自行清算还是由债权人申请委托清算,对在清算过程中所产生的费用,应当由企业财产先行支付,然后再以企业财产分别清偿职工的工资、社会保险费用和法定补偿金,缴纳所欠税款,清偿债务后的剩余财产则由投资人取得。

(三) 清产偿债程序

清算人应在债权人申报债权后清理企业的债权、债务。在清算期间,个人独资企业不得开展与清算目的无关的经营活动。在清偿债务前,投资人不得转移、隐匿财产。个人独资企业及其投资人在清算前或清算期间隐匿或转移财产、逃避债务的,依法追回其财产,并按照有关规定予以处罚;构成犯罪的,追究其刑事责任。

(四) 财产清偿顺序

个人独资企业解散的,财产的清偿顺序依次为所欠职工工资和社会保险费用;法定补偿金;所欠税款;其他债务。

个人独资企业财产不足以清偿债务的,投资人应当以其个人的其他财产予以清偿。

(五) 责任消灭制度

个人独资企业解散后，原投资人对个人独资企业存续期间的债务仍应承担偿还责任，但债权人自个人独资企业解散后 5 年内未向债务人提出偿债请求的，该责任消灭。

在财产清偿完毕之后，进行注销登记，注销登记一旦完成，个人独资企业即告消灭。

案例分析

训练项目一：个人独资企业的事务管理案例分析

【训练目的与要求】

1. 通过训练，了解个人独资企业事务管理的基本规则。
2. 掌握确定受托和被聘用者管理个人独资企业权限的主要依据。
3. 掌握个人独资企业和投资人对外责任的承担规则，并能够理解其中的原因。

【实例训练】

案例 1：

张某投资设立了专营电脑维修业务的个人独资企业甲，并委托赵某管理企业事务，授权赵某可以决定 10 万元以下的交易。赵某以甲企业的名义向乙公司购买 15 万元的商品。乙公司不知张某对赵某的授权限制，依约供货，而甲企业却未按期付款，由此发生争议，乙公司起诉了甲企业要求其支付货款和逾期付款的利息。

问题：

1. 甲企业向乙公司购买商品的行为是否有效？
2. 张某可否依据与赵某的授权委托书而拒绝履行付款义务？如果甲企业付款 10 万元，其余款项是否应由赵某支付？
3. 本案应当如何解决？相关当事人应承担何种责任？

核心提示：

委托管理，须由投资人与受托人签订书面合同，明确委托的具体内容和授予的权利范围。但是，投资人对受托人或者被聘用的人员职权的限制，不得对抗善意第三人。

个人独资企业投资人对企业债务承担无限责任。

案例 2：

万某因出国留学将自己的独资企业委托陈某管理，并授权陈某在 5 万元以内的开支和 50 万元以内的交易可自行决定。

问题：

若第三人对此授权不知情，则陈某受托期间实施的下列哪一行为为我国法律所禁止或无效？

1. 未经万某同意与某公司签订交易额为 100 万元的合同。
2. 未经万某同意将自己的房屋以 1 万元出售给本企业。
3. 未经万某同意向某电视台支付广告费 8 万元。
4. 未经万某同意聘用其妻为企业销售主管。

核心提示：

根据《个人独资企业法》第二十条的规定："投资人委托或者聘用的管理个人独资企业事务的人员不得有下列行为：……（七）未经投资人同意，同本企业订立合同或者进行交易……"这是对"自己代理"行为的一种限制，因为代理人的身份决定了其在这种情形下，与被代理人存在着利益上的冲突，一边是被代理人的利益，另一边是代理人自己的利益，此时为了自身利益的最大化，代理人极有可能损害被代理人的利益，背离代理人的职责。

训练项目二：个人独资企业解散的案例分析

【训练目的与要求】

通过训练，能够分析并认定个人独资企业解散法律纠纷的主要问题，并提出解决问题的建议。

【实例训练】

案例 1：

2000 年 1 月 15 日，甲出资 5 万元设立 A 个人独资企业，甲聘请乙管理 A 企业事务，同时规定，凡乙对外签订的标的超过 1 万元以上的合同须经甲同意。2000 年 2 月 10 日，乙未经甲同意以 A 企业的名义向善意第三人丙购买了价值 20000 元的货物。

2000 年 7 月 4 日，A 企业亏损，不能支付到期的丁的债务，甲决定解散 A 企业，并请求法院指定清算人。7 月 10 日，人民法院指定戊作为清算人对 A 企业进行清算。经查，A 企业和甲的资产及债权债务情况如下：企业欠缴税款 2000 元，欠乙工资 5000 元，欠社会保险费 5000 元，欠丁 100000 元；A 企业的银行存款 10000 元，实物折价 80000 元；甲向 B 合伙企业出资 60000 元，占 B 企业出资总额的 50%，B 合伙企业每年可以向合伙人分配利润；甲个人其他可执行的财产价值 20000 元。

问题：

1. 乙于 2 月 10 日以 A 企业的名义向丙购入价值 20000 元的货物行为是否有效，并说明理由。
2. 试述 A 企业清算时的财产清偿顺序。
3. 如何满足丁的债权请求？

核心提示：

《个人独资企业法》第十九条第三、四款规定："受托人或者被聘用的人员应当履行诚信、勤勉义务，按照与投资人签订的合同负责个人独资企业的事务管理。投资人对受托人或者被聘用的人员职权的限制，不得对抗善意第三人。"

《个人独资企业法》第二条规定："本法所称个人独资企业，是指依照本法在中国境内设立，由一个自然人担资，财产为投资人个人所有，投资人以其个人财产对企业债务承担无限责任的经营实体。"第三十一条规定："个人独资企业财产不足以清偿债务的，投资人应当以其个人的其他财产予以清偿。"

案例 2：

张某于 2000 年 3 月成立一家个人独资企业。同年 5 月，该企业与甲公司签订一份买卖合同，根据合同，该企业应于同年 8 月支付给甲公司货款 15 万元，后该企业一直未支付该款项。2001 年 1 月该企业解散。2003 年 5 月，甲公司起诉张某，要求张某偿还上述 15 万元债务。

问题：

下列有关该案的表述哪些是错误的？

1. 因该企业已经解散，甲公司的债权已经消灭。
2. 甲公司可以要求张某以其个人财产承担 15 万元的债务。
3. 甲公司请求张某偿还债务已超过诉讼时效，其请求不能得到支持。
4. 甲公司请求张某偿还债务的期限应于 2003 年 1 月届满。

核心提示：

根据《个人独资企业法》第二条："本法所称个人独资企业，是指依照本法在中国境内设立，由一个自然人投资，财产为投资人个人所有，投资人以其个人财产对企业债务承担无限责任的经营实体。"第二十八条："个人独资企业解散后，原投资人对个人独资企业存续期间的债务仍应承担偿还责任，但债权人在五年内未向债务人提出偿债请求的，该责任消灭。"

训练项目三：个人独资企业营业转让的案例分析

【训练目的与要求】
1. 通过训练，理解我国法律对个人独资企业营业转让的一般规定。
2. 认识实务中个人独资企业营业转让纠纷涉及的焦点与难点问题。
3. 能够分析并解决个人独资企业营业转让纠纷存在的实际问题。

【实例训练】

案例1：

2003年11月，吴某个人投资设立个人独资企业液压工具厂。2003年11月至2006年4月，液压工具厂向金某购买千斤顶底座，尚欠金某货款12万元未支付。2006年10月8日，吴某将该液压工具厂作价30万元转让给了高某，转让协议约定：吴某将该厂的所有权、经营权全部转让给高某；转让前以该厂名义发生的债权债务由吴某享有和承担；吴某同意高某继续使用原企业名称。协议签订后，双方到工商局办理了该厂的投资人变更手续。后金某为12万元货款将吴某、液压工具厂一并起诉至人民法院，要求液压工具厂承担支付货款的法律责任，吴某对液压工具厂的付款义务承担连带清偿责任。

本案在审理过程中，形成了以下三种观点：

第一种观点认为，吴某与液压工具厂构成了不真正连带责任，液压工具厂和吴某应各自独立对金某负全部义务之履行的责任，并因液压工具厂或吴某任何一人之履行而使另一人之履行义务免除。

第二种观点认为，投资人对于转让之前的债务，仍应是责任主体，而受让企业的投资人则应在受让资产范围内承担补充责任。

第三种观点认为，应当由原投资人承担责任。

问题：
1. 依据《个人独资企业法》等相关理论，对上述观点逐一评析。
2. 本案应当如何处理？请提供方案与理由。

核心提示：

营业转让问题是个人独资企业在实务中的难点问题。对此，主要有三种争议。

第一种观点认为，个人独资企业并非绝对无独立法律人格，而是具有相对独立的法律人格，在债务的承担上亦具有相对独立性，即应先以其独立的自身财产承担责任。

第二种观点认为，个人独资企业虽具有法律上的相对独立性，但原投资人对于转让之前债务，仍应是责任主体，而受让企业的投资人则应在受让资产范围内承担补充责任。

第三种观点认为，个人独资企业系由个人投资设立并由投资人承担无限责任的经济组织，其并无独立的法律人格，其人格依附于投资人，在投资人发生变更的情况下，变更后的个人独资企业与变更前的个人独资企业在本质上已是两个不同的企业，这种不同与注销的旧企业和设立的新企业之间的不同并无本质区别。

案例2：

原告：沛县某铸造有限责任公司

被告：徐州某水泵厂

被告：李某

被告徐州水泵厂系个人独资企业，在2000年至2002年间多次向原告购买配件。2002年6月，双方结欠货款57259元，在支付2万元后，被告投资人李某以水泵厂名义和原告于2002年8月达成还款计划，约定余款于2003年5月前还清。

2002年11月8日，李某（甲方）与王某（乙方）达成转让协议，甲方决定将徐州某水泵厂转让给乙方，协议约定：1. 至转让之后所发生的债权债务由乙方承担。2. 乙方自签字之日方能有自由经营权。3. 本协议自签字之日起生效。协议签定的当日，徐州某水泵厂即在工商部门办理了企业投资人变更登记。

后原告依还款计划要求被告徐州某水泵厂偿还到期债务，但被告以投资人变更为由拒绝偿还。原告诉至沛县人民法院，要求徐州某水泵厂承担到期债务的清偿责任，在审理期间，又依原告申请追加李某为被告。被告徐州某水泵厂辩称，徐州某水泵厂为个人独资企业，原厂负责人是李某，2002年11月6日变更为王某，并办理了工商变更登记。依据协议的约定，转让前的债务应由李某承担，请求驳回原告对徐州某水泵厂的诉讼请求。被告李某辩称徐州某水泵厂负责人的变更不能影响债务的承担方式，故应由企业承担清偿责任。

问题：

1. 结合案例，明确分析个人独资企业案例的基本流程，以及应注意的主要问题。

2. 分析本案，提出解决方案与理由。

核心提示：

根据国家工商行政管理总局颁布的《个人独资企业登记管理办法》之相关规定，个人独资企业因转让致使投资人发生变化的，个人独资企业可以向原登记机关提交转让协议书，申请变更登记。上述规定对于企业债权与债务转让问题并未明晰化，由此导致在司法实践中，存在诸多变更后的个人独资企业与原债权人以及个人独资企业转让人与受让人之间的纠纷。

学习单元三　合伙企业法律基础与案例分析

【学习目的与要求】

掌握合伙企业的概念及其特征,理解并掌握合伙企业的具体制度与规则,能够认识、分析并解决合伙企业的实际法律问题。

【学习重点与提示】

掌握合伙企业的特征,合伙事务执行、入伙与退伙制度,理解并掌握有限合伙与特殊的普通合伙的特征与主要制度。

基本理论

学习内容1　合伙企业概述

"合伙"一词最早出现在公元前18世纪,《汉穆拉比法典》中就有关于自由民和自由合伙的记载。除此之外,古希腊人把各方合伙人的全部财产投入合伙的称为"共同体"。罗马共和国末期以后,商品经济空前发达,罗马法上把合伙作为一种无需任何法定形式的诺成契约,罗马人常采取合伙的形式经营奴隶、粮食、油店。另外,他们还以"船舶共有"的方式进行航海经商,船舶共有人须对受其委托的航海者在航海经商中所负的债务承担连带责任。这些都是合伙制度最早期的表现形态。经过几千年的发展、演变和完善,合伙已经成为现代三大企业形式之一。

虽然合伙自产生之日起历经了上千年的演化,却并未因法人制度在世界范围内的兴起而衰落,相反仍然在往前发展,进行着制度创新。从契约型合伙到组织型合伙,从民事合伙到商事合伙,再从普通合伙到有限合伙等,合伙形式的制度设计日益丰富和多样化。

合伙究其本质而言,不同于自然人,也不同于法人。从行为角度看,它是两个以上的民事主体共同投资、共同经营、共负盈亏的契约行为;从组织角度看,它是各合伙人订立合伙协议,共同出资,合伙经营,共享收益,共担风险,并对合伙企业债务承担无限连带责任的营利性组织。一般来说,它主要是由两个以上的合伙人共同经营，同时有独立于合伙人财产的合伙财产，合伙人对合伙的债务承担无限连带责任。在合伙财产能够清偿合伙债务的情况下，由合伙财产承担；不足时，会由合伙人补充承担。

一、合伙企业的概念与分类

在我国，企业组织形式主要包括公司（包括有限责任公司与股份有限公司）、个人独资企业与合伙企业等。《合伙企业法》第二条指出："本法所称合伙企业，是指自然人、法人和其他组织依照本法在中国境内设立的普通合伙企业和有限合伙企业。普通合伙企业由普通合伙人组成，合伙人对合伙企业债务承担无限连带责任。本法对普通合伙人承担责任的形式有特别规定的，从其规定。有限合伙企业由普通合伙人和有限合伙人组成，普通合伙人对合伙企业债务承担无限连带责任，有限合伙人以其认缴的出资额为限对合伙企业债务承担责任。"

法律明确了除自然人外，法人和其他组织可设立合伙企业，实现了企业投资主体的多元化，有利于合伙企业规模的扩大和合伙事务的发展。同时，《合伙企业法》坚持商事主体法定原则，采取严格的法定主义立法模式，要求投资人采取合伙企业形式进行经营活动必须依法设立合伙企业并进行注册登记，才能以合伙企业的名义对外开展经营活动，否则工商行政管理机关有权查处。因此，只有符合《合伙企业法》的强制性规定以及符合设立条件才能成为合法的合伙企业。此外，合伙企业是在中华人民共和国境内设立的，这是其适用的地域范围。

合伙通常分为以下几类：

（一）民事合伙与商事合伙

秉承罗马法传统的大陆法系国家将合伙分为民事合伙和商事合伙，分别规定在民法典和商法典中。所谓民事合伙，"是一个共同体，但不是组织体，主要是指以自由职业者组成的从事民事活动的合伙，由合伙人以自身及雇员的某种特长或技能为他人提供民事服务。"[1] 典型的民事合伙主要有会计师事务所、律师事务所等。而商事合伙，是指"合伙人组成的从事生产经营等商事活动的合伙"[2]，这种合伙多追求一定商业目的，多从事相对固定的营业事

---

[1] 任华哲：《中小企业基本法立法研究》，武汉大学出版社2007年版，第84页。
[2] 同上。合伙事务执行制度研究。

业，合伙关系的连续性和稳定性较强。主要包括普通商事合伙、有限合伙、隐名合伙等。商事合伙与民事合伙的区别主要如下：商事合伙必须是以营利为目的，而民事合伙则不必以营利为目的；民事合伙多表现为契约性的共同体，而商事合伙多表现为组织性的共同体；商事合伙要求达到一定的程度和规模，民事合伙可以是临时的甚至随机的。英美法系没有这种分类，而我国采用的是民商合一的立法模式，因此目前也没有民事合伙与商事合伙这一分类。

（二）一般合伙与隐名合伙

这种分类同样也是大陆法系的特殊规定，英美法中亦无此规定。一般合伙是具有合伙一般特征的合伙，包括通常的民事合伙和商事合伙。而隐名合伙在大陆法上只是一种契约关系，没有团体人格，其成立方式也比较简易和自由。"根据该契约，隐名合伙人负责向企业提供一定数额的资金，并相应地参与企业的利润分配，分担企业的亏损。隐名合伙人并不因这样一种契约而成为商人及企业财产的共有人，也不从企业财产增值中取得一份。"[1] 可见，这是由两种合伙人组成的合伙，一种是出名合伙人，另一种则是隐名合伙人，即向出名合伙人即营业人一方出资获取利润，不参与经营，对合伙的债务承担有限责任。

（三）普通合伙与有限合伙

英美国家一般将合伙分为普通合伙和有限合伙。普通合伙就是全部由普通合伙人组成的合伙。在这种合伙中，各合伙人要对企业债务承担无限连带责任。我国《合伙企业法》第二条第二款规定："普通合伙企业由普通合伙人组成，合伙人对合伙企业债务承担无限连带责任。本法对普通合伙人承担责任的形式有特别规定的，从其规定。"

有限合伙产生的最早形式是欧洲出现的康曼达组织，是"欧洲海上贸易中一些商人为逃避教会法禁止放贷生息的规定而形成的机构"，[2] 最初盛行于海上贸易，后来逐渐发展到陆上贸易，最终演变成为法国的两合公司，后传到英美国家，被加以改造形成了有限合伙制度。它的主要特征为允许一些合伙人承担有限责任。

---

[1] 任华哲：《中小企业基本法立法研究》，武汉大学出版社2007年版，第84页。

[2] 《合伙企业法》修改起草工作组：《〈中华人民共和国合伙企业法〉（修订）条文释义》，上海财经大学出版社2006年版，第54页。

我国《合伙企业法》第二条第三款规定："有限合伙企业由普通合伙人和有限合伙人组成,普通合伙人对合伙企业债务承担无限连带责任,有限合伙人以其认缴的出资额为限对合伙企业债务承担责任。"可见,有限合伙企业是由普通合伙人和有限合伙人组成的。其中普通合伙人对合伙企业债务承担无限连带责任;有限合伙人以其认缴的出资额为限对合伙企业承担责任。设立有限合伙的意义在于,在至少有一名合伙人承担无限责任的基础上,允许其他合伙人承担有限责任,将具有投资管理经验或技术研发能力的机构或个人,与具有资金实力的投资机构有效结合起来。

(四) 特殊的普通合伙企业

我国《合伙企业法》在普通合伙企业中还规定了一种特殊类型的合伙企业,即特殊的普通合伙企业（又称有限责任合伙）。特殊的普通合伙企业主要是针对以专业知识和专门技能为客户提供有偿服务的专业服务机构,如会计师事务所等。制度设计的目的就是为了使这些专业服务机构的合伙人避免承担过度风险,从而有利于其发展壮大和在异地开展业务。

在特殊的普通合伙企业中,若一个合伙人或者数个合伙人在执业活动中因故意或者重大过失造成合伙企业债务的,应当承担无限责任或者无限连带责任,而其他合伙人则以其在合伙企业中的财产份额为限承担责任;合伙人在执业活动中非因故意或者重大过失造成的合伙企业债务以及合伙企业的其他债务,则由全体合伙人承担无限连带责任。换言之,特殊的普通合伙企业中的合伙人对于其他合伙人或雇员的不法职务行为或过失所造成的侵害、侵权而导致的债务,若合伙人无辜——即该合伙人不是直接的责任行为人或不是该项侵害事由的管理者、权利掌控者或虽然事后知晓但已经尽力弥补损失的,其只在合伙企业无力承担所有该项债务时,以其出资为限承担该项债务。

特殊的普通合伙企业的优点如下:

1. 它较好地解决了合伙企业中所有合伙人的责任问题。一般的普通合伙企业所适用的归责原则是所有合伙人承担无限连带责任。其显著特征之一就是"人合性"。但是,合伙人或者雇员在一般的法律意义上也是独立主体,他们都会有自己的处世原则和行事方式。尤其是在当今社会,人们常常会处于一种法律关系和经济关系纵横交错、复杂繁冗的境地。仅因为一个合伙人,或者一个雇员的故意或重大过失职务行为,就要求无过错的合伙人承担巨大的债务责任显然有失公平。同时,过分强调无限连带责任原则,必然妨碍合伙企业长期化和大型化的发展。

2. 它进一步确立了合伙人之间彼此的相对独立性,解决了一般普通合伙企业存在的"归责轻率"问题。在普通合伙企业中，一般而言，每个合伙人都代表合伙企业，每个合伙人的行为都会产生必然的连带后果。可以说，一个合伙人的一次不法侵害行为所造成的后果不仅可能危及合伙企业，也可能累及其他合伙人。这就使得普通合伙企业在具有灵活性优势的同时，欠缺稳定性。特殊的普通合伙这一制度设计使得普通合伙企业在解决由于个别合伙人或其雇员的不法侵害所造成的债务承担问题时，通过引入"划分责任原则"限制了"无限连带原则"的适用。

（五）合伙的其他分类

除以上几种分类外，还可将合伙分为个人合伙、法人合伙或者混合合伙，营利合伙与公益合伙，临时合伙与长期合伙，简易合伙与合伙组织等。顾名思义，个人合伙是以自然人为成员的合伙，法人合伙是以法人为成员的合伙，而混合合伙是以自然人、法人、其他组织为成员的合伙。营利合伙与公益合伙是以合伙设立的目的来划分的。临时合伙与长期合伙是从合伙存续时间角度出发的。简易合伙与合伙组织主要聚焦在合伙结构复杂程度上。

二、合伙企业的特征

合伙企业的法律特征可以概括为以下四个方面：

第一，合伙企业是根据合伙协议组成的社会实体。合伙人的权利义务建立在合伙协议基础上，并通过该协议来均衡各方的权利义务。企业内部关系主要适用合伙协议来确定。合伙企业实为契约式组织。

第二，合伙企业具有强烈的人合性特色。合伙人之间多存在着比较亲密的关系，是基于信任而组合的。一般而言，合伙人不但要对合伙企业出资，还要参与合伙企业的经营。这决定了合伙成员结构具有相对的稳定性，普通合伙人变动不自由。

第三，在责任形态上，普通合伙人对合伙企业债务承担无限连带责任。当然，有限合伙人对合伙企业的债务以其认缴的出资额为限承担有限责任。

第四，在组织性质上，合伙企业是非法人组织。合伙企业是自然人和法人之外的第三类民事主体，介于自然人和法人之间，既不同于自然人，又不具有法人资格，但从其存在形式和组织构成上看更接近于法人。

实际上，合伙企业是独资企业向公司过渡的一种形态，它往往是从原本单一的业主模式转化为多人模式。较之独资企业，合伙企业的资金来源扩大，企业抵御风险的能力增强，扩大规模经营成为可能，企业的发展前景更为良好。然而，它也有局限性，主要体现在连带责任、合伙人的变动与职责等方面。

三、合伙企业与法人企业的区别

合伙企业作为一种独特的商事组织，在社会经济发展中发挥着举足轻重的作用。它与法人企业相比较，区别主要有以下几方面。

1. 从成立的条件来看，合伙企业基于合伙协议成立，由两个以上的合伙人组成，且有合伙人认缴或者实际缴付的出资，有合伙企业的名称和生产经营场所。法人则要求依法成立，有必要的财产或经费，有自己的名称、组织机构和场所，能够独立承担民事责任，其成立基础主要是章程。

2. 从法律地位来看，合伙企业不具有法人地位。法人是具有独立的法律人格的。从各自的财产关系来看，合伙企业的财产是构成合伙能力的物质基础。合伙企业设立时，由各合伙人缴付的出资以及在合伙存续时以合伙名义获得的财产成为合伙企业的财产。法人以自己的财产作为承担债务的担保，这些财产并不归股东所有，而是归法人本身所有。

3. 从成员关系来看，合伙企业是基于合伙协议设立的，合伙人之间存在着比较密切的人身信赖关系，即合伙企业是高度人合性的企业组织。而法人企业，尤其是股份有限公司，属典型的资合型企业，其成员相互间交往较少，关系较为松散。

4. 从管理理念来看，合伙企业是由合伙人共同出资，共同经营的；而法人的管理是按照法律规定，由统一的组织机构行使经营管理权。

5. 责任承担是合伙企业与法人最大的区别。以普通合伙为例，全体合伙人对合伙债务承担无限连带责任。而法人以其拥有的财产承担对外债务，其股东只承担出资额以内的有限责任。

6. 从税收角度来看，典型的合伙不缴纳企业所得税。合伙人从企业中取得的收入被分解为合伙人个人的收入，由合伙人分别申报缴纳个人所得税。而一般的法人则需要缴纳企业所得税，在公司将其利润分派给股东时，股东需要再就该项红利缴纳个人所得税，即存在所谓的双重征税问题。

此外，合伙人直接参与合伙的经营过程，涉及合伙企业的重大事项必须由合伙人一致认可才能做出决策，针对合伙企业的诉讼和破产程序也直接涉及合伙人个人。而法人企业，如公司股东一般不参与公司的具体经营和决策，公司的诉讼程序或者破产程序也不直接涉及股东。

学习内容 2　合伙企业的设立

一、合伙企业的设立

按照我国《合伙企业法》的规定，设立合伙企业的条件有五个方面：

（一）合伙人须符合法律规定的条件

合伙人的人数须有两个以上。除国有独资公司、国有企业、上市公司以及公益性的事业单位、社会团体不得成为普通合伙人外，法人和其他组织既可以成为普通合伙人（承担无限连带责任），又可成为有限合伙人（承担有限责任）。此外，合伙人的资格应符合法律关于民事主体的规定。

（二）须有书面合伙协议

合伙协议经全体合伙人签名、盖章后生效。合伙人按照合伙协议享有权利，履行义务。修改或者补充合伙协议，应当经全体合伙人一致同意；但是，合伙协议另有约定的除外。合伙协议未约定或者约定不明确的事项，由合伙人协商决定；协商不成的，依照本法和其他有关法律、行政法规的规定处理。

合伙协议应当载明的事项：合伙企业的名称和主要经营场所的地点；合伙目的和合伙经营范围；合伙人的姓名或者名称、住所；合伙人的出资方式、数额和缴付期限；利润分配、亏损分担方式；合伙事务的执行；入伙与退伙；争议解决办法；合伙企业的解散与清算；违约责任共十项内容。

（三）有各合伙人实际缴付的出资

按照《合伙企业法》的规定，合伙人可以用货币、实物、知识产权、土地使用权或者其他财产权利出资，也可以用劳务出资。其中合伙人以实物、知识产权、土地使用权或者其他财产权利出资需要评估作价的，可以由全体合伙人协商确定，也可以由全体合伙人委托法定评估机构评估。合伙人以劳务出资的，其评估办法由全体合伙人协商确定，并在合伙协议中载明。

合伙人应当按照合伙协议约定的出资方式、数额和缴付期限，履行出资义务。以非货币财产出资的，依照法律、行政法规的规定，需要办理财产权转移手续的，应当依法办理。

(四) 合伙企业的名称

(五) 有经营场所和从事合伙经营的必要条件

合伙企业设立的程序主要如下：

第一，申请人提出申请。申请设立合伙企业，应当向企业登记机关提交登记申请书、合伙协议书、合伙人身份证明等文件。合伙企业的经营范围中有属于法律、行政法规规定在登记前须经批准的项目的，该项经营业务应当依法经过批准，并在登记时提交批准文件。

第二，登记机关决定是否登记。这个环节分为两种情形，一是申请人提交的登记申请材料齐全、符合法定形式，企业登记机关能够当场登记的，应予当场登记，发给营业执照。二是除上述第一种情形外，企业登记机关应当自受理申请之日起二十日内，作出是否登记的决定。予以登记的，发给营业执照；不予登记的，应当给予书面答复，并说明理由。合伙企业设立分支机构，应当向分支机构所在地的企业登记机关申请登记，领取营业执照。

合伙企业的营业执照签发日期，为合伙企业成立日期。合伙企业领取营业执照前，合伙人不得以合伙企业名义从事合伙业务。

合伙企业登记事项发生变更的，执行合伙事务的合伙人应当自作出变更决定或者发生变更事由之日起十五日内，向企业登记机关申请办理变更登记。

二、合伙企业的财产

合伙企业的成立、运营必须要有相当的财产。同时，合伙财产还是合伙债务的担保，合伙债权人的利益能否得到充分保障，交易秩序能否稳定均有赖于合伙财产。

(一) 合伙财产的含义

合伙企业的历史悠久，但是法律关于合伙财产的定义却鲜有规定。现将学界关于合伙财产的定义概括如下：

第一种观点认为，合伙财产包括合伙财产和合伙债务两部分。我国台湾地区学者郑玉波先生认为，合伙财产有广义和狭义之分；广义的合伙财产包括合伙财产（积极财产）及负债（消极财产）。狭义的合伙财产，则以合伙之资产为限，也就是为达成经营共同事业之目的，而与合伙人个人财产划分独立之特别财产是也。它包括合伙人出资和其他合伙财产。① 梅仲协先生认为，合伙财产除包括各合伙人之出资外，兼及其他与经营合伙事业有关之一切资财。合伙债务亦属于合伙财产，即合伙之消极财产也。②

第二种观点认为，合伙财产是指合伙人出资及合伙所得其他财产的总和。我国台湾地区学者史尚宽先生就认为，合伙财产由各合伙人出资及其他财产而构成。③ 其他财产，为因业务执行所生之财产及基于合伙财产所生之财产。这些财产可以是有体物、无体物和权利，权利可以是物权也可以是债权。基于合伙财产所生之财产，例如天然孳息及法定孳息，以及合伙财产之灭失毁损对于第三人所生之损害赔偿债权等均属合伙财产的内容。

我国基本采纳这一观点，《合伙企业法》第二十条规定：合伙人的出资、以合伙企业名义取得的收益和依法取得的其他财产，均为合伙企业的财产。

第三种观点以德国为代表，认为合伙财产包括以下内容：（1）各合伙人的出资以及通过为合伙执行事务而取得的物件；（2）因属于合伙财产的权利而取得的物或对灭失、毁损或侵夺属于合伙财产的物件作为赔偿而取得的物件。④

依据《合伙企业法》第二十条的规定可知，在我国，合伙企业的财产由两部分组成：一是原始财产，即全体合伙人的出资；二是积累财产，即合伙企业存续期间所有以合伙企业名义取得的收益，以及依法取得的其他财产，如合伙企业因被侵权而所获赔偿。依据《合伙企业法》的规定，合伙人的出资包括货币、实物、知识产权、土地使用权或者其他财产权利，以及劳务。如此，劳务是否也属于合伙企业财产呢？对此，应当从不同角度进行理解。出资并不能等同于财产，因此不宜将作为出资对象的劳务简单地归入合伙企业财产的范畴。首先，财产指的是各种物、权利和利益，而劳务具有内在的"行为性"，难以归入任何一种财产类型。其次，根据现代民法理论，人不能作为所有权的客体，不能被当作财产。而劳务必须依靠人的活动才能发挥出来，不可能与人分离而存在，因而也就不能称为财产。最后，从我国《合伙企业法》的立法本意看，也是将劳务排除在企业财产之外的。该法第三十八条规定："合伙企业对其债务，应先以全部财产进行清偿。"这一规定中的"财产"显然不包括劳务。因为劳务不具有强制执行性，也不具有可转移性。

---

① 郑玉波：《民法债编各论》（下），三民书局1981年版，第654页。
② 梅仲协：《民法要义》，中国政法大学出版社1998年版，第4页、第465页。
③ 史尚宽：《债法各论》（下），中国政法大学出版社2001年版，第695页。
④ 《德国民法典》第718条。

(二) 合伙企业的出资

1. 货币出资

货币出资是合伙人出资的主要方式，也是最有效、最省事的方式。合伙人以货币出资时，应在合伙合同中明确其出资货币种类、数额、出资期限，以免以后发生纠纷。用货币出资，可以是分期的，也可以是一次性的。合伙人如未能在合同规定的期限缴清出资的，其他合伙人有催告权，造成损失的，还要承担民事赔偿责任。如该合伙人仍拒不履行出资义务，经守约其他全体合伙人一致同意，可解除违约合伙人的合伙合同关系，并仍可要求其赔偿因此给合伙企业造成的经济损失。实践中为了保证合伙企业的正常经营和合伙组织的稳定，货币出资者最好以自己所有的而非借贷的货币出资，合伙合同中可作此约定。

2. 实物、土地使用权出资

实物出资，主要是合伙人以提供用于合伙经营活动的实物，如房屋、设备等作为出资的形式。合伙人出资的实物一般要求适宜合伙经营活动的需要，要求达到一定规格和标准，不能以低劣实物出资。如果出资人以低劣实物出资，就是违反出资义务，其他合伙人有权要求违反约定的合伙人在指定时间和地点履行符合规格和标准的出资义务，并可以要求违约合伙人赔偿因其违约给合伙人造成的经济损失。违约合伙人仍不履行其义务，经其他全体合伙人同意，可解除该违约合伙人的合伙合同关系，同时并不免除对其提起赔偿损失的请求权。同时应注意，合伙人用房屋、汽车、船舶等法律规定必须向有关部门办理变更登记方可转让的实物、土地使用权出资时，必须依法办理变更登记手续，否则，该项出资不发生对抗第三人的效力。

另外，合伙人以实物出资时，是否要求必须是标的物的所有权，我国《民法通则》和《合伙企业法》对此未作规定。有学者认为，合伙人可以将其财产中的一项或数项权能分离出来用于出资，既可以是物的所有权，又可以是使用权，还可以是经营权。这一观点有待商榷。以实物出资，只能以所有权出资，以使用权、经营权出资，只能是属于《合伙企业法》第十六条规定的"其他财产权利出资"，而不是"实物出资"。在以物的使用权、经营权出资时，不仅要在合伙合同中明确约定，而且在合伙企业登记时也要明确地表明是以使用权、经营权出资的。否则，不能对抗善意债权人。在合伙企业清算时，财产权利出资要列入合伙企业财产，用于清偿合伙企业债务。

3. 知识产权出资

知识产权出资是指知识产权持有方将其智力成果折算成一定的金额出资。

作为出资的知识产权可以是专利权、商标权，也可以是专有技术等。以知识产权出资的合伙人，对知识产权应拥有所有权，而不仅仅是一般使用权。因为如果合伙人将仅仅拥有使用权而不拥有所有权的知识产权出资，势必会构成侵权行为，引起产权方面的纠纷，这样就会影响合伙企业的合法正常经营，给合伙企业造成损失。

知识产权所有人投入出资的是所有权还是使用权，应在合伙合同中明确规定。如投入的是所有权，则该项知识产权归全体合伙人共有。若用该项知识产权再投资、再转让时，原投入方无权主张，所获得的利益为合伙企业经营积累的财产，归全体合伙人共有。如投入的仅是知识产权的使用权，则投入方保留所有权，在合法条件下，它可利用此项知识产权再投资，再转让，所获利益归个人所有。

4. 劳务出资

所谓劳务出资，是指以身体的劳务或精神的劳务进行出资。《中华人民共和国公司法》（以下简称《公司法》）禁止劳务出资，主要原因在于劳务不具有可转换性、可随时兑换性等清偿功能，而且劳务也不好评估作价。而在合伙中，由于合伙人对合伙债务的无限连带清偿责任，各国合伙法均规定，劳务可作为合伙的出资，这样就达到了"有钱出钱，无钱出力"的效果。

在有合伙人用劳务出资的情况下，必须在合伙合同中清楚约定其所占出资份额，对劳务的具体要求，以免以后发生纠纷时难以举证。以劳务出资的合伙人必须尽职尽责地履行其出资义务。否则，应当承担相应的法律责任。

（三）合伙企业财产的法律性质

合伙企业财产的法律性质就是要明确财产的所有权归属问题。现代各国（地区）法律关于合伙财产的法律性质的规定主要有以下两种：

第一，确认合伙财产为共同共有财产，如大陆法系的德国、瑞士及我国的台湾地区，英美法系的英国、美国、我国的香港地区均采此种立法例。《德国民法典》第718条规定："各合伙人的出资以及通过合伙执行事务而取得的物件，均为全体合伙人的共同财产。"美国《统一合伙法》第6条规定："合伙财产为全体合伙人的共同共有财产，它包括合伙人作为出资的股权和合伙经营中获得的一切财产。"

第二，认为合伙财产是按份共有财产。日本法采此种立法例。《日本民法典》第668条规定：各合伙人的出资及其他合伙财产，属于合伙人全体共有。而根据该法第256条规定：各共有人，无论何时均得请求共有物的分割，但不妨碍订立超过五年期间不为分割的契约。这实际上是按份共有的特征。因此，日本民法所规定的合伙财产的全体共有，实际上是我们所说的按份共有。它沿袭了罗马法的原则，个人色彩极其浓厚，不适应合伙之团体性的要求，已日益受到批评。

我国《合伙企业法》第二十条规定，合伙人的出资、以合伙企业名义取得的收益和依法取得的其他财产，均为合伙企业的财产。据此可以认为：合伙财产属于合伙企业所有。这样立法并未直接规定合伙财产的共有性质。但结合该法第二十一至二十五条等条款[①]来解释，可以发现我国立法间接认可了合伙财产的共同共有属性。

三、入伙与退伙

（一）入伙人的资格

1. 自然人入伙

按照法律规定，普通合伙人必须是完全民事行为能力人。但是，普通合伙人的行为能力会因各种原因而发生变化，如果在合伙存续期间，普通合伙人丧失民事行为能力，或者普通合伙人死亡后其继承人为欠缺民事行为能力人的，依合伙协议规定可以转换为有限合伙人的，应当按照合伙协议的规定转换为有限合伙人；如果合伙协议未予规定的，经过全体合伙人一致同意后可以转换为有限合伙人。

另外，作为自然人的有限合伙人是否必须具有完全民事行为能力呢？有人认为，如果限制欠缺民事行为能力人成为合伙人，必然不利于其财产的保值增值。由于有限合伙人不参与合伙事务执行，并且无须承担无限连带责任，因此，完全可以允许欠缺民事行为能力人成为有限合伙人。也有人认为，由

---

① 第二十一条　合伙人在合伙企业清算前，不得请求分割合伙企业的财产；但是，本法另有规定的除外。合伙人在合伙企业清算前私自转移或者处分合伙企业财产的，合伙企业不得以此对抗善意第三人。第二十二条　除合伙协议另有约定外，合伙人向合伙人以外的人转让其在合伙企业中的全部或者部分财产份额时，须经其他合伙人一致同意。合伙人之间转让在合伙企业中的全部或者部分财产份额时，应当通知其他合伙人。第二十三条　合伙人向合伙人以外的人转让其在合伙企业中的财产份额的，在同等条件下，其他合伙人有优先购买权；但是，合伙协议另有约定的除外。第二十四条　合伙人以外的人依法受让合伙人在合伙企业中的财产份额的，经修改合伙协议即成为合伙企业的合伙人，依照本法和修改后的合伙协议享有权利，履行义务。第二十五条　合伙人以其在合伙企业中的财产份额出质的，须经其他合伙人一致同意；未经其他合伙人一致同意，其行为无效，由此给善意第三人造成损失的，由行为人依法承担赔偿责任。

于识别、判断能力不健全，欠缺民事行为能力人在加入有限合伙之时缺乏理性判断，加入之后也难以监督合伙事务的运作，容易被普通合伙人利用，从而对其明显不利。因而，欠缺民事行为能力人不应当成为有限合伙人。实际上，后一种观点的担忧可以通过监护人制度予以解决。具体可以规定为，欠缺民事行为能力人无论在加入之时还是在加入之后的所有行为，必须是在监护人的监护下进行，所取得的合伙利润归欠缺民事行为能力人。同时，禁止监护人在任何时候从合伙事务中谋取任何利益。

2. 法人入伙

《合伙企业法》明确规定了法人既可以成为普通合伙人，又可以成为有限合伙人。法人的有限责任是指法人成员的有限责任，而并非法人本身。法人成为普通合伙人后，法人成员依旧以出资额为限对法人承担责任。但《合伙企业法》同时又明确禁止国有独资有限公司、国有企业、上市公司以及公益性的事业单位、社会团体等成为普通合伙人。公益性事业单位和社会团体必须保持一定的稳定性，如果允许这些单位和团体成为普通合伙人，一旦合伙管理不善而使其承担大量债务，不利于其发挥应有的社会作用。而禁止国有独资公司和国有企业成为普通合伙人的原因主要是为了防止国有资产流失。但这些理由并不充分，国有独资公司和企业作为独立的市场主体，应当可以根据自身发展需要来选择投资，包括成为有限合伙企业中的普通合伙人。禁止国有独资公司和国有企业成为普通合伙人的做法，无疑是自缚手脚，会使国有资产增值的空间变得更加狭窄。

3. 合伙人的继承人继承合伙身份

根据合伙协议约定或其他合伙人一致同意，继承人当然继承合伙身份。继承人不能成为合伙人的情形如下：一是继承人不愿意成为合伙人的情况；二是法律规定或者合伙协议约定合伙人必须具有相关资格，而该继承人未取得该资格；三是合伙协议约定不能成为合伙人的其他情形。此外，若合伙人的继承人为无民事行为能力人或者限制民事行为能力人的，经全体合伙人一致同意，可以依法成为有限合伙人，普通合伙企业依法转为有限合伙企业。全体合伙人未能一致同意的，合伙企业应当将被继承合伙人的财产份额退还该继承人。

（二）入伙人对入伙前合伙债务的承担

《合伙企业法》第四十三条规定，新合伙人入伙，除合伙协议另有约定外，应当经全体合伙人一致同意，并依法订立书面入伙协议。订立入伙协议时，原合伙人应当向新合伙人如实告知原合伙企业的经营状况和财务状况。

《合伙企业法》第四十四条规定，入伙的新合伙人与原合伙人享有同等权利，承担同等责任。入伙协议另有约定的，从其约定。新合伙人对入伙前合伙企业的债务承担无限连带责任。

在英美法系中，新入伙的合伙人无论是普通合伙人还是有限合伙人，对入伙前的合伙债务都以出资额为限承担责任。其法理在于入伙人对入伙前的合伙事务行为并不存在过错，如果要求普通合伙人对其入伙前的合伙债务承担无限连带责任，无疑是对"对价原则"与"公平原则"的破坏。大陆法系则普遍要求新入伙的普通合伙人对入伙前债务承担无限连带责任；新入伙的有限合伙人以其对合伙的出资为限承担有限责任。理由在于每一民事主体都应当是理性的，都应当对自己的各种经济行为负责。我国亦采取此种规定。

另外，有人认为《合伙企业法》第四十四条所规定两款之间前后存在矛盾。事实上，该条第一款规定的含义在于，入伙协议为合伙人内部之约定，在合伙人内部具有法律效力。由于入伙协议并不为外部所知晓，该内部约定对合伙之外的第三人债务不能产生法律效力。故为加强对债权人债权的保护，而在第二款中规定了新合伙人对于其加入前的合伙债务负无限连带责任。其中第一款规定是针对合伙人内部关系而言的，而第二款则是针对合伙之外的第三人而言的，并不存在矛盾。同理，如果入伙协议约定不承担的，此约定仅对合伙人内部有效，对外部第三人则无效。

（三）退伙的类型

1. 法定退伙

（1）《合伙企业法》第四十八条对当然退伙作出了规定：合伙人有下列情形之一的，当然退伙：

① 作为合伙人的自然人死亡或者被依法宣告死亡；

② 个人丧失偿债能力；

③ 作为合伙人的法人或者其他组织依法被吊销营业执照、责令关闭、撤销，或者被宣告破产；

④ 法律规定或者合伙协议约定合伙人必须具有相关资格而丧失该资格；

⑤ 合伙人在合伙企业中的全部财产份额被人民法院强制执行。

合伙人被依法认定为无民事行为能力人或者限制民事行为能力人的，经其他合伙人一致同意，可以依法转为有限合伙人，普通合伙企业依法转为有限合伙企业。其他合伙人未能一致同意的，该无民事行为能力或者限制民事行为能力的合伙人退伙。

（2）《合伙企业法》第四十九条对除名退伙作出了规定：合伙人有下列情

形之一的，经其他合伙人一致同意，可以决议将其除名：
① 未履行出资义务；
② 因故意或者重大过失给合伙企业造成损失；
③ 执行合伙事务时有不正当行为；
④ 发生合伙协议约定的事由。

对合伙人的除名决议应当书面通知被除名人。被除名人接到除名通知之日，除名生效，被除名人退伙。

被除名人对除名决议有异议的，可以自接到除名通知之日起三十日内，向人民法院起诉。

2. 声明退伙与通知退伙

(1)《合伙企业法》第四十五条对单方退伙作出了规定：合伙协议约定合伙期限的，在合伙企业存续期间，有下列情形之一的，合伙人可以退伙：合伙协议约定的退伙事由出现；经全体合伙人一致同意；发生合伙人难以继续参加合伙的事由；其他合伙人严重违反合伙协议约定的义务。

(2)《合伙企业法》第四十六条对通知退伙作出了规定：合伙协议未约定合伙期限的，合伙人在不给合伙企业事务执行造成不利影响的前提下，可以退伙，但应当提前三十日通知其他合伙人。

(四) 退伙的效力

1. 退伙使合伙人身份归于消灭。
2. 退伙导致部分出资的返还、盈余部分的分配或亏损的负担。
3. 对于其他合伙人而言，退伙涉及合伙企业是否继续存在及是否要求退伙人承担赔偿责任的问题。
4. 对于合伙企业的债权人而言，退伙意味着减少了债务担保人和担保财产。

(五) 有限合伙人的退伙制度

实际上，有限合伙人原则上不存在退伙问题。有限合伙人以出资为限承担有限责任，其出资可以出质，可以自由转让（只须提前通知其他合伙人），因此，正如股东出资一样，有限合伙人的出资不能从合伙企业中抽回，而可以通过自由转让收回投资。因此，除法律规定或者合伙协议约定有限合伙人必须退伙外，在其他情况下有限合伙人都不能退伙。为此，该法第八十条对有限合伙人出资的无条件继承和承受作出了规定（普通合伙无此规定）。该条规定：作为有限合伙人的自然人死亡、被依法宣告死亡或者作为有限合伙人的法人及其他组织终止时，其继承人或者权利承受人可以依法取得该有限合伙人在有限合伙企业中的资格。

由于有限合伙与普通合伙之间的明显差异，有限合伙人的退伙制度中没有普通合伙人的协议退伙、声明退伙、除名退伙的规定。《合伙企业法》关于有限合伙人当然退伙的规定主要体现在第七十八条。第七十八条规定：有限合伙人有本法第四十八条第一款第一项、第三项至第五项所列情形之一的，当然退伙。即除第四十八条第一款二项（个人丧失偿债能力）外，有限合伙人当然退伙制度与普通合伙人完全相同。

（六）无民事行为能力和限制民事行为能力人的退伙制度

我国《合伙企业法》由于建立了有限合伙制度，为了强化合伙组织的独立性与稳定性，为合伙期间变为无民事行为能力和限制民事行为能力者提供了一条新的投资途径，即转化为有限合伙人。《合伙企业法》第四十八条第二款规定：合伙人被依法认定为无民事行为能力人或者限制民事行为能力人的，经其他合伙人一致同意，可以依法转为有限合伙人，普通合伙企业依法转为有限合伙企业。其他合伙人未能一致同意的，该无民事行为能力或者限制民事行为能力的合伙人退伙。

学习内容 3　合伙事务执行与管理

一、合伙事务执行的含义

合伙事务是指合伙从设立到解散所发生的与合伙相关的各方面事宜，是合伙企业的公共事务，事务的执行情况涉及每个合伙人的利益。合伙事务主要涉及合伙的经营管理，包括合伙企业内部入伙与退伙、转让与继承、解散与清算、处分合伙企业的财产、改变合伙企业的名称、延长经营期限、日常例行的业务经营等，其中共同经营是比较核心的一项合伙事务，其内容十分广泛，包括获取信息、参与管理、决策以及投票等，这些均可以通过协商规定在合伙协议中。而合伙人是否拥有经营管理事务的权利则取决于合伙人的决策和投票权。

合伙事务的执行是指合伙企业为了实现其设立合伙企业的目的而进行的一切活动，包括合伙事务执行的权限和方法、合伙人、执行事务人与不参加事务执行合伙人各自的权利义务、合伙企业的损益分配、被聘任的合伙企业管理经营人员的职责、合伙企业的财务、会计以及依法纳税案。[①] 合伙企业不必像法人那样设立专门的执行机关，它以合伙人的行为为其行为，每一个合伙人都有参与合伙事务的决策、执行、监督、检查的权利。

合伙人对执行合伙企业事务原则上享有同等的权利，但是为了节约企业资源，提高效率，可以按照有关规定，由一名或者数名合伙人执行。因此，合伙事务的执行方式有两种。第一种是全体合伙人共同执行合伙事务，即合伙企业的所有事务均由全体合伙人协商一致解决。依照合伙协议，每个合伙人均参与合伙事务的执行，对外代表合伙企业。这种方式一般存在于人数较少的合伙企业中。第二种是委托一名或者数名合伙人执行合伙事务。在这种情况下，其他合伙人就不再参与执行合伙事务。

有限合伙企业中的有限合伙人不参与合伙事务执行，因此《合伙企业法》第六十八条第二款所规定的企业"一般事务"并不属于执行合伙事务。可见，对有限合伙企业中的合伙事务执行定义还有待商榷。国际上对"有限合伙企业事务执行"存在三种解释。第一种含义，是指有限合伙人的行为影响了合伙的经营管理，且这一行为在立法的明文授权之外，除非该行为纯粹属于企业内部行政性事务。第二种含义，是指有限合伙人的行为影响了第三人的利益。第三种含义，是指有限合伙人执行了合伙事务，但其仅对部分债权人承担无限责任，这部分债权人在自己的债权发生时，基于有限合伙人的执行合伙事务行为合理地相信其为普通合伙人。在这里，第三种含义比较符合有限合伙人的特点，相对来说也是比较合理的。

二、合伙事务执行制度

（一）合伙事务执行的基本内容

各国合伙法一般规定，除合伙协议另有约定外，合伙人均有执行合伙事务的权利和义务，合伙人这种资格使其享有参与合伙的经营管理决策和控制的权利。合伙企业各普通合伙人都具有同等的执行合伙事务的权利，但是由于企业不同于个人，它的正常营运是需要比较健全的组织管理的，比如：日常生产的安排、重大问题的决策、经营事务的选择等，这都需要专门人员负责。因此，对于合伙企业事务执行方式等必须通过合伙协议加以明确规定，

[①] 马斌：《合伙企业的事务执行》，载《呼伦贝尔学院学报》2000 年 12 月第 8 卷第 4 期。

合伙事务执行更需要遵循一定的原则。

第一，合伙企业是人合性的企业，尤其是对普通合伙人而言。人合注重的是人，因此，无论合伙人投入企业的资本多少，每个合伙人的地位是平等的。同时，合伙企业的组织管理比较简单，无需设立专门的意思表示机关。因此，各合伙人对执行合伙事务享有同等的权利。法律赋予了合伙人在合伙企业中平等的管理权、经营权、表决权、监督权和代表权，对合伙人的权利予以保护。

第二，实际生活中，可能会出现合伙人事务繁忙、不懂得某种合伙事务的操作执行，或者根本不愿意过问合伙事务等。为了解决这一问题，《合伙企业法》规定，合伙企业的事务执行方式，既可以由全体合伙人共同执行，又可以由合伙协议约定或者全体合伙人决定，委托一名或者数名合伙人对外代表合伙企业，执行合伙事务。也就是说，合伙企业事务执行的方式有两种：一是合伙人共同执行，二是委托部分合伙人代为执行。所谓共同执行，就是全体合伙人都参与到合伙事务中来，体现了合伙人平等执行事务的权利。这种方式比较适合合伙人较少，规模较小或者业务比较单一的合伙企业。而委托一个或者数个合伙人执行合伙事务，则意味着其他合伙人不再执行合伙事务。

第三，合伙是一种共同经营的关系，因此在共同经营的范围内，每一个合伙人对第三人的意思表示都应当视为合伙企业的意思表示。除了合伙协议委托或者全体合伙人决定由部分合伙人执行合伙事务而不参与事务执行的合伙人外，每一个执行合伙事务的合伙人都有权对外代表合伙企业。当然，那些不具有事务执行权的合伙人擅自执行合伙事务，给其他合伙人造成损失的，应当予以赔偿。

第四，一个或者数个合伙人执行合伙事务所产生的收益归合伙企业，所产生的费用和亏损由合伙企业承担。作为合伙人的法人、其他组织执行合伙事务的，由其委派的代表执行。

（二）合伙企业事务执行的监控制度

合伙企业是由合伙人共同出资、共同经营的，因此，合伙人有权利对合伙企业的事务执行进行监控，以便更好地了解合伙企业的营利和运营状况。这项权利对于放弃合伙事务执行的合伙人来说，尤为重要。一旦合伙事务执行人作出错误决策导致企业负债，每个合伙人都要承担无限连带责任。为了防止权利滥用，合伙人享有对合伙事务执行进行监控的权利。具体而言，合伙事务执行人承担报告义务，而其他合伙人享有监督、查账、异议、撤销等权利。

1. 报告义务

为了防止执行合伙事务的合伙人滥用权利而损害其他合伙人乃至合伙企业的利益,《合伙企业法》第二十八条第一款明确规定,由一个或者数个合伙人执行合伙事务的,执行事务合伙人应当定期向其他合伙人报告事务执行情况以及合伙企业的经营和财务状况,其执行合伙事务所产生的收益归合伙企业,所产生的费用和亏损由合伙企业承担。

由此可知,所谓报告义务,是指由一个或者数个合伙人执行合伙事务的,执行事务的合伙人应当定期向其他合伙人报告事务执行情况以及合伙企业的经营和财务状况。之所以规定定期报告,在于报告随时进行不太实际,会增添合伙事务执行人的工作量。但是,定期汇报的"定期"究竟是多长时间呢?对此应该在合伙协议中进一步明确,比如采用季度或者半年或者一年报告,采用书面报告或者口头报告。这样才能更好地保障其他合伙人能够了解合伙企业的运营和财务状况,从而能够正确地做出相关决策。

2. 监督权

依据《合伙企业法》第二十七条的规定,监督权是指不执行合伙事务的合伙人有权监督执行事务合伙人执行合伙事务的情况。不执行合伙事务的合伙人行使监督权主要有两种方式:一是询问和检查执行情况。不执行合伙事务的合伙人对合伙事务情况不了解,如果执行合伙事务人对不执行合伙事务人不予披露,那么就可能导致不执行合伙事务人作出错误的决策。因此,不执行合伙事务执行人对合伙企业状况有知情权,也理应赋予他们监督合伙事务执行的权利。二是合伙人分别执行合伙事务时,当发现正在执行合伙事务人行为不当或者决策错误,且极有可能造成合伙企业利益损害时,不执行合伙事务的合伙人有权对此提出异议,请求暂停执行。

3. 查账权

《合伙企业法》第二十八条第二款规定,"合伙人为了解合伙企业的经营状况和财务状况,有权查阅合伙企业会计账簿等财务资料。"其中,账簿是指由具有一定格式而又互相联系的账页所组成,用以全面、系统、连续记录各项经济业务的簿籍,是编制财务报表的依据,也是保存会计资料的重要工具,主要分为日记账、分类账、备查账。合伙企业应当遵循国家统一的财务会计制度,如实记录财务状况。

查阅合伙企业会计账簿等财务资料,作为了解合伙企业营利活动一种极为有效的手段,是合伙企业法赋予合伙人的重要权利。这样既有利于保护合伙人的合法权益,又有利于合伙企业的顺利发展。当然,需要注意的是,不能随意查阅，以免影响合伙事务执行人的正常工作。因此，对于查阅权的具体规定，应该在合伙协议中作出特别的说明。

4. 异议权

依照《合伙企业法》第二十九条第一款规定，"合伙人分别执行合伙事务的，执行事务合伙人可以对其他合伙人执行的事务提出异议。提出异议时，应当暂停该项事务的执行。如果发生争议，依照本法第三十条规定作出决定。"这就是异议权。合伙企业日常业务繁忙，有时为了更好地做好相关工作，常常要求合伙人分别执行合伙事务。但是，在分别执行合伙事务的时候，难免会存在考虑不周或者执行合伙事务人未谨慎处理的情况。因此，赋予合伙人提出异议的权利，是必不可少的。同时，为了预防其他合伙人对于提出的异议不予处理，法律还规定应当暂停该项事务的执行。不过，基于合伙企业的人合性考虑，在行使此项权利时需要慎重，原则上应该在确实认为执行人越权执行或者出现违规行为且言之有据时提出比较合适。

5. 撤销权

《合伙企业法》第二十九条第二款还规定了合伙人的撤销权，该权利是指受委托执行合伙事务的合伙人不按照合伙协议或者全体合伙人的决定执行事务的，其他合伙人可以决定撤销该委托。通常情况下，全体合伙人在委托授权时，会要求受委托执行事务的合伙人在合伙协议约定的范围内行使权利，并不得与全体合伙人的共同决定相抵触。如果执行事务的合伙人未尽职责甚至故意危害而导致合伙企业利益受损，那么其他合伙人可以决定撤销该委托。至于如何判断执行事务的合伙人决定的内容是否恰当，这可能要依赖于合伙协议的约定或者全体合伙人的决定。只有当受委托执行合伙事务的合伙人没有按照合伙协议约定或者全体合伙人的决定来执行合伙事务时，其他合伙人才可以去解除这种委托代理的关系。

（三）合伙事务执行的表决制度

表决是集体组织决定某些事项的重要方法。一般来说，合伙企业是人合性企业，依赖于人的相互信任。为避免出现矛盾，伤及合伙人的感情，全体合伙人在协商合伙协议时，就应该详细地就合伙企业决定事项的表决方式作出规定。如果合伙协议并没有约定或者没有明确约定表决方法，基于公平原则，各国立法例一般都认为每个合伙人仅有一票的表决权。

我国《合伙企业法》第三十条规定，"合伙人对合伙企业有关事项作出决议，按照合伙协议约定的表决办法办理。合伙协议未约定或者约定不明确的，实行合伙人一人一票并经全体合伙人过半数通过的表决办法。本法对合伙企业的表决办法另有规定的,从其规定。"也就是说,无论合伙人出资多少,也无论出资方式怎样,每一个合伙人对合伙企业的有关事项享有同等的表决权。此外,某些重要事项的表决还需要全体合伙人一致同意才可以。

依据《合伙企业法》第三十一条的规定,除合伙协议另有约定外,须经全体合伙人一致同意的事项为改变合伙企业的名称;改变合伙企业的经营范围、主要经营场所的地点;处分合伙企业的不动产;转让或者处分合伙企业的知识产权和其他财产权利;以合伙企业名义为他人提供担保;聘任合伙人以外的人担任合伙企业的经营管理人员等六项内容。

(四) 合伙事务执行的竞业与交易禁止

合伙企业是一种比较灵活的经营方式,因此,在实践中,可能会出现某一合伙企业的合伙人在合伙企业外还有投资经营其他业务的情况。各国合伙法普遍将合伙人负有不得同本企业竞争的义务,作为对合伙人权利限制的规定而明确下来。

我国《合伙企业法》第三十二条第一款规定:"合伙人不得自营或者同他人合作经营与本合伙企业相竞争的业务。"这就是所谓的"竞业禁止"。合伙企业的合伙人执行合伙事务,往往比较熟悉企业内部的经营状况,而且基本上合伙人之间不存在经营秘密。如果某个合伙人利用其掌握的知识、信息等自营或者与他人合伙经营与本合伙企业相竞争的业务,那么极有可能会损害合伙企业的利益。该条第二款规定:"除合伙协议另有约定或者经全体合伙人一致同意外,合伙人不得同本合伙企业进行交易。"这就是对"自己交易"的禁止。

(五) 合伙事务执行的盈亏后果

合伙企业的基本特征是由全体合伙人协商一致,通过订立合伙协议来设立,因此无论合伙企业是盈余还是亏损,均应分摊于全体合伙人。

《合伙企业法》第三十三条规定,"合伙企业的利润分配、亏损分担,按照合伙协议的约定办理;合伙协议未约定或者约定不明确的,由合伙人协商决定;协商不成的,由合伙人按照实缴出资比例分配、分担;无法确定出资比例的,由合伙人平均分担、分配。合伙协议不得约定将全部利润分配给部分合伙人或者由部分合伙人承担全部亏损。"

其中,"利润"是指合伙企业财产多于合伙企业债务与出资之和的部分,而"亏损"则是合伙企业财产少于合伙企业债务与出资之和的部分。利润分配关系着每个合伙人的切身利益,因此要慎重对待。按照法律条款的规定,我国合伙企业的损益分配首先应当按照合伙协议的约定办理。合伙人应该根据企业自身特点在合伙协议中约定如何分配损益。对此，有学者总结了五种分配方法，分别是按初始投资额比例分配损益，按期初或期末资本额比例分配，按年度平均资本额比例分配，先分配工资报酬、余额按约定比例分配，先分配工资报酬和资本报酬、余额再按约定比例分配。[①] 不管采取何种分配方式，都必须明确合伙企业损益的分配是合伙契约中的重要内容，对保护各合伙人的切身经济利益具有一定保障作用。

学习内容 4　合伙企业的债务清偿

合伙债务清偿的问题在合伙企业法中是一个相当重要的问题。它关系到合伙债权人的权利保护，关系到合伙人内部关系的处理，关系到整个交易秩序的稳定。

所谓合伙债务，指在合伙存续期间，合伙企业因合同行为、侵权行为或其他根据法律规定而对相对人产生的债务。合伙的债权人，通常是合伙人以外的第三人，包括公民、法人和其他组织，在特殊情况下，也可以是合伙人中的某一人。无论基于什么原因形成的合伙债务，在最终表现形态上，都可以表现为营业债务和清算债务。营业债务是指合伙成员在共同经营、共同劳动的过程中，根据合伙业务的需要而发生的债务。清算债务是指合伙解散时尚未清偿或合伙资不抵债时所发生的债务。这样的分类有如下意义：营业债务，多发生在合伙经营过程中，用合伙的财产就可以清偿，而且营业债务的清偿，也不会导致合伙的解散；清算债务则发生在合伙解散或资不抵债时，这一债务不仅需要用合伙财产清偿，还需要用合伙人的个人财产清偿。合伙的清算债务涉及合伙债权人、合伙人个人债权人、合伙企业、合伙人个人等一系列重大关系。

一、合伙人对合伙企业债务的清偿责任

合伙人对合伙债务清偿责任的立法模式，直接反映国家对合伙的价值取向。对合伙债务清偿责任的规定，直接关系到合伙债权人的债权最终是否能

---

① 牛丽文、张键：《合伙企业的损益分配》，载《河北建筑科技学院学报》（社会科学版）2000 年第 1 期。

够得到清偿，也即债权人与合伙企业交易时风险的大小。从世界各国对合伙债务清偿责任的法律规定上看，合伙债务不仅要以合伙财产，而且要以合伙人个人财产承担清偿责任，这就是我们通常所说的合伙债务的无限责任。无限责任的规定，扩大了清偿合伙债务的财产范围，把合伙人个人的财产作为合伙债务清偿的履行担保，这种加重责任的规定，对债权人债权的实现无疑是非常有利的。但经常会发生合伙人个人财产不足以清偿自己应承担的合伙债务份额的情况。在此情况下，其他合伙人是否有义务以其个人财产代替合伙企业财产为其他合伙人清偿合伙债务？对此，世界各国的立法主要分为两种模式：分担主义和连带主义。

第一，分担主义。

分担主义是指合伙的债权人在行使债权时，对于合伙人个人仅按其出资比例或损益分配比例请求清偿，要求其承担无限责任。分担主义最早由英美法所确定，但现在实行分担主义的国家主要是日本和法国。《日本民法》第675条规定："合伙人对合伙债务按损益分配比例分担清偿责任，合伙人的债权人在其债权发生时，不知合伙人损益分配比例的，对各个合伙人得就同等部分行使权利。"《法国民法典》第1857条规定："合伙对于第三人的债务，按其在应偿还之日，或在停止清偿之日，在合伙资金所占份额的比率，合伙人负永久偿还之责。合伙人如仅以其技艺出资者，应与合伙资金中投资份额最少的合伙人负偿还同等数额之责。"

第二，连带主义。

连带主义就是合伙的债权人可以对合伙人中的一人或数人乃至全体合伙人同时或先后主张全部或部分债权，合伙人中的一人如果被请求偿还债务时，不得以其他合伙人应承担责任为由提出抗辩并申请其他合伙人作为被告，而应该依债权人的请求承担无限责任。当然，该合伙人可向其他合伙人追偿其应承担的部分。连带主义的立法模式为世界大多数国家所采用，我国亦属此类。

二、合伙企业财产与个人财产清偿合伙债务的顺序

各国立法通例一般都规定合伙人对合伙债务负无限责任，大多数国家规定了无限连带责任，但就个人财产、合伙财产用于清偿合伙的债务的顺序规定则采用不同的原则，主要有并存主义和补充连带主义。

所谓并存主义就是指针对合伙债务，合伙债务的债权人就合伙财产和个人财产可同时行使请求权或选择行使请求权。所谓补充连带主义，就是指合

伙债务的债权人应该首先对合伙财产行使请求权，当合伙财产不足清偿时，各合伙人对不足之额连带负清偿责任。并存主义更好地保护了债权人的利益，赋予债权人在行使请求权时的选择权，使债务的履行直接获得合伙组织财产和合伙人个人财产的双重担保，但同时，它加重了合伙人个人的责任，对合伙人极为不利。补充连带主义对债权人的行使请求权做出了限制，只有在合伙财产不足以清偿合伙债务时，债权人才可以对合伙人的个人财产行使请求权。

在当今世界上，采取并存主义的国家主要有德国和瑞士。如《德国民法典》第427条规定："数人因契约对同一可分的给付负有共同责任者，在发生疑问时，作为连带债务人负其责任。"而规定补充连带主义的国家和地区有巴西和我国台湾地区，如我国台湾地区所谓"民法"第681条规定："合伙财产不足清偿合伙之债务时各合伙人对于不足之额，连带负其责任。"我国《合伙企业法》第三十九条规定："合伙企业不能清偿到期债务的，合伙人承担无限连带责任。"由此可见，我国《合伙企业法》采用的是补充连带主义。

并存主义和补充连带主义各有其利弊，并存主义对债权人的债权的实现是非常有利的，但是，它太侧重于对债权人利益的保护，而对合伙人的要求过严，不符合权利义务一致的要求。相反，补充连带主义既能保证债权人债权的实现，又在一定程度上使合伙人的个人财产得到保护，平衡了双方的关系。具体说来，补充连带主义从理论上和实践上均比并存主义合理。

第一，从理论上说，首先，合伙作为市场主体进行交易，虽然财产担保能力不如公司财产担保能力强，但是，法律规定合伙人以个人财产承担无限连带责任作为一般担保能力的弥补。然而，合伙人个人财产与合伙财产毕竟不同。它是共同经营和团体经营的，合伙债务的产生基于合伙事业的经营，合伙作为共同体，拥有独立于合伙人个人的财产，其对外所负的债务，自然是合伙共同债务，合伙的财产的主要功能是用于合伙事业的经营，也应对合伙经营债务直接负责。合伙债务不应当成为合伙人的当然债务。对于共同债务，应当先用合伙共同财产清偿。合伙债务的承担责任与个人经营的责任应当有所区别，只有在合伙财产不足以清偿合伙债务时，各个合伙人对于尚未清偿的部分，才能承担连带清偿责任。如果合伙财产足够清偿合伙债务，债权人只能请求用合伙财产清偿。其次，一般来说，在合伙债务清偿过程中，合伙债务中的营业债务不会超过合伙财产，用合伙财产完全可以清偿，不用涉及合伙人的个人财产。如果债权人在合伙财产足以清偿的情况下，就要求合伙人以其个人财产单独承担全部合伙债务，就可能会对某一或某些合伙人不利：合伙债务是设有担保的连带之债，连带之债消灭而在合伙人内部转变为按份之债就成了无担保之债，某个合伙人单独履行了给付义务之后只能分别向其他合伙人求偿，而不能要求其他合伙人对他承担连带责任，他能否及时得到补偿取决于许多因素，他的债权远远不及合伙的债权人可靠，这样有可能发生一系列权利义务的争议。因此，合伙人的连带责任，只是对不足额的部分即亏损的部分承担连带责任。最后，补充连带主义足以保护债权人的利益。债务发生后，债权人首先对合伙主张权利，得到清偿，权利得到维护，合伙人的连带责任无需产生。当不能得到保障时，又得以向合伙人个人行使请求权，来弥补未得到清偿的债权。补充连带主义与并存主义，就保护债权人的利益而言，只是债权人求偿次序不同；就债权担保而言，二者的效力和后果完全相同。补充连带主义的规定，强调了合伙事业的团体性，界定了合伙财产与合伙人个人财产的范围，既保护了债权人的债权，又公平合理地解决了合伙人的债务负担。

第二，我国法律规定了补充连带主义，从实践上也是可行的。在实践上，补充连带主义能够减少讼累。通常而言，采用并存主义，债权人为使自己的债权得到充分的保障，会将合伙及全部合伙人作为被告行使诉权，它不但要求合伙组织要应诉，同时合伙人个人也要应诉，这样会增加诉讼的成本和讼累。补充连带主义则可避免上述情况的发生。合伙的债权人应先就合伙财产受偿，如合伙财产不足清偿时，各合伙人对于不足之额，始负补充的连带责任。因此，在合伙的债权人不能证明合伙财产不足清偿合伙债务的情况下，其不应将合伙人与合伙一同作为被告起诉。我国民事诉讼法规定合伙企业作为非法人组织的一种，是一种独立的民事诉讼主体。从既判力理论来讲，以合伙之名起诉或应诉，该判决的效力也及于合伙人个人。在合伙成为被告时，胜诉之原告得基于该判决对于各合伙人追究个人责任，对各合伙人之个人财产予以执行。合伙组织可以作为合伙债务应诉的当事人，一般情况下合伙财产作为保障即可满足债权人的请求，当不能满足时，由于法定的合伙人承担无限连带责任，判决可直接确认合伙人的无限连带责任，这样就达到了诉讼经济的目的。

三、合伙债权优先原则与双重优先权原则

实践中，合伙人在参加了一个合伙企业以后，他自己作为一个独立的民事主体，往往还要从事自己的独立的民事活动并对外负债，这样就造成了一种局面：合伙债务与合伙人个人债务并存。在这种情况下，当合伙人与合伙都处于资不抵债的困境时，如何确定清偿这两种债务的先后顺序？对此我国

《合伙企业法》中没有规定解决办法。试举例如下：甲、乙、丙、丁共同创办了一个合伙企业，后该合伙企业出现亏损，合伙企业财产折合人民币10万元，对外负债40万元，而且此时乙、丙、丁均陷入无资力的状态，此时甲尚有资产40万元，但甲个人对外负债30万元，这样就产生了问题：合伙企业的债权人和甲的债权人按什么顺序受偿？如何平衡两者之间的利益？

纵观世界各国对于清偿合伙债务与合伙人个人债务的先后顺序的规定，大致有两种做法：合伙债权优先原则和双重优先权原则。

所谓合伙债权优先原则，就是指合伙债权人就其债权在合伙财产中优先受偿，不足部分与合伙人个人债权人就合伙人的个人财产共同受偿。从这一原则出发，我们可以知道，在合伙人的个人债务的债权人就其债权得不到实现，而合伙财产也不足以清偿合伙债务时，合伙人的个人债权人不能参与合伙财产的分配，但是，合伙债务的债权人在分配合伙财产不足清偿之时，却可以与合伙人个人债务的债权人共同再参与合伙人个人财产的分配。

而双重优先权原则则是英美合伙法中一项著名的衡平法原则，它是"对等即公平"这个古老的衡平法原则的发展和具体的体现。这一原则平等对待合伙债务和合伙人个人债务。合伙财产优先用于清偿合伙债务，在所有的合伙债务得到清偿之前，合伙人个人债务的债权人不得对合伙财产主张权利。同样的，个人财产优先用于清偿合伙人个人的债务，在合伙人个人债务未得到全部清偿之前，合伙债权人不得就合伙人个人财产主张权利。随着法律的发展，双重优先权原则有了重大的修正，即更加倾向于对合伙债务的债权人的保护。美国1978年《联邦破产法》使合伙的债权人有机会与合伙人个人债务的债权人就个人财产有平等的受偿权。做出这一修改的原因在于合伙债权人之所以与合伙作交易，是基于有合伙人个人财产作后盾来清偿合伙债务，而不仅仅局限于合伙财产，因而，合伙债务当然应及于合伙人个人财产。

从现有的立法例和司法实践看，有的国家和地区采用合伙债权优先原则，如我国台湾地区的所谓"民法"虽然没有明确规定这一问题的处理原则，但是在判例中确立了合伙债权优先原则。而英美国家的合伙法，解决这一问题时，大都采取双重优先权原则（"dual priorities" rule）。我国有学者认为《合伙企业法》第四十条规定："以合伙企业财产清偿合伙企业债务时，其不足部分，由各合伙人按照本法第32条第一款的比例，由其在合伙企业出资之外的财产承担清偿责任。"第四十三条规定："合伙人个人财产不足清偿其个人所负债务的，该合伙人只能以其从合伙企业中分取的收益用于清偿；债权人也可以依法请求人民法院强制执行该合伙人在合伙企业中的财产份额用于清偿。"因而我国采用了合伙债权优先原则。但是，单纯从这两个法条并不能分析出合伙债权和个人债权的清偿顺序。实际上，第四十条没有涉及合伙人个人债务的清偿问题，第四十三条也没有涉及合伙债务的清偿问题，可见这两个法条并未涉及合伙债务与合伙人个人债务并存时的情形。

总体来说，合伙债权优先原则着眼于充分全面地保护合伙债权人的债权，当合伙人同时承担合伙债务和个人债务时，合伙债权人就合伙财产优先受偿，不足部分与合伙人个人债权人就合伙人个人财产共同受偿，体现了合伙债务清偿的彻底性和无限连带性。但是这种保护对合伙人个人债权人极为不利，它过分强调了合伙人对合伙债务的无限连带责任，漠视了合伙人个人债权人的利益。一般说来，合伙债务大于合伙人的个人债务，因而如采用合伙债权优先原则，合伙人的个人债权人就很可能得不到清偿，这对合伙人的个人债权人是不公平的。而双重优先权原则则认为合伙企业的债权人立足于企业财产，个人的债权人立足于个人财产，区分了合伙债务和合伙人个人债务的不同，区分了两种财产的不同性质，更强调合伙债务应当用合伙财产偿还，更符合合伙的团体性特征，公平合理地维护了合伙债权人和合伙人个人债权人双方的利益，使双方都有均等的机会从合伙企业财产和合伙人个人财产中得到清偿。综上，我国《合伙企业法》应明确规定双重优先权原则。

四、合伙人内部债务分担比例

在对外关系方面，合伙人对合伙债权人的债权负担的是无限连带责任。但在其内部，合伙人之间有一个债务分担的问题。合伙人内部各自承担的债务比例问题十分重要，它关系到每个合伙人的切身利益，特别是合伙人追偿权的实现。关于合伙人内部债务承担比例，我国《合伙企业法》第三十三条规定，合伙企业的利润分配、亏损分担，按照合伙协议的约定办理；合伙协议未约定或者约定不明确的，由合伙人协商决定；协商不成的，由合伙人按照实缴出资比例分配、分担；无法确定出资比例的，由合伙人平均分配、分担。合伙协议不得约定将全部利润分配给部分合伙人或者由部分合伙人承担全部亏损。

可见，合伙人约定的债务分担比例应当优先于法定比例。合伙是一种合同法律关系，合伙人可以就合伙的一切方面进行约定，合伙损益分配比例的约定，是合伙人内部的事务，与债权人无关，不会损害合伙债权人的利益，因为这种约定不会改变合伙人对合伙债务的无限连带责任。总之，在合伙人内部债务分担比例问题上，应当以合伙人的约定为主，以法律规定为辅，这才符合当事人意思自治原则。

五、合伙企业债务清偿的特别规定

(一) 新入伙人对合伙债务的承担

所谓入伙,是指在合伙企业成立以后,合伙企业存续期间,非合伙人申请加入合伙企业并被全体合伙人接纳的行为。合伙企业成立以后,往往会有原来不是合伙人的人由于种种原因申请加入合伙企业,从而产生入伙人对其加入合伙前的债务承担问题。而对于入伙人对其入伙后发生的合伙债务,当然负有无限连带清偿责任,这是毫无疑问的。

入伙人对其加入合伙前的债务的承担,依据我国《合伙企业法》第四十四条第一款的规定:入伙的新合伙人与原合伙人享有同等权利,承担同等责任。入伙协议另有约定的,从其约定。第二款规定:新合伙人对入伙前合伙企业的债务承担连带责任。对于这一规定,目前还有一些争论,主要是第一款的适用范围和第二款的连带责任的性质的认识问题。

首先,该条第一款规定的是关于入伙人对其入伙后的权利的享有及义务的承担。该款前半句规定入伙的新合伙人与原合伙人享有同等权利,承担同等责任。由此可以看出,新合伙人对入伙后的事务执行、收益的分配、债权的行使同原合伙人的权利是一样的,也要对加入合伙后的债务同原合伙人一样承担无限连带责任。该款后半句规定入伙协议另有约定的,从其约定。其中的"另有约定"显然指的是新合伙人与原合伙人对入伙人入伙后新合伙人的事务执行权、收益分配份额、债务承担比例等的约定。根据意思自治原则,该约定有效。当然,该约定不能违反法律的强行性规定,不能对抗债权人,否则无效。

其次,该条第二款才真正涉及入伙人对入伙前的债务承担问题。该款规定,入伙的新合伙人对入伙前合伙企业债务承担连带责任。有很多人由此认为新合伙人对其入伙前的合伙债务承担的是无限连带责任,这是值得商榷的。第一,依民法原理,连带责任不同于无限连带责任,单纯的连带责任不涉及入伙人的个人财产,只涉及入伙人的出资财产,要以其出资财产对合伙的其他合伙人所应承担的债务份额承担清偿责任。第二,入伙人仅以其出资财产对入伙前的债务承担连带责任对原合伙债权人没有损害。债权人是在入伙人加入合伙前与合伙企业作交易或受到合伙企业的侵权或基于其他原因而对合伙企业享有债权的,入伙人的加入,增加了合伙企业的财产(入伙人的出资),也就增强了合伙企业清偿债务的能力,因此,入伙人仅以其出资财产承担连带责任,不会损害债权人的利益。第三,如要求入伙人对其入伙前的债务承担无限连带责任,对入伙人有失公允。入伙人未参与合伙前的盈余分配,现在却要求他对由此导致的债务承担无限连带责任,这就太偏重于对合伙债权人的保护,法律因此而出现失衡。第四,有学者认为第一款中"承担同等责任"指的是不管入伙前债务还是入伙后债务都是无限连带责任。但为什么《合伙企业法》还要用第二款专门规定入伙人对入伙前债务承担连带责任?其实,《合伙企业法》第一款规定的是入伙人入伙后的权利的享有和义务承担的规定,而第二款规定的才是入伙人对入伙前合伙企业债务的承担。其中的"连带责任"指的是入伙人仅以其出资财产对入伙前的合伙企业债务承担连带责任。

(二) 退伙人的债务承担问题

退伙,是指已经取得合伙人身份的合伙人脱离合伙企业,使他的合伙人资格归于消灭的法律事实。

世界上绝大多数国家都规定退伙人应当对其退伙前的合伙企业债务承担无限连带责任。但容易产生争议的是退伙人实际退伙的时间与合伙企业进行退伙登记的时间不一致,中间有一个时间段,退伙人对于这个时间段发生的债务是否承担责任?这是一个在实践中经常碰到的问题。

按照《合伙企业法》第十三条规定,合伙企业登记事项因退伙、入伙、合伙协议修改等发生变更或者需要重新登记的,应当由执行合伙事务的合伙人于作出变更决定或者发生变更事由之日起 15 日内,向企业登记机关办理有关登记手续。《合伙企业登记管理办法》第二十条规定:申请人提交的申请材料齐全、符合法定形式,企业登记机关能够当场变更登记的,应当当场变更登记。除此之外,企业登记机关应当自受理申请之日起 20 日内,作出是否变更的决定。可见,退伙人实际退伙的时间与登记退伙的时间的间隔可能长达 35 天。那么,以哪个时间作为合伙人退伙的时间,退伙人是否需要对这段时间发生的合伙债务承担责任,对此应当从两个方面来考察。

首先,从退伙人与债权人的关系来说,退伙登记(变更登记)是为了保护第三人的利益,要求退伙人退伙要办理变更登记手续,这是法律强制退伙人履行的公示其退伙意思表示的义务。退伙人需要在法律规定的期限内向法定机关表明其退伙事项。如果未办理变更登记,则视其退伙不为第三人知悉,其退伙对第三人不发生效力,不能对抗第三人,退伙人仍然要对合伙的债务负担无限连带责任。当然,存在可以排除退伙人责任的情形,例如,在债权人与合伙企业作交易之前或交易之时,如果退伙人向债权人充分提供了其实际上已经退伙的证据,则可免除其责任。

其次，就退伙人与其他合伙人的关系来说，尽管退伙人的退伙在办理变更登记前不能对抗债权人，但就退伙人与其他合伙人的关系来说，应当以实际退伙的时间为退伙生效的时间，否则，对退伙人不公平。我国《合伙企业法》也是这样规定的。也就是说，尽管退伙人要对合伙债务向第三人负无限连带责任，但退伙人在承担了无限连带责任以后，可基于退伙向其他合伙人追偿。

综上所述，合伙人之退伙，未办理登记，则不具有公信力，不能对抗第三人，但退伙在合伙人内部有效。

六、合伙企业与第三人关系

（一）合伙企业与其债权人之间的关系

我国《合伙企业法》第三十七条规定，合伙企业对合伙人执行合伙事务以及对外代表合伙企业权利的限制，不得对抗善意第三人。

（二）合伙人的个人债权人与合伙企业之间的关系

我国《合伙企业法》第四十一条规定，合伙人发生与合伙企业无关的债务，相关债权人不得以其债权抵销其对合伙企业的债务；也不得代位行使合伙人在合伙企业中的权利。

我国《合伙企业法》第四十二条规定："合伙人的自有财产不足清偿其与合伙企业无关的债务的，该合伙人可以以其从合伙企业中分取的收益用于清偿；债权人也可以依法请求人民法院强制执行该合伙人在合伙企业中的财产份额用于清偿。人民法院强制执行合伙人的财产份额时，应当通知全体合伙人，其他合伙人有优先购买权；其他合伙人未购买，又不同意将该财产份额转让给他人的，依照本法第五十一条的规定为该合伙人办理退伙结算，或者办理削减该合伙人相应财产份额的结算。"

学习内容 5　合伙企业的解散、清算

一、合伙企业的解散事由

我国《合伙企业法》第八十五条规定，合伙企业有下列情形之一的，应当解散：
（一）合伙期限届满，合伙人决定不再经营；
（二）合伙协议约定的解散事由出现；
（三）全体合伙人决定解散；
（四）合伙人已不具备法定人数满三十天；
（五）合伙协议约定的合伙目的已经实现或者无法实现；
（六）依法被吊销营业执照、责令关闭或者被撤销；
（七）法律、行政法规规定的其他原因。

二、合伙企业的清算

（一）执行清算人的确定

1. 一般由全体合伙人担任。

2. 或经全体合伙人过半数同意，自合伙企业解散事由出现后15日内指定一名或数名合伙人担任。

3. 或经全体合伙人过半数同意，自合伙企业解散事由出现后15日内委托第三人担任。

（二）清算人的职责

清算人在清算期间执行下列事务：
1. 清理合伙企业财产，分别编制资产负债表和财产清单；
2. 处理与清算有关的合伙企业未了结事务；
3. 清缴所欠税款；
4. 清理债权、债务；
5. 处理合伙企业清偿债务后的剩余财产；
6. 代表合伙企业参加诉讼或者仲裁活动。

（三）清算程序

清算人自被确定之日起十日内将合伙企业解散事项通知债权人，并于六十日内在报纸上公告。债权人应当自接到通知书之日起三十日内，未接到通知书的自公告之日起四十五日内，向清算人申报债权。

债权人申报债权，应当说明债权的有关事项，并提供证明材料。清算人应当对债权进行登记。

清算期间，合伙企业存续，但不得开展与清算无关的经营活动。

(四) 清偿债务的原则

1. 根据企业解散清偿债务的一般原则，合伙企业因解散而清偿债务的，如有未到期的债务，应视为已到期；处于诉讼中的债务，应保留偿还债务的财产份额，待诉讼完结后处理；

2. 清算人在清理完毕合伙企业财产后，该财产应用于支付清算费用和职工工资、社会保险费用、法定补偿金、缴纳所欠税款、清偿债务；合伙企业财产在清偿全部债务后仍有剩余的，则按约定或法定的比例在原合伙人间分配。如果合伙企业财产不足以清偿全部债务的，由原普通合伙人承担无限连带责任。

3. 合伙企业注销后，原普通合伙人对合伙企业存续期间的债务仍应承担无限连带责任。

4. 合伙企业不能清偿到期债务的，债权人可以依法向人民法院提出破产清算申请，也可以要求普通合伙人清偿。

合伙企业依法被宣告破产的，普通合伙人对合伙企业债务仍应承担无限连带责任。

学习内容 6 有限合伙企业

一、我国有限合伙的含义

有限合伙是相对于普通合伙而言的，它是指承担无限责任的合伙人与承担有限责任的合伙人共同组成的合伙。这种合伙在至少有一名合伙人承担无限责任的基础上，允许其他合伙人承担有限责任。它将具有投资管理经验或技术研发能力的机构和个人与具有资金实力的投资者进行有效结合，既激励管理者全力创业和创新，降低决策与管理成本，提高投资效益，又使资金投入者在承担与公司制企业同样责任的前提下，获取更高收益。

我国《合伙企业法》第二条第三款规定："有限合伙企业由普通合伙人和有限合伙人组成，普通合伙人对合伙企业债务承担无限连带责任，有限合伙人以其认缴的出资额为限对合伙企业债务承担责任。"这一规定为我国有限合伙制度的建立打下了基础，为有限合伙企业的发展提供了法律上的保障。对这一概念，应做如下理解。

(一) 承担有限责任的主体

"有限合伙企业"的"有限"二字,其实是从有限合伙人这个角度来讲的,是有限合伙人的有限责任,并不是指合伙企业本身承担有限责任。作为有限合伙企业而言,它依然应承担无限责任,应当以企业的全部财产清偿其债务。

(二) 承担有限责任的对象

有限合伙人承担有限责任的对象仅限于合伙企业对外所负担有限合伙企业的合伙人结构的债务,至于有限合伙人对合伙企业造成损失时,则应对其承担无限责任。

(三) 承担有限责任的方式

有限合伙人的有限责任是一种间接责任,即有限合伙人不是直接向合伙企业的债权人清偿债务(合伙企业的债权人原则上也不能起诉有限合伙人),而是通过向合伙企业履行出资义务,间接地对合伙企业的债权人承担责任。换言之,有限合伙企业扮演了有限合伙人与合伙企业债权人之间的"隔离带",有限合伙人的有限责任其实是对合伙企业的责任。

(四) 承担有限责任的上限

有限合伙人以其认缴的出资额为限,对合伙企业债务承担责任。只要有限合伙人履行了其出资义务,即便合伙企业的全部财产不足以清偿企业的到期债务,合伙企业的债权人也不得要求有限合伙人承担责任。

下列问题值得注意:

1. 出资额有认缴的出资额与实缴的出资额之分,二者在数量上有可能并不相等,有限合伙人承担责任的最高限额是其认缴的出资额,而不是其实际缴纳的出资额。

2. 为了保护合伙企业债权人的利益,有限合伙人只能以货币、实物、知识产权、土地使用权或者其他财产权利出资,不得以劳务出资。

3. 如果有限合伙人不履行或不完全履行出资义务,当合伙企业不能清偿到期债务时,合伙企业的债权人有权直接要求有限合伙人在出资义务的范围内承担清偿责任。

4. 依据公平原则,有限合伙人依法增资或减资的,对于发生在增资或减资前的合伙企业的债务,有限合伙人相应地应当以增资或减资前的出资额为限承担责任。

5. 有限合伙人退伙后,对基于其退伙前的原因发生的合伙企业债务,以其退伙时从合伙企业中取回的财产承担责任。

二、有限合伙的利弊分析

有限合伙制度融合了公司制度和普通合伙制度的一些优点,形成了自身的独特优势。

1. 在融资方面,有限合伙中的有限责任,降低投资风险,便利融资。

实行有限责任是有限合伙制度的重大突破。有限合伙人承担有限责任,这使有限合伙人不但能分享合伙企业的利润,而且能够预期其最大的投资风险,有利于吸引投资者投资。当前中小企业发展的一个瓶颈就是资金不足,实行有限责任,刺激投资,有利于解决中小企业资金缺乏这一瓶颈,从而促进我国经济的发展。同时,在债权人保护方面,有限合伙的无限责任有利于保护债权人的利益。

2. 在责任承担方面,实行责任混合制,这有利于资本和技术的最佳结合。

在有限合伙中,有限合伙人以出资为限承担有限责任,但不参与合伙企业事务管理,普通合伙人负责企业的经营管理,对合伙企业债务承担无限责任。

3. 在设立和存续方面,有限合伙设立简单,管理灵活,而且具有一定稳定性。

相对于公司来说,合伙企业设立条件宽松,没有最低注册资本和货币出资比例等强行性规定的限制,设立的程序更为简单。相对于普通合伙而言,有限合伙的稳定性强,有限合伙人的死亡、破产等对合伙并不产生实质性影响,而在普通合伙中,一旦有合伙人死亡或退出,合伙一般宣告解散。另外,有限合伙不能随便抽回出资,这使得有限合伙企业在经济基础上具有了相当的稳定性。

4. 在税收方面,有限合伙具有税收优势。

相对于公司而言,有限合伙的一个明显的优势就是税收优势。有限合伙是非法人企业,不具有法人资格,不必缴纳企业所得税。

但是有限合伙制度也存在一些弊端和不足,我们要认真分析这些弊端,以便更好地扬长避短。

1. 有限合伙会产生投资与管理的矛盾。作为投资者的有限合伙人不执行合伙事务,不得对外代表有限合伙企业。这在一定程度上使得有限合伙人某些管理方面的意愿难以实现。

2. 有限责任存在被滥用的可能。如同公司有限责任一样,有限合伙人的有限责任也存在被滥用的可能。有限合伙人可能会利用有限责任来损害其他合伙人或债权人的利益。

3. 立法上的局限性。对于有限合伙的立法还存在不少盲点,比如有限合伙人是否享有一定的对内权利,这种权利的界限在哪里?有限合伙是否适用于任何领域的企业,还是仅局限于一些特殊行业?诸如此类问题都不利于这种合伙方式的实践化。

三、有限合伙人承担有限责任的条件与例外

有限合伙企业由普通合伙人和有限合伙人组成,普通合伙人对合伙企业债务承担无限连带责任,而有限合伙人对合伙企业债务承担有限责任。可见,有限合伙人在合伙企业中承担的责任、面临的风险,显然要比普通合伙人轻得多。正所谓"有所得必有所失",根据权利义务相适应原则,有限合伙人承担有限责任是要付出一定代价的,其作为投资者的权利受到较大的限制。因此,有限合伙人承担有限责任是有一系列条件的。

(一)有限合伙人的入伙条件较其他合伙人的入伙条件相对严格

《合伙企业法》第六十四条第二款规定:"有限合伙人不得以劳务出资。"在普通合伙企业中,合伙人可以以其劳务作为出资,但在有限合伙企业中则不允许有限合伙人以其劳务出资,可见对其权利进行了一定的限制。同时,第六十五条也规定:"有限合伙人应当按照合伙协议的约定按期足额缴纳出资;未按期足额缴纳的,应当承担补缴义务,并对其他合伙人承担违约责任。"有限合伙人如果出资不到位,依然是要对其他的合伙人承担违约责任的。

(二)有限合伙人承担有限责任以其丧失经营管理权为代价

《合伙企业法》第六十八条第一款规定:"有限合伙人不执行合伙事务,不得对外代表有限合伙企业。"可见,虽然有限合伙人投入了大量的资本,在合伙企业财产中通常占据绝大部分份额,但他们在合伙企业中并不享有经营管理权,对内既不得执行合伙事务,对外又不得代表合伙企业,合伙企业的经营管理完全交由普通合伙人负责。除了享有有限的监督检查权,有限合伙人不得干涉普通合伙人的经营活动。

(三) 有限合伙人的资产收益权被削弱

合伙人一般是按照出资比例分享企业的利润，但在有限合伙中，有限合伙人仅承担有限责任，且不参与企业的经营管理，因而在分配合伙企业利润时，有限合伙人分得的比例就往往小于其出资份额。当然，有限合伙人享有收益的比例小于其出资份额只是现实经济生活中的一般现象，并非法律的强制性要求，如何分配合伙企业的利润，合伙人可在合伙协议中自由约定。

有限合伙人对合伙企业债务并不是绝对地承担有限责任，当出现法定情形时，有限合伙人也应与普通合伙人一样，对合伙企业债务承担无限责任。《合伙企业法》第七十六条第一款规定："第三人有理由相信有限合伙人为普通合伙人并与其交易的，该有限合伙人对该笔交易承担与普通合伙人同样的责任。"这个条款在学理上又被称为有限合伙人的"表见责任"。有限合伙人承担无限责任的条件如下：

1. 在客观方面，存在令第三人误认为有限合伙人是普通合伙人的事由，并因此与合伙企业进行交易。有限合伙人原本对内不得执行合伙事务，对外不得代表合伙企业，倘若其执行了合伙事务或者对外作为合伙企业的代表，则第三人就有理由认为该合伙人不是有限合伙人，而是一个普通合伙人。第三人本着对一个普通合伙人的信任与之进行的交易，自然要对其信赖利益加以保护。

通常，下列行为一般认为足以令第三人相信有限合伙人是普通合伙人：(1) 有限合伙人对外代表合伙企业与第三人签订合同；(2) 有限合伙人的名片上明确注明其为合伙企业负责人；(3) 合伙企业以有限合伙人的姓名作为商号；(4) 有限合伙人明知被他人声称是合伙企业的普通合伙人，而不予以否认的。

2. 在主观方面，第三人应属于善意且无过失的第三人，也即第三人并不知晓该合伙人实际上为有限合伙人，而且第三人的这种不知情不能归咎于他的疏忽或懈怠。《合伙企业法》第七十六条第一款之所以要求有限合伙人承担与普通合伙人同样的责任，就是为了保护善意第三人的信赖利益。如果第三人主观上不属于善意，则没有保护的必要，有限合伙人也就无须承担无限责任了。

只要具备上述两个构成要件，有限合伙人就失去有限责任的保障，不得以其对合伙企业仅承担有限责任为由来进行抗辩，而应与普通合伙人一样，对合伙企业债务承担无限连带责任，也即当合伙企业不能清偿到期债务时，有限合伙人应当以自身财产清偿该债务，以此来充分地保护第三人的利益和市场交易的安全。

四、有限合伙企业不同于普通合伙企业的特别规定

首先，在设立条件上主要有四点不同。《合伙企业法》第六十一条规定："有限合伙企业由二个以上五十个以下合伙人设立；但是，法律另有规定的除外。有限合伙企业至少应当有一个普通合伙人。"在企业名称上，《合伙企业法》第六十二条规定："有限合伙企业名称中应当标明'有限合伙'字样。"《合伙企业法》第六十六条规定："有限合伙企业登记事项中应当载明有限合伙人的姓名或者名称及认缴的出资数额。"

其次，在合伙协议上的不同规定。《合伙企业法》第六十三条明确要求：合伙协议除符合本法第十八条的规定外，还应当载明六大事项：普通合伙人和有限合伙人的姓名或者名称、住所；执行事务合伙人应具备的条件和选择程序；执行事务合伙人权限与违约处理办法；执行事务合伙人的除名条件和更换程序；有限合伙人入伙、退伙的条件、程序以及相关责任；以及有限合伙人和普通合伙人相互转变程序。

再次，在出资上的规定不同。《合伙企业法》第六十四条规定：有限合伙人可以用货币、实物、知识产权、土地使用权或者其他财产权利作价出资。但不得以劳务出资，这与对普通合伙人的要求不同。

《合伙企业法》第六十五条还规定："有限合伙人应当按照合伙协议的约定按期足额缴纳出资；未按期足额缴纳的，应当承担补缴义务，并对其他合伙人承担违约责任。"这一规定与公司法对于股东出资的规定一致，而普通合伙企业对于投资根本无需此规定。

最后，在有限合伙企业的事务执行上存在不同规定。《合伙企业法》第六十七条规定："有限合伙企业由普通合伙人执行合伙事务。执行事务合伙人可以要求在合伙协议中确定执行事务的报酬及报酬提取方式。"该法第六十八条同时规定，有限合伙人不执行合伙事务，不得对外代表有限合伙企业。并在第二款中列举了不视为有限合伙人执行合伙事务的行为：参与决定普通合伙人入伙、退伙；对企业的经营管理提出建议；参与选择承办有限合伙企业审计业务的会计师事务所；获取经审计的有限合伙企业财务会计报告；对涉及自身利益的情况，查阅有限合伙企业财务会计账簿等财务资料；在有限合伙企业中的利益受到侵害时，向有责任的合伙人主张权利或者提起诉讼；执行事务合伙人怠于行使权利时，督促其行使权利或者为了本企业的利益以自己的名义提起诉讼；依法为本企业提供担保。

案例分析

训练项目一：普通合伙企业案例分析

【训练目的与要求】

通过训练，理解并掌握普通合伙企业的主要法律制度——设立、出资、对外债务承担、入伙与退伙等，能判定并分析具体的合伙纠纷，并提出解决方案。

【实例训练】

案例 1：

甲、乙、丙、丁四人协议设立普通合伙企业，并签订了合伙协议，协议约定：甲、乙、丙每人以现金 10 万元或价值相当于 10 万元的实物出资，丁以劳务作价出资，甲、丁执行合伙企业事务，对外代表合伙企业，但甲、丁签订买卖合同时应经其他合伙同意，合伙协议没有约定利润分配及风险承担比例。合伙企业成立后，甲以合伙企业名义与 T 公司签订买卖合同，由于合伙企业未以合同约定交货，T 公司要求赔偿，同时得知，该合同的签订未经其他合伙人同意，合伙企业以合同不成立为由拒绝赔偿。

丙在与张某交往中发生了债务，张某向人民法院提起诉讼，并于胜诉后向人民法院申请强制执行丙在合伙企业中的财产份额。后来丙提出退出合伙企业，合伙协议未做修改。在此之前，由于甲、丁管理经营不善，以致合伙企业承担巨额债务。债权人提起诉讼，人民法院在审理中发现，合伙企业财产价值 30 万元而债务高达 60 万元。

问题：

1. 甲、乙、丙、丁的出资方式是否合法？为什么？
2. 合伙企业是否可以拒绝 T 公司的赔偿要求？为什么？
3. 人民法院强制执行丙在合伙企业中的财产份额后，丙是否应退伙，张某是否成为新的合伙人？合伙企业应如何清偿债务？丙是否应承担其退伙前合伙企业的债务，为什么？
4. 张某是否应承担其入伙前合伙企业债务？

核心提示：

本案例所涉及的法律问题主要有普通合伙企业的出资方式、合伙事务执行人的权利和合伙企业债务的清偿等问题，可以结合《合伙企业法》第十六条、十七条、二十六条、四十四条、四十八条的相关规定进行分析。

案例 2：

2007 年 9 月，A、B、C、D 协商设立普通合伙企业。其中，A、B、D 系辞职职工，C 系一非公司制的集体所有制企业。合伙人共同拟定的合伙协议约定：A 以劳务出资，而 B、D 以实物出资，对企业债务承担无限责任，并由 A、B 负责公司的经营管理事务；C 以货币出资，对企业债务以其出资额承担有限责任，但不参与企业的经营管理。经过纠正有关问题后，合伙企业得以成立。开业不久，D 发现 A、B 的经营不符合自己的要求，随后提出退伙。在该年 11 月下旬 D 撤资退伙的同时，合伙企业又接纳 E 入伙。该年 11 月底，合伙企业的债权人甲就 11 月前发生的债务要求现在的合伙人及退伙人共同承担连带清偿责任。对此，D 认为其已退伙，对合伙企业的债务不再承担责任；入伙人 E 则认为，自己对入伙前发生的债务也不承担任何责任。

2007 年 12 月，E 向丙公司借款时，在仅征得 A 的同意后，将其在合伙企业中的财产份额出质给丙公司。

问题：

1. C 是否可以成为普通合伙企业的合伙人？并说明理由。
2. 在该合伙企业的设立过程中，有哪些不合规定之处？
3. 对债权人甲的请求，合伙人应当如何承担责任？
4. 假设合伙协议约定只有 A 和 D 有权执行合伙事务，B 和 C 无权执行合伙事务，而 B 与乙公司签订一份合同，乙公司并不知道合伙协议对 B 的职权限制，A、D 知悉后认为该合同不符合企业的利益，并明确地向乙公司表示对该合同不予承认，那么，该合同的效力如何认定？
5. E 的出质行为是否有效？并说明理由。

核心提示：

根据规定，自然人、法人和其他组织可以依照《合伙企业法》的规定，在中国境内设立普通合伙企业。据我国《合伙企业法》的有关规定，普通合伙企业由普通合伙人组成，合伙人对合伙企业债务承担无限连带责任。退伙人对其退伙前已发生的合伙企业债务，与其他合伙人承担连带责任；入伙人对其入伙前合伙企业的债务也承担连带责任。根据规定，合伙企业对合伙人执行合伙企业事务以及对外代表合伙企业权利的限制，不得对抗不知情的善意第三人。合伙人以其在合伙企业中的财产份额出质的，须经其他合伙人一致同意；未经其他合伙人一致同意，其行为无效，由此给善意第三人造成损失的，由行为人依法承担赔偿责任。

案例 3：

2001 年年底，张某、常某和李某共同设立了合伙企业，但企业成立后，经营效果很差，对外欠款较多，截至 2002 年年中，合伙企业对外欠款 20 万元。债务到期后，债权人某商业银行找到合伙企业，要求偿还欠款。合伙企业并不拒绝偿还债务，但是由于合伙企业账面上没有现金，于是银行找到合伙人张某，要求他偿还合伙企业的债务。张某考虑到合伙企业的存续问题，因此偿还了银行的 20 万元，但实际上张某出资只占合伙企业资本的 10%，合伙协议中也约定张某只承担 10% 的债务，于是张某请求常某与李某偿还其超额偿还的部分。

问题：

本案中，合伙企业债务应当如何偿还？并阐明理由。

核心提示：

我国《合伙企业法》第三十三条第一款规定："合伙企业的利润分配、亏损分担，按照合伙协议的约定办理；合伙协议未约定或约定不明的，由合伙人协商决定；协商不成的，由各合伙人按照实缴出资比例分配、分担；无法确定出资比例的，由合伙人平均分配、分担。"这一规定明确了分担亏损的依据，首先依约定，其次为协商，最后由法定。"合伙人由于承担无限连带责任，清偿数额超过本法三十三条第一款规定的其亏损分担比例的，有权向其他合伙人追偿。"

案例 4：

张甲、王乙、李丙三人合伙开办了一个皮革厂。2010 年初，皮革厂因为机器故障，使得新进的一批生皮没有及时得到加工，导致亏损累计达到 10 万元。由于亏损三人发生矛盾，张甲要求退伙，李丙、王乙同意，但要求张甲承担 2 万元的亏损，并且当初的投资额不能退还，等以后再说，张甲同意了这些条件。张甲退伙后不久，王乙、李丙为偿还债务，将工厂的财产全部变卖，还有 4.6 万元债务无法偿还。在债主们的逼迫下，王乙、李丙找到张甲，要求张甲承担一部分债务，张甲以自己早已退伙为由拒不承担，王乙、李丙只好躲起来。债权人赵丁多次上门讨债，没有结果，赵丁遂以张甲为被告向法院起诉，要求张甲偿还合伙债务 2.8 万元。

问题：

张甲对合伙企业的债务是否应承担责任？

核心提示：

此案涉及退伙以及退伙后对合伙企业的债务应否承担连带责任的问题。根据《合伙企业法》第五十三条的规定："退伙人对基于其退伙前的原因发生的合伙企业债务，承担无限连带责任。"另外，根据《合伙企业法》第三十八条、第三十九条的规定，合伙企业对其债务，应先以其全部财产进行清偿。

合伙企业不能清偿到期债务的，合伙人承担无限连带责任。合伙人由于承担连带责任，所清偿数额超过其应当承担的数额时，有权向其他合伙人追偿。

训练项目二：有限合伙企业案例分析

【训练目的与要求】

通过训练，理解并掌握有限合伙企业的特别法律制度，能判定并分析具体的合伙纠纷，并提出解决方案。

【实例训练】

案例1：

甲、乙、丙、丁共同投资设立了A有限合伙企业（以下简称A企业）。合伙协议约定：甲、乙为普通合伙人，分别出资10万元；丙、丁为有限合伙人，分别出资15万元；甲执行合伙企业事务，对外代表A企业。2006年A企业发生下列事实：

2月，甲以A企业的名义与B公司签订了一份12万元的买卖合同。乙获知后，认为该买卖合同损害了A企业的利益，且甲的行为违反了A企业内部规定的甲无权单独与第三人签订超过10万元合同的限制，遂要求各合伙人作出决议，撤销甲代表A企业签订合同的资格。

4月，乙、丙分别征得甲的同意后，以自己在A企业中的财产份额出质，为自己向银行借款提供质押担保。丁对上述事项均不知情，乙、丙之间也对质押担保事项互不知情。

8月，丁退伙，从A企业取得退伙结算财产12万元。

9月，A企业吸收庚作为普通合伙人入伙，庚出资8万元。

10月，A企业的债权人C公司要求A企业偿还6月份所欠款项50万元。

11月，丙因所设个人独资企业发生严重亏损不能清偿D公司到期债务，D公司申请人民法院强制执行丙在A企业中的财产份额用于清偿其债务。人民法院强制执行丙在A企业中的全部财产份额后，甲、乙、庚决定A企业以现有企业组织形式继续经营。

经查：A企业内部约定，甲无权单独与第三人签订超过10万元的合同，B公司与A企业签订买卖合同时，不知A企业该内部约定。合伙协议未对合伙人以财产份额出质事项进行约定。

问题：

根据上述材料，分别回答下列问题：

1. 甲以 A 企业的名义与 B 公司签订的买卖合同是否有效？并说明理由。

2. 合伙人对撤销甲代表 A 企业签订合同的资格事项作出决议，在合伙协议未约定表决办法的情况下，应当如何表决？

3. 乙、丙的质押担保行为是否有效？并分别说明理由。

4. 如果 A 企业的全部财产不足清偿 C 公司的债务，对不足清偿的部分，哪些合伙人应当承担清偿责任？如何承担清偿责任？

5. 人民法院强制执行丙在 A 企业中的全部财产份额后，甲、乙、庚决定 A 企业以现有企业组织形式继续经营是否合法？并说明理由。

核心提示：

根据《合伙企业法》的规定，合伙企业对合伙人执行合伙企业事务以及对外代表合伙企业权利的限制不得对抗善意的第三人。

根据《合伙企业法》的规定，普通合伙人以其在合伙企业中的财产份额出质的，须经其他合伙人一致同意；未经其他合伙人一致同意，其行为无效，由此给善意第三人造成损失的，由行为人依法承担赔偿责任。

根据《合伙企业法》的规定，有限合伙人可以将其在有限合伙企业中的财产份额出质；但是，合伙协议另有约定的除外。

根据《合伙企业法》的规定，有限合伙企业仅剩普通合伙人的，应当转为普通合伙企业。

案例 2：

假设 2008 年 3 月，甲、乙、丙、丁按照《中华人民共和国合伙企业法》的规定，共同投资设立一家从事商品流通的有限合伙企业。合伙协议约定了以下事项：

1. 甲以现金 5 万元出资，乙以房屋作价 8 万元出资，丙以劳务作价 4 万元出资，另外以商标权作价 5 万元出资，丁以现金 10 万元出资；

2. 丁为普通合伙人，甲、乙、丙均为有限合伙人；

3. 各合伙人按相同比例分配盈利、分担亏损；

4. 合伙企业的事务由丙和丁执行，甲和乙不执行合伙企业事务，也不对外代表合伙企业；

5. 普通合伙人向合伙人以外的人转让财产份额的，不需要经过其他合伙人同意；

6. 合伙企业名称为"W 合伙企业"。

问题：

根据以上事实，回答下列问题，并分别说明理由：

1. 合伙人丙以劳务作价出资的做法是否符合规定？

2. 合伙企业事务执行方式是否符合规定?
3. 关于合伙人转让出资的约定是否符合法律规定?
4. 合伙企业名称是否符合规定?
5. 各合伙人按照相同比例分配盈利、分担亏损的约定是否符合规定?

核心提示：

根据《合伙企业法》的规定，有限合伙人不得以劳务出资。丙为该合伙企业的有限合伙人，因此不得以劳务作为出资；有限合伙人不执行合伙企业事务，不得对外代表合伙企业。由于丙为该合伙企业的有限合伙人，因此其执行合伙企业事务，对外代表合伙企业的做法是不符合规定的；除合伙协议另有约定外，普通合伙人向合伙人以外的人转让其在合伙企业中的全部或者部分财产份额时，须经其他合伙人一致同意；有限合伙企业名称中应当标明"有限合伙"字样；各合伙人按照相同比例分配盈利、分担亏损的约定符合规定。

案例3：

甲、乙、丙、丁四人出资设立A有限合伙企业，其中甲、乙为普通合伙人，丙、丁为有限合伙人。合伙企业存续期间，发生以下事项：

1. 6月，合伙人丙同A合伙企业进行了120万元的交易，合伙人甲认为，由于合伙协议对此没有约定，因此，有限合伙人丙不得同本合伙企业进行交易。

2. 6月，合伙人丁自营同A合伙企业相竞争的业务，获利150万元。合伙人乙认为，由于合伙协议对此没有约定，因此，丁不得自营同本合伙企业相竞争的业务，其获利150万元应当归A合伙企业所有。

3. 7月，A合伙企业向B银行贷款100万元。

4. 8月，经全体合伙人一致同意，普通合伙人乙转变为有限合伙人，有限合伙人丙转变为普通合伙人。

5. 9月，甲、丁提出退伙。经结算，甲从合伙企业分回10万元，丁从合伙企业分回20万元。

6. 10月，戊、庚新入伙，戊为有限合伙人，庚为普通合伙人。其中，戊、庚的出资均为30万元。

7. 12月，B银行100万元的贷款到期，A合伙企业的全部财产只有40万元。

问题：

根据《合伙企业法》的规定，分别回答下列问题并阐明理由：

1. 根据1所提示的内容，指出甲的主张是否符合法律规定?
2. 根据2所提示的内容，指出乙的主张是否符合法律规定?

3. 对于不足的 60 万元，债权人 B 银行能否要求合伙人甲清偿全部的 60 万元？

4. 对于不足的 60 万元，债权人 B 银行能否要求合伙人乙清偿全部的 60 万元？

5. 对于不足的 60 万元，债权人 B 银行能否要求合伙人丙清偿全部的 60 万元？

6. 对于不足的 60 万元，债权人 B 银行能否要求退伙人丁清偿全部的 60 万元？

7. 对于不足的 60 万元，债权人 B 银行能否要求合伙人戊清偿全部的 60 万元？

8. 对于不足的 60 万元，债权人 B 银行能否要求合伙人庚清偿全部的 60 万元？

核心提示：

根据《合伙企业法》的规定，有限合伙人可以同本有限合伙企业进行交易；但是，合伙协议另有约定的除外；有限合伙人可以自营或者同他人合作经营与本有限合伙企业相竞争的业务；但是，合伙协议另有约定的除外；普通退伙人对基于其退伙前的原因发生的合伙企业债务，承担无限连带责任；普通合伙人转变为有限合伙人的，对其作为普通合伙人期间合伙企业发生的债务承担无限连带责任；有限合伙人转变为普通合伙人的，对其作为有限合伙人期间有限合伙企业发生的债务承担无限连带责任；有限合伙人退伙后，对基于其退伙前的原因发生的有限合伙企业债务，以其退伙时从有限合伙企业中取回的财产承担责任；新入伙的有限合伙人对入伙前有限合伙企业的债务，以其认缴的出资额为限承担责任；新入伙的"普通合伙人"对入伙前合伙企业的债务承担无限连带责任。

训练项目三：合伙企业解散案例分析

【训练目的与要求】

通过训练，理解并掌握合伙企业解散的主要制度，能够判断并分析合伙企业解散案例。

【实例训练】

案例：

原告：褚某。

原告：李某。

被告：陈某。

被告再审诉讼代理人：曾律师，广东某律师事务所律师。

由陈某、李某等人牵头，与其他人合伙组建的友联人造板厂（下称友联板厂），于2003年12月4日登记注册成立。全体合伙人合计出资79.5万元，其中陈×出资5万元、李某出资1.5万元，褚某在董某名下出资8万元。2005年1月23日，合伙人会议选举陈某、李某、褚某等人为友联板厂董事会董事。董事会研究决定，聘任陈某为友联板厂厂长，李某、王某为副厂长。2007年2月2日，友联板厂合伙人会议决定，终止合伙，解散企业，委托陈某等人负责处理清算和变卖财产事务。在该次合伙人会议决议上签名的有16名合伙人（此时共有19名合伙人），其中有陈某、李某和董某。褚某称自己知道召开这次合伙人会议和会议决议，但未参加会议和在决议上签名。

2007年2月17日，友联板厂登记注销。2007年2月21日，经变卖友联板厂财产得款54.7万元，由财务人员保管。2007年3月11日，应原告褚某、李某的要求，被告陈某给二人分别写下褚某应得红利款31284元，李某应得红利款12669元，3月25日还清的欠条。但褚某、李某对友联板厂的财产在2007年3月11日尚未清算分割完毕之事实，不持异议。陈某述称其于2007年3月11日给褚某、李某写的"红利欠条"未被合伙人会议认可。2007年5月3日，合伙人会议通过了友联板厂清算结果和剩余合伙财产分割方案，有13名合伙人在该次合伙人会议决议上签名。褚某、李某未参加该次合伙人会议，也未在会议决议上签名。根据2007年5月3日合伙人会议决议的剩余合伙财产分割方案，董某名下（包括褚某）应分得18496元现金、价值4928元的实物、8212元债权，合计31636元；李某分得6936元现金、价值1850元的实物、3080元债权，合计11866元。褚某、李某对其应分得的财产未取回。

原告褚某、李某在法院起诉时称：陈某于2007年3月11日向二人出具"红利欠条"中的款项，届期未付。请求陈某分别向二原告给付"红利欠条"所列的款项和迟延付款的利息。

被告陈某答辩称：2007年3月11日写的"红利欠条"，并非本人的真实意愿。而且，二原告应分得的"红利"不全是现金，还包括部分实物和债权。

【审判】

审理认为：被告陈某作为友联板厂的厂长，给合伙人褚某、李某出具的"红利欠条"，是其真实意思表示，具有法律效力。被告陈某应依据该"红利欠条"向原告褚某、李某偿付债务和支付自2007年3月26日起的迟延付款违约金。依照《中华人民共和国民法通则》第一百零八条的规定，该院作出如下判决：

被告陈某于本判决生效之日起 10 日内向原告褚某给付 31284 元红利款和 6006 元违约金，向原告李某给付 12669 元红利款和 2437 元违约金。

被告陈某不服一审判决，以其无权决定向原告褚某、李某给付尚未分割的合伙财产，"红利欠条"不具有法律效力；其个人没有侵占原告应得财产，因而不是本案被告为理由，上诉二审法院，请求撤销一审判决。

褚某、李某答辩称：陈某作为友联板厂厂长，其出具的"红利欠条"是其真实意思表示，因此具有法律效力。

二审经审理认为：原告褚某、李某作为友联板厂的合伙人，有依据企业章程的有关规定取得合伙经营盈余的权利。被告陈某依照合伙人会议的授权，经手出卖友联板厂财产取得的价款，应按照"红利欠条"向原告褚某、李某给付二人应得的款项。因此，陈某的上诉理由不能成立。一审判决认定事实清楚，适用法律并无不当。依照《中华人民共和国民事诉讼法》第一百五十三条第一款第（一）项的规定，该院作出如下判决：

驳回上诉，维持原判。

该判决发生法律效力后，陈某委托诉讼代理人曾律师，以"红利欠条"是合伙人会议作出合伙财产分割决定之前出具的，未被全体合伙人认可，因而不具有法律效力；其个人没有侵占褚某、李某应得财产，因而不是本案被告为理由，向本案的原二审法院申请再审，请求撤销原一、二审判决，驳回褚某、李某的诉讼请求。

褚某、李某答辩称：陈某处理和把持着合伙财产，而且其已经同意向褚、李二人给付应得的合伙盈余，并出具了"红利欠条"。因此，陈某应按照"红利欠条"付款。

陈某的再审诉讼代理人曾律师在本案再审中指出：合伙企业财产为全体合伙人共有。在合伙关系存续期间，任何合伙人不得先于其他合伙人请求分割合伙财产，即使是与自己出资额或应得财产相当的那部分财产也不得提前分割。相应的，任何合伙人，即使是合伙事务执行人，在未经全体合伙人同意或授权的情况下，也无权处分合伙财产。本案中，友联板厂合伙人在 2007 年 2 月 2 日和 5 月 3 日依照少数服从多数，且不损害少数合伙人利益的议事规则产生的决议，其效力及于全体合伙人，即该合伙人会议决议对未参加会议的褚某、李某亦具有法律约束力。上述两次合伙人会议决议证明，合伙人会议并未授权陈某分割合伙财产。褚某、李某的陈述证明 2007 年 3 月 11 日之前，合伙财产已经变卖，但尚未清算分割。因此，陈某 2007 年 3 月 11 日写给褚某、李某的"红利欠条"，即使是陈某自愿作出的意思表示，也不能产生褚某、李某可以从尚未分割的合伙财产中分取财产的法律效力。合伙人会议决议证明，陈某自2007年2月2日主持变卖、管理合伙财产的行为，是合伙人会议委托其执行合伙事务的行为，并非陈某个人侵占合伙财产的行为。综上所述，褚某、李某依据"红利欠条"向陈某主张权利的诉讼请求，不应予以支持。原审判决关于"红利欠条"是陈某真实意思表示，即具有法律效力；褚某、李某可以依据该"红利欠条"向陈某主张权利的认定，与《中华人民共和国民法通则》第三十二条、第三十四条的规定不符，属适用法律错误。

再审法院依法采纳了曾律师的代理意见，依照《中华人民共和国民法通则》第三十二条、第三十四条，《中华人民共和国民事诉讼法》第一百五十三条第一款第（二）项，《最高人民法院关于适用〈中华人民共和国民事诉讼法〉若干问题的意见》第二百零一条的规定，作出如下再审判决：

一、撤销原一、二审民事判决。

二、驳回褚某、李某诉讼请求。

问题：

试评析上述案例与法院的判决。

核心提示：

本案需要解决的主要不是原告是否有权分割合伙盈余问题，而是以何为依据分取合伙盈余问题，即是否应以"红利欠条"分取。正确认识这一问题的关键，是要搞清楚合伙财产的法律性质以及合伙事务执行人与其他合伙人之间的权利义务关系。

案例2：

李某与赵某于2002年6月1日签订了一份李某为乙方、赵某为甲方的《协议书》，约定双方就广州某路的一家云南米线小食店进行合伙经营。

《协议书》约定：本小食店由甲、乙双方合伙经营，甲、乙双方各自投资人民币5万元，作为小食店的租赁费用及购买设备款项，股权分配为甲、乙双方各占50%；甲、乙双方均对本小食店经营管理、经济盈亏负有责任；甲、乙双方合作不论期限，只要合同有续签，双方任何一方均无权终止合作；小食店的财产为甲、乙双方共同拥有，任何一方不得侵占；本小食店管理方面委托甲方全权负责，但乙方有权对甲方的管理进行监督，共同管理好小食店。该协议书签订后，双方即投资经营，但是经营至2003年3月，由于李某怠于参加合伙企业的共同管理，赵某又经营不善，造成小食店的亏损。2003年3月27日，赵某自行将用于经营小食店的房屋退还给该房屋的业主即房屋出租人，关闭了小食店。李某则认为小食店应有盈余，便找赵某要求分配合伙企业财产以及盈余,赵某以小食店实际亏损为由,拒绝李某的要求。于是李某向法院提出民事诉讼,要求分割合伙企业财产、分配合伙企业盈余。

问题:

对上述案件应当如何判决?理由是什么?

核心提示:

合伙企业解散以后,由合伙人担任清算人,对合伙企业的财产进行清算,合伙企业未经清算,合伙人不得请求分割合伙企业的财产。

学习单元四　公司法律基础与案例分析

【学习目的与要求】

通过学习,学生了解公司的发展历史,理解并掌握公司的概念和特征、公司设立的条件与程序、公司治理结构,以及股权和公司的解散与清算制度,能够在今后的实际工作中运用所学知识,进行设立公司的一系列法律操作,能够筹备公司股东(大)会、董事会的召开事宜。

【学习重点与提示】

公司的概念及其分类;公司设立的条件与程序;公司股东资格及其权利;公司组织机构及其各自的权限;有限责任公司股权转让;公司解散及其清算。

基本理论

学习内容1　公司及公司法概述

一、公司的产生与发展

(一)公司萌芽时期

中世纪到17世纪以前,在意大利及其他地中海沿岸的商业城市,空前繁荣的商业及发达的水上交通促进了公司的萌芽。当时典型的公司萌芽形式主要有康枚达(commenda)和索塞特(societas),为现代公司渊源的商事组织形态。康枚达的主要特征是,资本所有者不参加经营管理,将资本托付给船舶所有者或其他人,由其经营管理。索塞特则由经营者拥有代理权,资本所有者负无限责任。

萌芽期公司的特征如下:其一,这些组织不具有法人主体资格。康枚达与索塞特开始只不过是契约关系,甚至谈不上是商业组织。只是到了中世纪的后期,随着社会经济的发展,这些较为松散的团体或契约关系才逐渐形成稳定的商业组织。在形成稳定的商业组织后,它们已经有了事实上的独立地位，以企业的商号从事经营，但是尚未被国家赋予法人地位。因此，从严格意义上来讲，它们并非私法人；其二，这些组织的成员并未普遍获得有限责任。有限责任的因素只在康枚达中才存在，但它只是企业部分成员的有限责任，而并非全体成员的有限责任；其三，这些组织绝大多数都是依商事习惯而存在，非依成文法律而存在。

(二) 近代公司的发展

近代公司是指从 17 世纪初荷兰、英国的东印度公司始至 19 世纪 40 年代左右现代公司出现为止的期间内所存在的公司历史类型。

设立于 1600 年的英国东印度公司被称为"股份公司的起源"，它是历史上第一个以法人面貌出现的公司。随后，于 1602 年设立的荷兰东印度公司则不仅取得了法人地位，而且确立了股东的有限责任。英国与荷兰的东印度公司"树立了以'特许主义'方式设立股份公司的原型，其'特许状'成为其后荷兰甚至欧洲大陆一般的股份公司的样板。"自此具有法人地位的股份公司以星火燎原之势在欧洲蔓延开来。

近代公司已普遍拥有了现代公司的基石之一——独立法人地位，与原始公司相比较，这是近代公司的一个巨大进步。然而，它与现代公司有着明显的差别：其一，近代的特许公司带有浓厚的王权色彩。不仅它的成立是基于王室的特许状，而且它成立后也履行着一定的国家职能；其二，公司股东的有限责任未能确立。虽然有的特许公司经特别授权而使其股东享受有限责任，但总体来说，无限责任仍是这一时期整个社会的共识；其三，集资是公司设立的主要目的。由于近代特许公司大多从事远洋贸易或公共服务等特殊的行业，个人远远不可能提供公司运作所需的全部资金，因而集资成为近代公司设立的根本动因。

(三) 现代公司的发展

现代公司是指自 19 世纪中后期开始出现的依成文公司法设立的、具有独立法人地位、其股东享受有限责任并且组织机构完善的公司。

19 世纪中叶，英国基本完成了始于本国 18 世纪 60 年代的第一次工业革命，世界其他主要资本主义国家的工业革命也在如火如荼地进行之中。以蒸汽机的发明为标志的第一次工业革命使社会经济发生了翻天覆地的变化，以机械生产为手段的新工业经济呼唤着更大的资本投入和更有效的资本利用方式。因此，现代公司——这种堪与蒸汽机的发明媲美的新的生产组织方式应运而生。

在 19 世纪上半期风起云涌的公司立法中，公司走向了现代化。1807 年，法国开欧洲各国之先河，颁布了影响深远的《拿破仑商法典》，"首次普遍地赋予股份公司股东以有限责任之特征"。此后，随着拿破仑的征服行动，该法律成就被西班牙、意大利、瑞士等国所采纳。英国继《1844年合股公司法》之后又出台了《1855年有限责任法》，确立了核准设立原则与有限责任。美国各州于18世纪上半叶几乎是以竞争的方式，以成文法的形式确立了股东有限责任。现代公司与近代公司在法律上的主要区别就在于股东有限责任的普遍确立以及公司治理结构的日趋完善。以公司法人独立人格与股东有限责任为基本支撑的现代公司制度最终得以确立，并在现代经济中发挥着越来越重要的作用。

二、公司的概念与特征

我国2018年新修订的《中华人民共和国公司法》（以下简称《公司法》）第三条规定"公司是**企业法人**，有独立的法人财产，享有法人财产权。公司以其全部财产对公司的债务承担责任。有限责任公司的股东以其认缴的出资额为限对公司承担责任；股份有限公司的股东以其认购的股份为限对公司承担责任。"鉴于此，我国目前规范化的公司定义是指依照法律规定设立的企业法人。其法律特征如下：

第一，公司的设立必须依法律规定。

我国《公司法》第二十三条和《中华人民共和国私营企业暂行条例》第九条分别规定了有限责任公司的设立条件，《公司法》第七十七条规定了股份有限公司设立的条件，只有符合这些设立条件，才允许设立登记。

第二，公司是企业法人。

公司作为企业法人，须符合《民法通则》第三十七条的规定，即依法成立，有必要的财产或经费；有自己的名称、组织机构和场所；能够独立承担民事责任。其中有必要的财产或者经费包含这样的内容：（1）公司的股东一旦出资，其出资形成公司的财产，个人便无任何直接处置公司财产的权利；（2）在公司存续期间，股东无权抽回其投资的财产；（3）必要的财产即是指《公司法》中规定的最低注册资本额。独立承担民事责任包含这样的内容：（1）公司以其合法取得和形成的所有财产承担责任；（2）股东对公司的债务不直接承担责任。《公司法》中股东和公司是两个不同的权利主体、责任主体，公司的股东履行出资义务后，丧失对出资的控制权。按照权利义务一致的原则，股东承担的责任仅限于其出资的额度内，公司发生的债务只能由公司承担。当然，不排除在某些特定情况下，股东利用公司为自己非法谋利的情况下，由股东直接承担责任。

第三，公司以营利为目的。

营利目的要求公司的经营活动应当具有持续性。《公司法》第二百一十二条规定："公司成立后无正当理由超过六个月未开业的，或者开业后自行停业连续六个月以上的，可以由公司登记机关吊销营业执照。"

三、公司法概述

(一) 公司法概念

公司法是规定各类公司的设立、活动、解散及其他对外关系的法律规范的总称。它有广义和狭义之分，狭义的公司法是指《中华人民共和国公司法》[①]，广义的公司法是指规定公司的设立、组织、活动、解散及其他对内对外关系的法律规范的总称。除包括《公司法》外，还包括其他法律、行政法规中有关公司的规定。

公司法的调整对象主要是指在公司设立、组织、运营或解散过程中所发生的社会关系。具体如下：(1) 公司内部财产关系。如公司发起人之间、发起人与其他股东之间、股东相互之间、股东与公司之间在设立、变更、破产、解散和清算过程中所形成的带有经济内容的社会关系。(2) 公司外部财产关系。主要指公司从事与公司组织特征密切相关的营利性活动，与其他公司、企业或个人之间发生的财产关系，如发行公司债券或公司股票。(3) 公司内部组织管理与协作关系。主要指公司内部组织机构，如股东会或股东大会、董事会、监事会相互之间，公司同公司职员之间发生的管理或合同关系。(4) 公司外部组织管理关系。主要指公司在设立、变更、经营活动和解散过程中与有关国家经济管理机关之间形成的纵向经济管理关系。如公司的设立审批、登记，股份与公司债的发行审批、交易管理，公司财务会计的检查监督等。

---

① 《中华人民共和国公司法》(1993年12月29日第八届全国人民代表大会常务委员会第五次会议通过。根据1999年12月25日第九届全国人民代表大会常务委员会第十三次会议《关于修改〈中华人民共和国公司法〉的决定》第一次修正。根据2004年8月28日第十届全国人民代表大会常务委员会第十一次会议《关于修改〈中华人民共和国公司法〉的决定》第二次修正 2005年10月27日第十届全国人民代表大会常务委员会第十八次会议修订，根据2013年12月28日第十二届全国人民代表大会常务委员会第六次会议《关于修改〈中华人民共和国海洋环境保护法〉等七部法律的决定》第三次修正。根据2018年10月26日第十三届全国人民代表大会常务委员会第六次会议《关于修改〈中华人民共和国公司法〉的决定》第四次修正)。

(二) 公司法的特征

1. 私权团体人格法（组织法）

首先，公司法作为私权团体人格法（组织法），与个人人格法不同。法人属于团体人格而不是个人人格，个体人格的生成和生存具有很强的自然性，而团体人格是法律设计的结果，具有很强的人为性。比如允许哪些法人存在，具有人格的标志包括哪些，法人如何产生、变更和终止等都需要法律作出明确的规定，法人要根据法律的这些规定生成和生存下去。传统的公司法理论将公司划归为社团法人，公司法就是规范公司这种法人团体人格即组织的法律。公司法的内容涉及公司的类型、设立、变更、终止、公司的名称、住所、对外代表、公司的能力等。

其次，公司法作为私权团体人格法（组织法），与公权团体人格法（组织法）等不同。作为团体人格法，公司法与公权团体人格法（公共机构组织法）如国家机关组织法等有类似之处，但其区别主要在于，公司法规范的主体主要是以营利为目的，公权团体人格法（公共机构组织法）规范的主体主要是以公共利益和秩序为目的。私权团体人格虽然也可以成为公法法律关系的主体，但是对公司法作为私权团体人格法（组织法）没有影响。

2. 私权团体自主治理法

公司法属于规范团体自主治理（组织自治）的法律。个人作为一种生物体，其自身各器官根据自然演化的功能保持个体生命的延续，保证个人组织体对外活动基础的存在。然而，团体则不可能像个人由进化的人身器官自然运转，团体要由人们构造出类似个人的身体器官即团体的器官——团体机关（团体机构）来运转，否则团体不可能具有对外活动的人格。团体通过这些"团体器官"的运转，使得团体像自然人一样运转，表现出生命的特征，产生团体对外活动的基础。这种运转活动为团体自主治理。

团体自主治理（组织自治），是指以一个特定团体（组织）为自治范围，主要由该团体（组织）的构成主体行使自治权，其目的在于实现成立团体（组织）的目的的自治模式。公司作为一种团体，需要"公司器官"——公司机关（公司机构）的运转，即公司自主治理。团体自主治理不能没有任何规则，需要法律的规范。规范团体自主治理的法律就是团体自主治理法。

公司法是团体自主治理法的一种类型。公司法主要调整个人利益、个人权利，自由选择、平权关系体现的权利平等和意思自治的原则属于私法的范畴。公司法通过规约公司自主治理，使公司有效利用由股东投资到公司中的资本，使公司的资本不断保值增值达到公司经济效益的最大化。公司法的内容也就涉及股东股权制度。公司的机关构造、公司的资本制度和公司的财务会计制度等。

3. 与公司团体特点相关的对外活动法

与公司这种团体的特点相关，公司也有不少颇具特色的对外活动。如何规约这些活动成为公司法的使命，比如公司债的相关活动，公司出资的转让（公司股票的交易）等，与公司这种私权团体特点密切相关，在公司法上就形成了相应的公司债制度、公司出资转让制度（股票交易制度）等。

学习内容 2 公司的设立

一、公司设立概述

(一) 公司设立的概念

公司设立是指设立人依《公司法》规定以组建成立公司为的目实施的行为。它的特征为设立主体为设立人；设立行为发生在公司成立之前；设立行为的目的在于最终成立公司，取得主体资格；公司种类不同，设立行为的内容不尽相同。

公司的设立与成立不同。公司成立是指已经具备法律规定的实质要件，完成设立程序并由登记机关发给营业执照而取得公司主体资格的一种法律事实。它与公司设立的差异表现如下：

1. 发生阶段不同。公司设立是公司成立的前提，公司成立是公司设立的结果。

2. 行为性质不同。公司设立是发起人依照法定条件和程序所进行的创立行为，属于民事行为。公司成立主要是由发起人的设立行为引发工商行政管理机关核准登记的行政行为，公司成立是设立行为所追求的目标。

3. 法律效力不同。公司设立是公司成立的前提，但公司设立并不必然导致公司成立。公司虽然完成全部设立行为，但在尚未取得工商机关发给的营业执照前，公司仍然不能成立，也就不能享有权利能力和行为能力，不能以自己的名义对外交易。而公司一旦成立，即取得独立的民事主体地位，方可以依法从事生产经营活动。

4. 行为主体不同。公司设立行为的性质是民事行为，其行为主体是发起人。公司成立是发起人行为和行政行为共同作用的结果，因此成立行为的主体包括工商行政管理机关和发起人。

(二) 公司设立的原则

公司设立有四种不同的原则，即自由设立原则、特许设立原则、核准设立原则和准则设立原则。在学理上，这四个原则被分别概括为自由设立主义、特许设立主义、核准主义和准则主义。不同的设立原则对公司设立的基本程序有不同的要求，由此形成了不同的市场主体准入制度。

自由设立主义指政府对公司的设立不施加任何干预，公司设立完全依设立者的主观意愿进行。特许设立主义是指公司须经特别立法或基于国家元首的命令方可设立。核准主义指公司首先须经过政府行政机关的审批许可，然后再经政府登记机关登记注册方可设立。准则主义是指法律规定公司设立要件，公司只要符合这些要件，经登记机关依法登记即可成立，而无须政府行政机关的事前审批或核准环节。

我国《公司法》对设立有限责任公司和股份有限公司基本上采严格准则主义，严格规定公司的设立要件、加重公司发起人的设立责任，增强公示要求等。该法第六条第一款规定："设立公司，应当依法向公司登记机关申请设立登记。符合本法规定的设立条件的，由公司登记机关分别登记为有限责任公司或者股份有限公司；不符合本法规定的设立条件的，不得登记为有限责任公司或者股份有限公司。"这是准则主义的法律依据。该条第二款规定："法律、行政法规规定设立公司必须报经批准的，应当在公司登记前依法办理批准手续。"这是核准主义法律依据。可见，我国公司设立以"准则主义"为主，以"核准主义"为辅。

(三) 公司设立的方式

公司设立的方式有两种，即发起设立和募集设立。发起设立（又称同时设立或者单纯设立）是指公司的全部股份或首期发行的股份由发起人自行认购而设立公司的方式。采用发起设立方式设立公司，可以有效缩短公司设立的周期，减少设立费用，降低设立成本。有限责任公司和股份有限公司均适用这种设立方式。

募集设立（又称渐次设立或者复杂设立），是指发起人只认购公司股份或首期发行股份的一部分，其余部分对外募集而设立公司的方式。我国《公司法》第七十八条第三款规定："募集设立，是指由发起人认购公司应发行股份的一部分，其余股份向社会公开募集或者向特定对象募集而设立公司。"所以，募集设立既可以是通过向社会公开发行股票的方式设立，也可以是不发行股票而只向特定对象募集而设立。这种方式只为股份有限公司设立之方式。由于募集设立的股份有限公司资本规模较大，涉及众多投资者的利益，故各国公司法均对其设立程序严格限制。如为防止发起人完全凭借他人资本设立公司，损害一般投资者的利益，各国大都规定了发起人认购的股份在公司股本总数中应占的比例。我国《公司法》规定的比例是35%。

二、公司设立条件

依据《公司法》规定，有限责任公司与股份有限公司在设立条件上基本相似。① 其中的核心要素为投资者、资本和公司章程。

（一）投资者

《公司法》对于投资者的要求主要体现为《公司法》第二十四条规定："有限责任公司由五十个以下股东出资设立。"第五十七条第二款规定："本法所称一人有限责任公司，是指只有一个自然人股东或者一个法人股东的有限责任公司。"第七十九条规定："设立股份有限公司，应当有二人以上二百人以下为发起人，其中须有半数以上的发起人在中国境内有住所。"因此，有限责任公司股东为1至50人，股份有限公司发起人股东为2至200人。

（二）资本

1. 公司资本制度简介

公司资本对公司有着极其重要的意义。为保护债权和交易安全，各国公司立法都将其作为重要内容加以规范。目前已经形成的资本制度有三类，即法定资本制度、授权资本制度和折衷资本制度三种。

法定资本制（Statutory Capital System）又称为确定资本制，是指公司在设立时，必须在章程中对公司的资本总额作出明确规定，并须由股东全部认足，否则公司不能成立。因法定资本制中的公司资本，是公司章程载明且已全部发

---

① 《公司法》第二十三条："设立有限责任公司，应当具备下列条件：（一）股东符合法定人数；（二）有符合公司章程规定的全体股东认缴的出资额；（三）股东共同制定公司章程；（四）有公司名称，建立符合有限责任公司要求的组织机构；（五）有公司住所。"第七十六条："设立股份有限公司，应当具备下列条件：（一）发起人符合法定人数；（二）有符合公司章程规定的全体发起人认购的股本总额或者募集的实收股本总额；（三）股份发行、筹办事项符合法律规定；（四）发起人制订公司章程，采用募集方式设立的经创立大会通过；（五）有公司名称，建立符合股份有限公司要求的组织机构；（六）有公司住所。"

行的资本，所以在公司成立后，要增加资本时必须履行一系列的法律手续，即由股东（大）会作出决议，变更公司章程中的资本数额，并办理相应的变更手续。法定资本制由法国、德国公司法首创，后为意大利、瑞士、奥地利等国家公司法所继受，成为大陆法系国家公司法中的一种典型的资本制度。

授权资本制（Authorized Capital System），是指在公司设立时，资本总额虽然记载于公司章程，但并不要求发起人全部发行，只需认缴其中的一部分，公司即可成立；未认缴的部分可授权董事会根据公司经营发展的需要随时发行，不必经股东会决议，也无需变更章程。授权资本制为英、美公司法所创设，其中美国是典型的实行授权资本制的国家。

折衷资本制，又称为认可资本制或许可资本制，是指公司资本总额在公司设立时仍由章程明确规定，但股东只需认足一定比例的资本数额，公司即可成立；其余部分授权董事会在一定期限内发行，其发行总额不得超过法律的限制。它是介于法定资本制和授权资本制之间的一种新型资本制度。目前，德国、日本以及我国台湾地区的公司法中在一定程度上实行了这一制度，以德国和日本最为典型。

一般认为，法定资本制具有确保公司资本真实、可靠，从而保障债权人利益和交易安全的优点，但比较僵化，从而影响资本和公司的效益。授权资本制具有更大的灵活性，更符合现代经济发展的要求，但容易造成公司滥设和公司资本虚空；同时，将新股发行权赋予董事会，对股东利益的保护不够周全。折衷资本制吸收了法定资本制和授权资本制的优点，被看作是一种更具优越性的资本制度，并且被认为是我国公司资本制度改革完善的发展趋势。

2. 我国公司资本制度

我国《公司法》采用的是大陆法系普遍适用的法定资本制度，其目的是为了确保公司资本的足额到位，公司资本的充实和维持，抑制公司股东虚假出资、骗取公司登记，减少公司在经营中出现债权纠纷后公司无力承担责任现象的出现。其主要内容如下：

第一，严格的注册资本最低限额制度。《公司法》规定，有限责任公司最低注册资本为3万（另有规定除外），一人有限公司为10万元；股份有限公司注册资本的最低限额为人民币500万元，公司注册资本最低限额需高于上述规定时，由法律、行政法规另行规定。

第二，严格的法定资本制。首先，在公司设立环节，坚持资本确定原则。《公司法》规定，公司设立时必须在章程中规定注册资本，公司注册资本必须由全体股东在公司设立时全部缴足，并在公司登记机关登记。其次，坚持资本维持原则。注重公司资本的充实，公司累计转投资额不得超过公司净资产额的50%；有限责任公司的初始股东对现金以外的出资负保证责任；股份有限公司不得以低于股票面额的价格发行股份；除《公司法》规定的特殊情形外，公司不得收购其发行在外的股票；公司在弥补亏损，提取公积金、公益金之前，不得向股东分配利润。此外，《公司法》对股东实物、工业产权、非专利技术、土地使用权出资进行严格监督和控制，规定上述出资必须依法评估作价后折合股份。货币出资金额不得低于有限责任公司注册资本的百分之三十。最后，坚持资本不变原则。《公司法》规定公司不得任意增、减资本；公司增、减资本必须经股东大会决议通过。在减资时，公司还应编制资产负债表、财产清单，向债权人发出通知、公告，债权人有权要求公司提供担保或要求公司清偿债务，公司增、减资本时必须依法申请办理变更登记。

第三，验资制度。《公司法》规定，股东全部缴纳了出资后，必须经法定的验资机构以验资，并出具验资证明。

(三) 公司章程

1. 公司章程的概念与特征

公司章程是公司必须具备的，由发起设立公司的投资者制定，并对公司、股东、公司的经营管理人员具有约束力的调整公司内部组织关系和经营行为的自治规则。公司章程的主要法律特征如下：

(1) 法定性。法定性主要强调公司章程的法律地位、主要内容及修改程序、效力都由法律强制规定，任何公司都不得违反。公司章程是公司设立的必备条件之一，无论是设立有限责任公司还是设立股份有限公司，都必须由全体股东或发起人订立公司章程，并且必须在公司设立登记时提交公司登记机关进行登记。

(2) 自治性。自治性主要体现在如下三方面：其一，公司章程作为一种行为规范，不是由国家而是由公司依法自行制订的，是公司股东意思表示一致的结果；其二，公司章程是一种法律以外的行为规范，由公司自己来执行，无需国家强制力来保证实施；其三，公司章程作为公司内部规章，其效力仅及于公司和相关当事人，而不具有普遍的约束力。

(3) 公开性。公开性主要对股份有限公司而言。公司章程的内容不仅要对投资人公开，还要对包括债权人在内的一般社会公众公开。

公司章程的记载事项包括绝对必要记载事项、相对必要记载事项和任意记载事项。绝对必要记载事项是指章程中必须予以记载的、不可缺少的事项，公司章程缺少其中任何一项或任何一项记载不合法，就会导致整个章程的无效。对于章程的绝对必要记载事项，各国公司法都予以明文规定，主要是公司性质所要求的章程的必备条款，通常包括公司名称、住所地、公司的宗旨、注册资本等。

2. 公司章程的法律效力

公司章程一经生效，即发生法律约束力。公司章程的社团规章特性，决定了公司章程的效力及于公司及股东成员，同时对公司的董事、监事、经理具有约束力。我国《公司法》规定设立公司必须依照本法制定公司章程。公司章程对公司、股东、董事、监事、经理具有约束力。

（1）对公司的效力。公司章程是公司组织与行为的基本准则，公司必须遵守并执行公司章程。根据公司章程，公司对股东负有义务。因此，一旦公司侵犯股东的权利与利益，股东可以依照公司章程对公司提起诉讼。

（2）对股东的效力。公司章程是公司的自治规章，每一个股东，无论是参与公司初始章程制订的股东，还是以后因认购或受让公司股份而加入公司的股东，公司章程对其均产生契约的约束力，股东必须遵守公司章程的规定并对公司负有义务。股东违反这一义务，公司可以依据公司章程对其提出诉讼。但应当注意的是，股东只是以股东成员身份受到公司约束，如果股东是以其他的身份与公司发生关系，则公司不能依据公司章程对股东主张权利。

（3）对股东相互之间的效力。公司章程一般被视为已构成股东之间的契约关系，使股东相互之间负有义务，因此，如果一个股东的权利因另一个股东违反公司章程规定的个人义务而受到侵犯，则该股东可以依据公司章程对另一个股东提出权利请求。但应当注意，股东提出权利请求的依据应当是公司章程中规定的股东相互之间的权利义务关系，如有限责任公司股东对转让出资的优先购买权，而不是股东与公司之间的权利义务关系。如果股东违反对公司的义务而使公司的利益受到侵害，则其他股东不能对股东直接提出权利请求，而只能通过公司或以公司的名义进行。

（4）对高级管理人员的效力。作为公司的高级管理人员，董事、监事、经理对公司负有诚信义务，因此，公司的董事、监事、经理违反公司章程规定的职责，公司可以依据公司章程对其提出诉讼。然而，董事、监事、经理是否对股东直接负有诚信义务，则法无定论。一般认为，董事等的义务是对公司而非直接对股东的义务。因此，在一般情形下，股东不能对董事等直接起诉，而可以进行股东的代表诉讼。

3. 公司章程的修改

公司基于以下情形，应当修改章程：一是《公司法》或有关法律、行政法规修改后，章程规定的事项与修改后的法律、行政法规的规定相抵触；二是公司的情况发生变化，与章程记载的事项不一致；三是股东大会决定修改章程。根据我国《公司法》的规定，公司章程的修改应依照以下程序进行：

（1）由公司董事会作出修改公司章程的决议，并提出章程修改草案。

（2）股东会对章程修改条款进行表决。有限责任公司修改公司章程，须经代表三分之二以上表决权的股东通过；股份有限公司修改章程，须经出席股东大会的股东所持表决权的三分之二以上通过。

（3）公司章程的修改涉及需要审批的事项时，报政府主管机关批准。如股份有限公司为注册资本而发行新股时，必须向国务院授权的部门或者省级人民政府申请批准；属于向社会公开募集的，须经国务院证券管理部门批准。

（4）公司章程的修改涉及需要登记事项的，报公司登记机关核准，办理变更登记；未涉及登记事项，送公司登记机关备案。

（5）公司章程的修改涉及需要公告事项的，应依法进行公告。如公司发行新股募足股款后，必须依法定或公司章程规定的方式进行公告。

（6）修改章程需向公司登记机关提交"股东会决议"及"章程修正案"，若涉及登记事项，须有公司法人签章方可完成变更。

三、公司设立程序

公司设立的一般程序为，由全体股东指定的代表或者共同委托的代理人向公司登记机关申请名称预先核准，凭名称预先核准通知书到银行开户，然后到会计师事务所进行验资，由会计师事务所出具验资报告后，携带全体股东指定代表或者共同委托代理人的证明、企业名称预先核准通知书、验资报告、股东会决议（选举法定代表人的决议）、股东身份证、公司章程、营业场所证明材料、房屋租赁协议到工商局办理注册登记。领取营业执照后，分别到税务局办理税务登记证、质监局办理机构代码证。①

---

① 有限责任公司的设立程序。《公司法》第29条规定：股东缴纳出资后，必须经依法设立的验资机构验资并出具证明。第30条规定：股东的首次出资经依法设立的验资机构验资后，由全体股东指定的代表或者共同委托的代理人向公司登记机关报送公司登记申请书、公司章程、验资证明等文件，申请设立登记。第7条规定：依法设立的公司，由公司登记机关发给公司营业执照。公司营业执照签发日期为公司成立日期。

发起设立股份有限公司的特别规定。《公司法》第八十三条规定：以发起设立方式设立股份有限公司的，发起人应当书面认足公司章程规定其认购的股份，并按照公司章程规定缴纳出资，以非货币财产出资的，应当依法办理其财产权的转移手续。发起人不依照前款规定缴纳出资的，应当按照发起人协议承担违约责任。发起人认定公司章程规定的出资后，应当选举董事会和监事会，由董事会向公司登记机关报送公司章程以及法律、行政法规规定的其他文件，申请设立登记。

学习内容3　股东资格和股东权利

一、股东资格

（一）股东资格的含义与认定标准

股东资格又称股东地位，是投资人取得和行使股东权利、承担股东义务的基础。由于我国目前公司法律制度对股东资格缺乏明确的定义，加之实践中股东在工商的设立和转让出资时的不规范操作，涉及股东资格认定的争议比较多，而且难度比较大。

一般认为投资者或者股票的拥有者即为股东。规范运作的有限责任公司，其股东应具备的主要特征包括合法取得股权；在公司章程上被记载为股东并在章程上签名盖章；在工商登记的公司文件中列名为股东；被载入股东名册；取得公司签发的出资证明书等。

界定股东身份一般依据两个标准：出资这一实质标准，公司确认这一形式标准。一般而言，投资者即为股东，但在立法上就存在种种例外。例如，公司法规定，允许分期缴纳出资额，投资者按照章程规定支付所认缴的首期出资后，即成为公司股东；又如，公司法规定，公司有权收购发行在外的股票奖励给本公司职工。可见，投资者通常为公司股东，但未实际出资者也可以成为公司股东，即公司股东未必都是出资者。

《公司法》规定，公司必须制备公司股东名册，记载股东的名称或者姓名，所持股份数量以及性质。制备公司股东名册的实质就是公司对股东身份的确认。股东与公司之间是一种相对关系，而非物权法和人身权法上的绝对关系。因此，公司股东是公司依照法定程序确认的投资者。

（二）关于隐名出资人的股东资格认定

隐名出资人，其姓名或者名称未记载于公司章程或者股东名册中，一般情况下公司及其相对人无法知晓隐名出资人的存在。但是实际的情况较为复杂。

1. 公司不知晓隐名出资人存在的情形。由于股东身份是相对于公司而言的概念，因此，凡公司不知道的出资人，均无法成为公司股东。隐名出资人欲转为显名股东，必须依照公司股权转让程序，以获得股东身份。

2. 公司知晓隐名出资人的情形。典型的形式如，公司持股或者工会持有公司股份，出资人往往为公司职工，也是股份的受益人。对公司知道或者应当知道的隐名出资人，公司应在内部关系上视其为股东。当股东或公司内部发生股东资格争议时，无论是要求确认未被公示为股东者的股东身份（隐名出资人），还是要求否定已公布为股东者的股东身份（挂名股东），关键应根据当事人具体实施民事行为的真实意思并结合上述特征要件进行综合审查认定。

二、股东权（股权）的概念

股东权（股权）是股东基于其股东资格而享有的从公司获取经济利益并参与公司经营管理与监督的权利。通常包括重大事项表决权；选举公司董事权、监权；管理监督权；分派股利权；优先认股权；股份转让权；剩余财产分配权等。根据股东平等原则，任何股东均享有股东权，非依法律和章程规定，任何人不得予以剥夺。《公司法》第四条规定：公司股东依法享有资产收益、参与重大决策和选择管理者等权利。

股东权具有以下特征：

1. 股东权内容具有综合性。公司法理论将股权分为自益权和共益权。自益权一般属于财产性的权利，如股息或红利分配请求权、新股优先认购权、剩余财产分配权、股份转让权等。共益权则是公司事务参与权，一般为非财产性权利，如表决权、公司文件查阅权、召开临时股东会请求权、对董事及高级职员监督权等。从公司的本质上讲，公司只不过是为股东谋取利益的工具，因而自益权是目的性权利，而共益权不过是为了实现自益权的手段性权利。

2. 股东权是股东通过出资所形成的权利。出资者通过向公司出资，以丧失其出资财产所有权为代价，换取股权，成为公司股东。

3. 股东权是一种社员权。股东出资创办作为社团法人的公司，成为该法人成员，因而取得社员权。社员权是一种独立类型的权利，包括财产权和管理参与权。社员权既不同于传统私法中纯粹的物权或债权，又不同于传统私法中纯粹的人格权或身份权。社员权谓之权利，其实更像一种资格或权限，其实质是团体中的成员依其在团体中的地位而产生的具有利益内容的权限。换言之，社员权有法律资格之外观而具法律权利之实质，其本质属性乃为新型之私法权利，而这种权利是与法律主体的财产权、人身权、知识产权相并列的权利类型。

股东权社员权说认为股东出资创办作为社团法人的公司，成为该法人成员，因而取得社员权。社员权是一种独立类型的权利，包括财产权和管理参与权。社员权的性质和特征论述如下：

首先，股东以自己的财产投资于公司，这是一种新型的财产运作方式，其对于现代商品经济和市场经济的重大意义和作用已为国外市场经济的发展历史所证明，也已为我国的经济体制改革所证明。对于这种方式，传统的私法制度已难以适应，必须发展新的学说与观念。从最基本的角度说，股东出资后对公司财产必定享有某种权利，这种权利首先表现在经济利益方面，这是股东出资的目的所在。

其次，社员权表现在为实现上述经济利益方面的权利而对公司经营、财务等方面的参与，这是由公司的资合性质所决定的。股东的出资构成公司的物质基础和法律人格基础，股东基于出资而参与公司的经营管理、对公司经营管理表达意见乃自然之事、应有之权，而这种既包含财产权又包含管理权的新型权利类型在传统私法中是找不到的。因此，创立一种新的权利类型便成为现代私法的历史任务，这便是社员权产生的背景。

社员权既不同于传统私法中的财产权——纯粹的物权或债权，又不同于传统私法中的人身权——纯粹的人格权或身份权。社员权谓之权利，其实更像一种资格或权限，但社员权已经不是那种仅表现为某种法律上的资格而与权限人利益无关的权限，恰恰相反，权限人最关心的是利益追求，换言之，社员权有法律资格之外观而具法律权利之实质，其本质属性乃为新型之私法权利，而这种权利是与法律主体的财产权、人身权、知识产权相并列的权利类型。

三、股东权（股权）的种类

（一）自益权与共益权

以股权行使目的为标准，股东权可分为自益权与共益权。自益权是股东仅为自己利益而行使的权利，而共益权是股东为自己利益的同时兼为公司利益而行使的权利。

自益权主要包括股利分配请求权、剩余财产分配请求权、新股认购优先权、股份买取请求权、转换股份转换请求权、股份转让权、股票交付请求权、股东名义更换请求权和无记名股份向记名股份的转换请求权等。股东的自益权主要体现为但又不限于经济利益。

共益权包括表决权、代表诉讼提起权、股东大会召集请求权和召集权、提案权、质询权、股东大会决议撤销诉权、股东大会决议无效确认诉权、累积投票权、新股发行停止请求权、新股发行无效诉权、公司设立无效诉权、公司合并无效诉权、会计文件查阅权、会计帐薄查阅权、董事监事和清算人解任请求权、董事会违法行为制止请求权、公司解散请求权和公司重整请求权等。股东的共益权不仅表现为公司经营决策之参与，而且表现为对公司机关的监督与纠正。

自益权与共益权是股东权最为重要的一种分类，但是两者间的界限并不是绝对的，由于共益权是作为自益权的手段而行使的，从而使此种权利兼具共益权和自益权的特点，例如会计文件查阅权、会计帐薄查阅权和新股发行停止请求权等即属此类，一些学者将股东的查阅权乃至代表诉讼提起权视为自益权。

（二）固有权与非固有权

依据权利的性质，可分为固有权和非固有权。固有权，又称法定股东权，是指未经股东同意，不得以章程或股东大会多数决予以剥夺或限制的权利。非固有权，是指可由章程或股东大会多数决予以剥夺或限制的权利。

（三）单独股东权与少数股东权

以股权行使方法为标准，股东权可分为单独股东权与少数股东权。单独股东权是指股东一人即可单独行使的权利；少数股东权是指达不到一定股份数额便不能行使的权利。

股东的自益权从性质上而言均属单独股东权；而共益权中既有单独股东权，又有少数股东权，前者如表决权，后者如股东大会召集请求权。以股东权保护的基本理念而言，股东的共益权原则上应为单独股东权，但为预防股东权滥用、维护公司整体利益和其余广大股东的利益，遂为少数股东权之设。

（四）一般股东权与特别股东权

以股权行使主体为标准，股东权可分为一般股东权与特别股东权。

一般股东权，是指公司的普通股东即得行使的权利。特别股东权则是指专属于股东中特定人的权利，如公司发起人和特别种类的股东（优先股股东、后配股股东、混合股股东和偿还股股东）所享有的股东权。

特别股东权似乎有违股东平等原则，但实则不然：一是特别股东的权利与义务是对等的，在某些方面的利益虽优于其他股东，但在其他方面的利益逊于其他股东，反之亦然，无表决权的优先股即其适例；二是特别种类的股份之设源于公司章程，合乎意思自治原则；三是属于同一特别种类的股东间仍有股东平等原则之适用。

（五）法定股东权与章定股东权

以股权产生的法律渊源为标准，股东权可分为法定股东权与章定股东权。前者是指由法律（含公司法、证券法等）所规定的权利，而后者是指由公司章程所规定的权利。

四、股东权（股权）的主要内容

（一）公司决策参与权

普通股股东有权参与股东大会，并有建议权、表决权和选举权，也可以委托他人代表其行使其股东权利。

（二）知情权

股东知情权是指公司股东了解公司信息的权利，由查阅公司章程权、查阅股东会会议记录权、查阅公司会计报告权、查阅董事会会议决议权等一系列权利构成。[1] 现代公司实行所有权与控制权的分离，股东不直接营运公司事务，股东要对公司事务参与和监管，首先要获取公司经营的有关信息，只有在获取了公司经营信息的基础上，才可能行使对公司的监督权，在重大经营决策上，以维护股东的终极利益，从而达到维护股东利益的目的，所以可以说股东知情权是实现其他权利的前提和基础。

（三）利润分配权

普通股股东有权从公司利润分配中得到股息。普通股的股息是不固定的，

---

[1] 《公司法》第三十四条规定："股东有权查阅、复制公司章程、股东会会议记录、董事会会议决议、监事会会议决议和财务会计报告。股东可以要求查阅公司会计账簿。股东要求查阅公司会计账簿的，应当向公司提出书面请求，说明目的。公司有合理根据认为股东查阅会计账簿有不正当目的，可能损害公司合法利益，可以拒绝提供查阅，并应当自股东提出书面请求之日起十五日内书面答复股东并说明理由。公司拒绝提供查阅的，股东可以请求人民法院要求公司提供查阅。"
《公司法》第九十七条规定："股东有权查阅公司章程、股东名册、公司债券存根、股东大会会议记录、董事会会议决议、监事会会议决议、财务会计报告，对公司的经营提出建议或者质询。"

由公司赢利状况及其分配政策决定。普通股股东必须在优先股股东取得固定股息之后才有权享受股息分配权。

（四）优先认股权

如果公司需要增发普通股股票，现有普通股股东有权按其持股比例，以低于市价的某一特定价格优先购买一定数量的新发行股票，从而保持其对企业所有权的原有比例。

（五）提起诉讼权

《公司法》第一百五十二条规定了股东代表诉讼（股东派生诉讼）、第一百五十三条规定了股东直接诉讼。两者的区别主要在于前者侵犯的是公司的利益，后者侵犯的是股东的利益。

相对而言，股东派生诉讼比较复杂，它指的是董事、监事、高级管理人员或其他人侵犯公司利益给公司造成损失，应该承担赔偿责任，但是公司、董事会（执行董事）、监事会（监事）怠于行使权利诉权或者情况紧急，股东可以依法以自己的名义直接向法院提起诉讼。为了防止股东滥用诉权，《公司法》对原告资格设定了一定限制，即必须是连续180天以上单独或者合计持有公司1%以上股份的股东才具有主体资格，同时《公司法》要求原告应当先竭尽公司的内部救济措施，股东的书面请求只有遭到公司董事会、监事会的拒绝或收到请求后30天董事会、监事会不起诉的，股东才能以自己名义代表公司起诉。

（六）剩余资产分配权

当公司破产或清算时，若公司的资产在偿还欠债后还有剩余，其剩余部分按先优先股股东、后普通股股东的顺序进行分配。

五、股权转让

股权转让可以在公司持续经营的同时，实现投资者的高效进入和权利转移。股权的转让能"赋予资本流通之自由，是对其本能的复位"。客观而言，投资与收益是股权转让当事人考虑的最直接经济因素，资本获利的要求也正是股权转让纠纷产生的症结所在。

（一）有限责任公司的股权转让

有限责任公司的股权转让有两个基本特征：第一，股权转让实质是一种股东退出机制。有限责任公司作为人合公司，具有一定的封闭性，它的股权并非像股份有限公司特别是上市公司一样可以比较自由地流通，所以对于持股者而言，退出公司的股权转让将更需其他股东的认可。第二，股权转让是一种要式行为。股权转让必须依照法律规定，采取一定形式或履行一定程序才可成立并产生法律效果。对于有限责任公司的债权人而言，必须在股权转让时具有特定的权利，才能足以保障自身利益不受损害。这决定了有限责任公司的股权转让必须严谨设计、依法运作。

1. 股权的自愿转让

《公司法》第七十二条规定，有限责任公司的股东之间可以相互转让其全部或者部分股权。

股东向股东以外的人转让股权，应当经其他股东过半数同意。股东应就其股权转让事项书面通知其他股东征求同意，其他股东自接到书面通知之日起满三十日未答复的，视为同意转让。其他股东半数以上不同意转让的，不同意的股东应当购买该转让的股权；不购买的，视为同意转让。

经股东同意转让的股权，在同等条件下，其他股东有优先购买权。两个以上股东主张行使优先购买权的，协商确定各自的购买比例；协商不成的，按照转让时各自的出资比例行使优先购买权。

公司章程对股权转让另有规定的，从其规定。

2. 股权的强制转让

《公司法》第七十二条规定，人民法院依照法律规定的强制执行程序转让股东的股权时，应当通知公司及全体股东，其他股东在同等条件下有优先购买权。其他股东自人民法院通知之日起满二十日不行使优先购买权的，视为放弃优先购买权。

(二) 股份有限公司股份转让

1. 转让原则及场所

《公司法》第一百三十八条规定，股东持有的股份可以依法转让；第一百三十九条规定，股东转让其股份，应当在依法设立的证券交易场所进行或者按照国务院规定的其他方式进行；第一百四十五条规定，上市公司的股票，依照有关法律、行政法规及证券交易所交易规则上市交易。

2. 股份的转让规则

股票分为记名股和不记名股。《公司法》第一百三十九条规定，记名股票，由股东以背书方式或者法律、行政法规规定的其他方式转让；转让后由公司将受让人的姓名或者名称及住所记载于股东名册。股东大会召开前二十日内或者公司决定分配股利的基准日前五日内，不得进行前款规定的股东名册的变更登记。但是，法律对上市公司股东名册变更登记另有规定的，从其规定。同时，第一百四十四条规定，记名股票被盗、遗失或者灭失，股东可以依照《中华人民共和国民事诉讼法》规定的公示催告程序，请求人民法院宣告该股票失效。人民法院宣告该股票失效后，股东可以向公司申请补发股票。

《公司法》第一百四十条规定，无记名股票的转让，由股东将该股票交付给受让人后即发生转让的效力。

3. **对发起人及高管股份转让的特殊限制**

《公司法》第一百四十一条规定，发起人持有的本公司股份，自公司成立之日起一年内不得转让。公司公开发行股份前已发行的股份，自公司股票在证券交易所上市交易之日起一年内不得转让。

公司董事、监事、高级管理人员应当向公司申报所持有的本公司的股份及其变动情况，在任职期间每年转让的股份不得超过其所持有本公司股份总数的百分之二十五；所持本公司股份自公司股票上市交易之日起一年内不得转让。上述人员离职后半年内，不得转让其所持有的本公司股份。公司章程可以对公司董事、监事、高级管理人员转让其所持有的本公司股份作出其他限制性规定。

4. **公司不得收购本公司股份的例外规定**

《公司法》第一百四十二条规定，公司不得收购本公司股份。但是，有六种除外情形：一是减少公司注册资本；二是与持有本公司股份的其他公司合并；三是将股份用于员工持股计划或者股权激励；四是股东因对股东大会作出的公司合并、分立决议持异议，要求公司收购其股份的；五是将股份用于转换上市公司发行的可转换为股票的公司债券；六是上市公司为维护公司价值及股东权益所必需。

公司因前款第（一）项、第（二）项规定的情形收购本公司股份的，应当经股东大会决议；公司因前款第（三）项、第（五）项、第（六）项规定的情形收购本公司股份的，可以依照公司章程的规定或者股东大会的授权，经三分之二以上董事出席的董事会会议决议。

公司依照本条第一款规定收购本公司股份后，属于第（一）项情形的，应当自收购之日起十日内注销；属于第（二）项、第（四）项情形的，应当在六个月内转让或者注销；属于第（三）项、第（五）项、第（六）项情形的，公司合计持有的本公司股份数不得超过本公司已发行股份总额的百分之十,并应当在三年内转让或者注销。

上市公司收购本公司股份的,应当依照《中华人民共和国证券法》的规定履行信息披露义务。上市公司因本条第一款第(三)项、第(五)项、第(六)项规定的情形收购本公司股份的,应当通过公开的集中交易方式进行。

公司不得接受本公司的股票作为质押权的标的。

学习内容 4 公司的组织机构

公司治理结构(corporate governance,又称为法人治理结构、公司治理)是一种对公司进行管理和控制的体系,它不仅规定了公司的各个参与者,例如董事会、经理层、股东和其他利害相关者的责任和权利分布,而且明确了决策公司事务时所应遵循的规则和程序。概括而言,它是协调以股东为主体的利益相关者之间相互关系的一种制度,主要涉及公司权利分配、责任分工、激励和约束机制等方面的内容。公司组织机构是否正常有效运作,直接影响公司治理结构的合理性。

一、股东(大)会

股东会(股东大会)是指依照公司法和公司章程的规定而设立的,由全体股东组成的公司最高权力机关。作为公司最高权力机关,股东会应有权将自己的股份财产委托董事会经营管理并对其进行有效约束。

(一)股东(大)会的职权

股东(大)会由全体股东组成,其职权如下:决定公司的经营方针和投资计划;选举和更换非由职工代表担任的董事、监事,决定有关董事、监事的报酬事项;审议批准董事会的报告;审议批准监事会或者监事的报告;审议批准公司的年度财务预算方案、决算方案;审议批准公司的利润分配方案和弥补亏损方案;对公司增加或者减少注册资本作出决议;对发行公司债券作出决议;对公司合并、分立、解散、清算或者变更公司形式作出决议;修改公司章程;公司章程规定的其他职权。

对上述事项股东以书面形式一致表示同意的,可以不召开股东会会议,直接作出决定,并由全体股东在决定文件上签名、盖章。

(二) 股东（大）会的种类

股东（大）会分为首次会议、定期会议和临时会议三种。首次会议由出资最多的股东召集和主持。定期会议按照公司章程的规定召开。临时会议是在遇有特殊情况依法召开的大会。

临时股东会可经代表1/10以上表决权的股东或1/3以上的董事或监事会或不设监事会的公司的监事提议而召开。

股东大会年会每年召开一次。有下列情形之一的，临时股东大会应当在两个月内召开：

1. 董事人数不足本法规定人数或者公司章程所定人数的2/3时；
2. 公司未弥补的亏损达实收股本总额1/3时；
3. 单独或者合计持有公司10%以上股份的股东请求时；
4. 董事会认为必要时；
5. 监事会提议召开时；
6. 公司章程规定的其他情形。

(三) 股东（大）会的召集和主持

1. 有限责任公司

《公司法》第四十条规定，有限责任公司设立董事会的，股东会会议由董事会召集，董事长主持；董事长不能履行职务或者不履行职务的，由副董事长主持；副董事长不能履行职务或者不履行职务的，由半数以上董事共同推举一名董事主持。

有限责任公司不设董事会的，股东会会议由执行董事召集和主持。

董事会或者执行董事不能履行或者不履行召集股东会会议职责的，由监事会或者不设监事会的公司的监事召集和主持；监事会或者监事不召集和主持的，代表十分之一以上表决权的股东可以自行召集和主持。

2. 股份有限公司

《公司法》第一百零一条规定，股东大会会议由董事会召集，董事长主持；董事长不能履行职务或者不履行职务的，由副董事长主持；副董事长不能履行职务或者不履行职务的，由半数以上董事共同推举一名董事主持。

董事会不能履行或者不履行召集股东大会会议职责的，监事会应当及时召集和主持；监事会不召集和主持的，连续九十日以上单独或者合计持有公司百分之十以上股份的股东可以自行召集和主持。

(四) 股东 (大) 会会议通知

1. 关于有限责任公司

有限责任公司召开股东会会议，应当于会议召开十五日前通知全体股东；但是，公司章程另有规定或者全体股东另有约定的除外。

2. 关于股份有限公司

股份有限公司召开股东大会会议，应当将会议召开的时间、地点和审议的事项于会议召开二十日前通知各股东；临时股东大会应当于会议召开十五日前通知各股东；发行无记名股票的，应当于会议召开三十日前公告会议召开的时间、地点和审议事项。

单独或者合计持有公司百分之三以上股份的股东，可以在股东大会召开十日前提出临时提案并书面提交董事会；董事会应当在收到提案后二日内通知其他股东，并将该临时提案提交股东大会审议。临时提案的内容应当属于股东大会职权范围，并有明确议题和具体决议事项。股东大会不得对前述通知中未列明的事项作出决议。

无记名股票持有人出席股东大会会议的，应当于会议召开五日前至股东大会闭会时将股票交存于公司。

(五) 表决权的分配与决议

1. 表决权的分配

有限责任公司股东会会议由股东按照出资比例行使表决权，但是，公司章程另有规定的除外。而在股份责任公司，股东出席股东大会会议，所持每一股份有一表决权。但是，公司持有的本公司股份没有表决权。

2. 决议种类

(1) 普通决议

有限责任公司的议事方式和表决程序，除《公司法》有规定的外，由公司章程规定。股份有限公司须经出席会议的股东所持表决权过半数通过。

(2) 特别决议

对于有限责任公司，股东会会议作出修改公司章程、增加或者减少注册资本的决议，以及公司合并、分立、解散或者变更公司形式的决议，须经代表2/3以上表决权的股东通过。

对于股份有限公司，股东大会作出修改公司章程、增加或者减少注册资本的决议，以及公司合并、分立、解散或者变更公司形式的决议，须经出席会议的股东所持表决权的 2/3 以上通过。

二、董事会

(一) 董事会的性质与构成

董事会是股东（大）会决议的执行机关，是公司日常经营决策机关。

1. 有限责任公司的董事会

有限公司董事会的成员为三人至十三人。董事会设董事长一人，可以设副董事长。董事长、副董事长的产生办法由公司章程规定。

两个以上的国有企业或者两个以上的其他国有投资主体投资设立的有限责任公司，其董事会成员中应当有公司职工代表；其他有限责任公司董事会成员中可以有公司职工代表。董事会中的职工代表由公司职工通过职工代表大会、职工大会或者其他形式民主选举产生。

股东人数较少或者规模较小的有限责任公司，可以设一名执行董事，不设董事会。执行董事可以兼任公司经理。执行董事的职权由公司章程规定。

2. 股份有限公司的董事会

股份有限公司设董事会，其成员为五人至十九人。董事会成员中可以有公司职工代表。董事会中的职工代表由公司职工通过职工代表大会、职工大会或者其他形式民主选举产生。

董事会设董事长一人，可以设副董事长。董事长和副董事长由董事会以全体董事的过半数选举产生。董事长召集和主持董事会会议，检查董事会决议的实施情况。副董事长协助董事长工作，董事长不能履行职务或者不履行职务的，由副董事长履行职务；副董事长不能履行职务或者不履行职务的，由半数以上董事共同推举一名董事履行职务。

(二) 董事的任期及改选

不论是有限责任公司还是股份有限公司，董事的任期都适用《公司法》第四十五条的规定，即董事任期由公司章程规定，但每届任期不得超过三年。董事任期届满，连选可以连任。董事任期届满未及时改选，或者董事在任期内辞职导致董事会成员低于法定人数的，在改选出的董事就任前，原董事仍应当依照法律、行政法规和公司章程的规定，履行董事职务。

(三) 董事会的职权

依据《公司法》的规定，有限责任公司与股份有限公司董事会的职权是一样的。董事会对股东会负责，行使下列职权：

1. 召集股东会会议，并向股东会报告工作；
2. 执行股东会的决议；
3. 决定公司的经营计划和投资方案；
4. 制订公司的年度财务预算方案、决算方案；
5. 制订公司的利润分配方案和弥补亏损方案；
6. 制订公司增加或者减少注册资本以及发行公司债券的方案；
7. 制订公司合并、分立、解散或者变更公司形式的方案；
8. 决定公司内部管理机构的设置；
9. 决定聘任或者解聘公司经理及其报酬事项，并根据经理的提名决定聘任或者解聘公司副经理、财务负责人及其报酬事项；
10. 制定公司的基本管理制度；公司章程规定的其他职权。

(四) 董事会的召集与主持

1. 有限责任公司董事会的召集与主持

《公司法》第四十七条规定，董事会会议由董事长召集和主持；董事长不能履行职务或者不履行职务的，由副董事长召集和主持；副董事长不能履行职务或者不履行职务的，由半数以上董事共同推举一名董事召集和主持。第四十八条规定，董事会的议事方式和表决程序，除本法有规定的外，由公司章程规定。董事会应当对所议事项的决定作成会议记录，出席会议的董事应当在会议记录上签名。董事会决议的表决，实行一人一票。

2. 股份有限公司董事会的召集与主持

《公司法》第一百一十条规定，董事会每年度至少召开两次会议，每次会议应当于会议召开十日前通知全体董事和监事。代表十分之一以上表决权的股东、三分之一以上董事或者监事会，可以提议召开董事会临时会议。董事长应当自接到提议后十日内，召集和主持董事会会议。董事会召开临时会议，可以另定召集董事会的通知方式和通知时限。第一百一十一条规定，董事会会议应有过半数的董事出席方可举行。董事会作出决议，必须经全体董事的过半数通过。董事会决议的表决，实行一人一票。

(五) 经理

《公司法》规定，有限责任公司和股份有限公司都可以设经理，由董事会决定聘任或者解聘。经理对董事会负责，行使下列职权：

1. 主持公司的生产经营管理工作，组织实施董事会决议；
2. 组织实施公司年度经营计划和投资方案；
3. 拟订公司内部管理机构设置方案；
4. 拟订公司的基本管理制度；
5. 制定公司的具体规章；
6. 提请聘任或者解聘公司副经理、财务负责人；
7. 决定聘任或者解聘除应由董事会决定聘任或者解聘以外的负责管理人员；经理列席董事会会议；董事会授予的其他职权。如果公司章程对经理职权另有规定的，从其规定。

(六) 股东（大）会、董事会决议的无效和撤销

《公司法》第二十二条规定，公司股东会或者股东大会、董事会的决议内容违反法律、行政法规的无效。股东会或者股东大会、董事会的会议召集程序、表决方式违反法律、行政法规或者公司章程，或者决议内容违反公司章程的，股东可以自决议作出之日起六十日内，请求人民法院撤销。股东依照前款规定提起诉讼的，人民法院可以应公司的请求，要求股东提供相应担保。公司根据股东会或者股东大会、董事会决议已办理变更登记的，人民法院宣告该决议无效或者撤销该决议后，公司应当向公司登记机关申请撤销变更登记。

三、监事会

(一) 监事会的组成

1. 有限责任公司监事会组成

有限责任公司设监事会，其成员不得少于三人。股东人数较少或者规模较小的有限责任公司，可以设一至二名监事，不设监事会。

监事会应当包括股东代表和适当比例的公司职工代表，其中职工代表的比例不得低于三分之一，具体比例由公司章程规定。监事会中的职工代表由公司职工通过职工代表大会、职工大会或者其他形式民主选举产生。

监事会设主席一人，由全体监事过半数选举产生。监事会主席召集和主持监事会会议；监事会主席不能履行职务或者不履行职务的，由半数以上监事共同推举一名监事召集和主持监事会会议。董事、高级管理人员不得兼任监事。

2. 股份有限公司监事会组成

股份有限公司设监事会，其成员不得少于三人。监事会应当包括股东代表和适当比例的公司职工代表，其中职工代表的比例不得低于三分之一，具体比例由公司章程规定。监事会中的职工代表由公司职工通过职工代表大会、职工大会或者其他形式民主选举产生。

监事会设主席一人，可以设副主席。监事会主席和副主席由全体监事过半数选举产生。监事会主席召集和主持监事会会议；监事会主席不能履行职务或者不履行职务的，由监事会副主席召集和主持监事会会议；监事会副主席不能履行职务或者不履行职务的，由半数以上监事共同推举一名监事召集和主持监事会会议。董事、高级管理人员不得兼任监事。

（二）监事的任期

有限责任公司和股份有限公司关于监事的任期的规定是一致的。《公司法》第五十三条规定，监事的任期每届为三年。监事任期届满，连选可以连任。

监事任期届满未及时改选，或者监事在任期内辞职导致监事会成员低于法定人数的，在改选出的监事就任前，原监事仍应当依照法律、行政法规和公司章程的规定，履行监事职务。

（三）监事会（监事）的职权及实现

有限责任公司和股份有限公司关于监事的职权也是一致的。《公司法》第五十二条规定，监事会、不设监事会的公司的监事行使下列职权：检查公司财务；对董事、高级管理人员执行公司职务的行为进行监督，对违反法律、行政法规、公司章程或者股东会决议的董事、高级管理人员提出罢免的建议；当董事、高级管理人员的行为损害公司的利益时，要求董事、高级管理人员予以纠正；提议召开临时股东会会议，在董事会不履行本法规定的召集和主持股东会会议职责时召集和主持股东会会议；向股东会会议提出提案；依照本法第一百五十一条的规定，对董事、高级管理人员提起诉讼；公司章程规定的其他职权。

第五十四条规定，监事可以列席董事会会议，并对董事会决议事项提出质询或者建议。监事会、不设监事会的公司的监事发现公司经营情况异常，可以进行调查；必要时，可以聘请会计师事务所等协助其工作，费用由公司承担。

第五十六条规定，监事会、不设监事会的公司的监事行使职权所必需的费用，由公司承担。

(四) 监事会的议事（法定）规则

1. 有限公司监事会的议事规则

《公司法》第五十五条规定，监事会每年度至少召开一次会议，监事可以提议召开临时监事会会议。监事会的议事方式和表决程序，除本法有规定的外，由公司章程规定。监事会决议应当经半数以上监事通过。监事会应当对所议事项的决定作成会议记录，出席会议的监事应当在会议记录上签名。

2. 股份公司监事会的议事规则

《公司法》第一百一十九条规定，监事会每六个月至少召开一次会议。监事可以提议召开临时监事会会议。监事会的议事方式和表决程序，除本法有规定的外，由公司章程规定。监事会决议应当经半数以上监事通过。监事会应当对所议事项的决定作成会议记录，出席会议的监事应当在会议记录上签名。

四、董事、监事、高级管理人员的任职资格和义务

(一) 董事、监事、经理的任职资格

《公司法》从消极条件方面，对董事、监事、高级管理人员的任职资格进行了规定，如发生下列情形之一的，不得担任公司的董事、监事、高级管理人员。

1. 无民事行为能力或者限制民事行为能力；

2. 因贪污、贿赂、侵占财产、挪用财产或者破坏社会主义市场经济秩序，被判处刑罚，执行期满未逾五年，或者因犯罪被剥夺政治权利，执行期满未逾五年；

3. 担任破产清算的公司、企业的董事或者厂长、经理，对该公司、企业的破产负有个人责任的，自该公司、企业破产清算完结之日起未逾三年；

4. 担任因违法被吊销营业执照、责令关闭的公司、企业的法定代表人，并负有个人责任的，自该公司、企业被吊销营业执照之日起未逾三年；

5. 个人所负数额较大的债务到期未清偿。

公司违反上述规定选举、委派董事、监事或者聘任高级管理人员的，该选举、委派或者聘任无效。董事、监事、高级管理人员在任职期间出现上述情形的，公司应当解除其职务。

（二）董事、监事、高级管理人员的义务

董事基于股东的信任取得了法律和公司章程赋予的参与公司经营决策的权力，就应当在遵循法律和公司章程的前提下，为公司的最大利益服务。为确保董事权力的正当行使，防止董事放弃或者怠于行使权力，或者为自己的利益滥用权力，保护公司利益和全体股东的共同利益，从法律上对董事的义务作严格的规定，以约束董事的执行公司职务的行为，是非常必要的。大陆法系和英美法系国家的法律都对董事规定了严格的义务。

从学理上讲，董事义务按其内容不同一般可分为注意义务和忠实义务两大类。注意义务又称为勤勉义务或善管注意义务，是指董事履行职责时，应当为公司的最佳利益，具有一个善良管理人的细心，尽一个普通谨慎之人的合理注意。忠实义务，是指董事应当忠实履行职责，其自身利益与公司利益发生冲突时，应当维护公司利益，不得利用董事的地位牺牲公司利益为自己或者第三人牟利。

我国《公司法》明确规定了董事负有忠实和勤勉义务。监事、高级管理人员在公司中也处于重要地位，在法律和公司章程的范围内被授予了监督或者管理公司事务等职权，他们同样应当为公司的最大利益行使权力，对他们也应当规定严格的义务，以约束他们执行公司职务的行为。因此，《公司法》

规定监事、高级管理人员也负有忠实和勤勉义务。①《公司法》关于董事、监事、高级管理人员的忠实和勤勉义务的规定包含以下内容：第一，董事、监事、高级管理人员首先负有遵守法律、行政法规和公司章程的义务，在守法和遵守公司章程的前提下，履行忠实义务和勤勉义务，不得采取非法手段为公司谋取不正当利益，不得从事违法经营活动。第二，董事、监事、高级管理人员的忠实和勤勉义务是对公司承担的法定义务，而不是对单个或者部分股东所承担的义务。董事、监事、高级管理人员作为公司财产的监督管理者，应当为公司的利益，而不是为单个或者部分股东的利益，经营管理公司财产，监督公司财产的运营，保证公司财产的安全，实现公司的经济利益。

---

① 《公司法》第一百四十七条第二款规定，董事、监事、高级管理人员不得利用职权收受贿赂或者其他非法收入，不得侵占公司的财产。《公司法》第一百四十八条规定，董事、高级管理人员不得有下列行为：（一）挪用公司资金；（二）将公司资金以其个人名义或者以其他个人名义开立账户存储；（三）违反公司章程的规定，未经股东会、股东大会或者董事会同意，将公司资金借贷给他人或者以公司财产为他人提供担保；（四）违反公司章程的规定或者未经股东会、股东大会同意，与本公司订立合同或者进行交易；（五）未经股东会或者股东大会同意，利用职务便利为自己或他人谋取属于公司的商业机会，自营或者为他人经营与所任职公司同类的业务；（六）接受他人与公司交易的佣金归为己有；（七）擅自披露公司秘密；（八）违反对公司忠实义务的其他行为。董事、高级管理人员违反前款规定所得的收入应当归公司所有。《公司法》第一百四十九条规定，董事、监事、高级管理人员执行公司职务时违反法律、行政法规或者公司章程的规定，给公司造成损失的，应当承担赔偿责任。《公司法》第一百五十条规定，股东会或者股东大会要求董事、监事、高级管理人员列席会议的，董事、监事、高级管理人员应当列席并接受股东的质询。董事、高级管理人员应当如实向监事会或者不设监事会的有限责任公司的监事提供有关情况和资料，不得妨碍监事会或者监事行使职权。《公司法》第一百五十一条规定，董事、高级管理人员有本法第一百四十九条规定的情形的，有限责任公司的股东、股份有限公司连续一百八十日以上单独或者合计持有公司百分之一以上股份的股东，可以书面请求监事会或者不设监事会的有限责任公司的监事向人民法院提起诉讼；监事有本法第一百四十九条规定的情形的，前述股东可以书面请求董事会或者不设董事会的有限责任公司的执行董事向人民法院提起诉讼。监事会、不设监事会的有限责任公司的监事，或者董事会、执行董事收到前款规定的股东书面请求后拒绝提起诉讼，或者自收到请求之日起三十日内未提起诉讼，或者情况紧急，不立即提起诉讼将会使公司利益受到难以弥补的损害的，前款规定的股东有权为了公司的利益以自己的名义直接向人民法院提起诉讼。他人侵犯公司合法权益，给公司造成损失的，本条第一款规定的股东可以依照前两款的规定向人民法院提起诉讼。《公司法》第一百五十二条规定，董事、高级管理人员违反法律、行政法规或者公司章程的规定，损害股东利益的，股东可以向人民法院提起诉讼。

学习内容5 公司的解散与清算

一、公司解散

公司解散是公司最终消亡的前提，是清算的源头，故又被称为公司清算的前置程序。公司解散有广义和狭义之分，广义的解散包括宣告破产，破产也是公司消亡的形式。狭义的解散则排除宣告破产这一解散事由。两者主要区别在于公司是否有可分配的剩余财产，两者在公司清算期间有时还会出现转换，即当清理财产时发现无剩余，则公司应该启动破产清算程序。破产清算均是强制性的，无选择的，是完全的司法干预清算，且破产的前提需要由引入人民法院裁决的形式确定，无公司私权利自治的内容。而解散和解散清算则可以由公司通过自愿的程序，由公司自行进行处理。因此，导致公司解散的原因较多。

根据我国公司解散制度规定的不同解散事由，公司解散可以分为自行解散、法定解散和强制解散。强制解散包括行政解散和司法解散。

（一）自行解散的原因

自行解散，又称任意解散，或公司自愿解散，这种方式是依据公司和股东或出资人的意志决定解散公司，具体表现为基于公司章程规定和公司最高决策机构决议解散。

第一，公司章程规定的解散事由出现。公司章程规定解散分为营业期限届满的解散和其他解散事由出现的解散。公司章程在设立时可以约定亏损达一定数额或比例、经营条件发生哪些重大变化、持续几年不能分红、股东既不能转让股权公司又不能回购股权形成股东僵局和发生不可抗力等合法情形构成公司章程规定的其他解散事由。

第二，公司最高权利机构决议解散。由于公司这一商事主体组建时所追求股东营利之目的，也就是在合法范围内追求股东利益的最大化，那么股东作为公司营利的最终受益者，公司的持续发展或中断经营及消亡无不与股东息息相关，股东在任一时期终止公司持续经营的自主权正是其经营权和财产权合一的体现。这一自由原则也正是公司法律制度中立法的思想，是私法自治原则的体现。所以公司解散法律制度中赋予公司股东达到一定比例，即达到所持股比三分之二以上股东表决通过即可以自行解散公司的权利。①

(二) 法定解散的原因

这种解散方式是公司基于法律规定而解散,称之为法定解散。公司以吸收合并方式合并时,被吸收的公司解散;公司以新设合并的方式合并时,合并各方解散。公司分立中以派生分立方式分立时,不存在公司解散问题;以新设分立方式分立时,则原公司解散。公司合并或分立而导致公司解散,不必履行解散清算程序,只需要按照《公司法》第一百七十三条规定自作出合并或分立决议之日起十日内通知债权人,并于三十日内在报纸上公告。因为公司主体并没有彻底消灭,只是改变了公司的存在形态,其债权债务仍由存续公司概括承继。

(三) 强制解散的原因

强制解散,又分为行政解散和司法解散。两者均是基于公权力的介入而使公司主体资格消亡,所以称之为强制性解散。

行政解散主要包括被吊销营业执照和责令关闭或被撤销两种情形。被吊销营业执照是由工商行政管理部门依法通过收缴公司法人营业执照的方式强制公司解散,我国《公司法》第一百七十八条和二百一十一条是关于由公司登记机关吊销营业执照或撤销公司的规定;违反《中华人民共和国消费者权益保护法》《中华人民共和国水污染防治法》和《中华人民共和国大气污染防治法》情节严重的均会被吊销营业执照或被责令关闭;违反《公司登记管理条例》同样被公司登记机关吊销营业执照。

司法强制解散,又称为裁定解散,或法院勒令解散,是指法院基于股东的申请,在遵照公司经营管理出现显著困难,持续经营会严重损害股东利益,或董事、股东之间出现僵局等一系列情况出现,通过其他途径不能解决的解散事由出现,而做出公司强制解散的裁定。现行法律体制下《公司法》司法解释(二)第一条明确规定四种可以受理公司解散之诉的情形,应该视为现阶段判决公司解散的依据。公司出现上述情况,单独或合计持有公司全部股东表决权百分之十以上的股东具有此类非讼解散案件适格原告的主体资格。

---

① 详见《公司法》第四十三条、第六十六条、第一百零三条的规定。

二、公司清算

(一) 公司清算的含义与种类

公司清算,也称公司清盘,是指公司解散后,负有公司清算义务的主体按照法律规定的方式、程序对公司资产、负债、股东权益等公司的状况进行全面的清理和处置,清理债权债务,处理公司财产,了结各种法律关系,并最终消灭公司法人资格的一种法律行为。公司解散后,除因各种合并或者分立的事由外,都要经过清算程序。公司清算包括破产清算和解散清算,破产清算适用《中华人民共和国企业破产法》的规定,解散清算分为自行清算和强制清算。

1. 自行清算方式,又称普通清算,是指公司解散后由自己组织清算机构进行的清算。自行清算依赖于股东和清算义务人的诚信和公司资产是否足以清偿债务,任一主体阻碍清算,自行清算都难以维持下去,即需要通过强制清算解决。

下列情形适用普通清算:基于公司章程规定的事由出现;股东会决议解散;依法被吊销营业执照、责令关闭或被撤销而解散;股东申请人民法院解散等。

2. 强制清算方式,又称法定清算或特别清算,是指普通清算程序开始后,因法定事由的发生而转入特别清算程序的清算。特别清算在普通清算程序启动后,不能正常进行时才可由公权力介入进行强制清算。

强制清算由债权人或股东申请启动,债权人依法申请人民法院指定清算组进行清算的,或债权人依照《公司法》司法解释(二)第七条第二款未提起清算申请的,公司股东可以申请人民法院指定清算组对公司进行清算的,人民法院应予受理。强制清算是以债权人或股东为主体启动的清算程序。强制清算的法定性在于,清算组成员由人民法院指定并更换,对债权的确认、对清算方案和清算报告需经人民法院确认。

3. 破产清算方式,是指在公司不能清偿到期债务的情况下,依照破产法的规定所进行的清算。破产清算是法院以裁定方式作出的认定债务人已经缺乏清偿债务的能力,应当依照破产程序进行的清算。

破产清算完全由公权力介入,是否具备破产条件需要法院审查确定,破产清算的程序也需要人民法院全程监督。管理人指定的法定性、债权人会议积极参与制度、破产费用和共益债务、重整机制等均是破产清算有别于一般清算(包括普通清算和强制清算)之处。同时由于清算目的的不同,破产清算关注的是债权人的债权是否得到了公平的清偿,而一般清算则关注终止公司法人资格问题,只在发现公司资产不能清偿债务时才转入破产清算程序。一般清算在程序和处理上与破产清算的操作模式互有借鉴意义,除具有剩余财产内容外,破产清算与一般清算有异曲同工之处。

(二) 清算人的地位、作用

1. 清算人的地位

清算人在我国法律体系中的规定不够统一,在我国《公司法》中清算主体被称为"清算组",在《企业破产法》中清算主体被称为"管理人",而在外商外资企业清算规定中被称为"清算组织",但清算人的地位和作用大体一致,均是组织实施公司具体清算事务,为公司注销登记付诸行动的自然人或法人。

除法定解散中合并和分立公司不需要进行清算和特别清算中清算成员由人民法院确定外,公司的清算组均由公司自行确定。我国《公司法》第一百八十三条规定的具有确定清算组成员义务的人员为公司清算义务人。公司清算义务人负有确定清算组成员的义务。鉴于清算义务人的法定性和义务性,在公司制度上除对清算人追究责任外,同样规定对于清算义务人延误清算,导致公司财产损失时对公司债权人和股东的补充赔偿责任。

有限责任公司清算组来源自股东,此处清算义务人与清算组成员身份重合,不可任意确定。股份有限公司中,董事、股东大会具有确定清算组的法定义务,董事和控股股东是清算义务人,由董事、股东大会内部选举或对外聘任清算组。

2. 解散清算中公司的能力与清算人的作用

解散清算中的公司由于其主体资格未通过工商登记机关注销,公司仍然具有完整的民事权利能力,只是经营权利受到限制(公司的行为能力方面只能围绕着清理公司财产的相关事宜进行),公司的代表发生了变更,变更为公司登记机关备案的清算组,但公司仍然以其自身为主体独立行使民事权利和承担民事义务。主要体现在如下方面:

第一,公司主体资格存续,在诉讼和清算事务中为独立主体承担民事权利义务。

第二,清算人对内为公司决策机构、对外代表公司进行民事和诉讼活动。原公司的股东会、董事会等机关依然存续,但丧失其实际地位,由清算人对外代表公司进行民事活动。如果公司存在董事、监事等缺位情形,不必进行选举或更换,保持原有公司状态。

第三，公司权利能力和行为能力仅限于清算之目的，不得从事与清算业务无关的经营活动，此时公司原有法律关系保持不变，不允许股东转让其股权，股东同时不享有盈余分配请求权。

清算组负责人代表公司，相当于原法定代表人地位，在公司办理注销前以公司名义进行民事活动。对于刻制印章问题，由于公司自行清算无法律明确规定，可以参照《中华人民共和国破产法》中破产管理人制度，为了清算这一专项事务，清算组可以刻制印章，并交工商行政管理部门备案。此处可以便于清算组与公司以往业务责权区分。

3. 律师等破产管理人在清算组中的地位和作用

由于《企业破产法》的出台及最高人民法院关于管理人的若干规定的相继施行，律师及会计师事务所、破产清算事务所等专业中介机构及个人介入公司广义清算事务逐年增多，而且管理人名册中被列入的中介机构基本成为公司广义清算事务中的主力，所以不可忽视律师等破产管理人在清算中的地位和作用。在破产清算和强制清算事务中由人民法院指定"管理人"或"清算组"。在自行清算中，由于其清算的随意和自控，所以在现实中律师与清算组的关系大体有两类：第一类是律师作为清算组，直接接管公司，对公司进行全权的清理，类似破产管理人的地位，承担因清算不当的民事责任后果追究；第二类是律师作为清算组聘请的全程法律顾问，指导并协助清算组完成公司的清算，不接管公司财产，不全权负责公司的清理，所以此处律师不属于清算组成员，当然不承担民事责任。二者关系的不同也同样决定律师的权限和报酬，全权负责公司清算可以参照破产管理人制度，工作方式方法可以参照《破产管理人的规定》，报酬的支付标准则可以适用《破产管理人报酬的规定》。当然对于清算组聘请的法律顾问，现行法律无地位的界定，但是否应划为清算组聘请的工作人员范畴值得探讨。但两类人员的报酬在自行清算中均列入清算方案中，需要通过股东会进行最终确认。如果律师作为清算期间诉讼事务的代理人，与上述两种情况不同，其基于授权受雇于公司，以委托人角度负责处理诉讼事务，当然其所收取的报酬仍然计入清算费用。

（三）清算组的构成

1. 清算组的产生

有限责任公司清算组来源自股东，此处清算义务人与清算组成员身份重合，不可任意确定。股份有限公司中，董事、股东大会具有确定清算组的法定义务，由以上人员内部选举或对外聘任清算组。在公司外聘清算组或人民法院指定清算组时，清算组成员可以是公司董事、监事、高级管理人员、股东、主管部门、中介机构等或中介机构中其他专业人员。清算组成员选定遵循着与公司、股东没有利害关系和有利于保证清算公正的原则进行。出现不利于清算事务的法定情形应该依照选举程序更换清算组成员。在股份有限公司有职工持股的（或工会持股、亦或信托持股）或具有国有股权的情况下，清算组成员中应该有经过合法程序确认或工商登记中确定的职工持股或工会代表加入，而且为了获取这种共有股权中共有权人的利益，在确定分配方案时，共有股权的代表人必须取得合法的授权。

公司自行清算情形基于公司股东会或股东大会决议而形成，在解散的同时清算组成员可以一并选举产生，尤其在公司股东会难以召集或职工持股的情况下适宜这种操作方式。清算组形成后应当依照《公司登记管理条例》的规定，自成立之日起 10 日内将清算组成员、清算组负责人名单向公司登记机关备案。

2. 清算组成员组成

法律未对清算组的成员人数作出限制性或倡议性规定，现实中可以是单数，也可以是复数；既可以是自然人，又可以是法人。清算组为法人时仍然由法人派出自然人代表参与清算。但是按照多数决的原则，当清算组成员为自然人时，人数最好为单数。除对于法定通过股东会确认的程序外，大部分均是清算组自行处理清算事务，引用多数决的原则便于清算工作的推进和责权区分。

（四）公司解散清算中的法律责任

解散清算制度之所以能够行之有效，保障公司合法退市，主要是对于清算义务主体及清算人有一定的职责制约，这样才能督促公司相关义务主体依照法定程序严格地履行清算义务。《公司法》《最高人民法院关于公司法的若干意见（二）》中规定的九项民事责任及相关法律中建立的制约机制是公司解散清算制度不可或缺的重要组成部分。

1. 民事责任

（1）清算组妨碍清算的侵权赔偿责任包括以下情形：

第一，清算组未履行向债权人通知和公告义务，导致债权人未及时申报债权而未获清偿，公司债权人可以主张侵权赔偿责任。

第二，执行未经确认的清算方案给公司或债权人造成损失，公司、股东或债权人可以主张侵权赔偿责任。

第三，清算组从事清算事务时，违反法律、行政法规或公司章程给公司或债权人造成损失，公司和债权人可以主张侵权赔偿责任。

(2) 有限责任公司股东、股份有限公司的董事和控股股东或实际控制人（即清算义务人）妨碍清算的侵权赔偿责任包括以下情形：

第一，未在法定期限内成立清算组进行清算，导致公司财产贬值、流失、毁损或灭失，在造成损失范围内对公司债务承担赔偿责任。

第二，怠于履行义务，导致公司主要财产、账册、重要文件等灭失，无法进行清算，对公司债务承担连带清偿责任。

第三，在公司解散后，恶意处置公司财产给债权人造成损失或者未依法清算，以虚假的清算报告骗取公司登记机关办理法人注销登记，上述责任主体承担责任。

(3) 股东或发起人出资不足的补充连带责任

未缴出资股东以及设立时的其他股东或发起人，在未缴出资范围内对公司债务承担连带清偿责任。

(4) 承诺第三人的补充连带责任

未经清算即办理注销登记，导致公司无法进行清算，在工商登记部分承诺承担法律责任的第三人可以承担民事责任。

(5) 内部责任分清

上述责任人为二人以上的，其中一人或数人承担民事责任后，主张其他人员按照过错大小分担责任的，人民法院应予以支持。

2. 行政责任

我国现行法律中只规定了清算组的行政责任，清算组作为公司特殊时期一个责任主体在承担民事责任外，仍然可以承担行政责任，而且这种行政责任是脱离公司的独立责任。但同样，如果清算组承担民事赔偿责任和缴纳罚款、罚金后，其财产不足以支付时，民事赔偿具有优先顺位。

3. 刑事责任

我国刑法第一百六十二条妨害清算罪和隐匿、故意销毁会计凭证、会计账簿、财务会计报告罪，对清算人和清算义务人等直接责任人员在公司、企业进行清算时，隐匿财产，对资产负债表或者财产清单作虚伪记载或者在未清偿债务前分配公司、企业财产，严重损害债权人或者其他人利益的规定了承担刑事责任。

(五) 公司清算中的债权处置

1. 清算中一般债权处置

债权人的地位不同于破产清算中债权人会议的作用和权限，主要原因是解散清算中公司有剩余财产，能够足额偿还债务、完整保护债权人的利益后公司仍有剩余财产。而破产清算中，由于破产企业财产不足以清偿债务，债权人的债权不会得到全额或完整的保护，则债权偿还方案关系到每个债权人的重要利益。这一重要区分导致解散清算中不需要引入债权人会议，而且法律对债权的确认仍然规定了诉讼确认和提出质疑的权利，并且规定了对超期申报债权的救济，这些都是债权人可以一步到位寻求法律帮助的途径。

与此同时，在公司自行清算程序中，债务的清偿方案是否需要经全体债权人确认并无法律规定，当其向破产清算转化时则采取债权人通过理论，若通过可不向破产清算转换，而直接终结解散清算，则减少了司法成本。

2. 清算中劳动债权处置

一般情况下，企业拖欠职工工资和保险等费用的情况下，在企业的相关财务会计资料和劳动保障部门等书面文件中有明确记载，清算组应该对上述资料进行调查核实后列出清单，并将清单在企业经营场所予以公示，职工对清单记载有异议的，可以请求清算组予以更正，若不予更正的，职工可以向人民法院提起诉讼，请求确认债务人拖欠工资和福利的具体数额。我国公司法及相关解释中对一般债权的质疑途径，应该同样适用于劳动债权。

案例分析

训练项目一：公司设立纠纷的认定与分析

【训练目的与要求】

通过训练，掌握公司设立的条件，熟悉公司设立的具体流程，能够制作公司设立所需的相关法律文件（如公司章程），同时对公司设立实务中的主要法律问题能够进行认定与分析，并提出合法、合理的解决方案。

【实例训练】

案例：

2010年8月5日，甲、乙、丙三公司达成协议，决定共同投资设立一家食品有限公司——"Y食品有限公司"，并草拟了公司章程。章程规定：新公司注册资本为150万元人民币，出资方式为货币、实物（厂房、机器设备等）和土地使用权等。其中，货币出资已经存入"Y食品有限公司"筹备处的银行账户，实物与土地使用权办理了相应的手续。三家企业缴足出资后，"Y食品有限公司"筹备处委托某会计师事务所进行验资，该会计事务所验资后出具了验资证明。同年11月,"Y食品有限公司"筹备处向市工商局申请设立登记,并提交了公司登记申请书、公司章程、验资证明等文件。市工商局经审查后认为:Y食品有限公司注册资本和生产经营条件符合法律的要求,但是本地已有数家类似的食品厂,市场已趋饱和,再设立一家食品公司对本地经济无促进作用,因此不予登记。甲、乙、丙三公司遂以工商局为被告诉至法院。

问题:
1. 本案为民事诉讼,还是行政诉讼?
2. 作为法官,对本案应当如何处理?请阐明理由。
3. 结合本案,谈谈国家干预市场的前提和限度问题。

核心提示:

我国公司设立的基本原则是准则主义,预设立公司达到了公司法规定的设立条件,工商登记机关就应当准予登记,并核发营业执照。

训练项目二:涉及公司特征纠纷的认定与分析

【训练目的与要求】

1. 通过训练,深入理解和重点掌握公司的独立法人资格与股东的有限责任等基本法律属性。
2. 认识并掌握公司法人人格否认制度适用的基本条件,并能够分析实际个案,判断法人人格否认能否适用于某一具体案件。
3. 理解公司法人人格与人格否认制度之间的关系,前者是公司的基本制度,是公司赖以存在的基石和灵魂,而后者是公司人格制度的例外。

【实例训练】

案例1:

赵女士与钱先生原系夫妻关系。2006年1月,钱先生出资35万元、赵女士出资15万元成立了北京某贸易有限公司,约定钱先生持有公司70%的股份,担任执行董事、经理职务,赵女士持有公司30%的股份,担任监事职务。公司成立后,一直由钱先生负责经营管理。在公司的工商登记中,赵女士与钱先生均是股东。

2007年,赵女士与钱先生在法院调解离婚,并对财产进行了分割。2010年10月,钱先生因病去世,去世前立下遗嘱,其中一项内容为从2010年10月31日起公司由王某接管经营,2010年10月31日之后的公司财产归王某所有，一切债权债务由王某处理。

2010年10月31日，公司由王某接管经营。赵女士为此诉至法院，请求判令确认钱先生所立遗嘱中关于财产和经营权的部分无效，并将公司的财务报表、账簿、合同给予赵女士查阅。

问题：

1. 本案所涉及的主要公司法问题是什么？
2. 作为法官，本案处理的基本思路是什么？
3. 本案中赵女士的诉讼请求能否得到支持？理由是什么？

核心提示：

公司是具有法人资格的独立法律主体，其拥有完全独立的财产，对外独立承担责任；而股东仅以自己的出资为限对外承担有限责任。可见，公司与股东是两个不同的法律主体，股东无权以公司的所有人自居，股东对公司的财产并不享有所有权，当然也无权对其进行处分。

案例2：

原告（被上诉人）：中国××航空股份有限公司厦门营业部，代表人：肖某

被告：厦门市××航空票务代理有限公司，法定代表人：王某等

被告（上诉人）：许某

原告诉称：

原告与被告××航空票务公司于1997年2月10日签订了一份客运销售代理合同，约定由其向被告××航空票务公司提供空白航空客票，被告××航空票务公司应在每月终了后7日内将销售的票款（扣除3%代理费）汇入其账户。

合同签订后，原告依约履行合同义务，但××航空票务公司却于1999年8月拖欠票款171738元未结。经其多方查找，发现××航空票务公司已停止经营，下落不明。而被告许某早在××航空票务公司成立之前就先后以厦门××旅行社、×××售票处、××售票处等名义代销原告机票。从1995年4月起至1996年5月间，共欠原告机票款979155元。1996年5月28日，被告许某利用其对××航空票务公司的实际控制地位，抽逃出资，将刚经过验资的××航空票务公司100万元注册资金中的979155元支付给原告，用以清偿前述欠款。被告许某的行为致使××航空票务公司从成立伊始就陷于资金不足的状况，后来许某又滥用股东控制权，有计划地通过股权转让、变更法定代表人、变更经营场所等，使××航空票务公司空壳化，以逃避所欠原告的债务。

综上所述，××航空票务公司拖欠原告机票款，应承担逾期付款的违约责任；许某作为控股股东滥用被告××航空票务公司的法人人格，妨碍原告实现合法债权，其行为违反公平、公正、诚实信用原则，应与××航空票务公司共同承担向原告付款的民事责任。故向法院起诉，请求判令二被告支付原告人民币171738元及逾期付款违约金（从1999年8月10日计至付款之日止，以每日万分之二点一计算）。

被告许某辩称：

1. 原告认为被告存在抽逃出资缺乏事实依据，也未能证明××航空票务公司于1996年5月28日付款给原告的979155元系用于清偿被告许某旧欠原告的款项，况且许某当时并非××航空票务公司的股东，不具备抽逃出资的主体资格；

2. 所谓××航空票务公司股东"抽逃出资"的行为，其直接受益人是原告，原告并未存在因"抽逃出资"而导致损害的事实，因此认定许某具有侵权行为欠缺构成要件。而此后××航空票务公司拖欠机票款更与该"抽逃出资"行为没有因果关系。在许某侵权行为不成立的情况下，本案不能适用公司法人人格否认，径行要求许某为尚存的××航空票务公司的债务承担连带责任。综上所述，请求驳回原告对被告许某的诉讼请求。

厦门市××区人民法院经公开审理查明：

1. 厦门××旅行社于1991年成立，被告许某曾任法定代表人至1995年3月。1994年6月28日，许某代表厦门××旅行社向原告××厦门营业部申请在厦门市××设立航空售票点，双方开始发生代理销售机票业务。期间，许某之妻（后离异）王某均以"××售票处"之名向原告领取空白客票用以销售。1995年3月，许某申请离任厦门××旅行社法定代表人职务，并经工商变更登记。同年5月，被告许某租用厦门市××路××号设立"××售票处"，继续与原告发生代理销售机票业务。

2. 1995年9月，许某与郭某共同发起成立厦门市××商贸发展有限公司，注册资本为人民币200万元，许某占78.6%的股权，任董事长及法定代表人、总经理，其妻王某任公司监事。1996年4月3日，××商贸公司申请变更住所地为厦门市××路××号二楼，经营范围增加了民航客货代理的业务。同时，申请设立了××商贸公司民航分公司，营业场所为厦门市××路××号一楼，负责人为许某。1996年5月，××商贸公司与王某共同出资设立厦门市××航空票务代理有限公司（即本案被告），注册资金人民币100万元，其中××商贸公司出资60万元，王某出资40万元，许某任法定代表人，住所地仍为厦门市××路××号。同时，××商贸公司民航分公司以"已办理独立核算公司"为由进行注销。1999年1月19日，××商贸公司因未参加年检，被厦门市工商局公告拟予以吊销营业执照，同年决定吊销营业执照。

3.1996年5月8日，厦门市会计师事务所将××航空票务公司的验资款100万元转入该公司的账户。同年5月28日，××航空票务公司将其中的979155元转入原告账户，转账支票上加盖××航空票务公司的财务章及许某的私章，款项用途登记为"机票款"。

4.1997年2月10日，许某代表××航空票务公司与原告签订一份航空旅客国内运输销售代理协议及相关附件，约定由原告委托××航空票务公司在厦门代理原告办理国内航线的航空旅客国内运输销售业务，并对领取客票、票款结算、代理手续费等事项作了规定，被告方应在每月终了后7日内将销售日报上所列的票款总额减去退款和规定的代理手续费（3%），以人民币汇入原告账户；逾期支付每天应承担2‰的滞纳金。此后，双方均按约履行，但在1999年8月，××航空票务公司拖欠原告票款171738元未予支付。同年8月13日，××航空票务公司开出一张金额为39846元的转账支票给原告，用以支付拖欠的部分机票款，经查，该支票系空头支票而无法兑现。

5.1999年1月，××航空票务公司法定代表人由许某变更为王某。同年5月，已被吊销的××商贸公司原投入××航空票务公司的60万元变更为许某投入，仍占××航空票务公司注册资金的60%；公司住所变更为××南路××号。同年8月，王某投入被告××航空票务公司的40万元变更为王某投入，法定代表人亦变更为王某。同年9月，××航空票务公司在××酒店办理房屋清退手续，至今无经营场所。

问题：

1. 本案所涉及的主要法律问题有哪些？
2. 本案应当如何判决？请详述理由。
3. 如何认识公司法人人格与人格否认两者之间的关系？如何适用法人人格否认制度？

核心提示：

《公司法》第二十条规定："公司股东应当遵守法律、行政法规和公司章程，依法行使股东权利，不得滥用股东权利损害公司或者其他股东的利益；不得滥用公司法人独立地位和股东有限责任损害公司债权人的利益。

公司股东滥用股东权利给公司或者其他股东造成损失的，应当依法承担赔偿责任。

公司股东滥用公司法人独立地位和股东有限责任，逃避债务，严重损害公司债权人利益的，应当对公司债务承担连带责任。"

《公司法》第六十三条规定:"一人有限责任公司的股东不能证明公司财产独立于股东自己的财产的,应当对公司债务承担连带责任。"

上述两个条文形成了我国公司人格否认制度的基本结构和内容:首先确立了股东不得滥用公司法人资格和股东有限责任的原则;其次规定了对法人人格滥用的法律后果,即股东滥用公司法人独立地位和股东有限责任,逃避债务,严重损害公司债权人利益的,应当对公司债务承担连带责任。为确保这一制度的贯彻执行,2011年2月18日,最高人民法院以法〔2011〕41号文件形式印发了《关于修改〈民事案件案由规定〉的决定》,在第二级案由"二十二、与公司有关的纠纷"项下增加"257、股东损害公司债权人利益责任纠纷"第三级案由,以方便债权人进行民事诉讼。

公司人格否认制度,又称揭开公司面纱、刺破公司面纱制度。该制度是在承认公司具有法人人格的前提下,在特定的法律关系中对公司的法人人格及股东有限责任加以否定,以制止股东滥用公司法人人格及有限责任,保护公司债权人的利益或者公共利益。

根据法律的一般原则和上述法理基础的基本分析,参照各国有关公司人格否认适用的立法和司法实践,适用公司人格否认的情形主要包括公司资本显著不足、人格混同、过度控制、公司人格形骸化几种。

1. 公司资本显著不足

股东不按照公司章程的规定履行出资义务,或者在公司经营过程中利用对公司的控制管理,将公司资产转移,这都会造成公司资产的不足。判断公司资产是否充足不仅取决于公司资产的绝对数量,还要结合公司所营事业的性质,判断公司资产是否能够负担公司经营的风险和债务。

2. 人格混同

人格混同,是指股东与公司之间资产不分、人事交叉、业务相同。此种情形下,股东已经实质违反了股东财产与公司财产相分离的原则,不再受到有限责任的保护。

3. 过度控制

过度控制,是指股东通过对公司的控制而实施不正当影响,使公司丧失了独立意志和利益,规避法律义务、合同义务、侵权债务等,成为股东谋取个人利益的工具。

4. 公司人格的形骸化

公司人格的形骸化,是指公司与股东完全混同,使公司成为股东的另一个自我,或成为其代理机构和工具,以至于形成股东即公司、公司即股东的情况。具体表现形式如下：

（1）业务混同

公司控制股东的具体行为使公司实际上表现为投资者的一个部门，使相对人无法判断自己的交易伙伴是公司还是投资者本人。

（2）组织机构、人员混同

公司管理机制不完善，组织机构上存在严重的交叉、重叠，所谓"一套人马、多块牌子"，公司也因此丧失了独立的意思表示。

（3）财产混同

股东没有严格区分公司财产和个人财产，公司财产被用于个人支出而未作适当记录，以致没有维持完整的公司财产记录。显然，公司缺乏独立的财产，也就缺乏了作为独立人格存在的基础。

（4）相互间的人格混同

公司与股东及该公司与其他公司间没有严格区分的人格混同。在一人有限公司和母子公司的场合下，公司形骸化的情况较为严重。

训练项目三：股东资格与股东权纠纷的认定分析

【训练目的与要求】

1. 通过训练，掌握股东资格认定的基本标准。
2. 能够分析、处理股东资格纠纷案件。

【实例训练】

案例 1：

2004 年，一家商业银行在深圳设立时，香港某投资机构意欲参股。但当时我国相关法律制度不允许外国投资者进入银行业。因此，该香港投资机构就委托一家与其有长期合作关系的国内乙公司以发起人身份参与商业银行的发起设立。根据发起人协议，乙公司承诺出资 2 亿元人民币，持有该新设立银行的 10% 的股份。

香港甲投资机构遂与国内乙公司签订协议约定：由乙公司出名、甲机构全额出资，持有该商业银行股份公司 10% 的股份，认购价为每股 1 元；若中国政府允许境外投资者参股境内商业银行，则乙公司应将其名下的全部股份转让给甲机构。此外，约定乙公司应当听从甲机构的意见向商业银行推荐银行董事，但并无证据证明甲机构曾向商业银行推荐具体的董事人选，且其从未获得商业银行派发的红利。后该商业银行获准在证券交易所挂牌交易，每股价格升至10元。

时至2006年,我国向外资投资机构开放商业银行,甲机构遂要求乙公司返还所持商业银行的所有股票。乙公司称其与甲机构之间仅存在资金占用关系,不同意返还股票,只愿返还2亿元及其相关利益,且支付的利益不超过商业银行历年派发的红利。

问题:
1. 本案中香港投资机构的诉讼请求应否得到支持?请详述理由。
2. 乙公司的辩称能否成立?
3. 若你是法官,请提出你对本案的解决方案。

核心提示:

股东资格认定的标准并非单一的实际投资标准,由于股东是相对公司而言存在的一个法律主体,所以股东资格的认定还取决于公司是否认可股东资格。认可的依据可以是出资证明,股东名册,公司章程中公司名称(姓名)的记载,以及公司登记等。

案例2:

兰某诉无锡市××宾馆等确认股东身份案

原告:兰某

被告:无锡市××宾馆有限公司,朱某,朱某某,季某

2004年11月17日,××宾馆经审查,取得了江苏省无锡工商行政管理局企业名称预先核准通知书,通知书上载明拟设立企业股东为朱某(出资额为14万元)、季某(出资额为6万元)。而在之前的11月15日,××宾馆即开始基建施工,由兰某、朱某和朱某某三人投资,并于2005年1月25日基本结束(含各项筹备工作),于2月9日投入使用(开始实际接待,各项手续继续办理中)。2005年2月23日,朱某以自己的名义存入中国银行无锡分行验资账户货币资金14万元、季某也以自己的名义存入货币资金6万元,进行××宾馆的设立验资。2月28日,××宾馆取得了企业法人营业执照,注册资本为20万元。3月3日,××宾馆在中国银行无锡市北塘支行(以下简称中行北塘支行)开户。3月7日,××宾馆将验资账户上的20万元及利息48元,共计200048元划入其在中行北塘支行开设的账户。3月8、9、10、11和22日,××宾馆开出五张现金支票,由其会计周某分五次分别提出现金49000元、49000元、49000元、49000元和4000元,共计20万元。对此,周某当庭作证称,前两笔各49000元是由其一人提出后,按××宾馆法定代表人朱某的要求直接交给兰某用于还款,后两笔各49000元是由其与朱某一起提出后在××宾馆办公室交给兰某也用于还款,而4000元提出后直接交给

了朱某。

2005年3月27日,兰某、朱某和朱某某三人签订一份《关于××宾馆有关情况的说明及确认股东投资股份的决定》,载明,在拟建立宾馆时已确定三位股东,投资人为兰某、朱某和朱某某,并对宾馆投资作了初步预算,投资额为80万元,其中兰某为50万元,朱某为15万元、朱某某为15万元,并商定待全部工程结束及各项筹备工作结束后根据实际投资额结算,按投资额的比例分别确定股东股份。经结算投资总额为1053138元,三人一致确认兰某投资48万元(占有股份58%)、朱某投资20万元(占有股份24%)、朱某某投资15万元(占有股份18%),实际对外欠投资款223138元,对所欠投资款从经营营业利润中偿还,不作为股东投资股份计算。同日,三人还签订一份《关于××宾馆董事会、董事分工的决定》,上面载明,2005年2月20日三位股东在宾馆办公室举行股东会,会议研究决定董事会由三人组成,股东兰某任董事长、股东朱某任总经理、股东朱某某任董事,决定宾馆总经理为聘任制,由董事会聘任,任期二年,并有董事长签署聘书,任期届满根据工作需要及总经理工作表现由董事会决定是否续聘。2005年7月23日,兰某、朱某、朱某某和季某四人签订一份《关于××宾馆股东构成情况说明》,载明,无锡市××宾馆有限公司于2004年11月筹建,投资股东为兰某(占58%股份)、朱某(占24%股份)、朱某某(占18%股份)。但在办理营业执照时,考虑方便起见,工商登记股东为朱某、季某二人,实际上季某为××浴场有限公司法人代表,××宾馆按年度向××浴场交纳租金,季某未对××宾馆进行投资参股,对××宾馆的债权、债务也概不承担任何责任。

原告请求判决确认兰某为××宾馆的股东、拥有股权58%,诉讼费用由被告承担。

被告××宾馆、朱某辩称:1.××宾馆于2004年10月开始筹建,2005年2月28日领取企业法人营业执照,公司20万元注册资本中无兰某的出资,兰某不具备股东的资格;2.××宾馆筹建时,兰某与朱某、朱某某系共同租赁房屋,并出资进行装修、购置设备,后将房屋及物品交付××宾馆委托经营,兰某所称出资,只是其与朱某、朱某某合伙关系中的出资;3.兰某请求将公司注册资本以外的资产确认为公司的注册资本,不属法院主管范畴。请求驳回兰某的诉讼请求。

被告朱某某辩称:1.朱某某与兰某、朱某是朋友,一起投资装修,共计105万余元,朱某某出资18万余元,装修结束后,委托××宾馆经营;2.××宾馆工商登记注册资本20万元,朱某某未投资;3.朱某某个人投资装修,后委托××宾馆经营,已得到部分回报,如果××宾馆维持现状,朱某某对继续收取回报没意见，如果××宾馆需增加股东、注册资本，把装修费转成股份，朱某某也表示同意。

被告季某辩称：季某在××宾馆从未投资，公司成立时的注册资本20万元，兰某拿出14万元，另6万元是兰某、朱某、朱某某向他人所借，当时为了手续上的方便，14万元落在朱某名下，另6万元落在季某名下，季某未投资，投资20万元只是形式上的，实际股东需要以他们的实际出资为准。

问题：

1. 本案原告的诉讼请求能否成立？
2. 本案各被告的辩称是否成立？
3. 本案应当如何处理？

核心提示：

本案是一起公司内部股东资格争议的案件。主要的争议焦点是兰某在公司设立中实际出资，但在办理工商登记时并未登记为股东，能否确认其股东身份。

案例3：

原告：江苏省××干燥设备厂　　法定代表人：范某，该厂董事长

被告：汤某　徐某　查某　汤某某　展某

原告诉称：1998年10月，原武进市××干燥设备厂更名为江苏省××干燥设备厂时，按照相关规定，必须要有八名股东才能办理更名手续。为此，武进市××干燥设备厂在原先三名股东即范某、范甲和范乙的基础上增加五名被告为股东，并从厂里为五名被告各提款2万元作为出资款，从而虚报注册资本10万元，而五名被告至今均未实际出资。同时，在股东会决议和章程修正案中，五名被告作为股东的签名均系他人代签。2004年12月1日，常州市武进区工商行政管理局曾对江苏省××干燥设备厂上述虚报注册资本的行为作出行政处罚。故原告请求法院确认五名被告不具有江苏省××干燥设备厂的股东资格。

被告汤某辩称，其成为江苏省××干燥设备厂的股东是原股东范某、范甲、范乙以及本人的真实意思表示；其2万元出资已经到位；自己也行使过部分的股东权利，并以股东身份接受了股东范甲转让的部分股份；工商部门年检档案多年都记载自己为股东；范甲、范乙也认可自己的股东身份，原告提起诉讼没有征得他们的同意；原告的起诉已过诉讼时效。

被告徐某、查某、汤某某、展某在书面答辩状中认可了江苏省××干燥设备厂的上述诉讼请求。

法院查实：汤某未签署过公司章程，未实际出资，不持有出资证明书，

范甲向汤某无偿转让出资时未告知其他股东，未经过全体股东过半数同意，并违反了公司章程中关于董事在任职期间不得转让股份的规定，且双方至今未办理变更登记等相关法定程序。

问题：

1. 原告的诉讼请求是否有法律依据？
2. 被告汤某的辩称能否成立？
3. 本案应当如何处理？

核心提示：

本案涉及挂名股东、股东资格认定问题。出资者仅名义被借用者，即所谓的挂名股东，其自始即没有出资的真实意思，则不应具有股东资格。本案中，1998年江苏省××干燥设备厂增加汤某、徐某、查某、汤某某、展某五名股东时，五人实际并未出资，而是由江苏省××干燥设备厂代为虚假出资，而汤某等五人对江苏省××干燥设备厂虚拟出资的事实也是明知的，即当时五人并未有自己出资的真实意思。汤某等五人之后也未补足出资，且也未有补足出资的意思表示。因此，五人自始未有出资的真实意思，只是"挂名股东"，不具有股东资格。

案例4：

X公司、S公司与J公司拟成立一化妆品生产公司，经协商，决定以S公司为基础，将其改组成立一家新的公司即L化妆品公司。为此，三方签订了发起人协议，并草拟了章程。章程约定，X公司与J公司以货币出资，分别为300万元人民币，S公司以土地使用权与厂房出资，净资产评估为400万元。在公司登记成立之日起6个月内，各方办理完毕实物和产权转移手续。随后，它们在工商银行开设账户，聘请会计师事务所验资。X公司和S公司均缴纳了各自的出资，而J公司承诺在公司登记成立之日起6个月内把投资款汇入公司账户。此后，J公司也未履行出资义务。自L化妆品公司成立后，经营状况蒸蒸日上，营利丰厚。但在分红时，公司只分给了X公司、S公司，未分红给J公司。J公司遂向L公司讨要，认为身为股东其享有分红权。而公司却认为，J公司并未向公司投资一分钱，不具有股东资格，当然无权得到分红。由此双方产生纠纷。

问题：

1. 未履行出资义务的行为人，股东资格应当如何认定？
2. 本案应当如何处理？

核心提示：

在出资不足的行为人已经取得股东资格的情况下，行为人对其违反出资义务的行为应向公司承担责任，即公司可向股东追缴出资。同时，虽然股东出资不足，但由于其已经取得股东资格，就应在出资范围内享有相应的股东权利。《公司法》第二十八条规定，股东应当按期足额缴纳公司章程中规定的各自所认缴的出资额。股东以货币出资的，应当将货币出资足额存入有限责任公司在银行开设的账户；以非货币财产出资的，应当依法办理其财产权的转移手续。股东不按照前款规定缴纳出资的，除应当向公司足额缴纳外，还应当向已按期足额缴纳出资的股东承担违约责任。

训练项目四：股东权纠纷的认定与分析

【训练目的与要求】

1. 理解并掌握股东资格与股东权之间的关联性；
2. 掌握股权的具体类型和主要内涵；
3. 能够分析并处理股权纠纷案件。

【实例训练】

案例：

2000年1月，北京A数码技术有限公司注册成立，注册资本为2000万元，北京B有限公司为A公司的股东之一，出资240万元。B公司与A公司的其他股东共同签订了公司章程。在公司章程中规定，公司股东享有查阅股东会会议记录和公司财务会计报告的权利。然而直到2003年6月，A公司从未向B公司提供过年度财务报告。B公司作为享有1/4股权的股东，对公司的经营情况、财务状况及利润分配等一无所知。在多次交涉未果的情况下，B公司诉至法院，请求判令A公司提交财会报告。

A公司辩称，B公司承诺增资共228万元，却一直未予以兑现。因此，A公司认为不应向B公司交付财务会计报告。

法院经审理认为，A公司未能按照公司章程的规定向其股东B公司履行送交财务会计报告的义务，B公司有权依照法律及公司章程的规定向A公司主张知情权，故B公司要求A公司向其提供2001、2002年度公司财务会计报告的诉讼请求有事实及法律依据，法院予以支持。同时，公司侵犯股东知情权纠纷与股东出资纠纷、股权转让纠纷等并非同一法律关系，因此B公司无论是否履行增资义务，均不影响其作为A公司股东行使知情权，故A公司的辩称理由法院不予支持。

问题：

试评析法院对本案的处理。

核心提示：

股东的知情权是一项重要的股东权利，它是实现股东分红权等固有权的基础权利。我国《公司法》对有限责任公司股东的知情权做了专门规定。

训练项目五：有限责任公司股权转让纠纷的分析与认定

【训练目的与要求】

1. 通过训练，理解并掌握有限责任公司股权转让的类型，以及不同类型的转让规则；

2. 能够识别并分析有限责任公司股权转让中的实务问题，并提出合法有效的解决方案；

3. 能够分析并解决有限责任公司股权转让纠纷。

【实例训练】

案例：

原告（上诉人）：上海A置业有限公司

被告（上诉人）：凌某 沈某

原告诉称，2004年11月23日，原告为受让第三人B公司的股权，与两被告签订《股权转让协议》，约定两被告将各自持有的第三人B公司10%的股权转让于原告。签约后，原告按约支付了首期转让款人民币215万元。但两被告均未按约履行相关的变更登记手续，致使原告无法行使股东权利。据此原告认为，股权转让合同依法有效，故诉请判令被告凌某、沈某继续履行合同义务，及时办理变更登记手续。诉讼费用由两被告负担。被告凌某辩称，股权转让协议共两份，第二份协议对价款作了修正，并已协助原告完成了移交程序，但由于第三人B公司另一股东沈某对于诉争股权转让提出异议，并经天津市第一中级人民法院判决确认诉争股权转让协议无效，故难以继续履行合同，请求驳回原告的诉讼请求。

被告沈某辩称，其未授权被告凌某代为出让其所持股权，被告凌某之行为属无权代理，故请求驳回原告的诉讼请求。

第三人B公司未答辩。

上海市第一中级人民法院经审理查明：

2003年8月，沈某、凌某与案外人陈某、河北省C公司共同订立章程，出资设立 B 公司。B 公司的注册资本为人民币 1990 万元，其中陈某出资 796 万元，沈某出资 199 万元，凌某出资 199 万元，河北 C 公司出资 796 万元。2003 年 9 月 1 日，B 公司依法注册设立，由沈某担任公司法定代表人。

2004 年 11 月 23 日，A 置业公司与凌某、沈某订立《股权转让协议》二份，签约当日，A 置业公司即委托其关联企业向凌某支付了 215 万元。2005 年 1 月 27 日，A 置业公司接收了 B 公司的部分财产，当日三方又形成一份《股权转让协议》，除将目标股权转让价款变更为 449 万元外，其余条款均未发生变更。该合同文本上仅有 A 置业公司前述合同的签订人戴某、凌某，且由凌某代沈某签字。2005 年 1 月，B 公司正式申请变更登记手续，但因沈某于 2005 年 2 月 20 日致函工商管理机关进行申诉，致使登记手续至今未能完成，以致涉讼。

另查明，2005 年 2 月 26 日，沈某向凌某以及其他股东陈某、河北 C 公司出具厂《优先收购股权书》，对凌某、陈某、河北 C 公司的股份提出优先收购的同时，沈某以其优先购买权被河北 C 公司、陈某、凌某侵害为由，诉至天津市第一中级人民法院。2005 年 10 月 14 日，天津市第一中级人民法院下达第 269 号民事判决，确认沈某在河北 C 公司、陈某、凌某对外转让出资时依法享有在同等条件下的优先购买权，沈某自判决生效之日起三个月内（按对外转让价格）实施该优先购买权，如逾期实施，则视为自动放弃该优先购买权。再查明，2004 年 6 月 6 日，沈某、凌某曾出具《确认函》一份，明确其同意将各自持有的 B 公司 10％的股权转让于 A 置业公司，转让价款确定为 250 万元。然而，天津市第一中级人民法院在第 269 号案件审理中，却未将股权受让人作为该案的共同必要诉讼当事人，即判决确认凌某代沈某签订的《股权转计协议》属无权代理，不具有法律效力。天津市第一中级人民法院第 269 号民事判决书因涉案各方当事人均未上诉而生效。

问题：

1. 本案主要涉及哪些法律问题？
2. 提出本案的处理方案，并阐明理由。
3. 有限责任公司股权转让实务中应当注意哪些问题？

核心提示：

本案涉及优先购买权的实质构成要件。根据《公司法》第七十一条第二款、第三款规定，"股东向股东以外的人转让股权，应当经其他股东过半数同意；……经股东同意转让的股权，在同等条件下，共他股东有优先购买权"。从上述立法精神可以判断，有限责任公司股东向股东以外的人转让股权应其备两个条件：一是全体（或其他）股东过半数同意；二是其他股东放弃同等条件下的优先购买权。

如何判断其他股东同意转让？司法实践是通过公司有无股东会决议进行判断，只要公司就股东向公司以外的人转让股权一事召开股东会并形成决议通过，即认为半数以上股东同意；或虽未召开股东会，但公司股东就股权转让形成书面意见的也可以。而本案的事实是，股权转让并非某一股东或部分股东转让股权，而是全体股东将B公司全部股权转让给A置业公司，且该转让既没有股东会决议，又没有形成书面决议，而是通过各股东分别与股权受让人确认及签订股权转让协议来完成的，且持有B公司90%股权的股东不但签订相关股权转让协议、收取转让金，并已协助办理了B公司的移交工作。可见，各股东转让B公司全部股权的意思表示是明确的，因此，虽然公司没有就股权转让专门召开股东会，并形成决议，也没有股东之间就股权转让达成的书面会签行为，但其股权转让行为的一致性，表明各股东对其他股东股权转让是同意的。所以，从形式上看，本案可能不符合公司法的规定，但其实质上符合公司法的立法精神。

训练项目六：公司董事、监事与高级管理人员的义务与责任纠纷的认定与分析

【训练目的与要求】

1. 通过训练，理解并掌握公司董事、监事以及高级管理人员义务的具体内容，并能判断、分析、处理相关法律纠纷。

2. 理解中小股东的保护制度，并能够在实务中运用相关制度（如累积投票制度）保护中小股东的利益。

【实例训练】

案例1：

1999年5月7日，在被告李某、宋某担任原告H公司的经理、副经理职务期间，原告H公司与G房管处签订《土地转让协议》，G房管处将9481.88平方米的土地使用权转让给原告H公司。之后，G房管处为开发房产需要，欲回购原告H公司部分土地，李某提出以H公司与G房管处合作开发该部分房产为条件而同意转让土地。2000年6月6日，H公司与G房管处签订土地转让协议，并约定该协议是土地转让的基本和必备条件，任何一方不得单独向外公开该协议。2000年6月22日，H公司与G房管处签订《合作开发协

议书》(以下简称《协议书》)。2000年6月23日,李某、宋某投资成立A物业公司(2001年10月更名为B公司)。李某、宋某向G房管处提出要求,将《协议书》第1页和第4页作了更换,以其成立的A物业公司取代H公司而成为签约一方,协议约定:H公司于2000年6月6日与G房管处达成土地转让协议,现A物业公司与G房管处合作开发此地。2000年7月18日和9月18日,双方又分别签订《合作建设与销售补充协议》和《补充协议》,对如何开发房产和分配房产作出明确约定。案发之时,合作开发的住宅楼和办公楼已经竣工验收,G房管处分得了住宅楼的一半和1000平方米的网点房,其余部分分给B公司。原告H公司认为被告李某、宋某的行为侵害了其利益,起诉到人民法院。

问题:

1. 本案中被告违反了哪些义务?
2. 本案应当如何处理?
3. 如何让董事、监事和高管层认真履行职责?

核心提示:

本案涉及公司高级管理人员篡夺公司机会的问题。篡夺公司机会禁止之义务,是指公司董事和高管人员不得将公司拥有的权利、财产利益或正当期待机会或者理应属于公司的机会予以篡夺自用。判断某一机会是否属于公司机会,应同时考虑以下两个因素:首先,公司机会是董事和高管人员在执行职务过程中获得的。董事和高管人员在与执行公司职务无关的时间和场合获得信息和机会,无论与公司经营活动的联系如何密切,均不能视为公司机会;其次,公司机会必须是公司经理有义务向公司披露的机会,所披露的机会应当是与公司经营活动密切相关的机会。是否与公司经营活动密切相关,要综合考虑各种相关因素:如某一商业机会是否为公司所需要或追求;公司是否就该机会进行过谈判;公司是否为追求该机会而投入人力、物力和财力等。公司机会是公司盈利、生存的重要条件,它的存在,可以使一个公司死而复生和兴旺、发达,它的失去,可能导致公司的亏损、破产和倒闭。因此,经理在执行公司职务过程中获得的与公司经营活动密切相关的机会和信息,负有向公司披露的义务,而不得违背诚实信用和忠实的原则篡夺公司机会,将公司机会据为己有,为自己或他人谋取私利。

案例2:

某公司要选5位董事,公司股份共100股。股东20人,其中两个大股东拥有51%的股权,其他18名股东共计拥有49%的股权。

依普通投票规则,若选5位董事,因得票多者当选,则大股东可以对其提名的每一位候选人投51%的票,可见,大股东完全控制了这5位董事的选举结果(小股东全部集中起来只有49%的票)。

依累计投票制,每股拥有5个表决权票,且这五票可以集中投到一位或几位候选人——如果一个小股东有20%的股权,则其所享有的100张表决权票可以全部投给候选人A。但若依普通投票规则,则该小股东最多能给A投20张票。

依累计投票制,49%的小股东拥有245(49×5)张表决权票,51%的大股东拥有255(51×5)张表决权票。大股东若想控制五个董事职位的四个名额不再可能。因为若255张选票平均分配投给4位候选人,则每位不足64票。由于可以累计投票,小股东的245张选票可集中于1位到3位候选人,就会使自己支持的董事胜出1位到3位。若大股东改变投票策略,将选票集中于三位候选人,则其支持的每位候选人至少可以得到85票,而此时小股东最多只能支持2位候选人胜出(若支持3位候选人,每位的票数不可能超过82票,敌不过大股东)。

问题:
1. 比较累积投票制与普通投票制的优劣。
2. 除累积投票制外,还有哪些制度有利于保护中小股东的利益?

核心提示:
《公司法》第一百零五条规定:股东大会选举董事、监事,可以依照公司章程的规定或者股东大会的决议,实行累积投票制。本法所称累积投票制,是指股东大会选举董事或者监事时,每一股份拥有与应选董事或者监事人数相同的表决权,股东拥有的表决权可以集中使用。

案例3:
某公司大股东持股60%,二股东持股20%,三股东持股8%,四股东持股7%,其余股东合计持股5%。由于大股东持股超过50%,在直接投票制的简单多数决原则下,他一人即可完全决定董(监)事会的所有人选。但在累积投票制下,情形将有所不同:假定该公司董事会由5名董事组成,大股东持有的6000万股享有30000万票表决权,二股东有10000万票表决权,三股东有4000万票表决权,四股东有3500万票表决权,其余股东有2500万票表决权。大股东可将其表决权分散投于其中意的候选人,A获10001万票,B获10001万票,C获4002万票,D获4001万票,E获1995万票;二股东可将其表决权集中投于其中意的候选人F,获10000万票;三股东可将其表决权集中投于候选人G,获4000万票;四股东可将其表决权集中投于候选人H,获3500万票;其余股东可将其表决权集中投于候选人I,获2500万票。根据得票多少的顺序，候选人A、B、F、C、D当选为董事，而大股东中意的候选人E将无法进入董事会。在该例中，如果三股东和四股东联合起来，均将其表决权共计7500万票集中投于候选人G，则候选人A、B、F、G、C当选为董事，而大股东中意的候选人D和E都无法进入董事会。

问题：

小股东在与大股东博弈时，公司法的规定给予了哪些支持？

核心提示：

运用累积投票制，小股东可以以小博大。

训练项目七：公司会议决议纠纷的认定与分析

【训练目的与要求】

1. 通过训练，理解并认识股东会、董事会决议的重要性，同时掌握其无效或者可撤销的具体要件；
2. 能够分析并处理公司股东会、董事会会议决议的相关纠纷。

【实例训练】

案例1：

原告：高某

被告：兴化市××自来水有限公司（以下简称××自来水公司），法定代表人：郑某，××自来水公司经理

原告诉称：被告××自来水公司于1999年设立，徐某任执行董事，原告任监事。被告郑某没有执行董事身份，却于2005年11月21日非法召集并主持了股东会，会上郑某自荐为执行董事，并作出了仅有其自己签名的股东会决议，且没有通知原告参加会议，因此，这次股东会召集程序违法；此外，公司章程第42条规定，凡涉及公司登记事项的变更，都必须经代表2/3以上表决权的股东通过，法定代表人的变更属于登记事项的变更，应该经代表2/3以上表决权的股东通过，而2005年11月21日的股东会仅以过半数通过了法定代表人的选举，显然，这次会议也违反了公司章程关于表决程序的规定，依法应予撤销。

被告××自来水公司辩称：原告所诉不符合事实，理由如下：(1) 郑某召集股东会是依据兴化市人民法院（2005）兴民二初字第×××号民事判决书确定的内容，按照公司法及公司章程的规定而召集的，且股东会的合法性已得到兴化市人民法院的确认；(2) 郑某依法于会议召开前15日通知了各股

东，原告没有参加会议是他自己的责任，属于弃权；（3）郑某没有到期未清偿的债务，依法可以担任执行董事。因此公司于2005年11月21日召开的股东会，程序和内容均合法。

被告郑某辩称：作出股东会决议是公司行为，并非郑某的个人行为，原告将其列为本案被告不妥，请求法院驳回原告对其的诉讼请求。

人民法院经审理查明：××自来水公司于1999年成立，公司章程中明确执行董事为公司法定代表人，同时明确徐某为执行董事，为公司法定代表人，任期3年。任期届满后，公司未能及时选出新的执行董事。2005年1月25日，被告郑某因股东会召集纠纷提起诉讼，要求公司召集召开股东会，兴化市人民法院于2005年4月20日作出了第×××号民事判决书，判令××自来水公司于判决生效后5日内按公司章程召集召开股东会。该判决发生法律效力后，郑某向本院申请执行该判决书。

在执行过程中，郑某于2005年11月21日主持召开了股东会，除郑某外，前执行董事徐某也参加了会议，原告高某未参加会议。会议内容是选举执行董事，会议上，郑某选自己为执行董事，徐某选高某为执行董事，当时××自来水公司的股东持股情况为郑某60%，徐某20%，高某13.4%，另一股东王某持有的6.6%的股份，除转让给郑某外，还转让给高某，因此，王某的股份转让存在争议，公司一直没有登记。会议上，郑某表示王某的股份暂不作为其持有的股份，只按其持有的60%股份行使表决权，徐某按20%的股份行使表决权。表决结果以过半数的表决权由郑某当选为执行董事。徐某没有在会议记录上签名。因公司的公章在徐某处，郑某又另行刻制了一枚公章，并于2006年1月4日向公司登记机关办理了法定代表人变更登记，同时将股东名册及出资变更情况一并登记，公司股东由原来的4名（徐某、郑某、高某、王某）变更为3名，王某的3.3万元股份转至郑某名下，郑某的出资额由原来的30万元变成了33.3万元，占出资额的66.6%，徐某出资10万元，占出资额的20%，高某出资6.7万元，占出资额的13.4%。

本案中，××自来水公司章程载明，公司根据需要或涉及公司登记事项变更的，可以修改公司章程，但必须经代表2/3以上表决权的股东通过，并由全体股东签名、盖章。

问题：

1. 本案所涉及的主要法律问题有哪些？
2. 本案应当如何认定和处理？

核心提示：

本案主要涉及公司股东会会议决议的效力认定问题。本案争议焦点如下：

一是郑某是否具有股东会召集权；二是更换公司法定代表人的表决是以过半数表决权通过的，还是以2/3以上表决权通过的。

关于更换公司法定代表人的表决程序问题，《公司法》第十三条规定，公司法定代表人依照公司章程的规定，由董事长、执行董事或者经理担任，并依法登记。第二十五条也规定了有限责任公司的章程中必须载明公司的法定代表人。因此，载明法定代表人是公司章程的必备条款。在公司章程中既明确了以何职务作为法定代表人，同时又具体明确了担任法定代表人的某自然人，在改选公司法定代表人时，是否属于对公司章程的修改？只要不涉及法定代表人职务变化的，而只是法定代表人因任期届满或其他原因发生变更的，并不属于修改公司章程，只需根据公司章程规定的任期、改选方式、表决程序等来选任，只有作为法定代表人的职务发生变化的，才属于修改公司章程。

案例2：

原告（上诉人）：鲁某

被告（被上诉人）：上海A机械股份有限公司　法定代表人郑某

原告诉称，被告2003年年度报告显示，候选人施某任职于上海B集团有限公司。2004年8月2日，上海B集团有限公司更名为上海C集团有限公司。被告未披露施某曾经任职上海B集团有限公司的工作经历，目的是想隐瞒通过人员的安排实际控制被告的事实。

被告辩称，未充分披露董事候选人的资料，不属于董事会会议召集程序、表决方式的范畴，不适用公司法的规定。被告的公司章程未规定董事候选人与实际控制人是否存在关联的资料必须予以披露。即使被告未披露董事候选人的资料也不导致该决议违反了公司的章程；现行法律、行政法规，未对董事候选人信息披露的内容作出规定，原告认为被告未充分披露故事候选人资料的行为，属于违反法律、行政法规的行为，没有依据。故不同意原告的诉讼请求。

上海市静安区人民法院经审理认为：（1）《公司法》规定股东可以因董事会的会议召集程序、表决方式违反法律、行政法规或者公司章程，或者决议内容违反公司章程的，请求人民法院予以撤销。因此，公司法认定董事会决议是否无效，衡量的标准是该决议是否违反法律和行政法规。《上市公司章程指引》系中国证监会制定的部门规章，不属于法律和行政法规的范畴。（2）被告公司的章程仅规定董事会应当向股东提供候选董事的简历和基本情况，对董事候选人与实际控制人是否存在关联，并未明确。即使被告在公布施某简历时，未提及施某曾在上海B集团有限公司工作的经历，但就此认定被告所通过的第四届第十三次董事会决议违反了公司章程的规定，过于牵强。

（3）在当前信息化的社会，上市公司发布信息的渠道不仅限于报纸，社会公众也可以通过互联网了解上市公司的资料。虽然《上海证券报》未详细反映被告公司董事候选人施某的简历，遗漏了施某曾在上海B集团有限公司任职的工作经历，但被告同时发布的2005年年度报告已经详细地披露了施某曾在上海B集团有限公司工作的经历，该年报已经上海证券交易所备案，社会公众均可以通过上海证券交易所的网站进行查阅。原告诉称被告故意隐瞒施某在上海B集团有限公司工作的经历，与事实不符，不予采信。

综上，被告于2006年3月召开的第四届第十三次董事会的会议召集程序、表决方式符合法律、行政法规及被告公司的章程，其所通过的决议内容未违反公司的章程。原告的诉讼请求，无法律和事实的依据，不予支持。

问题：
试评析法院对本案的判决。

核心提示：

一、股份有限公司小股东应如何行使监督董事会决议的权利

《公司法》第二十二条明确规定，董事会决议内容违反法律、行政法规的无效；董事会的会议召集程序、表决方式违反法律、行政法规或者公司章程，或者决议内容违反公司章程的，股东可以自决议作出之日起60日内，请求人民法院撤销。

与股东会决议一样，董事会决议瑕疵也分为内容瑕疵和程序瑕疵。内容瑕疵的后果又有两种，决议无效对应的是违反了法律、行政法规，而决议可撤销对应的是违反了公司章程。程序瑕疵，即当董事会的召集程序、表决方式违反法律、行政法规或公司章程时，其后果仅导致决议可撤销。相对决议无效而言，可撤销的决议，股东行使撤销权应自决议作出之日起60日内向法院提出，否则权利归于消灭。

二、未充分披露董事会候选人资料与董事会决议效力的关系

首先，候选董事与实际控制人的关系是否应该予以披露。根据《公司法》第二百一十六条第（三）项之规定，实际控制人指虽不是公司的股东，但通过投资关系、协议或者其他安排，能够实际支配公司行为的人。由于对公司的控股权或重大影响力，实际控制人得以在公司日常经营中享有不公正的机会、滥用权利，从而对公司、小股东、债权人等人造成损害。所以，各国法律均设定了一系列制度对包括实际控制人在内的关联关系进行规制，要求对董事候选人与关联方的关系进行披露属于其中一项内容。在我国，虽然《公司法》未对此进行规定，但《上市公司章程指引》第五十六条、《上市公司股东大会规则》第十七条均明确规定，股东大会拟讨论董事、监事选举事项的，

股东大会通知中应当对董事候选人与上市公司或其控股股东及实际控制人是否存在关联关系，进行充分的披露。

其次，董事候选人与关联企业关系的披露在董事会决议中属于何种性质？

本案中董事会决议未披露候选董事与实际控制人的关系，是否导致该决议无效，要看该披露义务是否属于董事会决议内容瑕疵的范畴。上述两条规范明确规定，股东大会通知中应对董事候选人与关联企业的关系进行披露，可见，这一内容的披露属于股东大会召集程序中的一项内容，属于股东大会决议之程序性事项。而本案中，董事会经讨论，决定了《公司第四届董事会换届选举》的议案，明确了施某等人作为董事会候选人，在董事会决议的附件中列明了各董事的情况简介。这次董事会是在被告公司第十五次股东大会召开之前举行的，决议之所以涉及董事候选人及其情况简介，是为股东大会换届选举董事会人选提供参考。可见，董事会候选人及候选人情况简介是董事会决议的内容之一。因而在本案董事会决议中董事候选人与关联企业关系的披露属于董事会决议的内容事项，不披露是否违反法律、行政法规？《上市公司章程指引》《上市公司股东大会规则》均系中国证监会制定颁布，显然不属于法律、行政法规的范畴。且这两份文件仅规定应对董事候选人与控股公司、实际控制人之间的关系进行披露的场合是在股东大会的通知中进行，并未规定在董事会决议程序或决议内容中应予披露。另外，其他法律、法规亦未就此作出专门的、明确的规定。

训练项目八：公司解散纠纷的认定与分析

【训练目的与要求】

1. 通过训练，理解并掌握公司解散的分类与具体情形；
2. 能够认定、分析并解决公司解散纠纷；
3. 理解并掌握公司僵局的认定条件，能够对实际的公司僵局提出可行、合法、有效的解决方案。

【实例训练】

案例1：

原告：魏某

被告：龚某　无锡××电控设备有限公司

江苏省无锡市××区人民法院经审理查明：2002年3月××公司经无锡工商行政管理局惠山分局核准设立，企业类型为有限责任公司，注册资金为

50万元。2004年2月10日，魏某在公司持股45%，龚某在公司持股55%，双方共同经营××公司。至2005年始，双方在经营问题上出现严重分歧，使××公司的生产经营活动受到严重影响。2006年1月17日，魏某、龚某拟定了××公司分立协议，双方一致同意自2006年1月起，将××公司分立经营。对××公司的财产分割，应收、应付款的处理，业务分流，人员分配等作了原则约定。但至2006年2月春节后上班第一天，双方因琐事引发斗殴，经有关部门调处未果。魏某遂于2006年2月16日诉到法院，要求解散××公司。

问题：
1. 本案是否属于《公司法》第一百八十三条的适用范围？
2. 请指出本案的适格被告。
3. 本案如何处理？

核心提示：

本案涉及公司僵局与公司的司法解散问题。如何认定"公司经营管理发生严重困难，继续存续会使股东利益受到重大损失"？由于实践中不同公司的实际情况各异，法律很难为此设定一个严格划一的量化标准。应当由法官充分发挥自由裁量权，斟酌个案的具体情况加以认定，其中应着重审查公司的先后经营状况对比、股东之间矛盾激化程度、股东会能否形成正常的公司决议、公司的日常生产能否运转、股东各自的态度等情况。通过对上述事项的了解，对公司未来的经营状况、公司继续存续是否会使股东利益受到重大损失进行预判。

"公司经营管理发生严重困难"并非意味着在股东起诉公司解散时，公司一定在经营中已出现了亏损的情形。如果公司在经营上仍属盈利，但管理上确已存在严重困难，比如出现了股东会或董事会等权力和决策机关陷入权利对峙而不能按照法定程序做出决策、股东通过对企业人事、财务方面的控制对企业的正常经营进行限制等情形，同样应导致本条的适用。因此，公司在被起诉解散时，是否仍能盈利不应是考虑本条适用与否的主要因素。至于该条中"继续存续会使股东利益受到重大损失"的表述，则针对的是对未来状态的一种预判，仍属于法官的自由裁量范畴，并非是对现实状态的描述，因此与该项结论并非矛盾。

在本案中，由于××公司是有限责任公司，更为强调人合性，股东之间的信任和协作无疑是公司存续和发展的基础，而现实中两名股东在公司的经营管理上已存在严重分歧，相互之间甚至为此发生过斗殴事件，显然已经无法保证公司正常的经营管理活动。《公司法》第一百八十二条对股东申请公司解散时应将谁列为被告未做明确规定，因此在实践操作中缺乏法律依据。而法院在审理中之所以将××公司与另一方股东龚某均列为被告，主要是因为公司僵局纠纷事实上并不是单一层面的问题，它既涉及了股东或董事之间的矛盾，又关系到公司实体的存亡。法院在审理公司僵局纠纷案件时，在重点审查公司实际的经营情况和管理情况之外，也应将敌对股东之间的矛盾激化程度与对立状态作为案件主要事实加以查明。因此，应将公司和相对方股东作为共同被告列出。如当事人未列出的，法院应当告知原告追加被告。如果公司的股东为两人以上，则原告股东只能将对立方股东列为被告，而不应将其他股东同样列为被告。至于其他股东在诉讼中的地位，应将其作为无独立请求权的第三人为宜。

案例2：

原告：孙某

被告：无锡××网络服务有限公司（以下简称××公司），张某

原告及其委托代理人诉称：2004年8月，孙某与张某共同出资成立××公司。公司成立后，孙某被选为公司监事，张某被选为执行董事。但2004年年底，公司未按章程召开股东会，未制作年度财务会计报告送达股东查阅，且张某擅自将公司管理职权委托他人实施，严重侵害了公司利益和其他股东权益。

请求判令：（1）查阅、复制公司财务账册、股东会决议、资产负债表、损益表、财务状况变动表、财务情况说明书、审验报告及相应原始凭证；（2）解散公司并进行清算；（3）诉讼费由被告承担。

被告人××公司、张某及其委托代理人均辩称：对孙某第一项诉请没有异议，但我方不同意解散公司，不应承担诉讼费。孙某已经退股，××公司支付了转让款，且××公司不是本案的适格被告。

问题：

1. 本案中原被告的请求与辩称是否合法？
2. 本案应当如何处理？

核心提示：

本案主要涉及公司僵局的认定与处理问题。

训练项目九：公司清算纠纷的认定与分析

【训练目的与要求】

1. 通过训练，深入理解公司清算制度的意义，掌握清算制度的基本内容；

2. 能够处理因清算而发生的问题与纠纷。

【实例训练】

案例 1：

某公司清算组在处理清算事务时，疏忽了公司一笔对外债权。后来公司根据清算组出具的清算报告，办理了注销登记。但在三年后，两名股东发现公司清算时遗漏了 200 万元的债权。两股东遂向原公司债务人提起诉讼，要求其向股东偿还 200 万元。被告认可 200 万元债权存在的事实，但认为原公司股东无权诉请被告支付该款项，且诉讼时效届满。

问题：

1. 本案涉及的主要法律问题是什么？
2. 本案应当如何处理？

核心提示：

公司在清算时，对外债务发生遗漏，清算组成员应当承担相应的责任。《公司法》第一百八十九条第一款规定："清算组成员应当忠于职守，依法履行清算义务。"其第三款规定："清算组成员因故意或者重大过失给公司或者债权人造成损失的，应当承担赔偿责任。"

案例 2：

A 公司在甲地领取营业执照，且明知欠 B 公司 100 万元债务，B 公司在乙地领取营业执照并营业。A 公司决议解散并开始清算后，选择在甲地媒体上刊登公司清算公告。B 公司未能获知 A 公司清算信息，未能在规定期限内主张其债权。事后，B 公司获知真相。

问题：

1. 本案涉及的法律问题有哪些？
2. B 公司应如何维权？

核心提示：

《公司法》第一百八十九条第三款规定："清算组成员因故意或者重大过失给公司或者债权人造成损失的，应当承担赔偿责任。"

学习单元五　竞争法律基础与案例分析

【学习目的与要求】

通过学习，学生掌握不正当竞争行为和垄断行为的构成要件，能够认定、分析并处理现实经济生活中的不正当竞争行为和垄断行为。

【学习重点与提示】

正确理解我国反不正当竞争法中关于不正当竞争的具体表现形式及治理措施；各种垄断的具体表现形式及治理措施。

基本理论

学习内容1　竞争与竞争法基本理论

一、竞争的含义与特征

竞争的种类很多，如政治竞争、经济性竞争、国际竞争、学术性竞争、制度竞争，等等。在不同语境下，其含义亦有区别。竞争法所谓的竞争意指市场经济活动主体为了自己的最大利益而以其他竞争者为对手的争取交易机会和市场的行为。竞争是竞争法永恒的、共同的保护对象，也是竞争法所追求的基本价值的集中体现。竞争有以下基本特征：

1. 竞争必须发生在两个或两个以上市场主体之间，如果在特定的市场里只有一个市场主体想参与竞争，则不称其为竞争。在特定的市场里虽然有两个或两个以上市场主体可以参与竞争，但由于其中一个主体实力过强，其他主体无法与之匹敌，则该市场主体即形成独占垄断。

2. 竞争必须发生在同行业市场主体的生产经营活动中。首先，在生产或经营同类商品的市场主体之间，或提供同类服务的市场主体之间发生竞争一般是不可避免的。其次，竞争必须是在市场主体生产经营活动中的争夺。

3. 竞争必须发生在同一个特定的商品市场或劳务市场上。竞争还有卖方竞争和买方竞争之分，前者是作为卖方主体的商品和劳务提供者之间的竞争，后者则是作为买方主体的商品和劳务的接受者之间的竞争。

4. 竞争的目的是为了获得有利的市场条件和尽量多的经济利益。

5. 竞争的结果会导致优胜劣汰，这是竞争规律的作用模式，也是竞争规律的根本价值所在。

市场经济制度是一种竞争经济制度，没有竞争就没有市场经济。竞争在市场经济中的重要作用主要表现在三个方面：一是优化配置资源；二是推动经济和技术的发展；三是保护消费者。

二、竞争法概述

(一) 竞争法的概念与特征

竞争法是指为维护正常的竞争秩序而对市场主体的竞争行为进行规制的法律规范的总称。或者按照传统的以调整对象作为法律部门划分标准的方式来定义，竞争法是调整市场活动中经营者之间的竞争关系以及管理者与经营者之间的竞争管理关系的法律规范的总称。竞争法是调整市场竞争关系和市场竞争管理关系的法律规范的总称。与其他法律相比较，竞争法具有以下特点：

1. 适用对象的多样性。竞争是一种市场行为，是经营者之间所发生的以实现利益最大化为目的而进行的行为，竞争关系是作为平等的市场主体的经营者之间基于竞争而形成的权利义务关系，因此，竞争法的适用对象主要是经营者。但同时，竞争法也适用于部分管理机关，因为经营者之间的竞争行为，是一种自发的行为，需要通过"有形的手"来加以制约，以避免无序的竞争所带来的社会资源的浪费。规定竞争管理机关的权利义务，是竞争法的一项重要内容。

2. 调整方法的复杂性。调整方法是特殊法律部门特殊原则的集中体现。民事法律关系中，民事主体的法律地位是平等的，不允许任何一方享有凌驾于他方之上的特权，因此，民法的调整方法只能是自愿和平等；行政法是规制行政管理活动的法律规范，其调整方法是当事人的命令与服从。竞争法调整的对象包括了竞争关系和竞争管理关系两个方面，而这两种关系中，前者属于平等主体之间的关系，后者属于不平等主体之间的关系，如果用简单的一种方法来调整这两种完全不同的关系，显然是不可能的。竞争法既要用自愿平等的方法调整横向的关系，又要用命令和服从的方法调整纵向的竞争管理关系，竞争性调整是被动性适应和主动性竞争的混合。

3. 法律内容的交叉性。竞争法有其特定的调整对象，它决定了竞争法的内容有它自身的特点和相对的独立性。然而，竞争关系作为一种经济关系，其涉及面相当广泛，与其他经济关系有着十分密切的联系，这就导致了竞争法在内容上相对独立的同时，又形成了与其他法律的相互交叉和相互渗透。例如，不正当竞争行为典型表现形式之一的假冒他人注册商标行为，既为竞争法所禁止，又为商标法所禁止。又如，竞争法所禁止的虚假广告宣传，同时也是广告法的重要内容。从世界各国的竞争立法的内容看，一般都会体现与民法、商标法、专利法、广告法、价格法、产品质量法、公司法等相关法律的交叉性。

4. 法律责任的综合性。建立有效的竞争机制，为竞争主体创造一个公平竞争的环境，是竞争得以发挥其积极作用的前提条件，而通过制定相应的法律，追究违法竞争行为人的法律责任，是保护合法的竞争行为，维护正常的竞争秩序的有效保证。因此，法律责任是竞争法的最重要的组成部分。违反竞争法应承担的法律责任是一种综合性的责任，包括民事责任、行政责任和刑事责任。民事责任是行为人对因其违法竞争行为给特定的竞争对手造成损失时，对特定竞争对手所承担的责任。由于责任双方当事人的法律地位平等，这种责任所体现的主要是补偿性。行政责任是国家竞争管理机关对违法竞争法的行为人依法采取的制裁措施，是行为人对国家所承担的责任，责任的特点主要表现为惩罚性。刑事责任是国家审判机关对给予严重违反竞争法律制度构成犯罪的行为人的刑事制裁措施，是行为人所应承担的一种最为严厉的法律责任。

（二）竞争法的立法模式

综观世界各国和地区的竞争立法，其模式主要分为三类：

1. 合并式

所谓合并式，即制定一部统一竞争法典，将反垄断和反不正当竞争合并立法。选择此种模式的国家和地区有俄罗斯、澳大利亚、匈牙利及我国台湾地区等。如1991年我国台湾地区制定了一部涵盖反垄断与限制竞争法和反不正当竞争法两个方面内容的统一竞争法典，即所谓"公平交易法"，该法的规制对象为企业的垄断与不正当竞争行为。

2. 分立式

所谓分立式，就是将反垄断与反不正当竞争分别立法，其中规制垄断的法律为反垄断法，而规制不正当竞争的法律则为反不正当竞争法。选择此种模式的国家有德国、日本、法国等。

3. 综合式

所谓综合式，即对垄断和不正当竞争在法律上不作明确划分，制定以"竞争"或"交易"等直接命名的法律，但法律的实质内容却是调整竞争关系和竞争管理关系。选择此种模式的国家主要是英美法系国家。

我国于1993年9月2日由第八届全国人民代表大会常务委员会第三次会议通过的《反不正当竞争法》，其主要内容针对不正当竞争行为。2007年8月30日，第十届全国人民代表大会常务委员会第二十九次会议通过了《中华人民共和国反垄断法》，于2008年8月1日起实施。显然，我国在竞争立法上采取的是分立模式。

三、竞争法的体系

（一）竞争规制实体法

1. 反垄断实体法是指通过规范垄断和限制竞争行为来调整企业和企业联合组织间竞争关系的实体法律规范的总和。

2. 反不正当竞争法实体法是指通过控制不正当竞争行为来调整竞争关系的各种实体法律规范的总称。

3. 竞争管理实体法是指规定国家管理机关与市场主体在竞争管理中的权利、义务及法律责任的实体法规范的总称。

（二）竞争规制程序法

竞争规制程序法，是指为保障实现竞争实体法所规定的权利、义务关系而制定的各种程序性规范的总和，包括反垄断程序法、反不正当竞争程序法和竞争管理程序法三个方面的内容。

四、竞争法的作用

竞争法主要以义务性规范和禁止性规范的形式来规定竞争主体的各种相关义务。作为调整竞争关系的基本法律规范，竞争法的内容几乎涉及所有的经济领域和经济活动，它从根本上维护了整个国家的市场结构和市场秩序，使竞争机制的作用能得以正常发挥，并由此带来国家经济的繁荣和发展。正是如此，现代竞争法被一些国家的法学家们称作国家的"经济宪法"或国家经济的"基石"。竞争法在市场经济中所发挥的作用是多方面的，主要可以归纳为以下几点：

第一，维持合理的市场结构，创造公平合理的竞争环境。市场结构是否合理，是决定竞争制度是否有效的一个重要因素。我国目前的市场结构形式的特点是以垄断性竞争市场为主、垄断市场和自由竞争并存。垄断性市场是指没有竞争或竞争程度很弱的市场。垄断性竞争市场是既包括垄断因素，又包括竞争因素的市场。这类市场的特点是并非所有的市场主体都可以进入，而必须达到一定的规模经济水平，产品也存在着较大的差别，即客观上存在进入市场的壁垒；但是，市场主体之间并不排斥竞争，相反，由于市场主体数量和规模的原因，相互之间的竞争强度更大，层次更高。自由竞争市场是指不存在进入市场限制、任何市场主体皆可参与竞争的市场。这类市场的最大特点是参与竞争的市场主体数量多，竞争激烈。竞争法的任务就是要根据国家的产业政策和国民经济的发展需要，规定反垄断的例外适用，维持一些与国计民生和国家安全密切相关的行业的垄断状态；对其他部门和行业，则要规定企业兼并和控制的标准，严格控制企业间的协调市场行为和其他限制竞争的策略，防止经济权力的过度集中。正是基于此，竞争法的制订和实施，有助于保持整个市场结构的合理性，为所有的市场主体创造一个公平合理的竞争环境。

第二，保护和鼓励正当竞争，维护正常的竞争秩序。竞争制度的建立和完善，竞争作用的有效发挥，必须有相应的法律制度作为保障。一个没有法律保障、没有秩序规则进行规范的竞争，只能是混乱的、低效的甚至是破坏性。竞争法正是这样一种法律规范：通过规定市场主体在市场竞争时应当遵守的基本原则，为市场主体提供对自己行为性质的价值进行判断的标准并为其参与有效竞争指明方向；通过对不正当竞争行为的禁止性规定，约束市场主体的竞争行为，避免市场竞争中可能出现的无序和混乱；通过对垄断行为的禁止性规定，防止消除竞争现象的出现，保持经济结构的均衡和市场竞争的活力；通过追究垄断和不正当的法律责任，制裁违法行为人，保护其他经营者的合法利益和正当竞争，维护社会正常的竞争秩序和经济秩序。

第三，规范政府行为，为政府对市场竞争管理提供依据。在市场经济条件下，国家集行政权力和国有财产所有权于一身，政府既以公权者的身份来管理经济活动，又以国有财产所有者的身份参与经济活动，造成政企不分的问题。而在市场经济条件下，政府只能是公权力的代表，行使行政管理的权力，而不能以市场主体的身份直接参与竞争。政府对市场竞争的管理，必须以不妨碍市场竞争机制的正常发挥为前提，以弥补市场竞争的失败为目的。因此，政府在对市场竞争行使管理职能的时候，只能由竞争法规定的职能机构按照职权和程序来进行，注意在弥补"市场失败"的同时，避免管理行为的主观性和随意性，防止因过度干预而酿成"政府失败"。

第四，协调经营者与消费者的关系，维护消费者的合法权益。市场竞争从一定意义上来说是经营者在一定范围内为争夺更多的消费者而进行的较量。因此，市场竞争与消费者的利益密切相关。市场竞争者的行为，无论是不正当竞争还是垄断，都会直接或间接地损害到消费者的合法权益，而这些行为正是竞争法所禁止的行为，因此，竞争法在协调经营者与消费者之间的相互关系，维护消费者合法权益方面，同样发挥着重要的作用。

学习内容 2　反不正当竞争法

一、反不正当竞争法概述

（一）反不正当竞争法的概念

反不正当竞争法有狭义和广义之分。狭义的反不正当竞争法，是指《中华人民共和国反不正当竞争法》（以下简称《反不正当竞争法》）。广义的反不正当竞争法则是指调整在维护公平竞争、制止不正当竞争过程中发生的社会关系的法律规范的总称，除了狭义上的《反不正当竞争法》之外，还包括《中华人民共和国商标法》《中华人民共和国广告法》《中华人民共和国价格法》等单行法，以及一系列行政法规与部门规章中涉及反不正当竞争的内容。

根据《反不正当竞争法》第一条的规定，该法的立法宗旨是保障社会主义市场经济健康发展，鼓励和保护公平竞争，制止不正当竞争行为，保护经营者和消费者的合法权益。

（二）反不正当竞争法的基本原则

1. 自愿原则

自愿原则是指经营者在法律允许的范围内，根据自己内心的真实意愿，自主地从事市场交易活动，可以自主地决定设立、变更和终止特定的法律关系，自主地安排有关权利、义务，充分地实现自己的利益。包括经营者可以自主决定是否参与某具体的市场交易活动，可以自主选择交易对象、交易内容和交易方式。

2. 平等原则

平等原则是指任何参与市场竞争的经营者在交易活动中的法律地位都是平等的,在平等的基础上表达各自真实的交易意愿,设定彼此之间的权利和义务。

3. 公平原则

公平原则是指经营者在交易活动中应受到公正合理的待遇,不能一方只享有权利而不承担义务,另一方只承担义务而不享有权利;所有经营者遵循同样的游戏规则,在交易手段、交易环境和交易机会的获得方面一律平等。

4. 诚实信用原则

诚实信用原则既指经营者应切实履行合同,不得规避法律和合同,恪守诺言,讲究信用,又指经营者要善意行事,不从事欺诈与胁迫行为,不利用不正当的手段牟取非法利益,不侵害其他经营者和消费者的合法权益。

5. 遵守公认的商业道德原则

遵守公认的商业道德原则是指经营者在竞争中要遵循在市场交易中长期形成的,为社会或相关行业普遍承认和遵守的商业规范。

上述自愿、平等、公平、诚实信用等原则实际上都是最主要的、公认的、法制化的商业道德。但有限的法律条文不可能囊括所有商业道德的全部内容,因此,确立遵守公认的商业道德这一原则,对于发挥市场自身的调节功能,弥补制定法的不足,具有重要意义。

二、不正当竞争行为的概念和特征

"不正当竞争"一词,一般认为出自 1883 年的《保护工业产权巴黎公约》。该公约规定,凡在工商活动中违反诚实经营的竞争行为即构成不正当的竞争行为。在学理上,不正当竞争行为是针对市场竞争中的正当竞争行为而言的,它泛指经营者为了争夺市场竞争优势,违反公认的商业习俗和道德,采用欺诈、混淆等经营手段排挤或破坏竞争,扰乱市场经济秩序,并损害其他经营者和消费者利益的竞争行为。不正当竞争行为有如下特征:

1. 主体的特定性。不正当竞争行为的主体是经营者。所谓经营者是指从事商品经营或营利性服务的法人、其他经济组织和个人。非经营者不是竞争行为的主体,所以也不能成为不正当竞争行为的主体。但是在有些情况下,非经营者的某些行为也会妨害经营者的正当经营活动,侵害经营者的合法权益,这种行为也是反不正当竞争法的规制对象。比如,政府及其所属部门滥用行政权力妨害经营者的正当竞争行为就是这种类型。

2. 行为的违法性。不正当竞争行为是违法行为。不正当竞争行为的违法性，主要表现在违反了《反不正当竞争法》的规定，既包括违反了第二章关于禁止各种不正当竞争行为的具体规定，也包括违反了该法第二条的原则规定。经营者的某些行为虽然从表面上看难以确认为该法明确规定的不正当竞争行为，但是只要违反了自愿、平等、公平、诚实信用原则或违反了公认的商业道德，损害了其他经营者的合法权益，扰乱了社会经济秩序，也应认定为不正当竞争行为。

3. 不正当竞争行为的社会危害性。不正当竞争行为侵害的客体是其他经营者的合法权益和正常的社会经济秩序。不正当竞争行为的破坏性主要体现在以下方面：危害公平竞争的市场秩序；阻碍技术进步和社会生产力的发展；损害其他经营者的正常经营和合法权益，使守法经营者蒙受物质上和精神上的双重损害。有些不正当竞争行为，如虚假广告和欺骗性有奖销售还可能损害广大消费者的合法权益；另外，不正当竞争行为还有可能给我国的对外开放政策带来消极影响，严重损害国家利益。

三、不正当竞争行为的具体类型

《反不正当竞争法》采取列举方式，规定的不正当竞争行为有假冒或仿冒行为、商业贿赂行为、引人误解的虚假宣传行为、侵犯商业秘密的行为、倾销行为、搭售和附加不合理条件的行为、不正当有奖销售行为、商业诽谤行为、串通投标行为、公用企业及其他依法具有独占地位的经营者所实施的限制竞争行为、滥用行政权力限制竞争行为十一类行为。其中搭售和附加不合理条件的行为、公用企业及其他依法具有独占地位的经营者所实施的限制竞争行为和滥用行政权力限制竞争行为三种行为属于限制竞争的垄断行为，将会在反垄断部分具体阐述。故真正的不正当竞争行为共有如下八类。

（一）假冒或仿冒行为

1. 假冒或仿冒行为的概念及特征

假冒或仿冒行为，又称商业混同行为，是指经营者使用与他人商业标识相同或近似的商业标识，致使与他人的商品、服务或者营业活动产生混淆，减损他人商业标识的市场价值的行为。其特征如下：

（1）该行为的客体是商业标识，包括商品标识和营业标识；

（2）该行为具体表现为使用与他人商业标识相同或者近似的商业标识；

(3) 该行为产生市场混淆或者淡化他人商业标识的后果。

2. 假冒或仿冒行为的种类

(1) 假冒他人注册商标。

(2) 冒用或仿冒知名商品特有的或近似的名称、包装、装潢。所谓冒用，是指未经许可而使用。

(3) 擅自使用他人的企业名称或姓名。

构成擅自使用他人姓名或姓名的行为的基本要件包括如下内容：

第一，故意并未经名称或姓名专有权人的许可，擅自使用；

第二，被仿冒的企业名称或姓名一般都具有良好的信誉、声誉；

第三，此类仿冒行为的目的是引人误认、误购。

(4) 伪造或者冒用质量标志、产地，对商品质量作引人误解的虚假表示。

(二) 商业贿赂行为

1. 商业贿赂的概念

商业贿赂是指经营者以排斥竞争对手为目的，为争取交易机会，通过秘密给付财物或者其他好处的不正当手段收买客户的负责人、雇员、合伙人、代理人和政府有关部门工作人员的行为。

2. 商业贿赂的特征

(1) 商业贿赂的主体是从事市场交易的经营者，既可以是卖方，又可以是买方。

(2) 商业贿赂是经营者主观上出于故意的行为，其目的是为了排挤竞争对手。

(3) 商业贿赂在客观方面表现为违反国家有关财务、会计及廉政等方面的法律、法规的规定，秘密给付财物或其他好处，具有很大的隐蔽性。

(4) 商业贿赂的形式除了金钱回扣之外，还有提供免费度假、旅游、高档宴席、赠送昂贵物品、房屋装修以及解决子女、亲属入学、就业等多种方式。

(5) 商业贿赂在后果上侵犯了同业竞争者的公平竞争权，扰乱了社会经济秩序。

3. 商业贿赂与回扣、折扣、佣金的比较

回扣，是指在商业购销中，卖方在明确标价应支付价款外，账外暗中向买方退还钱财及其他报偿以争取交易机会和交易条件的行为。回扣行为发生在交易双方之间，支付回扣的目的在于不正当地获得本不应该获得的交易机会和交易条件。

折扣即价格折扣,亦称让利,是指在商品购销活动中,经营者在所成交的交易上给对方以一定比例的减让而返还给对方的一种交易上的优惠。折扣和非法回扣的显著区别在于,折扣要以明示的方式给付对方,折扣的给付方和收受方都要如实入账。

佣金,是指在市场交易活动中,具有独立地位的中间人因为为他人提供服务、介绍、撮合交易或代买、代卖商品而得到的报酬。

(三) 引人误解的虚假宣传行为

1. 引人误解的虚假宣传行为的概念

引人误解的虚假宣传行为是指经营者利用广告或者其他方法,对商品的质量、制作成分、性能、用途、生产者、有效期限、产地等作出引人误解的虚假宣传,足以产生不良市场效果的行为。

2. 虚假宣传的表现形式

(1) 与实际情况不符的虚假宣传。

(2) 引人误解的宣传,即通过宣传上的渲染手段导致用户或者消费者对商品的真实情况产生错误联想,从而影响其对商品的选择。

虚假宣传行为的主体是经营者,包括广告商、广告经营者和以广告之外的其他方式进行欺骗宣传的其他经营者。

我国《反不正当竞争法》第九条规定,经营者不得利用广告或者其他方法,对商品的质量、制作成分、性能、用途、生产者、有效期限、产地等作引人误解的虚假宣传。广告的经营者不得在明知或者应知的情况下,代理、设计、制作、发布虚假广告。

(四) 侵犯商业秘密的行为

1. 商业秘密的含义

所谓商业秘密是指不为公众所知悉、能为权利人带来经济利益、具有实用性并经权利人采取了保密措施的技术信息和经营信息。

2. 商业秘密的特征

(1) 秘密性是指作为商业秘密的信息是不为一般公众所知悉的,或者说"作为一个整体或者就其各部分的精确排列和组合而言,该信息尚不为通常处理所涉信息范围内的人所普遍知道或不易被人获得。"

(2) 价值性是指作为商业秘密的信息能够为权利人带来经济利益。

(3) 实用性是指作为商业秘密的信息能够在商业活动中得以应用。

(4) 保密性是指信息所有人必须对其拥有的秘密信息采取合理的步骤以保持其秘密性质。一条信息即使是秘密的，但是如果其拥有人没有采取合理的步骤保持其秘密性质，它也不是商业秘密。

3. 侵犯商业秘密行为的具体情形

(1) 以盗窃、利诱、胁迫或者其他不正当手段获取权利人的商业秘密；

(2) 披露、使用或者允许他人使用以前述手段获取的权利人的商业秘密；

(3) 与权利人有业务关系的单位和个人违反合同约定或者违反权利人保守商业秘密的要求，披露、使用或者允许他人使用其所掌握的权利人的商业秘密；

(4) 权利人的职工违反合同约定或者违反权利人保守商业秘密的要求，披露、使用或者允许他人使用其所掌握的权利人的商业秘密；

(5) 第三人明知上述所列违法行为，获取、使用或者披露他人的商业秘密，视为侵犯商业秘密。

(五) 倾销行为

1. 倾销行为的含义

倾销，也称降价排挤行为、掠夺性的价格歧视，是指经营者在一定范围的市场内，以排挤竞争对手为目的，阶段性地以低于成本的价格销售商品或提供服务的行为。

2. 例外规定

(1) 销售鲜活商品；

(2) 处理有效期限即将到期或者其他积压的商品；

(3) 季节性降价；

(4) 因清偿债务、转产、歇业降价销售商品。

(六) 不正当有奖销售行为

有奖销售，一般是指经营者以提供物品、金钱或者其他条件作为奖励手段，推销商品或者服务的行为。不正当有奖销售行为的情形包括以下几种：

(1) 采用谎称有奖或者故意让内定人员中奖等欺骗方式进行有奖销售；

(2) 利用有奖销售的手段推销质次价高的商品；

(3) 抽奖式的有奖销售，最高奖的金额超过5000元。

(七) 商业诽谤行为

1. 商业诽谤行为的概念

商业诽谤行为，也称诋毁商誉行为，是指经营者自己或利用他人，通过捏造、散布虚伪事实等手段，对竞争对手的商业信誉进行恶意的诋毁，以削弱其市场竞争能力，并为自己谋取不正当利益的行为。

2. 商业诽谤行为的表现形式

商业诽谤行为表现为捏造、散布虚伪事实。捏造、散布虚伪事实的常用手段包括刊登对比性广告或声明性公告等，贬低竞争对手声誉；唆使或者收买某些人，以客户或者消费者的名义进行投诉，败坏竞争对手声誉；通过商业会议或者商业信息的方式，对竞争对手的商品质量进行诋毁等。

(八) 串通投标行为

所谓串通投标行为是指投标者之间或投标者和招标者之间，采用协议、互通情报、相互勾结等手段，排挤竞争对手的公平竞争，损害招标公正性的行为。

串通投标行为表现为两种形式：

1. 投标人之间串通投标。
2. 投标人与招标人之间串通投标。

四、对不正当竞争行为的监督检查

(一) 监督检查机关

主要行政执法机关是县级以上人民政府工商行政管理部门，其他部门可以依照其他法律、法规的规定，对属于不正当竞争性质的违法行为进行监督检查。

(二) 监督检查机关的职权

监督检查机关在监督检查不正当竞争行为时，可以行使以下职权：

1. 询问权，即按照规定程序询问被检查的经营者、利害关系人、证明人，并要求提供证明材料或者与不正当竞争行为有关的其他资料。

2. 查询复制权，即查询、复制与不正当竞争行为有关的协议、账册、单据、文件、记录、业务函电和其他资料。

3. 检查权，即检查与《反不正当竞争法》关于经营者不得采取假冒或仿冒的不正当竞争行为有关的财物，必要时可以责令被检查的经营者说明该商品的来源和数量，暂停销售，听候检查，不得转移、隐匿、销毁该财物。

4. 处罚权，即依照法律规定和法定程序对实施不正当竞争行为的经营者给予责令停止违法行为、处以罚款等相应的行政处罚。

五、不正当竞争行为的法律责任

《反不正当竞争法》对不正当竞争行为规定了三种法律责任形式，即民事责任、行政责任和刑事责任。此处主要介绍民事责任和行政责任。

（一）不正当竞争行为的民事责任

我国《反不正当竞争法》第十七条规定："经营者违反本法规定，给他人造成损害的，应当依法承担民事责任。经营者的合法权益受到不正当竞争行为损害的，可以向人民法院提起诉讼。因不正当竞争行为受到损害的经营者的赔偿数额，按照其因被侵权所受到的实际损失确定；实际损失难以计算的，按照侵权人因侵权所获得的利益确定。经营者恶意实施侵犯商业秘密行为，情节严重的，可以在按照上述方法确定数额的一倍以上五倍以下确定赔偿数额。赔偿数额还应当包括经营者为制止侵权行为所支付的合理开支。经营者违反本法第六条、第九条规定，权利人因被侵权所受到的实际损失、侵权人因侵权所获得的利益难以确定的，由人民法院根据侵权行为的情节判决给予权利人五百万元以下的赔偿。"

（二）不正当竞争行为的行政责任

1. 公用企业或者其他依法具有独占地位的经营者，限定他人购买其指定的经营者的商品，以排挤其他经营者的公平竞争的，省级或者设区的市的监督检查部门应当责令停止违法行为，可以根据情节处以五万元以上二十万元以下的罚款。被指定的经营者借此销售质次价高商品或者滥收费用的，监督检查部门应当没收违法所得，可以根据情节处以违法所得一倍以上三倍以下的罚款。

2. 经营者利用广告或者其他方法，对商品作引人误解的虚假宣传的，监督检查部门应当责令停止违法行为，消除影响，可以根据情节处以一万元以上二十万元以下的罚款。

广告的经营者，在明知或者应知的情况下，代理、设计、制作、发布虚假广告的，监督检查部门应当责令停止违法行为，没收违法所得，并依法处以罚款。

3. 经营者侵犯商业秘密的，监督检查部门应当责令停止违法行为，可以根据情节处以一万元以上二十万元以下的罚款。

4. 经营者进行不正当有奖销售的，监督检查部门应当责令停止违法行为，可以根据情节处以一万元以上十万元以下的罚款。

5. 投标者串通投标，抬高标价或者压低标价；投标者和招标者相互勾结，以排挤竞争对手的公平竞争的，其中标无效。监督检查部门可以根据情节处以一万元以上二十万元以下的罚款。

6. 经营者有违反被责令暂停销售，不得转移、隐匿、销毁与不正当竞争行为有关的财物的行为的，监督检查部门可以根据情节处以被销售、转移、隐匿、销毁财物的价款的一倍以上三倍以下的罚款。

学习内容 3 广告法

一、广告法概述

我国广告业是改革开放以后恢复和发展起来的新兴产业。在快速发展中，我国广告业存在着比较突出的问题。一是社会对虚假广告的危害普遍认识不足。有的企业，包括有的大中型企业，为了追求经济效益，广告中采用虚假、欺骗的手法误导消费者；有的贬低竞争对手，进行不正当竞争；有的广告内容有悖社会善良习俗，损害社会公德，等等。二是广告活动不够规范。广告主、广告经营者、广告发布者各自的法律责任不明确，缺乏相应的制约机制。1994 年 10 月 27 日第八届全国人民代表大会第十次会议通过了《中华人民共和国广告法》（以下简称《广告法》），并于 1995 年 2 月 1 日起施行。该法的颁布和实施是我国市场经济法制建设的一件大事，是构建市场经济法律体系的有机组成部分，也是我国第一部全面、系统规范广告活动的法律。规范广告活动，既有助于充分发挥广告在社会经济生活中的积极作用，又能防止虚假广告、违法广告的危害性。

广告法是调整广告活动过程中所发生的各种社会关系的法律规范的总称。广告法作为一个独立的法律部门，有其特定的调整范围和调整对象，即广告活动过程中发生的各种社会关系。就广告形式而言，仅调整商业广告，公益广告、政府广告及分类广告等其他类型的广告应当由《中华人民共和国民法通则》《中华人民共和国合同法》等法律来调整。

所谓广告是指商品经营者或者服务提供者承担费用，通过一定媒介和形式直接或者间接地介绍自己所推销的商品或者所提供的服务的商业广告。

广告主是指为推销商品或者提供服务，自行或者委托他人设计、制作、发布广告的法人、其他经济组织或者个人。

广告经营者是指受委托提供广告设计、制作、代理服务的法人、其他经济组织或者个人。

广告发布者是指为广告主或者广告主委托的广告经营者发布广告的法人或者其他经济组织。

二、广告活动原则

（一）广告设计和创作时，必须遵守的原则为保证广告的真实性、思想性和艺术性三原则。

（二）广告主、广告经营者、广告发布者从事广告活动，应当遵守法律、行政法规，遵循公平、诚实信用的原则。

广告内容应遵守的具体准则，可以概括为以下六个方面：

第一，广告内容应当有利于人民的身心健康。

广告内容不得有下列十种情形：使用中华人民共和国国旗、国徽、国歌；使用国家机关和国家机关工作人员的名义；使用国家级、最高级、最佳等用语；妨碍社会安定和危害人身、财产安全，损害社会公共利益；妨碍社会公共秩序和违背社会良好风尚；含有淫秽、迷信、恐怖、暴力、丑恶的内容；含有民族、种族、宗教、性别歧视的内容；妨碍环境和自然资源保护；广告不得损害未成年人和残疾人的身心健康。法律、行政法规规定禁止的其他情形。

第二，广告中涉及商品性能、质量、价格和有效期限的规定。

1. 广告中对商品的性能、产地、用途、质量、价格、生产者、有效期限、允诺或者对服务的内容、形式、质量、价格、允诺有表示的，应当清楚、明白。

2. 广告中表明推销商品、提供服务附带赠送礼品的，应当标明赠送的品种和数量。

3. 广告使用数据、统计资料、调查结果、文摘、引用语，应当真实、准确，并表明出处。

第三，广告中涉及专利的规定。

1. 广告中涉及专利产品或者专利方法的，应当标明专利号和专利种类。

2. 未取得专利权的，不得在广告中谎称取得专利权。

3. 禁止使用未授予专利权的专利申请和已经终止、撤销、无效的专利做广告。

第四，广告不得贬低其他生产经营者的商品或者服务。

第五，广告应当具有可识别性，能够使消费者辨明其为广告。

大众传播媒介不得以新闻报道形式发布广告。通过大众传播媒介发布的广告应当有广告标记，与其他非广告信息相区别，不得使消费者产生误解。有些广告以公益广告的形式行商业广告之实。例如：某著名影星向希望小学捐赠商品的广告就属于这类形式。

第六，对于特殊商品的特别规定。

其一，广告中涉及药品、医疗器械的规定：

1. 药品广告的内容必须以国务院卫生行政部门或者省、自治区、直辖市卫生行政部门批准的说明书为准。

2. 国家规定的应当在医生指导下使用的治疗性药品广告中，必须注明"按医生处方购买和使用"。

3. 药品、医疗器械广告不得有下列内容：

（1）含有不科学的表示功效的断言或者保证的；

（2）说明治愈率或者有效率的；

（3）与其他药品、医疗器械的功效和安全性比较的；

（4）利用医药科研单位、学术机构、医疗机构或者专家、医生、患者的名义和形象作证明的；

（5）法律、行政法规规定禁止的其他内容。

4. 麻醉药品、精神药品、毒性药品、放射性药品等特殊药品，不得做广告。

5. 农药广告不得有下列内容：

（1）使用无毒、无害等表明安全性的绝对化断言的；

（2）含有不科学的表示功效的断言或者保证的；

（3）含有违反农药安全使用规程的文字、语言或者画面的；

（4）法律、行政法规规定禁止的其他内容。

其二，关于烟酒广告的限制性规定：

1. 禁止利用广播、电影、电视、报纸、期刊发布烟草广告。

2. 禁止在各类等候室、影剧院、会议厅堂、体育比赛场馆等公共场所设置烟草广告。

3. 烟草广告中必须标明"吸烟有害健康"。

其三，食品、酒类、化妆品广告的规定：

食品、酒类、化妆品广告的内容必须符合卫生许可的事项，并不得使用医疗用语或者易与药品混淆的用语。

三、广告活动管理规定

（一）禁止广告活动中的不正当竞争

1. 广告主、广告经营者、广告发布者不得在广告活动中进行任何形式的不正当竞争。

2. 广告不得贬低其他生产经营者的商品或者服务。

3. 广告主、广告经营者、广告发布者之间在广告活动中应当依法订立书面合同，明确各方的权利和义务。

（二）法律禁止生产、销售的商品，不得发布广告

根据《广告法》的规定，麻醉药品、精神药品、毒性药品、放射性药品等特殊药品，不得做广告。

（三）针对广告主的管理规定

1. 广告主自行或者委托他人设计、制作、发布广告，所推销的商品或者所提供的服务应当符合广告主的经营范围。

2. 广告主委托设计、制作、发布广告，应当委托具有合法经营资格的广告经营者、广告发布者。

3. 广告主自行或者委托他人设计、制作、发布广告，应当具有或者提供真实、合法、有效的下列证明文件：

（1）营业执照以及其他生产、经营资格的证明文件；

（2）质量检验机构对广告中有关商品质量内容出具的证明文件；

（3）确认广告内容真实性的其他证明文件；

（4）发布广告需要经有关行政主管部门审查的，还应当提供有关批准文件。

（四）对广告经营者、广告发布者的法律规定

1. 必须依法取得合法经营资格。

2. 依法对广告内容进行查验核实。
3. 建立广告档案制度、公开广告收费标准。

(五) 针对广告经营者的管理规定

广告主或者广告经营者在广告中使用他人名义、形象的,应当事先取得他人的书面同意;使用无民事行为能力人、限制民事行为能力人的名义、形象的,应当事先取得其监护人的书面同意。

(六) 关于户外广告的规定

1. 户外广告的设置规划和管理办法,由当地县级以上地方人民政府组织广告监督管理、城市建设、环境保护、公安等有关部门制定。
2. 有下列情形之一的,不得设置户外广告:
(1) 利用交通安全设施、交通标志的;
(2) 影响市政公共设施、交通安全设施、交通标志使用的;
(3) 妨碍生产或者人民生活,损害市容市貌的;
(4) 国家机关、文物保护单位和名胜风景点的建筑控制地带;
(5) 当地县级以上地方人民政府禁止设置户外广告的区域。

(七) 广告审查制度

1. 凡利用广播、电影、电视、报纸、期刊以及其他媒介发布药品、医疗器械、农药、兽药等商品的广告和法律、行政法规规定应当进行审查的其他广告,必须在发布前依照有关法律、行政法规由有关行政主管部门(以下简称广告审查机关)对广告内容进行审查;未经审查,不得发布。
2. 广告主申请广告审查,应当依照法律、行政法规向广告审查机关提交有关证明文件。广告审查机关应当依照法律、行政法规作出审查决定。
3. 任何单位和个人不得伪造、变造或者转让广告审查决定文件。

四、广告的认定

(一) 合法广告的认定

1. 证明文件是否真实、完备

证明文件包括以下内容:(1) 主体资格证明(经营范围):营业执照;医疗机构执业许可证(医疗美容)等。(2) 生产批文:药品、保健食品、特殊用途化妆品、医疗器械等。(3) 广告批文：药品、保健食品、医疗、医疗器械、开放式基金广告的宣传推介核准；烟草、特殊用途化妆品、房地产广告。(4) 有关内容的其他证明文件，如有关专利、商标的；有关获奖；广告中使用他人名义的；其他内容的证明文件。

2. 广告内容是否真实、合法

首先，虚假广告包括广告所宣传的产品、服务不存在；广告宣传的主要内容与事实不符。其次，不得使用绝对化用语（最高级、国家级、最佳、极品、第一品牌）；广告中有赠送内容的，应当标明赠送的品种和数量；禁止使用解放军、武警的名义发布广告；不得以新闻形式发布广告；不得贬低其他生产者、经营者的商品、服务。最后，广告中不得有其他法律法规禁止的内容。如广告中对商品的性能、产地、用途、质量、价格、生产者、有效期限、允诺或者对服务的内容、形式、质量、价格、允诺有表示的，应当表述清楚、明白。

（二）虚假广告的认定

在已经查处和未查处的违法广告中，虚假广告历来问题最多。虽然广告管理部门一直将监管重点放在打击虚假广告上，但是虚假广告仍对消费者利益构成最大威胁。

1993年6月21日国家工商行政管理局对湖南省工商行政管理局关于认定处理虚假广告问题的批复中对虚假广告的定义为，凡利用广告捏造事实，以并不存在的产品和服务进行欺诈宣传，或广告所宣传的产品和服务的主要内容与事实不符的，均应认定为虚假广告。

可见，虚假广告是指生产、经营者在广告活动中采用欺骗的手段使广告的内容虚伪不实，与所宣传商品或服务的真实情况不符或相悖，或者作出误导消费者的宣传行为。明确虚假广告的概念可以为认定虚假广告提供最基本的依据。

现实生活中常见的虚假广告行为的一般表现方式是生产、经营者为获取不正当利益，故意编造并不存在的事实来引诱社会公众上当受骗或故意使用引人误解的陈述误导消费者。其手段主要如下：滥用各种夸张性语言或绝对化语言进行广告宣传，使消费者对其提供的实际服务水平产生误解；滥用公众对名人、权威机构的信任，利用其形象和名义对其产品进行赞誉，而实质上为虚假广告作宣传；使用含糊不清的语言或形象进行广告宣传，使消费者产生模糊的判断；虚构产品或服务的获奖情况、商标权或专利权的授予情况、销售地区或数量等情况；假冒他人注册商标、专利、企业名称、批准文号等进行广告宣传;使用他人产品照片对自己的产品进行广告宣传等。

之所以会出现上述各种行为,与我国的法律法规对虚假广告的界定过于宽泛有很大关系。我国《广告法》关于虚假广告的规定较为原则、简略。该法第三条规定:广告应当真实、合法。第四条规定:广告不得含有虚假的内容。第十一条规定:广告使用数据、统计资料、调查结果、文摘、引用语等引证内容的,应当真实、准确,并表明出处。这里只讲到广告应该真实,至于何谓真实、怎么表达为真实、如何判断广告真实与否却只字未提。这个规定过于简单、主观,既没有明确的概念,又缺少具体的认定标准,对那些边缘性广告的判定实际操作难度大。相关立法如《反不正当竞争法》《中华人民共和国消费者权益保护法》以及诸多的广告管理法规、规章,如《广告管理条例》及其施行细则、《药品广告管理办法》《医疗器械广告管理办法》等有若干规定,总的来看,这些规定对虚假广告没有具体的定义,缺乏约束性条款。

比较来看,经济发达国家和地区的广告立法对于虚假广告概念的法律界定是值得我国借鉴的。如美国《联邦贸易委员会法》规定,"虚假广告"是指在主要方面是欺骗性的广告,不是标签。决定广告的欺骗性时,既要考虑广告说明、词、句及设计、声音或其组合本身,还要考虑其对相关事实的表述程度。再如欧洲理事会1984年9月10日关于协调成员国有关误导广告的法律与行政规定的指令(84/450/EEC)中使用"误导广告"的概念,"误导广告"是指任何形式的广告,包括其表述,欺诈或有可能欺诈其受众或收到广告的人;鉴于其欺诈性质,它容易影响这些人的经济行为或损害或可能损害竞争者。德国甚至将标准量化,导致10%～20%的消费者有误解的可能时,即认定为虚假广告。借鉴外国的经验,可以使我们在完善我国广告法律体系上少走弯路。

(三) 比较广告的认定

比较广告在商业活动中的运用也十分普遍,可以说已经成为了一种世界潮流。与这种发展潮流同步,近年来,比较广告在我国也开始大量地出现,诸如早期曾引起较大争议的"宁城老窖"与"茅台"的比较,后来的"农夫山泉"与"娃哈哈"的比较,"小霸王"学习机与"裕兴"学习机的比较,"巨能钙"与"传统钙"的比较,"巨人吃饭香"与"娃哈哈儿童营养液"的比较,"实木地板"与"强化地板"比较,等等。就目前比较广告在我国的发展现状来看,呈现出两方面的特点:一方面,比较广告的实际运用非常普遍,但存在的问题也比较多,如恶性竞争的发生,诉讼纠纷的引发等;另一方面,有关比较广告的法律问题的研究还十分欠缺，相应的法律制度的建设还非常薄弱，对比较广告的认识尚处于感性化的阶段。

同其他国家和地区相比，我国现行法律还没有就比较广告进行系统的、专门的立法，只有一些零散的规定分布于《广告法》和相关法律法规及部门规章中。从整体结构上来看，我国目前尚没有针对比较广告的专门的、系统的立法框架结构，有的只是一些具有明显应急性、对策性特点的零散规定，对于比较广告的概念、适用范围、合法性构成要件等基本法律问题没有明确的立法规定，致使人们对于比较广告没有一个统一的认识，在实际运用中缺乏规范性的指引。这一现状与比较广告在社会经济生活实践中的发展状况不相适应，使得立法明显滞后于社会实践，在需要法律对相关社会实践做出调整时显得十分乏力。

目前，我国尚未对比较广告进行明确的法律界定。针对比较广告的特征并参考其他国家的定义，比较广告是指含有比较性内容的广告，即广告主在发布的广告中通过与竞争者或竞争者的产品（包括服务，下同）进行比较，以突出自身优越性，其目的在于获取竞争优势和市场交易机会。作为商业广告的一种，比较广告具有一般商业广告的本质特征，即以盈利为目的，而且，作为比较广告的独有特征比较手法的采用，正是为了更有力地实现这一根本目的。

按不同的划分标准，比较广告可以划分为不同的种类，如以是否在广告中明确指出被比较的对象为标准划分为直接比较广告和间接比较广告；以对被比较对象所持的不同态度为标准划分为攀附性比较广告和批评性比较广告；等等。

五、法律责任

（一）民事法律责任

依据《广告法》第五十五条　违反本法规定，发布虚假广告的，由市场监督管理部门责令停止发布广告，责令广告主在相应范围内消除影响，处广告费用三倍以上五倍以下的罚款，广告费用无法计算或者明显偏低的，处二十万元以上一百万元以下的罚款；两年内有三次以上违法行为或者有其他严重情节的，处广告费用五倍以上十倍以下的罚款，广告费用无法计算或者明显偏低的，处一百万元以上二百万元以下的罚款，可以吊销营业执照，并由广告审查机关撤销广告审查批准文件、一年内不受理其广告审查申请。

医疗机构有前款规定违法行为，情节严重的，除由市场监督管理部门依照本法处罚外，卫生行政部门可以吊销诊疗科目或者吊销医疗机构执业许可证。

广告经营者、广告发布者明知或者应知广告虚假仍设计、制作、代理、发布的,由市场监督管理部门没收广告费用,并处广告费用三倍以上五倍以下的罚款,广告费用无法计算或者明显偏低的,处二十万元以上一百万元以下的罚款;两年内有三次以上违法行为或者有其他严重情节的,处广告费用五倍以上十倍以下的罚款,广告费用无法计算或者明显偏低的,处一百万元以上二百万元以下的罚款,并可以由有关部门暂停广告发布业务、吊销营业执照。

广告主、广告经营者、广告发布者有本条第一款、第三款规定行为,构成犯罪的,依法追究刑事责任。

第五十六条 违反本法规定,发布虚假广告,欺骗、误导消费者,使购买商品或者接受服务的消费者的合法权益受到损害的,由广告主依法承担民事责任。广告经营者、广告发布者不能提供广告主的真实名称、地址和有效联系方式的,消费者可以要求广告经营者、广告发布者先行赔偿。

关系消费者生命健康的商品或者服务的虚假广告,造成消费者损害的,其广告经营者、广告发布者、广告代言人应当与广告主承担连带责任。

前款规定以外的商品或者服务的虚假广告,造成消费者损害的,其广告经营者、广告发布者、广告代言人,明知或者应知广告虚假仍设计、制作、代理、发布或者作推荐、证明的,应当与广告主承担连带责任。

第六十八条 广告主、广告经营者、广告发布者违反本法规定,有下列侵权行为之一的,依法承担民事责任:在广告中损害未成年人或者残疾人的身心健康的;假冒他人专利的;贬低其他生产经营者的商品、服务的;在广告中未经同意使用他人名义或者形象的;其他侵犯他人合法民事权益的。

(二)刑事责任

《广告法》第五十五条和《刑法》第二百二十二条虚假广告罪是广告犯罪行为的追诉依据。广告主、广告经营者、广告发布者违反法律规定,利用广告对商品或者服务作虚假宣传,涉嫌下列情形之一的,应予追诉:违法所得数额在十万元以上的;给消费者造成的直接经济损失数额在五十万元以上的;虽未达到上述数额标准,但因利用广告作虚假宣传,受过行政处罚二次以上,又利用广告作虚假宣传的;造成人身伤残或者其他严重后果的。

(三)行政责任

行政责任主要包括停止发布广告;责令公开更正;通报批评;没收非法所得;罚款;停业整顿;吊销营业执照或者广告经营许可证。

学习内容 4　反垄断法

一、反垄断法概述

(一) 垄断概述

1. 垄断的含义与成因

垄断的原意是独占，即一个市场上只有一个经营者。在学理上，垄断一般是指经营者以独占或有组织的联合行动等方式，凭借经济优势或行政权力，操纵或支配市场，限制和排斥竞争的行为。

垄断的成因包括资源垄断、自然垄断、市场垄断、知识产权垄断、行政垄断。

2. 垄断的法律特征

(1) 垄断对竞争的排斥性；

(2) 垄断对社会的危害性；

(3) 垄断的违法性。

判断垄断的实质标准是社会公共利益，为法律所禁止的垄断主要有两类：一是垄断状态，或称垄断的市场结构，是指企业或企业联合达到一定的市场支配地位，如占市场份额的二分之一或三分之二，或者达到一定的销售金额。二是垄断行为，是指经营者之间的垄断协议行为和占市场支配地位的经营者排挤或支配其他经营者的行为。其他类型的垄断，如自然垄断、知识产权垄断等，反垄断法则通常采用豁免制度将它们排除在反垄断法的适用范围之外。

(二) 反垄断法的概念及其与反不正当竞争法的关系

1. 反垄断法的概念

广义上的反垄断法是国家通过预防和制止垄断行为，保护市场公平竞争，维护和促进社会公共利益，保护消费者权益的法律规范的总称。而狭义上的反垄断法则专指《中华人民共和国反垄断法》(以下简称《反垄断法》)。

2. 反垄断法与反不正当竞争法的关系

相同之处：二者的立法目的均是推动和保护竞争，反对企业以不公平和不合理的手段谋取利益，从而成为维护市场经济秩序的必要手段。

不同之处：反不正当竞争法是反对企业以假冒、虚假广告、窃取商业秘密等不正当手段攫取他人的竞争优势，其前提条件是市场上有竞争，其目的是维护公平的竞争秩序，保护合法经营者和消费者的利益。因此，反不正当竞争法也称为公平竞争法，它追求的是公平竞争。而反垄断法则是通过反对垄断和反对限制竞争，使市场保持一种竞争的态势，保证市场上有足够的竞争者，保证消费者有选择商品的权利。因为在垄断和限制竞争的情况下，企业失去了竞争自由，而反垄断法所追求的就是自由竞争，因此，反垄断法也称为自由竞争法，其目的是保障企业在市场上自由参与竞争的权利，提高企业的经济效益，扩大社会福利。

(三) 我国反垄断法的调整对象

1. 市场垄断行为

市场垄断行为就是《反垄断法》第三条规定的三种垄断行为：

(1) 经营者达成垄断协议。

(2) 经营者滥用市场支配地位。

(3) 具有或者可能具有排除、限制竞争效果的经营者集中行为。

2. 行政垄断行为

《反垄断法》第八条规定：行政机关和法律、法规授权的具有管理公共事务职能的组织不得滥用行政权力，排除、限制竞争。如果上述行政机关或组织实施该类行为，则适用《反垄断法》予以调整。

我国《反垄断法》规定，经营者依照有关知识产权的法律、行政法规规定行使知识产权的行为，不适用本法；但是，经营者滥用知识产权，排除、限制竞争的行为，适用本法。农业生产者及农村经济组织在农产品生产、加工、销售、运输、储存等经营活动中实施的联合或者协同行为，不适用本法。

(四) 我国反垄断法的执法体制

根据我国《反垄断法》的规定，我国反垄断法的执法体制包括反垄断委员会和反垄断执法机构两个层面。

1. 反垄断委员会

国务院设立反垄断委员会，负责组织、协调、指导反垄断工作。所以，反垄断委员会只是履行组织、协调、指导反垄断工作职能的议事协调机构，并不行使行政权力、作出行政决定。国务院反垄断委员会的组成和工作规则由国务院规定。

国务院反垄断委员会履行下列职责：第一，研究拟订有关竞争政策；第二，组织调查、评估市场总体竞争状况，发布评估报告；第三，制定、发布反垄断指南；第四，协调反垄断行政执法工作；第五，国务院规定的其他职责。

2. 反垄断执法机构

由于历史的原因，我国已经形成了事实上的分散的反垄断执法机构。有关执法机构已经在部分履行反垄断的执法职责。如价格垄断的执法监督权由国家发展改革委员会行使，公司兼并重组的审批权由商务部行使，地区封锁的认定、公用企业滥用市场支配地位等方面的反垄断工作以及部分反垄断的执法权由国家工商行政管理总局行使。

为了保证反垄断法颁布后能够顺利实施，《反垄断法》只是原则性规定反垄断执法机构依照本法规定，负责反垄断执法工作的职责，对具体承担反垄断执法的机构，则授权国务院另行规定。

我国反垄断法维持现有多部门、多机构分头执法的局面，但在国务院反垄断委员会统一协调组织之下，可以使多个反垄断执法机构有效合作、相互配合，有效地实施反垄断法。

(五)《反垄断法》中两个重要概念

1. 经营者

《反垄断法》所称经营者，是指从事商品生产、经营或者提供服务的自然人、法人和其他组织。

根据有关规定，其他组织是指合法成立、有一定的组织机构和财产，但又不具备法人资格的组织。但是，这里的"其他组织"，不同于《反不正当竞争法》上所称的"其他经济组织"，实践中，其他经济组织往往以是否领取营业执照为必要条件，没有营业执照的就不属于"经济组织"。而《反垄断法》中所说的"其他组织"，则不必局限于是否有营业执照。同时，反垄断法上所说的经营者，并不要求其是否以营利为目的。

2. 相关市场

市场是指从其特征、性能和价格等出发，相互可以替代的一组产品的生产或者销售的地理区域。这组产品的范围被称为产品市场，生产或者销售这组产品的地理区域被称为地域市场。

相关市场是经营者开展市场竞争的区域或范围。对该范围或区域的确定被称为市场界定。相关市场的界定是分析经营者的市场行为是否构成垄断的基础，在反垄断案件中常常具有决定性的意义。

我国《反垄断法》所指的相关市场是经营者在一定时期内就特定商品或者服务（以下统称商品）进行竞争的商品范围和地域范围。

具体而言，界定"相关市场"需要考虑它的商品因素、地域因素和时间因素。

(1) 商品范围是指相关市场中的商品因素。

(2) 地域范围是指相关市场中的地域因素。

(3) 时间因素表现为只有在足以对市场竞争状况造成影响的一定时期内持续存在的行为才可能构成垄断行为，而将经营者一些暂时的、不足以对市场竞争状况造成影响的行为排除在规制范围之外。

二、垄断协议

(一) 垄断协议的概念和特征

垄断协议，通常也称为卡特尔、卡特尔协议、限制竞争协议、联手行为、联合行为、横向限制竞争行为等，是指经营者之间达成的或者行业协会组织本行业经营者达成的以排除、限制竞争为目的的协议、决定或者其他协同行为。

垄断协议的核心是经营者之间自愿或者在行业协会组织下的共谋，协议可以是书面的，也可以是口头的，还包括限制竞争的其他协调性行为。禁止垄断协议成为世界各国反垄断法的核心内容之一。

(二) 垄断协议的特征

1. 垄断协议的制定主体是两个或者两个以上同行业的具有竞争关系的经营者。

2. 垄断协议制定者的主观方面是故意，目的是排除、限制竞争，而且往往经营者之间具有共同的故意。

3. 垄断协议的表现形式有协议、决定或者其他协同的行为方式。

(三) 垄断协议的种类

1. 根据垄断协议主体所处的商品生产流通环节的异同，可以将垄断协议分为横向的垄断协议和纵向的垄断协议。

2. 根据垄断协议的不同表现形式，可以将垄断协议分为垄断协议、垄断决定和其他协同的垄断行为三类。垄断协议是指同行业经营者之间达成的限制竞争的协议或者合同。垄断决定是指企业联合组织或者行业协会所作出的限制竞争的决定。其他协同的垄断行为是指同行业经营者之间在没有协议或者决定的情况下实施的协调一致的行为。

3. 根据垄断协议的不同内容，可以将垄断协议分为固定价格协议，限制数量协议，划分市场协议，限制购买或者开发新技术、新设备协议和联合抵制协议。

固定价格的协议中，又有维持（最高或最低）价格协议、共同涨价协议、共同降价协议、维持再销售价格协议等。

限制数量协议中，又有限制产量协议、限制销售量协议、限制库存协议、限制原材料或设备协议等。

划分市场协议中，又有划分产品市场协议、划分地区市场协议、划分顾客市场协议等种类。

限制购买或者开发新技术、新设备协议是指经营者之间在技术转让和设备买卖过程中，转让方通过合同条款限制另一方在合同标的技术的基础上进行新的研究开发或者购买新设备的行为。

联合抵制协议是两个或两个以上经营者达成协议，共同拒绝购买或者销售交易相对人的商品（包括服务）的行为。依据《工商行政管理机关禁止垄断协议行为的规定》第七条的规定，联合抵制协议包括三种情况，一是联合拒绝向特定经营者供货或者销售商品；二是联合拒绝采购或者销售特定经营者的商品；三是联合限定特定经营者不得与其具有竞争关系的经营者进行交易。

4. 根据协议是否有利于国民经济发展或符合社会公共利益，以及是否得到政府的许可，可以把垄断协议分为禁止的垄断协议和例外许可的垄断协议。

5. 根据垄断协议对竞争的影响程度，可以把垄断协议分为适用本身违法原则的垄断协议和适用合理原则的垄断协议。

适用本身违法原则的垄断协议中，不管协议的具体情况如何，经营者之间只要达成垄断协议，都被认为违法，当事人不能以任何理由为其限制竞争的行为开脱。它适用于对市场竞争有严重不利影响的行为，主要是价格协议、生产数量协议、分割销售市场的协议等。

适用合理原则的垄断协议中，对这类协议应当进行个案审查，根据其对市场竞争的影响程度判断其是否具有违法性。对于虽限制竞争但有利于整体经济发展与社会公共利益的协议给予豁免。

(四) 垄断协议的表现形式

1. 横向垄断协议

横向垄断协议是指处于同一行业同一流通环节的经营者之间所达成的限制竞争的垄断协议。横向垄断协议通常包括以下形式：

(1) 固定价格协议

固定价格协议，也称为横向定价协议或者横向价格协议，是指两个或两个以上经营者以合同、协议或其他方式确定、维持或改变商品或服务价格的行为。

(2) 限制数量协议

限制数量协议是指两个或两个以上经营者以合同、协议或其他方式限制商品的生产数量或者销售数量，以控制价格的行为。

(3) 分割市场协议

分割市场协议，也称为协议划分市场，是指经营者通过协议划分销售市场或者原材料采购市场，限制彼此之间竞争的行为。

(4) 限制购买或者开发新技术、新设备协议

限制购买或者开发新技术、新设备协议是指经营者之间在技术转让和设备买卖过程中，转让方通过合同条款限制另一方在合同标的技术的基础上进行新的研究开发或者购买新设备的行为。

(5) 联合抵制交易协议

联合抵制交易是两个或两个以上经营者达成协议，共同拒绝购买或者销售交易相对人的商品（包括服务）的行为。

(6) 其他排除、限制竞争的协议

2. 纵向垄断协议

纵向垄断协议是指经营者与交易相对人之间所达成的限制竞争的垄断协议。我国《反垄断法》规定的纵向垄断协议包括固定向第三人转售商品的价格和限定向第三人转售商品的最低价格。同时授权国务院反垄断执法机构在列举规定的纵向垄断协议之外作出认定。

(五) 垄断协议的适用除外

垄断协议的适用除外，也称为垄断协议的豁免或者垄断协议的例外许可，是指经营者之间的协议、决定或者其他协同行为，虽然排除、限制了竞争，但是如果该类协议所带来的好处要大于其对竞争秩序的损害，则可以排除适用反垄断法有关垄断协议的规定。

我国《反垄断法》第十五条规定下列种类的垄断协议可以适用除外：

（1）为改进技术、研究开发新产品的；（2）为提高产品质量、降低成本、增进效率，统一产品规格、标准或者实行专业化分工的；（3）为提高中小经营者经营效率，增强中小经营者竞争力的；（4）为实现节约能源、保护环境、救灾救助等社会公共利益的；（5）因经济不景气，为缓解销售量严重下降或者生产明显过剩的；（6）为保障对外贸易和对外经济合作中的正当利益的；（7）法律和国务院规定的其他情形。

需要注意的是，对于属于（1）～（5）项情形，予以适用除外的，经营者要承担相应的举证责任，证明所达成的协议不会严重限制相关市场的竞争，并且能够使消费者分享由此产生的利益。

三、滥用市场支配地位

（一）滥用市场支配地位的概念和特点

滥用市场支配地位是指处于市场支配地位的经营者滥用自己的市场支配地位，操纵市场，扰乱正常的生产经营秩序，损害其他经营者或消费者的合法权益，危害社会公共利益的行为。

滥用市场支配地位的行为具有下列特点：

（1）行为主体是具有支配地位的经营者；

（2）必须是经营者滥用自己市场支配地位的行为；

（3）滥用市场支配地位的目的，或者是为了维持、加强自己的支配地位，排除竞争，或者是为了榨取高额垄断利润。

（二）市场支配地位的界定

1. 市场支配地位的概念

市场支配地位是指经营者在相关市场内具有能够控制商品价格、数量或者其他交易条件，或者能够阻碍、影响其他经营者进入相关市场能力的市场地位。简单说，就是经营者具有控制相关市场的能力。

2. 市场支配地位认定的依据

（1）该经营者在相关市场的市场份额，以及相关市场的竞争状况；

（2）该经营者控制销售市场或者原材料采购市场的能力；

（3）该经营者的财力和技术条件；

(4) 其他经营者对该经营者在交易上的依赖程度；
(5) 其他经营者进入相关市场的难易程度；
(6) 与认定该经营者市场支配地位有关的其他因素。

3. 市场支配地位的推定

有下列情形之一的，可以推定经营者具有市场支配地位：
(1) 一个经营者在相关市场的市场份额达到二分之一的；
(2) 两个经营者在相关市场的市场份额合计达到三分之二的；
(3) 三个经营者在相关市场的市场份额合计达到四分之三的。

有第（2）（3）项规定的情形，其中有的经营者市场份额不足十分之一的，不能推定该经营者具有市场支配地位。

推定制度的举证责任由被推定的经营者一方承担，如果被推定的经营者不提出反证或者反证不为推定方认可，则推定成立。

(三) 滥用市场支配地位行为

综观世界各国反垄断立法，滥用市场支配地位行为的立法体例大致有概括式和概括列举式两种。

概括式立法体例只对滥用市场支配地位行为作原则性的禁止规定，并不列举具体的滥用行为，由法律实践根据原则性禁止规定去认定具体的滥用行为。概括列举式则是在原则性禁止规定的基础上，再进行列举规定，并往往使用兜底性规定；或者不使用兜底性规定，而通过法律实践来认定滥用行为。

我国《反垄断法》第十七条采用概括列举式立法体例，规定下列行为是滥用市场支配地位行为：

1. 以不公平的高价销售商品或者以不公平的低价购买商品；
2. 没有正当理由，以低于成本的价格销售商品；
3. 没有正当理由，拒绝与交易相对人进行交易；
4. 没有正当理由，限定交易相对人只能与其进行交易或者只能与其指定的经营者进行交易；
5. 没有正当理由搭售商品，或者在交易时附加其他不合理的交易条件；
6. 没有正当理由，对条件相同的交易相对人在交易价格等交易条件上实行差别待遇；
7. 国务院反垄断执法机构认定的其他滥用市场支配地位的行为。

四、经营者集中

(一) 经营者集中的概念和特征

1. 经营者集中的概念

经营者集中是指经营者通过企业合并、取得股权或者资产、委托经营、控制人事等方式增强自身市场力量,有可能限制竞争的行为。通常也称为"企业合并""企业兼并""企业结合""企业集中""企业联合""企业购并"等。

2. 经营者集中的特征

(1) 行为主体是经营者;

(2) 行为方式主要包括企业合并、财产控制、经营控制等方式;

(3) 行为结果是经营者增强自身的市场力量,进而产生反竞争效果。

(二) 经营者集中的行为

我国《反垄断法》规定的经营者集中行为包括以下三种:

1. 经营者合并

经营者合并,也称为"兼并""结合"或"集中",是指两个以上经营者通过订立合并协议,合并成为一个经营者的行为。经营者合并通常可分为三种基本类型,即横向合并、纵向合并和混合合并。

2. 财产控制

财产控制是指经营者通过取得其他经营者的股权或者资产从而取得对该经营者的控制权的行为。

3. 经营控制

经营控制是指一个经营者通过合同或者其他方式取得对其他经营者的控制权或者能够对其他经营者施加决定性影响的行为。

(三) 经营者集中的申报制度

经营者集中的申报审查制度,是指经营者集中达到规定的申报标准的,应该向反垄断执法机构进行申报,经审查通过以后,方可进行集中的制度。

1. 申报标准

申报标准是经营者集中需要向有关管理部门申报、该集中受到法律控制的标准。申报标准一般根据参与集中的经营者的资产、销售额、交易额、市场占有率等确定。在具体计算销售额或资产额及市场份额等时，一般还要将与该经营者具有控制与从属关系的经营者的销售额或资产额及市场份额等一并计算在内。

例如，美国《克莱顿法》第7A条规定，如果取得企业的市场销售额或者资产超过1亿美元，被取得企业的市场销售额或者资产超过1000万美元，而且前者至少取得后者15%的资产或者股份，或者取得的股份或者资产至少达到1500万美元，该合并就必须向联邦贸易委员会或者司法部反垄断局进行申报。

我国《反垄断法》对于经营者集中采取了事先的强制申报制度。达不到申报标准的，无需申报；达到申报标准的，应当事先向国务院反垄断执法机构申报，未申报的不得实施集中。但是，我国《反垄断法》并没有直接规定具体的申报标准，而是授权国务院作出规定并适时调整。

2. 申报的例外

申报的例外是指经营者集中即使达到了申报标准，但是由于该集中不会使市场结构和竞争状况发生大的改变，所以也可以不进行申报的制度。

我国《反垄断法》第二十二条规定了两种达到申报标准的经营者集中可以不向国务院反垄断执法机构申报的情形：

第一，参与集中的一个经营者拥有其他每个经营者百分之五十以上有表决权的股份或者资产的；

第二，参与集中的每个经营者百分之五十以上有表决权的股份或者资产被同一个未参与集中的经营者拥有的。

3. 申报材料

经营者向国务院反垄断执法机构申报集中，应当提交下列文件、资料：（1）申报书，并且应当载明参与集中的经营者的名称、住所、经营范围、预定实施集中的日期和国务院反垄断执法机构规定的其他事项；（2）集中对相关市场竞争状况影响的说明；（3）集中协议；（4）参与集中的经营者经会计师事务所审计的上一会计年度财务会计报告；（5）国务院反垄断执法机构规定的其他文件、资料。

经营者提交的文件、资料不完备的，应当在国务院反垄断执法机构规定的期限内补交文件、资料。经营者逾期未补交文件、资料的，视为未申报。

（四）经营者集中的审查制度

只有当经营者的过度集中行为可能产生市场支配力量而形成垄断，才需要适当地控制经营者的集中行为，禁止经营者的过度集中，这就需要反垄断执法机构对经营者集中的申报进行审查。

1. 初步审查

国务院反垄断执法机构应当自收到经营者提交的符合反垄断法规定的文件、资料之日起三十日内，对申报的经营者集中进行初步审查，作出是否实施进一步审查的决定，并书面通知经营者。国务院反垄断执法机构作出决定前，经营者不得实施集中。国务院反垄断执法机构作出不实施进一步审查的决定或者逾期未作出决定的，经营者可以实施集中。

2. 进一步审查

国务院反垄断执法机构决定实施进一步审查的，应当自决定之日起九十日内审查完毕，作出是否禁止经营者集中的决定，并书面通知经营者。作出禁止经营者集中的决定，应当说明理由。审查期间，经营者不得实施集中。

有下列情形之一的，国务院反垄断执法机构经书面通知经营者，可以延长前款规定的审查期限，但最长不得超过六十日：（1）经营者同意延长审查期限的；（2）经营者提交的文件、资料不准确，需要进一步核实的；（3）经营者申报后有关情况发生重大变化的。国务院反垄断执法机构逾期未作出决定的，经营者可以实施集中。

3. 审查经营者集中的具体因素

我国《反垄断法》在总结实践经验的基础上，参考国际上的通行做法，对于审查经营者集中应当考虑的因素作了具体规定，这些应予考虑的因素如下：（1）参与集中的经营者在相关市场的市场份额及其对市场的控制力；（2）相关市场的市场集中度；（3）经营者集中对市场进入、技术进步的影响；（4）经营者集中对消费者和其他有关经营者的影响；（5）经营者集中对国民经济发展的影响；（6）国务院反垄断执法机构认为应当考虑的影响市场竞争的其他因素。

4. 审查后的决定

反垄断执法机构在进行审查以后，应该分别作出准予集中、禁止集中、不予禁止、不予禁止但附加限制性条件四种类型的决定。

5. 决定的公布

国务院反垄断执法机构应当将禁止经营者集中的决定或者对经营者集中附加限制性条件的决定，及时向社会公布。这是强制性规定。而对于是否公布其他有关经营者集中的决定并无强制性要求，反垄断执法机构可以根据需要公布或者不公布。

(五) 外资参与经营者集中的审查

根据我国《反垄断法》的规定，对外资并购境内企业或者以其他方式参与经营者集中，涉及国家安全的，除依照《反垄断法》规定进行经营者集中审查外，还应当按照国家有关规定进行国家安全审查。

五、滥用行政权力排除、限制竞争

(一) 滥用行政权力排除、限制竞争的概念和特征

1. 滥用行政权力排除、限制竞争的概念

滥用行政权力排除、限制竞争，也称为行政垄断、行政性垄断、行政性限制竞争、滥用政府权力限制竞争或者滥用行政权力限制竞争行为等，是指行政机关和法律法规授权的具有管理公共事务职能的组织滥用行政权力排除、限制竞争的行为。

2. 滥用行政权力排除、限制竞争行为的特征

(1) 滥用行政权力排除、限制竞争的主体是行政机关和法律法规授权的具有管理公共事务职能的组织。

(2) 滥用行政权力排除、限制竞争行为是滥用行政权力的行为。

(3) 滥用行政权力排除、限制竞争行为是滥用行政权力排除、限制竞争的行为。

上述三个特征，也可以看作是滥用行政权力排除、限制竞争行为的三个构成要件，缺一不可。滥用行政权力排除、限制竞争的行为必须是行政机关和法律法规授权的具有管理公共事务职能的组织所实施的，非此类主体不构成本类行为；滥用行政权力排除、限制竞争的行为必须是滥用行政权力的行为；滥用行政权力管理和调控市场，必然导致对于市场竞争的排除和限制。

(二) 滥用行政权力的限定交易行为

1. 滥用行政权力限定交易行为的概念和危害

滥用行政权力限定交易是指行政机关和法律、法规授权的具有管理公共事务职能的组织滥用行政权力，限定或者变相限定单位或者个人经营、购买、使用其指定的经营者提供的商品的行为。其危害主要体现在以下几方面：

首先，这种行为违反自愿平等的市场交易原则，其结果必然是保护落后企业，损害消费者的合法权益；其次，这种行为违反依法行政原则，损

害政府形象,而且容易成为腐败之源;最后,这种行为直接损害其他经营者的正当权益,使其他经营者丧失或减少市场份额,影响其经济利益和经营决策。

2. 滥用行政权力限定交易行为的构成要件

(1) 行为主体是行政机关和法律、法规授权的具有管理公共事务职能的组织。

(2) 行为主体的主观方面是故意。

(3) 主体在客观方面要有滥用行政权力限定交易的行为。

(4) 侵害的客体是消费者和其他经营者的合法权益。

3. 滥用行政权力限定交易行为的表现形式

滥用行政权力限定交易行为的表现形式可以从主体和手段两方面进行分析。

从限定交易行为的主体而言,主要有下列表现形式:

(1) 行政机关和法律、法规授权的具有管理公共事务职能的组织政企不分,或者名为政企分开,实为"翻牌公司",甚至将法人企业用行政手段归并到自己属下,然后限定这些企业只能购买或接受其指定的经营者的商品或服务。

(2) 行政机关和法律、法规授权的具有管理公共事务职能的组织兴办第三产业或其他经济实体,限定消费者只能购买或接受其第三产业或经济实体的商品或服务。

(3) 政企分开后藕断丝连,或原本就与行政机关及其工作人员等有联系的企业,行政机关等限定他人只能购买这些经营者的商品。

从限定交易行为的手段而言,主要有下列表现形式:

(1) 擅自设立前置许可证,限制使用其他合格产品;以拒绝颁发许可证,强制他人购买其指定的经营者的商品。

(2) 滥用行政处罚权,强制经营者接受其指定的经营者的商品或服务,或者限制经营者的进货渠道和进货品种。

(3) 滥用行政管理权,限定进货渠道;以质检等为由,强制他人购买其指定的商品。

(4) 以拒绝验收等方式,强制他人购买其指定的商品。

(三) 滥用行政权力的地区封锁行为

1. 滥用行政权力的地区封锁行为的概念

滥用行政权力的地区封锁行为是指行政机关和法律、法规授权的具有管理公共事务职能的组织滥用行政权力,妨碍商品在地区之间的自由流通,排斥或者限制外地经营者在本地经营的行为。

2. 滥用行政权力的地区封锁行为的构成要件

滥用行政权力的地区封锁行为的构成与上述滥用行政权力的限定交易行为的构成在行为主体、主观方面两方面均相同,只是在行为的客观方面和侵害的客体上有所不同。

滥用行政权力的地区封锁行为在客观方面表现为滥用行政权力封锁市场的行为。如果没有封锁市场,或者虽然封锁了市场,但并非出于滥用行政权力,就不能构成本类行为。

滥用行政权力的地区封锁行为侵害的客体是复杂客体,既可能侵害本地消费者和经营者的合法权益,又可能侵害外地经营者和消费者的合法权益,还可能侵害社会主义市场经济秩序。

3. 滥用行政权力的地区封锁行为的表现形式

我国《反垄断法》列举规定了三种滥用行政权力的地区封锁行为:

(1) 滥用行政权力妨碍商品在地区之间自由流通;

(2) 滥用行政权力排斥或者限制外地经营者参加本地的招标投标活动;

(3) 滥用行政权力排斥或者限制外地经营者在本地投资或者设立分支机构。

(四) 滥用行政权力强制经营者从事垄断行为

滥用行政权力强制经营者从事垄断行为是指行政机关和法律、法规授权的具有管理公共事务职能的组织滥用行政权力,强制经营者从事《反垄断法》规定的垄断行为的行为。

《反垄断法》规定的垄断行为是指经营者达成垄断协议行为、经营者滥用市场支配行为和具有或者可能具有排除、限制竞争效果的经营者集中行为。

(五) 滥用行政权力制定含有排除、限制竞争内容的规定

滥用行政权力制定含有排除、限制竞争内容的规定是指行政机关滥用行政权力,以抽象行政行为方式排除、限制竞争的行为。行政行为可以分为具体行政行为和抽象行政行为。

六、对涉嫌垄断行为的调查

1. 对涉嫌垄断行为的调查权和举报权

对涉嫌垄断行为进行调查的机构是反垄断执法机构，反垄断执法机构依法行使调查权，对涉嫌垄断行为进行调查。

涉嫌垄断行为的举报权则属于任何单位和个人，任何单位和个人都有权向反垄断执法机构举报。反垄断执法机构应当为举报人保密。反垄断执法机构对于单位和个人的涉嫌垄断行为的举报应该予以充分的重视，对于采用书面形式并提供相关事实和证据的举报，反垄断执法机构应当进行必要的调查。

2. 反垄断执法机构的调查措施

反垄断执法机构调查涉嫌垄断行为，经过向反垄断执法机构主要负责人书面报告并经批准，可以采取下列措施：

（1）进入被调查的经营者的营业场所或者其他有关场所进行检查。

（2）询问被调查的经营者、利害关系人或者其他有关单位或者个人，要求其说明有关情况。

（3）查阅、复制被调查的经营者、利害关系人或者其他有关单位或者个人的有关单证、协议、会计账簿、业务函电、电子数据等文件、资料。

（4）查封、扣押相关证据。

（5）查询经营者的银行账户。

3. 反垄断执法机构在调查涉嫌垄断行为中的义务

（1）反垄断执法机构调查涉嫌垄断行为，执法人员不得少于二人，并应当出示执法证件。

（2）执法人员进行询问和调查，应当制作笔录，并由被询问人或者被调查人签字。

（3）反垄断执法机构及其工作人员对执法过程中知悉的商业秘密负有保密义务。

4. 被调查者的配合义务和权利

被调查的经营者、利害关系人或者其他有关单位或者个人应当配合反垄断执法机构依法履行职责，不得拒绝、阻碍反垄断执法机构的调查。被调查的经营者、利害关系人有权陈述意见。反垄断执法机构应当对被调查的经营者、利害关系人提出的事实、理由和证据进行核实。

5. 处理决定

反垄断执法机构对涉嫌垄断行为调查核实后，认为构成垄断行为的，应当依法作出处理决定，并可以向社会公布。

6. 调查的中止、终止和恢复

对反垄断执法机构调查的涉嫌垄断行为，被调查的经营者承诺在反垄断执法机构认可的期限内采取具体措施消除该行为后果的，反垄断执法机构可以决定中止调查。中止调查的决定应当载明被调查的经营者承诺的具体内容。反垄断执法机构决定中止调查的，应当对经营者履行承诺的情况进行监督。经营者履行承诺的，反垄断执法机构可以决定终止调查。有下列情形之一的，反垄断执法机构应当恢复调查：（1）经营者未履行承诺的；（2）作出中止调查决定所依据的事实发生重大变化的；（3）中止调查的决定是基于经营者提供的不完整或者不真实的信息作出的。

案例分析

训练项目一：不正当竞争行为的认定与分析

【训练目的与要求】

通过训练，能分析和识别具体的不正当竞争行为的类型和构成要件，掌握分析不正当竞争案件的基本步骤和方法。

【实例训练】

案例1：

原告：宁夏A酒业（集团）有限公司。住所地：中卫市××街×桥。

法定代表人：杨甲，男，A公司董事长。

委托代理人：万某，男，某律师事务所律师。

委托代理人：杨乙，男，汉族，1968年10月1日生于宁夏中卫市，大专文化，A公司职员，住中卫市××街。

被告：宁夏B酒业有限公司。住所地：银川市××工业园区2～4号厂房。

法定代表人：陈甲，男，B公司董事长。

委托代理人：陈乙，男，汉族，1961年6月23日生于浙江省德清县，大专文化，B公司总经理，住银川市××街××居住区3－2－03号。

委托代理人：齐某，女，汉族，1962年6月3日生于宁夏贺兰县，大专文化，B公司质检部经理。住址同陈乙。

原告A公司诉称，原告设计的"宁夏红"商标自2001年在系列枸杞酒上连续使用，经过大量广泛的宣传，在消费者中有很高的知名度。2003年，"宁夏红"商标分别在日本、韩国、新加坡、澳大利亚、美国、瑞士、英国以及我国台湾地区注册，并于2004年3月3日再次向国家工商行政管理总局商标局申请注册。2002年后，宁夏红枸杞酒销量逐年增长，产品行销国内28个省市区和我国香港、台湾地区，以及日、韩等国，先后荣获多项殊荣。但被告B公司生产、销售的宁夏枸杞酒，仿冒原告宁夏红枸杞酒的名称、包装误导消费者，损害了原告的合法权益。故请求依照《反不正当竞争法》的规定：1. 确认"宁夏红"商标为驰名商标；2. 判令被告停止使用"宁夏枸杞酒"的名称、通体红色的包装图案；3. 判令被告公开赔礼道歉、赔偿经济损失10万元并承担诉讼费。

原告A公司为支持其诉讼主张，提交了九组共二十九份证据，分述如下：

第一组包括证据一至三。其中，证据一为原告自书的产品简介及其主要产品包装的彩色照片；证据二为原告制定的专利、商标管理方面的企业规章；证据三为宁夏红枸杞酒的部分质检报告复印件。原告提交该组证据欲证明宁夏红枸杞酒为其主要产品。该产品包装精美、质量合格。

第二组包括证据四至八。分别为消费者、业内人士以及各界对原告主要产品宁夏红枸杞酒的评价。原告提交该组证据欲证明宁夏红商标具有很高的知名度。

第三组包括证据九至十二。其中，证据九为原告自书的宁夏红商标设计说明；证据十为宁夏红文字及图案等申请中国专利的有关文件复印件；证据十一为自治区政府支持将"宁夏红"注册为商标的文件复印件；证据十二为2003年以来，"宁夏红"文字商标先后在日本、新加坡、韩国、瑞士、英国、澳大利亚、美国以及我国台湾地区进行注册的有关文件复印件及中文译本。原告提交该组证据欲证明"宁夏红"已在许多国家和地区注册为商标。宁夏红文字及图案组合商标在国内的注册申请得到自治区政府的支持并被国家工商行政管理总局商标局受理。

第四组证据包括证据十三至十六，均为原告对宁夏红产品的各种广告促销投入及其效果。原告提交该组证据欲证明原告每年均投巨资对宁夏红品牌在各类媒体、各种场合进行广告宣传促销，使该品牌名声大振。

第五组证据即证据十七，为宁夏工商行政管理机关函请山东、河北等地工商行政管理机关查处假冒宁夏红枸杞酒的公函复印件以及菏泽、常德、商州、银川、中卫、仙游等地查处仿冒宁夏红枸杞酒的有关文件复印件。原告提交该证据欲证明出现在全国各地的仿冒宁夏红枸杞酒受到了工商行政管理部门的严查。

第六组包括证据十八至二十。其中，证据十八为原告2003年至2006年工业产品销售与库存统计报表复印件；证据十九为原告经销商地域分布明细表；证据二十为原告2003年至2005年资产负债表、损益表。原告提交该组证据欲证明其年产值及销售收入均超过3亿元；年利税达8000余万元。产品销售到全国28个省市区、销售点达760个。企业生产经营正常，资产负债率在安全合理范围内。

第七组包括证据二十一至二十六。其中，证据二十一为人民法院的生效民事判决书复印件四份；证据二十二为原告的产品宁夏红枸杞酒的包装实物及彩色照片；证据二十三为被告B公司"宁馨儿"牌宁夏枸杞酒包装实物及彩色照片；证据二十四至二十六为原告在市场上购买"宁馨儿"牌宁夏枸杞酒的三份公证文书。原告提交该组证据欲证明宁夏红枸杞酒被人民法院的生效判决认定为知名商品，其名称、包装、装潢被认定为特有。被告生产的宁夏枸杞酒的名称、包装、装潢与原告产品近似。2006年12月，市场上还在销售被告的产品。

第八组包括证据二十七和二十八。其中，证据二十七为宁夏红枸杞酒瓶贴的外观设计专利证书及相关文件复印件；证据二十八为宁夏红枸杞酒的包装盒的外观设计专利证书及相关文件的复印件。原告提交该组证据欲证明其宁夏红枸杞酒的瓶贴和包装盒已于2003年1月15日被授予外观设计专利。

第九组证据即证据二十九，为原告与某律师事务所签订的委托合同，欲证明原告为本案诉讼支付了1万元代理费。

被告B公司答辩称，首先，原告"宁夏红"的商标注册申请因含有地名被商标局驳回。因此，"宁夏红"不能成为驰名商标。答辩人也从未使用过"宁夏红"的商标及名称；其次，答辩人自2002年起，使用的是"宁夏风情""宁夏贡""宁夏人"的商品名。原告向法庭提交的实物证据"宁夏枸杞酒"，是答辩人早在2003年就淘汰停止使用的产品；再次，答辩人的"宁夏枸杞酒"使用的是地名和通用名组合，包装装潢是自己独创的，不应当向原告赔偿损失，更不应道歉。故请求驳回原告的诉讼请求。

被告B公司为支持自己的主张，提交了四份证据。顺序编号为证据30至33。其中，证据30为被告产销的"宁夏人酒""宁夏枸杞酒"的新款外包装展开彩色照片及包装盒实物；证据31为"宁馨儿"商标的注册证复印件；证据32为被告宁夏枸杞酒两款酒瓶的外观设计专利证书、附图及简要说明复印件；证据33为被告宁夏枸杞酒的两款瓶贴的外观设计专利证书复印件。被告提交上述证据欲证明其宁馨儿牌宁夏枸杞酒现在使用的包装盒与原告的包装盒不相同也不相似,"宁馨儿"商标已在国家工商局商标局注册。宁夏枸杞酒使用的两款酒瓶和瓶贴均取得了外观设计专利。

对双方当事人提交的全部证据,均在证据交换或庭审中出示、宣读并经双方当事人质证、辩论。原告认为被告提交的证据30至33与本案没有关联性;被告B公司对原告提交的证据二十一至二十八没有异议;认为证据一至三与本案无关联性;证据四至十二虽然证明"宁夏红"在国外进行了注册,但国内的注册申请已被驳回;证据十三至十六缺乏真实性;证据十七恰恰证明原告通过查处其他同类产品进行不正当竞争;证据十八至二十仅能证明宁夏红为驰名商标,与本案侵权无关;证据二十九须与收费收据配合使用才具有证明力。

经审理查明,2001年,原告A公司研制开发的新一代枸杞果酒,取名为宁夏红枸杞酒,使用的商标为××牌注册商标。××牌宁夏红枸杞酒投放市场后,反映良好。2003年1月15日,宁夏红枸杞酒使用的瓶贴和包装盒被授予外观设计专利权。2003年12月28日,原告将宁夏红枸杞酒包装、装潢上使用的形似枸杞和酒杯的图形注册为酒类商标。与此同时,宁夏红草书仿毛体中文文字先后在日本、新加坡、韩国、瑞士、英国、澳大利亚、美国以及我国台湾地区注册为酒类商标。而该中文文字在国内的注册申请未获核准。2005年5月24日,原告A公司关于宁夏红中文文字以及枸杞和酒杯图形组合的商标注册申请被国家工商行政管理总局商标局受理,现正在审核中。自2003年以来,原告在其生产的部分枸杞酒中使用"宁夏红"中文文字及枸杞和酒杯图案组合商标。后原告认为被告B公司生产、销售的宁夏枸杞酒与宁夏红枸杞酒名称、包装相似,容易使相关公众产生误认,经交涉无结果,遂提起诉讼。

另查,被告B公司自2002年开始生产宁馨儿牌宁夏枸杞酒。该酒使用的两款酒瓶于2004年11月3日被授予外观设计专利。原告公证购买的宁夏枸杞酒上标注的生产日期分别为2005年9月22日和2006年9月15日。

在隔离状态下对宁夏红枸杞酒与宁夏枸杞酒的酒瓶、包装、装潢进行比对,发现两者使用的酒瓶及主要装潢瓶贴有明显差异。包装装潢均为通体红色,包装前后视图的文字组合主色近似均为黑白搭配,装饰画面位置及构图有异但色调近似。左右视图、俯视图的构图及文字有差异。

上述事实,依据原告A公司提交的证据一、证据四至二十九中与宁夏枸杞酒的商标、商品名、包装、装潢有关的部分以及被告提交的证据32认定。以上证据来源合法、内容真实,且与案件具有关联性,予以采信;原告提交的证据二为其企业内部的规章，证据三为宁夏红枸杞酒的质量检测文件，而酒的质量不是双方争议的标的；被告提交的证据30为被告其他产品的包装装潢，证据31为宁馨儿商标的注册证，而被告其他产品的包装、装潢及商标不是本案当事人争议的标的；被告提交的证据33为包装盒、瓶贴的两份外观设计专利证书复印件，该专利证书须与外观设计图或照片以及外观设计简要说明同时提交才能判断是否为本案争议事项。但被告明确表明不能提交瓶贴的设计图或照片以及简要说明。以上证据因与案件无直接关联性不予采信。

问题：

1. 分析不正当竞争案例基本步骤有哪些？应注意哪些主要事项或者问题？
2. 对本案所涉及证据进行分析。
3. 驰名商标的认定依据与标准有哪些？何为知名商品？
4. 本案应当如何处理？

核心提示：

参考下列重点法条：《中华人民共和国商标法》第十四条，第五十六条第二款；《中华人民共和国反不正当竞争法》第五条第二项、第二十条第一款；《最高人民法院关于审理不正当竞争民事案件适用法律若干问题的解释》第十七条第一款。

训练项目二：广告法律纠纷的认定与分析

【训练目的与要求】

通过训练，能识别广告纠纷所涉及的主要法律关系，同时解决相关法律问题，从而完成对具体案件的分析与认定。

【实例训练】

案例1：

某化妆品公司为推销该公司生产的祛斑霜，委托某广告公司为其制作广告。广告公司在化妆品公司用户信息反馈表中找到一位姓林的女士和姓方的男士在使用祛斑霜前后的照片将之用于广告之中，以宣传该祛斑霜的效果。广告在电视台播出后，林、方二人分别从家人和同事处得知此事。他们找到广告公司要求其采取措施停止播放广告，并分别赔偿他们精神损失。双方未能达成协议，林、方二人诉至法院。法院判决：被告广告公司公开向林、方二人赔礼道歉，消除影响，停止侵害，赔偿林、方二人精神损失各15000元。

问题：
1. 试评析法院的判决。
2. 本案所涉及的法律问题有哪些？

核心提示：

我国《广告法》第三十三条规定："广告主或者广告经营者在广告中使用他人名义或者形象的，应当事先取得其书面同意；使用无民事行为能力人、限制民事行为能力人的名义或者形象的，应当事先取得其监护人的书面同意。"另外，《广告法》第六十八条规定："广告主、广告经营者、广告发布者违反本法规定，有下列侵权行为之一的，依法承担民事责任：（一）在广告中损害未成年人或者残疾人的身心健康的；（二）假冒他人专利的；（三）贬低其他生产经营者的商品、服务的；（四）广告中未经同意使用他人名义或者形象的；（五）其他侵犯他人合法民事权益的。"

案例2：

"南方国际广场"经批准的土地面积为13150平方米，土地用途为商住，土地性质为商品房，该地块上51250平方米住宅及25625平方米单身公寓可进入市场销售。

当事人于2003年12月26日委托××印刷厂印刷"南方国际广场"楼盘画册4000套，印刷费用为人民币176000元。当事人利用该楼盘画册宣传"南方国际广场"房地产项目，并对B座平面图提供了"律师事务所""商务办公室""小型贸易公司""驻深办事处""高科技公司""建筑设计公司""会计师事务所"等多种商业经营用房的装饰设计方案及效果图；在最后一页结尾注明："本画册资料仅供参考，所有图片及细节均以有关政府部门最终审批及正式法律文件为准。"

问题：
1. 本案主要的法律问题有哪些？
2. 本案应当如何处理？

核心提示：

本案涉及虚假广告的认定问题。对此，要坚持两个标准：一是广告所宣传的产品、服务不存在；二是广告宣传的主要内容与事实不符。

案例3：

广州B新技术有限公司是台湾A科技股份有限公司的板卡中国大陆地区总代理，南京某公司是二级代理，徐州某电脑经营部作为三级代理商在徐州地区有独家经销权，具有批发和零售的权利，并有维护该板卡产品信誉和对侵害该产品行为提起诉讼的权利。与徐州某电脑经营部相邻的甲公司未经允许，在广告刊物《××商情》第110期上，对三种型号的A公司板卡与其生产的板卡进行对比，并以醒目的大幅标题标示"本是同根生也得比一比"，刊登整版对比性广告，将两种产品从缩短质保周期，提高零售价等十二个方面进行对比，制作广告五百多份，广告发布范围遍及徐州地区和周围县市。某电脑经营部以甲公司为被告向法院起诉，请求人民法院责令被告停止侵权，赔礼道歉，消除影响，赔偿经济损失，承担诉讼费用。

被告在比较中，以原告所谓的"三个月包换，九个月保修：SL－56′EP零售价799元"等与被告的"一年包换，两年保修（收成本费）；3SLAP零售价789元"等作对比，以批评原告的服务周期短、价格高，属批评性比较广告，以自己商品或服务之价格、品质或其他特性和竞争者相比较，相对地显示自己的商品、服务比竞争者的更好。也即声称我的商品比竞争者的商品要好。法院查明，被告对自己经销的产品的陈述是真实的，对原告的产品陈述是虚假的。

被告利用广告捏造事实，以并不存在的原告的产品服务和价格进行比较宣传，欺骗消费者，其比较广告是虚假的比较广告。

问题：

1. 何为比较广告？请结合本案详述。
2. 结合案例，请阐明比较广告与不正当竞争的关系。

核心提示：

比较广告（对比广告）作为一种有效的广告表现方法，在许多国家都被广泛采用。在我国，随着市场经济的发展，比较广告的运用也越来越普遍。比较广告具有合理性，但它又是一把双刃剑，正确运用时可以促进竞争，而当广告主为追求自身效益的最大化不当使用比较广告时，完全可能给其他竞争对手造成损害甚至构成不正当竞争。世界上一些国家，如西班牙、德国、法国等，都明文禁止比较广告，而有些国家和地区则允许比较广告存在，只是在法律上给予了某些限制。

对于客观公正的对比广告，我国广告法允许其存在，对于贬低式广告则坚决禁止。比较广告可构成不正当竞争行为的情形有三种：一是明显构成虚假广告，二是商业诋毁的比较广告，三是以比较广告为手段，损害其他经营者合法权益，破坏公平竞争市场秩序的比较广告。

案例4：

鲍某某在A市出差返程前，在火车站附近的网吧上网。由于疏忽大意，把一个装有重要资料和票据的公文包落在网吧，待他发现时为时已晚。情急之下，鲍某某便在网吧附近四处张贴悬赏广告，声明归还者可得到2000元酬金!

几天后,张某某打电话联系鲍某某,称捡到公文包。二人约定见面。见面后,张某某将公文包物归原主,包里东西毫发未损,鲍某某却不兑现2000元酬金,只愿给张某某200元钱感谢费。理由是张某某捡到的包属不当得利,理应退还。

张某某执意要求鲍某某兑现2000元酬金的承诺,对此不依不饶,于是二人大吵,引来群众围观,群众拨打110报警。

问题:

1. 该纠纷中的悬赏广告有没有法律效力?
2. 应如何处理该纠纷?

核心提示:

悬赏广告是悬赏人以广告形式,声明对完成指定行为的人,给予一定报酬的民事行为。

悬赏广告一经发布,对发布者来讲,就形成一种债,即随时向履行者支付一定酬金。悬赏广告发布者可撤销悬赏广告,但对撤销前已完成指定行为的人,应履行承诺。

训练项目三:垄断行为的认定与分析

【训练目的与要求】

1. 通过训练,认识和了解我国反垄断法所针对的主要垄断行为与限制竞争行为的类型与构成要件。
2. 理解并掌握分析反垄断案件的基本步骤和主要注意事项。
3. 培养学生运用反垄断法的理论知识分析判断和解决实际问题和纠纷的能力。

【实例训练】

案例1:

2010年以来,某市造纸行业协会先后五次组织协会二十余家常务理事单位召开相关行业会议,共同协商包装用白板纸出厂价格。第一次3月2日会议提出,A级白板纸的价格统一上调为200元/吨。第二次4月6日会议要求,保证4月份本市白板纸现有价格稳定,5月份如出现市场明显疲软将协调会员企业组织有序限产等。第三次4月28日会议决定,4月29日至5月15日期间,A级白板纸执行限时优惠价格(优惠幅度为每吨100~150元)。第四次 8 月 3 日会议决定，涂布白板纸在原销售价基础上上调为 200 元/吨。第五次 8 月 31 日 A 级版白板纸专题会议决定，从 9 月 1 日起本市生产的 A 级白板纸在原来销售价基础上上调为 200～300 元/吨。

该市造纸行业协会组织本行业经营者达成变更或固定价格的垄断协议的行为，违反了《中华人民共和国价格法》和《中华人民共和国反垄断法》的相关规定，根据《价格违法行为行政处罚规定》第五条第三款关于行业协会组织经营者相互串通、操纵市场价格的，对行业协会可以处 50 万元以下的罚款的规定，为维护正常的市场竞争秩序，保护消费者和其他经营者的合法权利，价格主管部门对该市造纸行业协会处以最高 50 万元的罚款。

问题：
1. 案例所涉及的主要法律问题有哪些？
2. 试分析主管部门的处罚理由。

核心提示：
本案例涉及的重点问题是垄断协议。近年来，随着市场竞争领域的扩大和竞争程度的加深，在一些行业和地区，违反竞争法律的现象日益增多，限制竞争的手段不断翻新，各种形式的价格联盟和滥用垄断地位行为严重损害了消费者的合法权益，也危害了社会主义市场经济的健康发展。

国家发改委网站公布的《反价格垄断规定》和《反价格垄断行政执法程序规定》，对价格垄断协议、滥用市场支配地位和滥用行政权力等价格垄断行为的表现形式、法律责任作了具体规定。

案例 2：

奇虎 360 公司宣布，向广东省高院提起反垄断诉讼，称腾讯公司在 3Q 大战期间滥用其即时通讯工具 QQ 的市场支配地位，强制用户卸载已安装的 360 软件。360 公司认为，腾讯公司在 3Q 大战期间的"二选一"行为是限制交易行为，是典型的严重滥用市场支配地位的行为。该行为导致 360 公司大量的用户流失，使 360 公司遭受了巨大的经济损失，因此 360 公司提出索赔 1.5 亿元人民币。同时，360 公司认为腾讯公司大量模仿互联网公司的产品和服务，再通过《反垄断法》明确禁止的搭售行为，对整个行业造成了巨大的伤害。

360 公司总裁齐向东说，"360 是腾讯滥用市场地位的受害者，腾讯的'二选一'给 360 带来了巨大的经济损失。我们提起针对腾讯的反垄断诉讼，希望通过社会各界的积极参与和讨论，以及司法机构对这个案例的判决，能够遏制腾讯的滥用市场地位的行为，建立一个公平竞争、有利于创新的互联网环境。"

问题：
1. "3Q"之诉中所涉及的反垄断法律问题有哪些？
2. 试分析"3Q"之争的实质，并提出解决方案。

核心提示：
本案例主要涉及滥用市场支配地位这一垄断行为的认定。

案例3：

"百胜"收购"小肥羊"经营者集中案例

全球跨国餐饮巨头美国百胜餐饮集团不满旗下东方既白进军中式快餐业进展缓慢的现状，2011年5月意图收购国内中餐连锁小肥羊。跨国巨头发力中式餐饮业，意图在国内餐饮市场抢占更多市场份额，涉嫌垄断的争议再起。

作为一家全球知名的跨国餐饮巨头，百胜餐饮集团旗下品牌包括美式快餐连锁肯德基、比萨专卖连锁必胜客、中式快餐品牌东方既白等。2009年在华营业额达到288亿元，截至2011年3月底，百胜（中国）旗下已拥有超过3200家肯德基餐厅、500多家必胜客餐厅及20家东方既白餐厅。2011年一季度数据显示，百胜（中国）营收大增28%，还新开了92家餐厅。小肥羊餐饮以小肥羊特色火锅连锁为主业，于2008年6月在香港上市，是中国首家在香港上市的品牌餐饮企业。截至2010年年中，小肥羊拥有179家自营餐厅及301家特许经营餐厅，2010年公司实现收入19.3亿元，实现净利1.88亿元人民币。

鉴于百胜通过东方既白试水中餐领域进展缓慢，而中国餐饮市场中餐市场广大，百胜必然需要借助一个好的平台来开拓中餐市场。素有"火锅第一股"的上市公司小肥羊由于其内部管理相对完善，自然成为百胜垂涎的最好目标之一。

2009年百胜就出资4.93亿港元购买小肥羊20%股份，后再次增持将持股量增至27.3%，成为小肥羊第二大股东。

百胜餐饮中国区总裁苏敬轼此前曾表示，中式餐饮在中国餐饮市场的机会巨大，百胜一直希望在此市场上谋得更多经济利益。

一位业内人士对《中国联合商报》表示，中国餐饮市场很大，2010年，中国餐饮业收入近2万亿人民币，但集约化程度比较低，国家需要鼓励行业加强集约化。

中国连锁经营协会秘书长裴亮认为，中国餐饮市场非常分散，集约化程度还很低，应当鼓励餐饮业进一步加强集约化，做强做大。百胜如果收购小肥羊将不大可能涉及垄断的问题，2008年，中国餐饮业收入达1.5万亿人民币，而百胜与小肥羊加起来销售额为320亿人民币左右，仅占2%的市场份额。

有一些人士也认为，百胜收购小肥羊涉嫌垄断问题在商务部审批中不是大问题，人们担心的是洋快餐的营养健康问题。现在政府对此是很谨慎的，因此百胜收购小肥羊，难度会比较大。

2011年11月8日晨，小肥羊在联交所发布公告表示，中国商务部已于7日批准百胜集团提出全面收购小肥羊的反垄断审批，这距离小肥羊此前公布的商务部延长审批还不到一个月。

问题：

1. 结合案例，分析经营者集中审查制度的价值和主要内容。
2. 查找我国近年来对经营者集中的并购审查实例，分析判断是否准予并购案通过的标准有哪些，以及其具体流程。

核心提示：

案例主要涉及国家机关对经营者集中的审查依据、标准。

《反垄断法》第二十条规定：经营者集中是指下列情形：（一）经营者合并；（二）经营者通过取得股权或者资产的方式取得对其他经营者的控制权；（三）经营者通过合同等方式取得对其他经营者的控制权或者能够对其他经营者施加决定性影响。

第二十一条规定：经营者集中达到国务院规定的申报标准的，经营者应当事先向国务院反垄断执法机构申报，未申报的不得实施集中。

第二十七条规定：审查经营者集中，应当考虑下列因素：（一）参与集中的经营者在相关市场的市场份额及其对市场的控制力；（二）相关市场的市场集中度；（三）经营者集中对市场进入、技术进步的影响；（四）经营者集中对消费者和其他有关经营者的影响；（五）经营者集中对国民经济发展的影响；（六）国务院反垄断执法机构认为应当考虑的影响市场竞争的其他因素。

第二十八条规定：经营者集中具有或者可能具有排除、限制竞争效果的，国务院反垄断执法机构应当作出禁止经营者集中的决定。但是，经营者能够证明该集中对竞争产生的有利影响明显大于不利影响，或者符合社会公共利益的，国务院反垄断执法机构可以作出对经营者集中不予禁止的决定。

案例4：

商品房滞销，区政府下发红头文件要求副科级以上干部替开发商卖房，并制定了具体考核办法。记者近日在山东省潍坊市某区采访，发现当地很多干部对区政府下达的卖房任务感到苦不堪言，怨声一片。

2009年1月14日，山东潍坊某区政府下发了《关于促进房地产业加快发展的意见》（×政发〔2009〕3号），明确要求全区副科级及以上现职干部，每人至少销售一套住房，完不成任务的，按比例从所在单位已认定的全年招商引资额中扣减。

随后不久，该区房产局制定出台了《关于机关干部购买（引荐）商品住房的考核认定办法》，要求全区副科级及以上干部每人至少购买或引荐购买一套商品住房，时间为2009年1月14日至6月30日；考核认定办法还规定，购买或引荐购买75平方米/套（含）以上商品住房的，认定为一套，不足75平方米/套的，按0.5套认定；并对完不成任务的如何从所在单位招商引资额中扣减做出详细规定；并同时表示，对考核结果每月予以通报。

对于这项任务，该区负责人在大会上再次强调，要强化责任，狠抓落实，每月评比通报，完不成的要扣工资。

在区政府的强力推动下，副科级以上干部卖（购）房政策初见战果，1月中旬到3月20日，已有53个区直部门单位所属副科级及以上干部购房或引荐购房306套。当地媒体称"某区促进住房消费增长见成效，房产市场呈现强劲反弹势头"。

问题：
1. 依据《反垄断法》的相关规定，评析案例中区政府的做法。
2. 结合案例，分析我国行政垄断的违法性和社会危害性。

核心提示：

行政垄断是我国《反垄断法》中较为特殊的规制对象。它属于拥有行政权的主体滥用行政权力限制竞争的违法行为。在我国国家机关实现其经济管理职能的过程中，这种行为存在的数量和规模都不可小视。

学习单元六　消费者权益保护法律基础与案例分析

【学习目的与要求】

通过单元的学习和训练，使学生了解消费者权益保护法的概念以及消费者权益保护法的适用范围和基本原则的主要内容，并且在此基础上掌握消费者的权利和经营者的义务，了解消费者权益保护法的主要内容以及违反消费者权益保护法应承担的法律责任。

【学习重点与提示】

消费者的界定；消费者权利的具体内容；惩罚性赔偿制度；消费者权益保护的实现途径。

基本理论

学习内容1　消费者权益保护法概述

一、消费者的定义及特征

消费者是指为生活消费需要而购买、使用商品或者接受服务的自然人。消费者基本特征如下：

1. 消费者是购买、使用商品或接受服务的自然人。单位和政府不属于消费者；消费者也不完全限于直接的交易人，还包括最终的消费者或使用者。
2. 消费者的消费性质是生活消费，包括商品的消费、服务的消费。
3. 消费者的消费对象是商品和服务。
4. 消费的方式包括购买、使用和接受。

此外，农民购买、使用直接用于农业生产的生产资料，也可适用《中华人民共和国消费者权益保护法》（以下简称《消费者权益保护法》）这是一类特殊适用主体。

二、消费者权益保护法的概念与特征

（一）消费者权益保护法的概念

从世界经济的发展过程来看，商品经济越发展，消费者利益越需保护。因而现代意义的消费者保护运动随之兴起，并从商品领域扩展到服务领域。

由于消费者保护运动的影响，原有的立法已不能适应保护消费者权益的实际需要，于是消费者权益保护立法在第二次世界大战后，特别是20世纪60年代在资本主义国家逐渐形成。通过立法手段实现对消费者权益的保护是当今世界各国所采取的重要手段。

消费者权益保护法有广义和狭义之别。狭义的消费者权益保护法（形式消费者权益保障法），专指《消费者权益保护法》。广义的消费者权益保护法，为保护消费者权益而产生的各种社会关系的法律规范的总称。除狭义的消费者权益保障法之外，还包括其他有关消费者权益保护的法律法规。

（二）消费者权益保护法的特征

1. 消费者权益保护法以消费者权益为特定保护对象

消费者权益保护法给予消费者以特别保护，对生产经营规定了许多限制，这是消费者权益保护法最根本的特征，也是消费者权益保护法区别于其他法律、法规的标志。凡以消费者权益作为保护对象的立法均可归入消费者权益保护法的范畴。消费者权益保护法所保护的消费者权益包括两种：一是人身利益，即消费者对其生命、健康、名誉、安全等不受经营者非法侵害的权利；二是财产权利，即消费者所享有的财产在交易过程中不受非法侵害的权利。

2. 消费者权益保护法多为强制性、禁止性规范

强制性规范是指法律规范所确定的权利、义务具有绝对肯定的形式，不允许当事人之间相互协商和任何一方予以变更。禁止性规范是指规定不得为一定行为的规范。强制性和禁止性规范体现了国家对某一种法律关系的固定化和对破坏这种法律关系的禁止。消费者权益保护法以保护消费者利益为己任，必然会采用强制性和禁止性规范的形式来体现这种倾斜。

3. 消费者权益保护法的法律规范具有综合性

其一，消费者权益保护法调整多种社会关系，包括消费者与生产经营者之间的关系、国家与消费者之间的关系、国家与生产经营者之间的关系，等等。

其二，消费者权益保护法中既包括消费者权利、经营者义务这些实体性规范，又包含如消费纠纷处理等程序性规范，是实体法与程序法的有机统一。

其三，消费者权益保护法规定的法律责任具有综合性。由于侵犯消费者权益的行为具有多种形态，在程度上也表现出轻重不一的特点，所以侵犯消费者权益一般需要承担民事责任、行政责任和刑事责任。

4. 消费者权益保护法具有预防和救助的功能

消费者权益保护法对消费者权益的保护主要通过以下两种途径解决：一是通过对各种商品质量标准、安全卫生标准、计量、商品标示、广告等的规范预防损害消费者权益行为的发生，如国家发布的各种计量标准、质量标准等。二是通过法律为消费者提供救济，在损害发生后尽量弥补损失，如《消费者权益保护法》中对消费争议解决途径的规定。可见，消费者权益保护具有预防和救助双重功能。

三、消费者权益保护法的基本原则

《消费者权益保护法》的基本原则是贯穿于该法始终的总的指导思想或总的指导方针，是国家处理有关消费者问题，对相关社会关系进行法律调整的基本准则。这些原则贯穿于消费者权益保护立法、司法以及消费活动的各个环节，反映市场经济条件下国家保护消费者权益的根本宗旨。我国消费者权益保护法的主要原则如下：

（一）对消费者的特别保护原则

在私法领域，消费者和经营者都属于抽象平等的民事主体。然而，在商品交易以及服务过程中，消费者处于相对弱势的地位。消费者是分散的个体，而经营者多数是有组织的经济实体，有些甚至是经济实力非常雄厚的企业，而消费者经济能力相对较弱又缺乏专业的辨别商品或服务的技术知识。再者，消费者购买商品和接受服务主要是以满足其个人或家庭生活需要为目的，而经营者关心的是能否给其带来经济效益，两者之间利益需求的差异，必然要求给消费者以特别保护。在《消费者权益保护法》中，专章规定了消费者的权利,同时,站在消费者权益的立场上,对经营者设定了明确的义务,也规定了国家机关在保护消费者权益方面的职责,同时,在消费争议的解决、消费者权益受到损害的救济问题上,规定了一系列有利于消费者的程序和措施,对消费给予了特别保护。

(二) 国家保护与社会监督相结合原则

《消费者权益保护法》第六条规定:"保护消费者的合法权益是全社会共同的责任。国家鼓励、支持一切组织和个人对损害消费者合法权益的行为进行社会监督。大众传播媒介应当做好维护消费者合法权益的宣传,对损害消费合法权益的行为进行舆论监督。"

(三) 充分、及时、有效保护原则

该原则具体体现在四个方面:

1. 每个消费者的权益均受《消费者权益保护法》保护,《消费者权益保护法》未作规定的,受其他法律保护。

2. 每个消费者都享有全面的消费权利,《消费者权益保护法》规定了消费者的九大权利,基本上概括了消费者在社会生活不同领域、不同方面应当享有的权利。

3. 《消费者权益保护法》不仅要求经营者对消费者承担修理、重作、更换、退货、补足商品数量的责任,退货款和服务费用或者赔偿的责任,而且还要求经营者承担消费者人身、财产损害赔偿责任,承担因欺诈行为造成损害的加倍赔偿责任。

4. 行政职能机关、消费者权益保护组织和司法机关等,发现损害消费者合法权益的行为应及时立案查处。

(四) 平等自愿、诚实信用原则

《消费者权益保护法》第四条明确规定:"经营者与消费者进行交易,应当遵循自愿、平等、公平、诚实信用的原则。"在"消费者的权利"中又明确了消费者的自主选择权、公平交易权、受尊重权等,在"经营者的义务"中也明确了经营者经营应当诚实信用的一些具体义务,在"法律责任"的规定中,更规定了经营者违反此原则的处罚措施。

学习内容 2 消费者的权利与经营者的义务

一、消费者的权利

消费者的权利是指消费者依法在生活消费领域中作出一定行为或要求他人作出一定行为的权能。消费者权利是公民基本权利在生活消费领域中的具体化。《消费者权益保护法》第二章规定消费者享有九项权利,前五项权利是基础,与消费者的关系最为密切,后四项权利则是由此派生出来的。

(一) 安全权

安全权是指消费者在购买、使用商品或者接受服务过程中依法享有其人身财产安全不受侵犯的权利。概括而言,它包括两方面内容:一是人身安全权,二是财产安全权。

人身安全权在这里是指生命健康权不受损害,即享有保持身体各器官及其机能的完整以及生命不受危害的权利。财产安全权是指消费者购买、使用的商品或接受的服务本身的安全,并包括除购买、使用的商品或接受服务之外的其他财产的安全。

安全权是消费者最基础、最根本的一项权利,如没有安全权,则罔谈消费者的其他权利。为了实现这一权利,消费者有权要求经营者提供的商品或服务符合保障人身、财产安全的要求。具体而言,有国家标准、行业标准的,消费者有权要求商品和服务符合该国家标准、行业标准。如家用电器不允许有漏电、爆炸、自燃等潜在危险存在。对于没有国家标准、行业标准的,必须符合社会普遍公认的安全、卫生要求。

(二) 知情权

消费者享有知悉其购买、使用的商品或者接受的服务的真实情况的权利,简称知情权。

随着经济的发展,特别是现代科学技术的广泛应用,新的消费品品种日益增多,一些商品的使用要求越来越复杂,消费者需要对商品和服务进行必要的了解。同时,在消费者与经营者之间关于商品与服务的信息存在突出的不对称问题。真实、全面的信息主要由经营者掌控,如果没有法律的赋权性规定,也没有相应的对经营者告知真实信息的义务的设定,消费者欲获得商品或者服务真相的努力可能难有收效，或者收效甚微。消费者权益保护法设计的知情权制度，则赋予消费者有权根据商品或者服务的不同情况，要求经营者提供商品的价格、产地、生产者、用途、性能、规格、等级、主要成分、生产日期、有效期限、检验合格证明、使用方法说明书、售后服务，以及服务的内容、规格、费用等有关情况。

当然，消费者知情权的实现，除了经营者承担相应的告知义务外，国家机关和公共媒体也应当负有一定的商品与服务信息披露义务。因为从经营者的本质而言，他们谋利的冲动往往会成为其隐瞒、甚至编造虚假信息的原动力。

（三）自主选择权

消费者权根据自己的消费愿望、兴趣、爱好和需要，自主地、充分地选择商品或者服务。主要内容有自主选择经营者；自主选择商品品种或服务方式；自主决定是否购买商品和接受服务；在选择商品和服务时，有进行比较、鉴别和挑选的权利。

此外，消费者还有权选择购买商品或者接受服务的场所；有权根据商品或者服务的不同情况，选择商品的商标、产地、价格等事项。

（四）公平交易权

消费者购买商品或接受服务是一种市场交易行为，如果经营者违背自愿、平等、公平、诚实信用等原则进行交易，则侵犯了消费者的公平交易权。消费者的公平交易权主要表现在两方面：一是有权获得公平交易条件。如有权获得质量保障、价格合理、计量正确等交易条件。二是有权拒绝经营者的强制交易行为。如强迫消费者购物或接受服务、强迫搭售等。

（五）求偿权

消费者享有依法获得赔偿的权利，简称依法求偿权。消费者在购买、使用商品或接受服务时，既可能人身权受到侵害，又可能财产权受到侵害。人身权受到的侵害，包括生命健康权，人格方面的姓名权、名誉权、荣誉权等受到侵害。财产损害包括财产上的直接损失和间接损失。直接损失指现有财产上的损失，如财物被毁损，伤残后支付的医药费等。间接损失指可以得到的利益没有得到，如因侵害住院而减少的劳动收入或伤残后丧失劳动能力而得不到劳动报酬等。

享有求偿权的主体是指因购买、使用商品或者接受服务的受害者。受害者包括以下内容：购买者，即购买商品为己所用的消费者；商品的使用者，即不是直接购买商品为己所用的消费者；接受服务者；第三人，即在别人购买、使用商品或接受服务的过程中受到人身或财产损害的其他消费者。

（六）结社权

结社权是指消费者享有依法成立维护自身合法权益的社会团体的权利。它属于一项宪法权利。虽然我国有很多政府机关从不同的侧面履行保护消费者权益的职责，但是消费者依法成立维护自身合法权益的社团组织仍有不可替代的重要作用。

在我国，目前消费者社会团体主要是中国消费者协会和地方各级消费者协会（或消费者委员会）。消费者依法成立的各级消费者协会，使消费者通过有组织的活动，在维护自身合法权益方面发挥着越来越大的作用。消费者协会和其他消费者组织是依法成立的对商品和服务进行社会监督的保护消费者合法权益的社会团体。它们的主要任务如下：一是对商品和服务进行社会监督。消费者组织对商品和服务进行社会监督的形式是多种多样的，如提供商品和服务的质量信息，对商品和服务进行监督、检查，对不合格的商品和服务予以揭露、批评等。二是保护消费者的合法权益。同时，消费者组织也受到法律的一些限制。如不得从事商品经营和营利性服务，不得以牟利为目的向社会推荐商品和服务。

（七）获得有关知识权

消费者享有获得有关消费和消费者权益保护方面的知识的权利，简称求教获知权。这项权利有利于提高消费者的自我保护能力，而且也是实现消费者其他权利的重要条件。特别是获得消费者权益保护方面的知识，可以使消费者合法权益受到侵害时，有效地寻求解决消费纠纷的途径，及时获得赔偿。

（八）人格尊严和民族风俗习惯受尊重权

消费者在购买、使用商品和接受服务时，享有其人格尊严、民族风俗习惯得到尊重的权利，简称人格尊严和民族风俗习惯受尊重权。在市场交易过程中，消费者的人格尊严受到尊重，是消费者应享有的最起码的权利。人格尊严指人的自尊心和自爱心，其权利包括消费者的姓名权、名誉权、荣誉权、肖像权等。民族风俗习惯受尊重的权利，关系到各民族平等，加强民族团结，处理好民族关系，促进国家安定的大问题，对此，必须引起高度重视。

(九) 监督权

消费者享有对商品和服务以及保护消费者权益工作进行监督的权利，简称监督权。消费者监督具体表现如下：有权检举、控告侵害消费者权益的行为，主要指对商品或服务的质量、价格、计量、品种、供应、服务态度、售后服务、侵权行为等进行监督；有权检举、控告消费者权益的保护者的违法失职行为；有权对保护消费者权益的工作提出批评、建议。

二、经营者的义务

《消费者权益保护法》规定了经营者的义务，具体有以下十项：
1. 依照法律、行政法规的规定和与消费者的约定履行义务；
2. 接受消费者监督的义务；
3. 保证商品和服务安全的义务：
(1) 要保证符合保障人身、财产安全的要求；
(2) 可能危及人身、财产安全的商品和服务应向消费者说明；
(3) 要对消费者人身、财产安全切实负责。
4. 提供商品和服务真实信息的义务；
(1) 向消费者提供有关商品或服务的真实情况，不得利用广告或其他方法作引人误解的虚假宣传；
(2) 对消费者的询问如实答复；
(3) 应当明码标价。
5. 标明真实名称和标记的义务；
6. 出具购货凭证或者服务单据的义务；
7. 保证商品或者服务质量的义务；
8. 履行"三包"或者其他责任的义务；
9. 不得进行不公平、不合理交易的义务；
10. 不得侵犯消费者人格权的义务。

三、损害消费者权益的法律责任

经营者侵害消费者合法权益的行为是违法行为，应当承担相应的法律责任。《消费者权益保护法》根据违法行为的不同性质、损害大小、情节轻重，分别确定了民事责任、行政责任和刑事责任。

（一）经营者的民事责任

经营者提供商品或者服务有以下九种情形之一的，应依法承担民事责任：商品存在缺陷的；不具备商品应当具备的使用性能而出售时未说明的；不符合在商品或者其包装上注明采用的商品标准的；不符合商品说明、实物样品等方式表明的质量状况的；生产国家明令淘汰的商品或者销售失效、变质的商品的；销售的商品数量不足的；服务的内容和费用违反约定的；对消费者提出的修理、重作、更换、退货、补足商品数量、退还货款或服务费用或者赔偿损失的要求，故意拖延或者无理拒绝的；法律、法规规定的其他损害消费者权益的情形。

对于以上违法行为，经营者应当承担的民事责任主要包括以下内容：

1. 人身损害的赔偿责任

人身损害包括死亡损害和致伤损害两种。经营者提供商品或者服务，造成消费者或者其他受害人人身伤害的，应当支付医疗费、因误工减少的收入等费用，造成残疾的，还应当支付残疾者生活自助具费、生活助理费、残疾赔偿金以及其扶养的人所必需的生活费等费用。

2. 财产损害的赔偿责任

经营者提供商品或者服务，造成消费者财产损害的，应当按照消费者的要求，以修理、重作、更换、退货、补足商品数量、退还货款和服务费用或者赔偿损失等方式承担民事责任。消费者与经营者另有约定的，按照约定履行。

3. 特殊情况下经营者的赔偿责任

（1）经营者以邮购方式提供商品的，应当按照约定提供。未按照约定提供的，应当按照消费者的要求履行约定或者退回货款；并承担消费者必须支付的合理费用。

（2）经营者以预收款方式提供商品或者服务的，应当按照约定提供。未按照约定提供的，应当按照消费者的要求履行约定或者退回预付款，并应当承担预付款的利息、消费者必须支付的合理费用。

（3）依法经有关行政部门认定为不合格的产品，消费者要求退货的，经营者应当负责退货。

4. 惩罚性赔偿责任

经营者提供商品或者服务有欺诈行为的，应当按照消费者的要求增加赔偿其受到的损失，增加赔偿的金额为消费者购买商品的价款或者是接受服务的费用的一倍。对此后文有专门介绍，故不再展开。

（二）经营者的行政责任

经营者有下列情形之一的，应当承担行政责任：

1. 生产、销售的商品不符合保障人身、财产安全要求的；
2. 在商品中掺杂、掺假、以假充真、以次充好，或者以不合格商品冒充合格商品的；
3. 生产国家明令淘汰的商品或者销售失效、变质的商品的；
4. 伪造商品的产地，伪造或者冒用他人的厂名、厂址，伪造或者冒用认证标志、名优标志等质量标志的；
5. 销售的商品应当检验、检疫而未检验、检疫或者伪造检验、检疫结果的；
6. 对商品或者服务作引人误解的虚假宣传的；
7. 对消费者提出的修理、重作、更换、退货、补足商品数量、退还货款和服务费用或者赔偿损失要求，故意拖延或者无理拒绝的；
8. 侵害消费者人格尊严或者侵害消费者人身自由的；
9. 法律、法规规定的对损害消费者权益应当予以处罚的其他情形。

（三）经营者的刑事责任

经营者有以下严重侵害消费者或者其他人合法权益的情形之一，构成犯罪的，应当承担刑事责任：

1. 经营者提供商品或者服务，造成消费者或者其他受害人人身伤害，构成犯罪的；
2. 经营者提供商品或者服务，造成消费者或者其他受害人死亡，构成犯罪的；
3. 以暴力、威胁等方式阻碍有关行政部门工作人员依法执行职务的；
4. 国家机关工作人员玩忽职守或者包庇经营者侵害消费者合法权益的行为，情节严重，构成犯罪的。

（四）损害赔偿责任的承担

1. 消费者在购买、使用商品时，其合法权益受到损害的，可以向销售者要求赔偿。销售者赔偿后，属于生产者的责任或者属于向销售者提供商品的其他销售者的责任的，销售者有权向生产者或者其他销售者追偿。
2. 消费者或者其他受害人因商品缺陷造成人身、财产损害的，可以向销售者要求赔偿，也可以向生产者要求赔偿。属于生产者责任的，销售者赔偿后，有权向生产者追偿。属于销售者责任的，生产者赔偿后，有权向销售者追偿。

3. 消费者在接受服务时，若其合法权益受到损害，消费者可以向服务者要求赔偿。

4. 消费者在购买、使用商品或者接受服务时，其合法权益受到损害，因原企业分立、合并的，消费者可以向变更后承受其权利义务的企业要求赔偿。

5. 使用他人营业执照的违法经营者，若其提供的商品或服务损害了消费者的合法权益，则消费者可以直接向其要求赔偿，也可以向营业执照的持有人要求赔偿。

四、消费者权益争议解决途径

消费者和经营者发生消费者权益争议的，可以根据情况，选择下列途径解决：

1. 与经营者协商解决；
2. 请求消费者协会调解；
3. 向有关行政管理部门申诉，主要是向工商行政管理部门申诉，依靠行政手段解决消费者权益争议；
4. 根据与经营者达成的仲裁协议提请仲裁机构仲裁；
5. 向人民法院起诉。

学习内容 3 惩罚性赔偿制度

一、消费者权益保护与惩罚性赔偿

（一）惩罚性赔偿制度的沿革

惩罚性赔偿制度诞生并发展于英美法系国家，是为了惩罚违法行为人并且预防类似不法行为的再次发生而要求其向受害人支付超过实际损失赔偿的制度。在大陆法系国家，由于民事责任以填补性损害赔偿为原则，惩罚性赔偿制度一直没有得到民事责任体系的承认。随着两大法系在理论、立法方面的相互影响和渗透，部分大陆法系国家和地区在一些领域如消费者保护法中规定了惩罚性赔偿。这种立法缘由在于，尽管惩罚性赔偿有违自罗马法以来大陆法系国家所遵循的"损害填补"规则，但由于能对消费者损害予以充分救济，鼓励消费者积极维权，对不法生产经营者加以惩戒并对潜在的违法行为产生威慑，从而有效保障消费者合法权益，有利于消费领域实质正义的实现，而在社会法兴盛和私法社会化的进程中被消费者保护法所吸纳。

20 世纪 90 年代，由于经营者损害消费者利益的情况大量发生，为体现对消费者的特殊保护，并鼓励消费者运用法律武器同违法行为作斗争，在参考外国立法体例的基础上，我国于 1993 年首次在《消费者权益保护法》（以下简称"消法"）第四十九条中明确规定了"双倍赔偿"，开创了惩罚性赔偿的立法先例。双倍惩罚性赔偿在消费者合法权益救济、遏制生产经营者违法行为发生等方面发挥了积极的作用。随后颁行的《中华人民共和国合同法》第一百一十三条中对消法双倍赔偿作了进一步确认。2003 年《最高人民法院关于审理商品房买卖合同纠纷案件适用法律若干问题的解释》（以下简称"商品房解释"）明确规定"惩罚性赔偿"适用于商品房买卖的合同纠纷。在食品安全问题日益严重损害消费者权益的背景下，2009 年 2 月 28 日通过了《食品安全法》，其第九十六条规定了"十倍赔偿"，进一步加大了对食品消费领域惩罚性赔偿力度。2009 年 12 月 26 日通过的《侵权责任法》在"产品责任"一章也规定了惩罚性赔偿。

从我国现有惩罚性立法体例来看，并没有在民事领域全面引入惩罚性赔偿，而是十分审慎地将其限定在消费者保护领域。之所以在消费者保护领域适用惩罚性赔偿，主要源于消费者权利不是单纯的私人权利，而作为一种社会权利被立法机关所广泛认同。立法者希望通过惩罚性赔偿来惩戒不法生产经营者，减少并预防损害消费者合法权益行为的发生，有效规范消费秩序并最终实现消费领域的实质正义。

（二）惩罚性损害赔偿的概念和功能

惩罚性损害赔偿（punitive damages compensation），又称示范性赔偿（examplary compensation）或报复性赔偿（vindictive compensation），是指法律所规定的赔偿数额超出实际的损害数额的赔偿。

惩罚性损害赔偿是由补偿性部分加惩罚性赔偿部分组成，其功能如下：

第一，赔偿功能。惩罚性损害赔偿适用的目的就是为了使原告遭受的损失获得全部的补偿，来弥补补偿性赔偿的不足。一方面补偿性赔偿对精神损害并不能提供充分的补救，另一方面尽管侵权行为法可以对人身伤害提供补救，但在许多情况下人身伤害的损失是很难证明的。因此，采用补偿性赔偿很难对受害人的损害予以充分救济。而惩罚性赔偿可以更充分地补偿受害人遭受的损害。再者,受害人提起诉讼以后所支付的各种费用,特别是与诉讼有关的费用,只有通过惩罚性赔偿才能补救。

第二,制裁功能。惩罚性赔偿主要是针对那些具有不法性和道德上的应受谴责性的行为而适用的,就是要对故意的、恶意的不法行为实施惩罚。而补偿性赔偿要求赔偿受害人的全部经济损失,在性质上乃是一种交易,等于以同样的财产交换损失。这样一来,补偿性的赔偿对经营者难以起到制裁作用,甚至使民事赔偿法律为经营者所控制。而惩罚性损害赔偿则通过给不法行为人强加更重的经济负担来制裁不法行为,从而达到制裁的效果。

第三,威慑功能。威慑是对惩罚性损害赔偿合理性的传统解释。惩罚性赔偿的这种威慑功能是为主张采用惩罚性赔偿制度的学者和适用惩罚性赔偿制度的法院所普遍赞同的功能。威慑可以分为一般威慑和特别的威慑。一般威慑是指通过惩罚性赔偿对社会一般人将来可能的潜在侵权行为产生威慑作用,特别的威慑是指对加害人本身的威吓作用,即防止加害人重复进行侵权行为。一般威慑是指确定一个模式,使他人从该模式中吸取教训而不再从事此行为。而人们在对这一模式进行经济分析时很容易得出成本大大高于收益的结论,从而在经济上获得了放弃潜在的侵权行为的足够的动因。

第四,鼓励功能。鼓励是指鼓励消费者积极同欺诈行为作斗争的功能。现代市场经济中,销售假货和实施欺诈行为的事件众多而分散,由于这种行为发生的高频率,销售假货或欺诈地提供服务的行为不仅是对个别消费者的私人利益的侵犯,而且是对全体消费者共同利益的侵犯。消费者权利实质上是一种社会权利,而不是单纯的私人权利。通过惩罚性赔偿制度的确立,可以刺激和鼓励消费者更加积极地同经营者的欺诈行为作斗争,从而会在客观上有利于保护社会上全体消费者的利益。

二、《消费者权益保护法》第五十五条的适用条件

(一) 权利的主体必须是消费者

《消费者权益保护法》第三条规定:"消费者为生活需要购买、使用商品或者接受服务,其权益受本法保护。"第五十五条规定:"经营者提供商品或者服务有欺诈行为的,应当按照消费者的要求增加赔偿其受到的损失,增加赔偿的金额为消费者购买商品的价款或者接受服务的费用的三倍;增加赔偿的金额不足五百元的,为五百元。法律另有规定的,依照其规定。经营者明知商品或者服务存在缺陷,仍然向消费者提供,造成消费者或者其他受害人

死亡或者健康严重损害的,受害人有权要求经营者依照本法第四十九条、第五十一条等法律规定赔偿损失,并有权要求所受损失二倍以下的惩罚性赔偿。"由此可见,《消费者权益保护法》所规定的惩罚性损害赔偿请求权的行使主体必须是消费者。

但"消费者"如何界定一直是一个让人争论不休的问题。如单位能不能成为消费者?有学者认为应将消费者限于个体社会成员即自然人,而当法人、非法人组织购买、使用商品或者接受服务,其权益受到侵犯时,受《中华人民共和国产品质量法》等法律规范的调整。因为现代消费者权益保护法是在市场经济条件下对消费者弱者地位充分认识的基础上给予特殊保护的立法,如果将消费者的范围规定得过广,将各种社会团体和组织都视为消费者,那么,以此为指导方针而制定的法律必然会忽视个体消费者的弱势地位,对其给予特殊保护亦就必然会失去理论上的依据。有观点认为《消费者权益保护法》第三条中并没有明文规定将消费者范围限制为自然人,而且现实生活中也的确存在着单位为其职工消费而购买商品受到欺诈的情形,若将单位作为消费者,其获得惩罚性损害赔偿金后再由受损害的单位职工接受,这也符合《消费者权益保护法》保护弱者的目的。

(二) 经营者的行为构成欺诈

《消费者权益保护法》中并没有明确规定什么是欺诈行为。《最高人民法院关于贯彻执行〈中华人民共和国民法通则〉若干问题的意见(试行)》第六十八条规定:"一方当事人故意告知对方虚假情况,或者故意隐瞒真实情况,诱使对方当事人作出错误意思表示的,可以认定为欺诈行为。"据此,我国法学学者认为构成欺诈的要件如下:(1) 主观要素,行为人有欺诈的故意;(2) 客观要素,即行为人有虚假陈述或隐瞒实情的行为;(3) 被欺诈人因受欺诈而陷于错误判断;(4) 被欺诈人基于错误判断而为意思表示。

1996年3月15日,国家工商行政管理局发布了《欺诈消费者行为处罚办法》(以下简称"处罚办法"),其中第二条规定:"本法所称欺诈消费者行为,是指经营者在提供商品或者服务中,采取虚假或者其他不正当手段欺骗、误导消费者,使消费者的合法权益受到损害的行为。"处罚办法还具体列举了一系列欺诈消费者行为的表现形式,例如,销售掺杂、掺假,以假充真,以次充好的商品的;采取虚假或者其他不正当手段使销售的商品分量不足的;销售"处理品""残次品""等外品"等商品而谎称是正品的;作虚假的现场演示和说明的;利用广播、电视电影、报刊等大众传播媒介对商品作虚假宣传的等等。故构成欺诈的要件中应包括消费者因经营者的欺诈行为而陷于错误判断情形，如明知是欺诈仍坚持购买，则不适用惩罚性损害赔偿制度。

至于商事主体之间的诈欺行为，不应适用惩罚性损害赔偿。商事主体的行为应适用商法上的商行为制度，商事交易中一般实行严格责任主义，即在商事交易中，债务人无论是否有过错均应对债权人负责，以求维系商事交易的安全。对商事主体间的交易行为本已比民事主体间的民事行为有更严格的要求，在法律无特别规定时，商事主体间的诈欺行为不应适用惩罚性赔偿制度。

（三）消费者受到损失

根据《消费者权益保护法》第五十五条规定，经营者提供商品或者服务有欺诈行为的，应当按照消费者的要求增加赔偿其受到的损失。依照字面意思理解，即只有当经营者的欺诈行为对购买商品或者接受服务的消费者造成实际损害时，经营者才负赔偿责任；没有造成实际损失的，则不负赔偿责任。损害的发生是损害赔偿的基本构成要件，无损害就无赔偿可言。所以，若只有经营者的欺诈行为而没有消费者受到损失的事实，消费者向经营者提出给予惩罚性损害赔偿的要求就不符合《消费者权益保护法》规定的条件。

事实上，惩罚性赔偿制度的适用并不意味着必须要有实际的损失或损害发生，只要商品经营者的行为按其性质足以使消费者产生误解并足以给他们带来某种不良利益，就可以认定损害已经存在。

（四）消费者提出惩罚性损害赔偿的请求

我国的惩罚性损害赔偿是法定的赔偿制度，并不是当事人之间约定，当事人之间的约定无效。一般情况下，经营者不可能自觉地履行这样的义务，也不能由法官依职权强制实行。所以消费者应当依据《消费者权益保护法》第五十五条的规定提出惩罚性损害赔偿的请求。消费者可以向经营者提出，也可以直接向法院提起诉讼。

如果消费者未提出惩罚性损害赔偿的请求，经营者就没有义务支付惩罚性损害赔偿金，法院也不会做出惩罚性损害赔偿的判决。如果经营者因违法而受到了行政处罚的话，也不能免除其对消费者的惩罚性损害赔偿责任，因为两者在本质上不同，两种责任形式可以并存。

案例分析

训练项目一：消费者的认定与分析

【训练目的与要求】

通过训练，理解并掌握消费者的基本含义，能够在具体的消费者权益纠纷中正确界定消费者。

【实例训练】

案例："王海"是否为消费者？

自《消费者权益保护法》实施以来，以王海为代表的购假索赔之风在全国各地盛行，此种现象被称为王海现象，是否可将王海作为消费者而适用惩罚性赔偿金一直存在广泛的争议。

有的学者认为：制定惩罚性赔偿金制度的立法价值取向一方面在于其惩罚性，即制裁不法商人的违法行为，另一方面在于其鼓励性，即鼓励人们同制假卖假、提供欺诈性服务的不法商人作斗争，并且用相应的奖励（惩罚性赔偿金）来调动人们的积极性。因此，"在司法实践中，无论知假也好，不知也好，一律作为消费者来对待，适用惩罚性赔偿金制度"。

根据《消费者权益保护法》第二条，成为消费者的要件之一必须是为了生活消费，依民法解释学，无论采用何种解释方法，其解释结果都不得违背法律条文可能的文义。毫无疑问，"购假索赔"已超出了为生活的需要一语可能的文义范围，若将王海们也视为消费者，只会给一些人的投机行为留有可乘之机，这种打假行为违反了诚实信用原则，损害了交易的性质，其结果必然损害正常稳定的市场交易秩序。故购假索赔者不属于消费者，不应对其适用惩罚性赔偿金。

问题：

1. "王海打假"现象说明了什么？
2. "王海打假"对我国消费者权益保护制度的启示意义。
3. 在实务中，应当依据哪些标准认定消费者？

核心提示：

判断是否为消费者，不应从购买者个体主观状态上认定，不应认为只有为生活需要购买、使用商品或接受服务的人才是消费者，而应从商品或服务的客观性质上判断其是否为生活消费品，如为生活消费品（包括服务），则购买、使用这些消费品的人可初步被认定为消费者。但我国《消费者权益保护法》上有一个例外规定，即第六十二条："农民购买、使用直接用于农业生产的生产资料，参照本法执行。"根据该规定，购买、使用直接用于农业生产的生产资料的农民，享受《消费者权益保护法》规定的消费者的权利。

训练项目二：惩罚性赔偿纠纷的认定与分析

【训练目的与要求】

通过训练，了解并掌握《消费者权益保护法》中的惩罚性赔偿制度的具体内涵；掌握惩罚性赔偿制度在消费者权益纠纷中适用的具体要求与条件，能够认定并分析实际案件。

【实例训练】

案例1：赵某诉南京市某汽车贸易公司双倍赔偿案

原告：赵某，电视台编导

被告：江苏省南京市某汽车贸易公司（以下简称汽贸公司）

1995年12月14日，赵某为方便生活、工作，私人出资在汽贸公司购买BJ2020SG型北京吉普车一辆，车价55200元，编号为31225。汽贸公司出具给赵某两张未加盖"南京市工商行政管理局汽车交易市场管理专用章"的发票，并随车附号码为NO××××的合格证一份和南京某部使用的车型厂牌为"八闽吉普车"及临时牌照一张。赵某开车回家途中发现该车有严重异响。次日，赵某电话告知汽贸公司车辆有严重质量问题。第三天，赵某将该车送至北京吉普车特约维修点北京某公司南京特约服务中心（以下简称服务中心）进行检修。服务中心检修后，于当月18日作出该车非北京吉普汽车有限公司生产的情况报告。赵某得知后，即向汽贸公司提出退车并给付相当于所购汽车价款的赔偿的要求。汽贸公司同意退车，于同月24日以银行存单的形式将车款55200元退给赵某，并支付了汽车修理费928.44元，但不同意赔偿。为此，赵某拒绝将汽车钥匙、合格证及临时牌照还给汽贸公司。25日，汽贸公司未经赵某及服务中心同意，擅自将该车车锁撬开，强行开走，返还给供货方安徽省某机电设备公司。后赵某到北京吉普车汽车有限公司法律事务室将汽车合格证送检。送检结果表明，编号为NO××××的汽车合格证系伪造。同时北京吉普汽车有限公司声明，其未生产过编号为31225的北京吉普车。1996年3月14日，赵某诉至南京市某区人民法院，以汽贸公司销售假冒伪劣商品，对消费者有欺诈行为为由，要求根据《消费者权益保护法》第四十九条的规定，判令汽贸公司给付赔偿金 55200 元，赔偿其赴京鉴定的差旅费 1200 元和聘请律师的费用，承担案件诉讼费用。

被告汽贸公司答辩称：我方出售给原告的车系代销品，有协议可证明。原告提出退货后已拿到退车款，我方并承担了修理费。但其拒不交出车钥匙及合格证，我方才将车开走。根据代销协议，我方已将车退还给委托方。我方与原告之间买卖车辆的权利义务已完成，请求驳回原告的诉讼请求。

审判：

南京市某区人民法院经审理认为，赵某购车发现质量问题要求退货，汽贸公司已同意退车并支付了退车款，双方之间买卖的权利义务已完成。至于该车是否是伪劣商品，因争议的标的物已转移，赵某无法举证，不予认定。依照《中华人民共和国民法通则》第五条、《中华人民共和国消费者权益保护法》第五条之规定，于 1996 年 9 月 26 日判决：驳回赵某的诉讼请求。

一审判决后，赵某不服，以原审判决适用法律不当为由，向南京市中级人民法院提起上诉。汽贸中心未作书面答辩。

二审查明：安徽省某机电设备公司已撤销，汽车现下落不明。赵某去北京送检汽车合格证差旅费合计 1051.10 元，一、二审律师费用合计 4400 元。

南京市中级人民法院经公开审理认为，消费者合法权益受法律保护。赵某私人购买汽车作为代步工具，因该买卖发生的索赔纠纷属《中华人民共和国消费者权益保护法》调整的范畴。汽贸公司将假冒北京吉普汽车有限公司生产的伪劣汽车出售给赵某，并提供伪造的合格证及与车不符的临时牌照，售车发票也违反工商行政管理部门的规定，未加盖"南京市工商行政管理局汽车交易市场管理专用章"，其行为已构成欺诈，侵害了消费者赵某的合法权益。虽然汽贸公司已将车款退还赵某，但汽贸公司与赵某之间因买卖假冒伪劣商品产生的索赔权利义务关系并未终结，汽贸公司应承担赔偿赵某损失的民事责任。一审法院以双方当事人间买卖的权利义务关系已完成，赵某要求赔偿的证据不足为由，判决驳回赵某的索赔请求不当。赵某的上诉请求和理由于法有据，应予支持。依照《中华人民共和国消费者权益保护法》第五条、第四十四条、第四十九条和《中华人民共和国民事诉讼法》第一百五十三条第一款第（二）项之规定，于 1997 年 3 月 12 日作出终审判决：一、撤销南京市某区人民法院的一审判决；二、汽贸公司于本判决生效后 10 日内赔偿赵某赔偿金 55200 元、赴京鉴定的差旅费 1051.10 元、律师代理费 4400 元，合计 60651.10 元。

问题：

1. 本案原告是"消费者"吗？本案是否适用《消费者权益保护法》？

2. 汽贸公司在经营中销售假冒北京吉普车的行为能否认定？其行为是否构成欺诈？

3. 消费者的间接损失是否应赔偿？经营者对消费者其他损失的赔偿责任能否因已支付高额加倍赔偿金而免除？

4. 评析二审法院对案件的认定与处理。

核心提示：

本案被告汽贸公司以公开出售汽车这种商品的方式，向社会不特定之购买者销售商品，因购买者的法律性质不同，而受到不同的法律规范调整。如果购买者是为生活消费需要而购买汽车这种商品，那就是《中华人民共和国消费者权益保护法》所指的消费者。

处理汽车买卖纠纷，通常适用《中华人民共和国民法通则》和有关买卖合同的法律法规。但当汽车被作为生活消费品而购买时，由于买受人具有"消费者"这一特定身份，而《中华人民共和国消费者权益保护法》在保护消费者方面有特别规定，根据特别法优于普通法的原则，处理此类纠纷就应首先适用《中华人民共和国消费者权益保护法》，只有该法未作规定的，才适用其他法律处理。

对消费者取证、索赔过程中产生的间接损失的赔偿，《中华人民共和国消费者权益保护法》并无明文规定。但是，该法第二条规定："本法未作规定的，受其他有关法律、法规保护"。根据《中华人民共和国民法通则》第六十一条关于因无效民事行为使一方所受的损失应由过错方赔偿的规定，经营者对由于自己欺诈行为导致消费者所有的财产损失均应承担民事赔偿责任，因为法律对一方所受的损失未作限制性规定。据此，消费者对在取证、索赔过程中产生的间接损失有向经营者求偿的权利，经营者则有赔偿的义务。

案例 2：一房两卖开发商双倍赔偿案

2004 年，大学教授郑某以名下的新技术公司名义在北二环雍和宫附近的雍和大厦购房，作为公司办公写字楼。新技术公司与开发商某房地产公司签订了《购房协议书》，购买位于大厦一层东北角的商业门面房一套，门面房建筑面积为 230m^2，当时销售单价为每平方米 2.5 万元。协议约定，新技术公司一次性付款，当日交付房款的 95%，即 546.25 万元，其余款于入住后交纳。

到了 2005 年 5 月，大厦已投入使用，但一层东北角商业门面房却迟迟未能交付。郑某找到开发商，对方答复说房子不归他了，而且所收房款不退。原来，《购房协议书》中有这样一条规定，"新技术公司须在签订协议书 7 日内，即 2004 年 5 月 21 日前与开发商签订《商品房买卖合同》，如新技术公在上述期限内未与开发商签订正式的购房合同，开发商有权出售房屋，所收房款不予退还。"由于新技术公司一直未与开发商签订正式合同，开发商认为他们有权另行出售且所收房款不退。

此后，开发商于2006年8月将此门面房出售给一家银行作为营业厅。郑教授认为对方"一房两卖"构成商业欺诈，2007年5月，新技术公司一纸诉状将该房地产公司起诉到东城法院，要求解除《购房协议书》，开发商返还购房款以及承担已付房款一倍的赔偿责任。

开发商辩解说，根据协议，双方应在签订《购房协议书》的7日内再签订《商品买卖合同》，否则被告有权另行出售房屋，所收房款不予返还。原告至今未与被告签订买卖合同，因此违反协议规定，应承担相应的法律后果。《购房协议书》并未明确约定原告购买房屋的具体位置，原告所称的门面房从未得到他们的认可。原告所支付的购房款为定金，原告存在违反《购房协议书》的行为，无权要求返还该款。

对此，法院经审理认为，双方之间签订的协议书合法有效。被告虽提出根据协议约定，双方应在7日内再签订《商品买卖合同》，否则被告有权另行出售房屋，所收房款不予返还，但由于被告工作人员填写的协议书又将7日内的最后日期明确为《购房协议书》签约当日，即2004年5月21日，这导致合同内容互相矛盾。对此，开发商解释为笔误，但未能举证。此外，在庭审中，被告也认可原告在付款7日内要求签订合同，但因被告未同意，导致合同未能签订。

针对所购房屋具体位置未能达成一致意见的问题，法院认为，被告工作人员已在《购房协议书》中的空白处用钢笔明确填写了"具体面积、位置见附图和估算的房屋面积"等内容，足以说明双方对此已有明确约定。在原告无法提供该附图时，被告有义务提供，但其未向法庭提供。另外，根据交易习惯，买卖双方应在明确了交易的具体内容后，买方才会于签约当日支付绝大部分购房款。据此，法院认定双方买卖房屋的具体位置应为原告主张的房屋。而被告在双方发生争议后仍将该位置的房屋出售他人，导致合同不能实现，被告应对其行为承担相应的民事责任。

问题：

1. 本案所涉及的法律问题有哪些？
2. 评析该案例。

核心提示：

对于商品房买卖合同纠纷案件能否适用惩罚性赔偿责任，一直都有争议，主要原因是商品房买卖合同金额巨大，判决双倍赔偿会导致利害关系失衡。

2003年4月，出台《最高人民法院关于审理商品房买卖合同纠纷案件适用法律若干问题的解释》，将"惩罚性赔偿原则"引入商品房买卖合同纠纷的处理中来。规定对出卖人严重违反诚实信用原则、损害买受人利益的恶意违约、欺诈等行为，可以适用惩罚性赔偿原则。

解释规定了可以适用惩罚性赔偿责任的五种情形：一是商品房买卖合同订立后，出卖人未告知买受人又将该商品房屋抵押给第三人；二是商品房买卖合同订立后，出卖人又将该房屋出卖给第三人；三是订立合同时，出卖人故意隐瞒没有取得商品房预售许可证明；四是在订立合同时，出卖人故意隐瞒所售房屋已经抵押的事实；五是订立合同时，出卖人故意隐瞒所售房屋已经出卖给第三人或者为拆迁补偿安置房屋的事实。

案例3：美国通用汽车公司天价赔偿案（摘自2000年5月24日《中国经济时报》）

1999年7月9日，洛杉矶高等法院陪审团裁定，世界最大的汽车制造商美国通用汽车公司，必须向两名妇女和四个孩子赔偿49亿美元。这不仅仅是20世纪，而且是世界历史上对产品责任和个人伤害案赔偿金额最高的裁定。

案件发生在1993年圣诞节前夕，安德森夫人与朋友蒂格娜带着四个孩子，开了一辆通用1979年产马里布牌汽车，去教堂做弥撒。在一个红灯前，一辆车子从后面高速冲来，撞上了她们停下来的车子，旋即引起大火。结果，两个大人和四个孩子全部严重烧伤。66岁的艾丽沙事后动了70次手术，她的妹妹则动了60次手术。

在法庭上，原告律师指出，通用公司1979年生产的马里布牌汽车质量有问题，油箱离后保险杠太近。律师出示了数百份的资料数据，证明通用汽车公司早就知道它的汽车油箱不安全，但因为利润的缘故而不进行修改。这家公司的一位工程师早在1973年就曾经提出了一份被称为"价值分析"的报告，指出解决包括引起死亡在内的法律纠纷，每辆车平均花费2.4美元，而解决油箱设计问题，每辆车平均要花8.59美元。律师的结论是，通用汽车公司根本不重视驾车人的生命安全，应当对其负责。

法官威廉斯指出，造成交通事故的汽车是美国通用汽车公司1979年生产的雪佛莱牌轿车，此车油箱与保险杠之间的距离太近，仅有25厘米，从而导致汽车被撞后油箱爆炸起火，而安全的设计应该是将油箱安装在车轴上方或是在油箱和车尾之间有一屏蔽装置。

陪审团发言人还指出，通用汽车公司在1979年至1983年期间生产的汽车油箱位置都存在安全隐患，该公司完全明白自己的产品会引起安全事故，但由于改变设计需要花费很多钱而作罢。所以，这个赔偿金额大部分是惩罚性质的。

经过十个星期的审理，陪审团一致同意通用汽车公司向受害者赔偿 49 亿美元。其中的 1.07 亿美元是对两个妇女和四个孩子所遭受痛苦的补偿性赔偿，其余近 48 亿美元是对通用汽车公司的"欺骗"与"有意犯罪"而进行的惩罚性赔偿。陪审团作出的裁决指出："我们作出这种裁定，就是想向那些大公司发出一个信息：不要把利润置于公众安全之上。"

通用不服，上诉至美国洛杉矶高级法院。法官威廉斯作出判决，被告通用汽车公司应对这起交通事故负责，并需向受害者赔偿 10.9 亿美元的处罚性赔款。虽然这一金额比原判的 48 亿美元减少了许多，但仍成为美国历史上因产品设计不合理而造成人身伤害所赔偿的最高额。

威廉斯指出，造成交通事故的汽车是美国通用汽车公司 1979 年生产的雪佛莱牌轿车，此车油箱和保险杠之间的距离太近，仅有 25 厘米，从而导致汽车被撞后油箱爆炸起火；而安全的设计应该是将油箱安装在车轴上方或是在油箱和车尾之间有一屏蔽装置。威廉斯说，此案原判证据确凿，因而通用汽车公司应向受害者进行赔偿，但原判的赔偿金额过高，须由原来的 48 亿美元降至 10.9 亿美元。

陪审团发言人梭顿也指出，调查结果表明，通用汽车公司在 1979 年至 1983 年期间生产的汽车油箱安装位置都存在安全隐患，该公司完全明白自己的产品会引发交通事故，但由于改变设计需要花费较多的钱，因此没有付诸行动。

二审判决结束后，受害人的律师帕尼斯表示，原告接受洛杉矶最高法院的裁决，其实这起案件也不是钱的问题，如果通用汽车公司同意收回其在 1979 年至 1983 年间生产的同样类型的汽车，原告可以将赔偿金额从 10.9 亿美元减少到 3 亿美元。但通用公司拒绝了这一建议，声称自己公司生产的产品达到了美国有关部门制定的汽车安全标准。该公司律师海尔布伦说："通用汽车公司并不是为了经济利益而蛮干，我们认为汽车的设计没有什么不妥，油箱的位置非常安全，其着火的唯一原因是受到了猛烈的撞击。"

通用汽车公司正在谋求重新审理此案，它认为陪审团忽略了对公司有利的证据，其审判结果是片面的，而那个酒后驾车的司机才是制造这起事故的唯一祸首。通用汽车公司还指出，雪佛莱汽车是 20 世纪 70 年代最安全的车型之一，汽车油箱安装在车轴后面要比安装在车轴上方安全得多，否则乘客的座位更容易起火。但是洛杉矶最高法院在 26 日的裁决中已经明确指出：除非事故受害者不服目前的审判结果，否则通用公司没有权利要求法院重新审理此案。

问题：
1. 该案的启示有哪些？
2. 结合本案，试分析我国《消费者权益保护法》中的惩罚性赔偿制度。

核心提示：

保护消费者权益被许多国家视为企业的社会责任。世界各国特别是各个发达国家，认为21世纪的经济是以消费者为主导的，国内消费者的消费是一国经济健康发展最可靠的力量。所以在21世纪，谁真正掌握了本国的消费品，谁就掌握了国家经济安全、健康、稳定、持续发展的金钥匙和主动权。以美国为例，作为世界第一大经济体，每年12万亿美金的国内生产总值主要靠的是国内消费者的消费。据美国商务部的统计资料显示，美国国内消费者的消费对其经济增长贡献度一直维持在75%左右。所以美国的立法、判例和行政措施都不遗余力地保护消费者权益。

训练项目三：消费者权益常见纠纷的认定与处理

【训练目的与要求】

通过训练，理解并掌握消费者的主要权利，能够认定并正确处理常见消费者权益纠纷案件，切实维护消费者利益。

【实例训练】

案例1：消费者知情权与行业"黑名单"

2005年，原厦航航空安全员范后军因与厦航发生劳动争议，被厦航列入"黑名单"。后因纠纷，范后军先后被厦航福州分公司书记和保卫处副处长打伤。2006年，范后军经劳动仲裁调解，与厦航签订"自愿在没有子女前放弃选择乘坐厦航航班"的调解协议。2008年6月29日，范后军的女儿出生。至2008年9月15日，范后军最后一次购买厦航机票被拒绝登机，其已先后7次乘坐厦航航班被拒，范后军以侵犯人格尊严为由将厦航告上法院，要求确认厦航侵权，让其赔礼道歉，同时索赔精神损害抚慰金5万元及其他相关经济损失5000余元。

2009年11月10日，全国首例"航空黑名单案"尘埃落定。北京朝阳法院一审判决认定，航空公司在有正当理由的情况下有权拒载，因此在范后军案中厦航不构成侵权，据此判决驳回了范后军的全部诉讼请求。但法院同时建议厦航，在拒载特定乘客时，应当告知乘客拒载的理由，保障乘客的知情权。

据中国法院网2010年2月5日报道，上海铁路局管辖内"三省一市"各车站，电话订票成功后如订票者不取票，今后可能会被列入"黑名单"，订票者将无法继续享受这一便捷服务。此前，消费者莫名其妙地被移动公司列入"黑名单"，被限制使用一些业务服务，消费者大为恼火，却无可奈何。

问题：

1. 谁有权制定涉及限制他人权利的"黑名单"？对于哪些人可以被列入黑名单，是不是由航空公司、铁路局、移动公司等经营者单方面说了算，并且事先无需履行告知义务？

2. 如何依法保护消费者的知情权？

核心提示：

现在各行各业自己强制推行的"黑名单"制度，已经与我们每一个人的诚信档案挂钩，越来越影响消费者的权益。正义法则告诉我们，任何人在作出不利于他人权利的决定时，首先必须听取他人的意见，底线要求也应该事前把不利规则告知他人。

案例2：公交卡押金争议

自北京市公交一卡通（以下简称"一卡通"）2006年5月10日全面启用以来，对其20元押金的争议就没停止过。2006年，中国政法大学3名大学生为此状告一卡通公司；2007年，律师董某又向法院提起诉讼并胜诉，拿到40元赔偿金，但法院仅将此作为个案处理；2008年3月，北京市市民肖某状告一卡通公司案一审开庭；2008年，董某拿着2007年的胜诉调解书又向国家发改委举报全国一卡通押金问题；6年来，北京市政协委员、北京某集团董事长石某6次提出提案，建议公开"一卡通"押金使用情况。

2012年2月，北京市市民刘某不小心将公交卡折断后想退卡，并把卡内的180元余额取出。但工作人员告诉她，余额可以退，但由于卡断了，20元的押金不能退了，而且没有发票。让人没想到的是，刘某和她的代理人王某却为这20元较上了真儿，想要一个说法。她们找到北京市政交通一卡通公司，找到北京市政府、市发改委、市财政局和市审计局，请求公开这笔押金的明细和用途。

问题：

1. 从《消费者权益保护法》的角度评价以上案件。

2. 上述案件对我们有哪些启示？

核心提示：

公交一卡通巨额押金问题已有北京、福州、广州、厦门、南京、郑州等十来个城市的市民向当地政府相关部门申请公开或提起诉讼。面对公众疑问，公交一卡通押金的相关问题，理应早日给公众一个说法。

收取公交卡押金是典型的公司融资行为，与营业收入是两码事。押金管理及用途、押金利息的去向一直是个谜，很难令广大人民群众信服。无论是存进银行还是流入其他资本市场，权属关系非常明确。从法律意义上讲，押金是一种担保关系，根据约定应当退还，其利息也归消费者所有，公交部门只有代管押金的义务，无权擅自支配。可到目前为止，没有任何一个城市的公交部门对押金及其收益的去向作出解释。

数据表明，公交一卡通发行量在我国已超 1.8 亿张，按每张卡押金 10 元到 30 元估算，押金总额达到 18 亿到 54 亿元。如此巨额款项，到底由谁在管理，收益情况如何，用在了什么地方，等等，不能总是一笔糊涂账。

押金的糊涂账还体现在制卡成本不透明、不同城市押金各异等怪象上。正如一些人质疑的那样，如今一张 IC 卡或 ID 卡的成本其实也就几角钱，为何不同城市却要收取数十元的押金？对各地居民而言，公交一卡通基本属于长期持有使用，如此一来，每张卡数十元的押金就变为事实上的长期占有。

公交一卡通押金混乱问题很大程度上与管理缺位有关。根据财政部等有关部门 2001 年发布的《集成电路卡应用和收费管理办法》第八条规定，公交、供水、供气、供电等公用性服务行业或具有行业垄断性质的企业提供生产经营服务，推广使用 IC 卡不得向用户单独收取费用；为控制发行费用，可以按一定标准收取押金，押金的具体管理办法由省、自治区、直辖市人民政府制定。这一办法颁布已经十余年，公交一卡通也在全国不少城市广泛使用，竟然没有一个地方政府对此出台具体管理办法。"一定标准"不明确，收取多少押金自然就由发卡单位自己说了算。

由于每张卡上的利息很少，退还很难操作。民众使用一卡通享受的是便利服务，其押金及利息作为享受服务所应支付的成本也说得过去。但公交卡押金到底该收多少？押金及利息究竟如何使用？这不仅关系到持卡人的经济利益，更关系到民众的知情权。有关职能部门应该按照公平公开的原则，给广大人民群众一个合理的解释，同时也要加大公交卡押金及利息监管力度，不能让公交卡成为少数机构和别有用心的人谋利的工具。

公交一卡通押金涉及庞大人群的切身利益，将相关详情向社会公开更是关系到人民群众的知情权。面对公众要求，各地公交一卡通运营部门却始终守口如瓶，政府相关部门更以没有制作相关信息来作回应，这样的现状显然难以让人民群众满意。

训练项目四：消费者权益纠纷解决机制

【训练目的与要求】

通过训练，理解并掌握消费者的主要权利，能够认定并正确处理常见消费者权益纠纷案件，切实维护消费者利益。

【实例训练】

案例1：刘某诉乐金公司、苏宁中心侵害消费者知情权纠纷案

2005年3月原告刘某诉称：原告在被告苏宁中心处购买了由被告乐金公司生产的海皙蓝02时光嫩肤液。该化妆品外包装上没有标注开瓶后的使用期限以及正确的使用方法。原告买到这样的化妆品，难以正确使用。一审法院南京市鼓楼区人民法院认为根据《民法通则》《产品质量法》相关规定，生产者对限期使用的产品，应当在显著位置清晰地标明安全使用期，现被告已在产品底部明确标注了限用期限是到2007年11月21日；现国家法律和行业规范都没有强制规定化妆品要标注开瓶后的使用期限，故驳回原告刘某的诉讼请求。

二审南京市中级人民法院审理认为，根据《消费者权益保护法》第八条和《产品质量法》第二十七条的规定，化妆品经营者在限期使用的化妆品包装上虽标注限用合格日期，但没有说明该日期的确切含义，造成消费者无法了解化妆品安全使用日期，对消费者有误导作用，侵害了消费者的知情权。二审法院还认为：在民事诉讼中，法律只保护特定民事主体自身的合法权益，民事诉讼中的权利人和标的物均应是特定的。上诉人刘某要求乐金公司、苏宁中心在海皙蓝02时光嫩肤液的包装上标注开瓶使用期限，这一诉讼请求虽然合理，却已涉及不特定的权利主体和标的物，超出本案能够处理的范围，难以全部支持。

问题：

1. 请分析本案原告的诉讼请求。
2. 试评析一、二审法院的判决。
3. 论证在我国确立消费者权益诉讼制度的可行性。

核心提示：

二审法院不支持上诉人刘某要求乐金公司、苏宁中心在海皙蓝02时光嫩肤液的包装上标注开瓶使用期限这一诉讼请求，意味着每一位海皙蓝02时光嫩肤液消费者都要提起民事侵权诉讼，才能实现自己的知情权。这部分判决内容显然违背对所有消费者平等保护的基本法理，也违背了消费者知情权的立法本意，使其他受同一违法行为侵害的消费者权利及潜在消费者权利无法得到保护。这体现了民法思维一对一的个案解决方式,其结果是,在个别消费者提起的诉讼中,可能其本人的权利得到了保护,但其他受同一违法行为侵害的消费者权益以及整体消费者权益未必能受到保护,特别是潜在的消费者利益无法得到保护,显示出民事权利救济机制不能有效遏制损害消费者权益的违法行为。上述案例充分体现出传统民事诉讼在消费者权益救济中具有的私人性、相对性局限。因此,创设消费者权益救济的有效路径——消费者公益诉讼制度十分必要。

学习单元七 产品质量法律基础与案例分析

【学习目的与要求】

通过学习，了解并掌握产品质量法的主要制度，并能够运用理论知识认定和分析产品质量法律纠纷，提出解决意见。

【学习重点与提示】

产品的含义，产品缺陷责任，产品瑕疵责任，缺陷产品召回制度。

基本理论

学习内容1 产品质量法基本理论

一、产品质量法概述

(一) 产品质量法概念与调整对象

我国的产品质量法是调整在生产、流通以及监督管理过程中，因产品质量而发生的产品质量监督管理关系和产品质量责任关系的法律规范的总称。这表明其调整的对象如下：第一，产品质量监督管理关系。这一关系是发生在行政机关在履行产品监督管理职能的过程中与生产经营者之间的关系，是管理、监督与被管理、被监督的关系；第二，产品质量责任关系。这一关系是发生在生产经营者与消费者、用户及其相关第三人之间的、因产品质量问题引发的损害赔偿责任关系，是一种在商品交易关系中发生的平等主体间的经济关系。

《中华人民共和国产品质量法》（以下简称《产品质量法》）于1993年2月22日第七届全国人民代表大会常务委员会第三十次会议通过，并于2018年12月29日第十三届全国人民代表大会常务委员会第十七次会议进行了第三次修正。

(二) 产品质量法的适用范围

《中华人民共和国产品质量法》第二条第一款规定:"在中华人民共和国境内从事产品生产、销售活动,必须遵守本法。"凡在我国境内从事产品的生产、销售活动,包括进口产品在我国国内的销售,都必须遵守本法的规定,既要遵守本法有关对产品质量行政监督的规定,同时对因产品存在缺陷造成他人人身、财产损害的,也要依照本法关于产品责任的规定承担赔偿责任。具体而言,《产品质量法》的主体适用范围主要包括以下几种:

1. 产品质量监督管理部门。产品质量监督管理部门是负责产品质量监督管理工作的国家机关。包括国务院产品质量监督管理部门和县级以上地方人民政府产品质量监督管理部门,同时也包括与产品质量监督管理工作有关的各级人民政府职能部门。如工商行政管理部门、食品卫生监督管理部门等。

2. 保护消费者权益的社会组织。保护消费者权益的社会组织是产品质量监督的辅助性机构。包括各级消费者协会、用户委员会等。

3. 用户。指将产品用于集团性消费的企业、事业单位和其他社会组织。

4. 消费者。指将产品用于生活性消费的社会个体成员。

5. 受害者。指因产品存在缺陷而遭致人身、财产损害,从而有权要求获得损害赔偿的人,包括自然人、法人与社会组织。

6. 产品责任主体。产品责任主体是指产品责任的承担者。

二、产品的含义

一般来说,产品是劳动或者活动的一种物化成果。但是,从各国的有关产品质量和产品责任方面的法律来看,其对"产品"一词的定义都不尽相同。

《欧盟产品责任指令》(欧共体的 99/34)规定:"本指令所称产品,是指一切动产,包括添附于其他动产或不动产的动产。产品包括电力。"美国《统一产品责任示范法》第 102 条(C)项规定:"产品是具有真正价值的、为进入市场而生产的,能够作为组装整件或者作为部件、零售交付的物品,但人体组织、器官、血液组成部分除外。"德国 1990 年《产品责任法》第二条规定:"本法所称产品,是指任何动产,即使已被装配(组合)在另一动产或不动产之内。产品还包括电。但未经初步加工的包括种植业、畜牧业、养蜂业、渔业产品在内的农产品(初级农产品)除外,狩猎产品亦然。"日本 1994 年《日本制造物责任法》第 2 条第 1 款规定:"本法所称之'产品',是指经过制造或加工的动产。"

我国现行《产品质量法》第2条规定："本法所称产品是指经过加工、制作，用于销售的产品。建设工程不适用本法规定；但是，建设工程使用的建筑材料、建筑构配件和设备，属于前款规定的产品范围的，适用本法规定。"第七十三条同时规定："军工产品质量监督管理办法，由国务院、中央军委另行规定。"我国对产品含义的界定限制在以下几个方面：一是经过加工、制作的物品，不包括初级农产品、未经加工的天然品、建筑工程、军用设施、枪支弹药等；二是该产品是用于销售的，自产自用的物品不在其列。可见，以下物品不适用《产品质量法》：天然物品，如煤、油、水等；农副产品；初级加工品；建筑工程；专门用于军事的物品；人体的器官及其组织体。

三、产品质量的含义与分类

产品质量指产品应具有的、符合人们需要的各种特性和特征的总和。根据国际标准化组织颁布的《质量术语》对产品质量的界定，"产品特性"指产品必须具备规定的，或潜在需要的性能，也即产品自身应固有的安全性、适用性的一般性能，以及可替换性、可维修性等个别性能。

在我国，产品质量是指国家有关法律、法规、质量标准以及合同规定的对产品适用性、安全性和其他特性的要求。根据"需要"是否符合法律的规定，是否满足用户、消费者的要求，以及符合、满足的程度，产品质量可分为合格与不合格两大类。合格又分为符合国家质量标准、符合部级质量标准、符合行业质量标准和符合企业自订质量标准四类。

不合格产品包括以下情形：

1. 瑕疵。瑕疵是指产品质量不符合用户、消费者所需的某些要求，但不存在危及人身、财产安全的不合理危险，或者未丧失原有的使用价值。产品瑕疵可分为表面瑕疵和隐蔽瑕疵两种。

2. 缺陷。缺陷是指产品存在危及人体健康、人身、财产安全的不合理的危险。包括设计上的缺陷、制造上的缺陷和未预先通知的缺陷。

3. 劣质。劣质是指其标明的成分的含量与法律规定的标准不符，或已超过有效使用期限的产品。

4. 假冒。假冒是指该产品根本未含法律规定的标准的内容，以及非法生产、已经变质的而根本不能作为某产品使用的产品。

学习内容2 产品质量监督管理制度

一、产品质量监督管理体制

(一)组织体制

产品质量监督管理体制是指划分部门之间、中央与地方之间产品质量监督管理权限的法律制度。我国的产品质量监督管理机构主要有两类：一类是专门机构，即各级技术监督局；另一类是其他部门，包括工商、卫生、医药等管理部门。

我国《产品质量法》规定："国务院产品质量监督管理部门负责全国产品质量监督管理工作。""县级以上地方产品质量监督部门主管本行政区域内的产品质量监督管理工作。县级以上地方人民政府有关部门在各自的职权范围内负责产品质量监督管理工作。"这就确立了统一管理与分工管理、层次管理与地域管理相结合的原则。

根据此项规定，国务院和县级以上地方人民政府设立了技术监督局，后改称为质量技术监督局。国家质量监督检验检疫总局（简称国家质检总局）是中华人民共和国国务院主管全国质量、计量、出入境商品检验、出入境卫生检疫、出入境动植物检疫、进出口食品安全和认证认可、标准化等工作，并行使行政执法职能的直属机构。

为履行质量技术监督职责，全国共设有31个省（自治区、直辖市）质量技术监督局，并下设2800多个行政管理部门，共有质量技术监督人员18万余人。质检总局对省（自治区、直辖市）质量技术监督机构实行业务领导。省级以下质量技术监督系统实行垂直管理，地（市）、县（市）质量技术监督局，作为上一级质量技术监督局的直属机构，各级技术机构作为同级质量直属监督局的直属事业单位，都要按照省以下垂直管理的原则，实行统一管理。

(二)权限与职责

国家质检总局对全国产品质量工作的监督管理是宏观上的、政策性的、指导性的和组织协调性的。地方质量技术监督局具体进行监督管理工作，其中包括依法查处生产、销售伪劣商品等质量违法行为。

质量技术监督局负责组织查处生产和流通领域中的产品质量违法行为，

需要工商行政管理局协助的，应予配合；工商行政管理局负责组织查处市场管理和商标管理中发现的经销掺假及冒牌产品等违法行为，需要质量技术监督局协助的，应予配合；在打击生产和经销伪劣商品违法活动中，按照上述分工，两部门应当密切配合。同一问题，不得重复检查、重复处理。

二、产品质量监管制度

我国产品质量监管制度可以概括为六项，分别为产品质量检验合格制度、企业质量体系认证制度、产品质量认证制度、以抽查为主要方式的产品质量监督检查制度、质量状况信息发布制度、产品质量的社会监督制度。

（一）产品质量检验合格制度

我国《产品质量法》第十二条规定："产品质量应当检验合格，不得以不合格产品冒充合格产品。"这是指任何产品在出厂前都必须经过检验，只有经过检验质量合格的产品才能出厂销售。检验产品，可以由企业自行设立检验机构，也可以委托其他检验机构进行。检验的标准，可依据国家法律、法规标准，也可以是企业自行制定的或与合同当事人约定的标准。但是，根据《产品质量法》第十三条的规定："可能危及人体健康和人身、财产安全的工业产品，必须符合保障人体健康、人身财产安全的国家标准、行业标准；未制定国家标准、行业标准的，必须符合保障人体健康和人身、财产安全的要求。"

（二）企业质量及产品质量认证制度

1. 企业质量体系认证制度，是指国家质量监督管理部门认可的认证机构根据企业的申请，根据有关标准，对企业质量体系进行审核、评定，并对符合标准的颁发企业质量体系认证书的制度。

2. 产品质量认证制度，是指国家质量监督管理部门认可的认证机构根据企业的申请，根据产品标准的技术要求，对其产品进行审核、评定，并对符合标准和要求的产品颁发质量认证书的制度。

企业申请产品质量认证，须具备以下条件：

第一，中国企业及其他申请人应当持有工商行政管理部门颁发的《企业法人营业执照》；外国企业应当持有有关机构的登记注册证明。

第二，申请认证的产品，其质量应当符合我国的国家标准或行业标准及其他补充技术要求，包括已转化为我国国家标准的国际先进标准。外国企业申请产品质量认证时，可以采用国际标准或外国标准。但采用的标准必须经过国家质量技术监督局正式确认。

第三，申请认证的产品，应当是质量稳定、能正常批量生产的。衡量产品质量是否稳定，是否能正常批量生产，一般通过检查工艺流程、工艺装备、随机抽样检验产品等方法进行综合评定，并提供证明材料。

第四，申请产品质量认证的企业，其企业质量体系应符合国家质量管理和质量保证系列标准的要求。

3. 产品质量认证与企业质量体系认证的区别

第一，认证的对象不是企业的质量体系，而是企业生产的某一产品；

第二，认证依据的标准不是质量管理标准，而是相关的产品标准；

第三，认证的结论不是证明企业质量体系是否符合质量管理标准，而是证明产品是否符合产品标准。

（三）产品质量监督检查制度

产品质量监督检查制度是指国务院以及地方各级产品质量监督管理部门依法对生产、流通领域的产品质量所进行的强制性监督检查活动的制度。其主要方式为抽查。

产品质量监督抽查的产品范围包括三个方面：首先是可能危及人体健康、人身、财产安全的产品，如食品、药品、医疗器械、压力容器、易燃易爆产品等；其次是影响国计民生的重要工业产品，如农药、化肥、钢筋、水泥等；再次是用户、消费者、有关组织反映有质量问题的产品，即社会普遍反映的假冒伪劣产品，投诉、举报的产品等。

根据监督抽查的需要，可对产品进行检验。为保证检验的公正，法律规定抽查的样品应当在待销产品中随机抽取；为防止增加企业的负担，不得向被检查人收取检验费用，抽取样品的数量也不得超过检验的合理需要。生产者、销售者对抽查结果有异议的，可以在规定的时间内向监督抽查部门或者上级产品质量监督部门申请复检。为避免重复抽查，国家监督抽查的产品，地方不得另行重复抽查；上级监督抽查的产品，下级不得另行重复抽查。

（四）质量状况信息发布制度

为使质量监督管理工作公开、透明，使社会公众及时了解产品质量状况，引导和督促市场经营主体切实提高产品质量，国务院和省、自治区、直辖市人民政府的产品质量监督部门应当定期发布其监督抽查的产品的质量状况公告。政府质量信息发布是保障消费者知情权的基本要求，也是消费者行使监督权的前提条件，政府有关部门必须依法履行该项职责。

（五）产品质量社会监督制度

产品质量社会监督制度，是指用户、消费者以及其他社会组织对产品质量进行监督的制度。《产品质量法》规定：用户、消费者有权就产品质量问题，向产品的生产者、销售者查询；向产品质量监督管理部门、工商行政管理部门及有关部门反映或申诉，有关部门应当负责处理。保护消费者权益的社会组织可以就消费者反映的产品质量问题，建议有关部门负责处理，支持因产品质量造成损害的消费者向人民法院起诉。

学习内容3　产品缺陷责任与产品瑕疵责任制度

一、产品缺陷责任

产品缺陷责任，又称产品侵权责任，是指产品的生产者、销售者因其生产、售出的产品存在缺陷造成他人人身、缺陷产品以外的其他财产损害而依法应承担的赔偿责任。在此需要注意的是，"产品自伤"不适用侵权责任，只能按合同法要求厂家承担违约责任，而不能以产品责任法向厂家主张侵权责任。

（一）产品缺陷责任的归责原则

产品责任的归责原则是指据以确定产品的生产者和销售者承担产品责任的基本准则。

将严格责任纳入产品责任的原因如下：

1. 生产者是危险的制造者，在某种程度上只有他们能够控制这些危险；
2. 获得利益者承担风险；
3. 生产者具有分散风险负担的能力，将责任风险通过价格体系进行分化。

也就是说，只要是产品进入流通时的科学技术水平能够发现的缺陷，生产厂家都应当对该缺陷可能产生的风险通过价格体系进行分化，销售价格中包含风险成本。

（二）产品缺陷责任的构成要件

产品缺陷责任的构成要件是指生产者或销售者承担产品缺陷责任的法律要件。适用严格责任原则确定和追究产品缺陷责任时，其要件主要包括以下内容：

1. 产品有缺陷；
2. 生产者与销售者有提供有缺陷产品的行为；
3. 有损害事实存在；
4. 产品缺陷与损害后果之间有因果关系。

（三）产品缺陷的含义及分类

1. 含义

对于何为"缺陷"，不同国家和地区的法律对此概念的界定也不尽相同。美国《第二次侵权行为法重述》402A将缺陷定义为"对使用者或消费者或者其财产有不合理危险的缺陷状态。"日本《制造物责任法》第2条第2款规定："本法所称的缺陷，是指考虑该制造物的特性、其通常预见的使用形态等交付该制造物时其他与该制造物有关的事项，该制造物欠缺通常应有的安全性。"德国《产品责任法》第3条规定："一件产品若不能提供人们有权期待的安全性，即为存在缺陷的产品，在判断一种产品是否能提供人们有权期待的安全性时，首先应当考虑使用者期待和制造人期待，这种期待可以通过广告、制造人使用说明或通过产品按规定使用的用途形式并且按规定固定下来，然后要考虑所有具体情况，包括普通使用者的类型、价格与给付之间的关系、产品的可以合理期待的使用。"

纵观上述国外的立法，发达国家对产品缺陷的规定实质上是趋同的，即产品具有不合理的危险是判断产品缺陷的唯一准则。

我国《产品质量法》第四十六条规定："本法所称缺陷，是指产品存在危及人身、他人财产安全的不合理危险；产品有保障人体健康和人身、财产安全的国家标准、行业标准的，是指不符合该标准。"

可见，我国对缺陷产品的确定依据双重判断标准，一是存在不合理危险的标准，二是不符合国家强制性标准，且后者优先适用。所谓"不合理危险"具体包括两种情况："（1）产品本身应当不存在危及人身、财产安全的危险性，只因设计、生产上的原因，导致产品存在危及人身、财产安全的危险。（2）产品本身的性质具有一定的危险性，在正常合理使用的情况下，不会发生危及人身、财产安全的危险，但因产品设计、制造等原因，导致产品在正常合理使用的情况下存在危及人身、财产安全的危险，或者生产者未能用警示标志或警示说明清楚地告诉使用者使用的注意事项，未能提醒使用者对危险的预防，而导致的危及人身、财产安全的危险[①]。""强制性标准"是指有关

---

① 李桂平：《我国产品责任归责原则体系的构建》，载《人民论坛》2010年第23期。

安全的国家标准和行业标准,是由有关部门制定并必须执行的。强制性标准易于掌握和运用,减少了人为的主观性。但在现实生活中,产品即使符合国家强制性标准也可能因经济的发展、环境的改变而存在不合理的安全隐患。因此,强制性标准应为最低安全标准。

2. 分类

(1) 按照产品缺陷形成环节的不同将缺陷分为制造缺陷、设计缺陷、警示缺陷及发展缺陷四类。

设计缺陷是指"生产者在制造产品之前,由事先形成的对产品构思、方案、计划安排、图样等设计上的事项造成的缺陷。"设计缺陷通常表现为结构零件设置不合理、配方选用不当等。制造缺陷是指"产品在制造或组装过程中严重违反操作规章制度,致使产品质量未能达到设计或预期要求。产品制造缺陷的主要特点是该缺陷不包括制造者的任何主观意志,并且这种缺陷可以通过对其规格、技术要求的检验或通过对正常产品的对比检验进行主观识别。"警示缺陷是指产品生产者或销售者有义务向消费者或使用者提供适当的书面材料,告知产品的正确用途,如果使用说明不当,造成损害,也可视为产品有缺陷。如美国《第二次侵权法重述》中指出,当产品具有不为人普遍知晓或合理预见的危险时,如果销售者知道或应当知道这一危险,就应当在产品的包装上就产品的使用方法提供说明和警示。发展缺陷也可称为开发上的缺陷,是指产品在投入流通时的科技水平无法发现该缺陷,随着科技水平的提高,发现产品存在缺陷。

(2) 依据缺陷出现的可能性或概率的不同又可将缺陷分为系统性缺陷和偶然性缺陷。系统性缺陷是指由于系统性原因在同一批次或者全部的产品中大量存在的缺陷;偶然性缺陷主要是由偶然性因素导致的,一般仅在少数或个别产品中存在。一般来说,设计缺陷和警示缺陷在同一批次的产品中是普遍存在的,因而一般都属于系统性缺陷。而对于制造缺陷来说,如果是因为系统性的原因导致的,如制造过程中的环境污染导致的缺陷,那么此类缺陷则属于系统性缺陷;但如果缺陷是由于偶然性的原因导致的,比如某一辆汽车的传动轴在制造过程中产生砂眼,但由于检测员的疏忽而未将其检测出来,导致传动轴的强度影响汽车的安全使用,此缺陷则属于偶然性缺陷。

(四) 产品缺陷责任的免责条件

我国《产品质量法》规定,生产者能够证明有下列情形之一的,不承担赔偿责任:其一,未将产品投入流通的;其二,产品投入流通时,引起损害的缺陷尚不存在的;其三,将产品投入流通时的科学技术水平尚不能发现缺陷的存在的。

此外，在司法实践中，出现下列情况时生产者不承担产品责任：

1. 损害是由于消费者擅自改变产品性能、用途或者没有按照产品的使用说明使用并且确因改变或使用不当造成的；
2. 损害是由于受害人的故意所为造成的；
3. 损害是由于常识性的危险造成的；
4. 产品造成损害，是由于使用者自身特殊敏感所致；
5. 产品已过有效期限；
6. 超过诉讼和赔偿请求时效。

（五）产品缺陷责任的赔偿范围

我国《产品质量法》规定，因产品存在缺陷造成受害人人身伤害的，侵害人应当赔偿医疗费、治疗期间的护理费、因误工减少的收入等费用；造成残疾的，还应支付残疾者生活自助具费、生活补助费、残疾赔偿金以及由其扶养的人所必需的生活费等费用；造成受害人死亡的，并应当支付丧葬费、死亡赔偿金以及由死者生前扶养的人所必需的生活费等费用。因产品存在缺陷造成受害人财产损失的，侵害人应当恢复原状或折价赔偿。受害人因此遭受其他重大损失的，侵害人应当赔偿损失。

（六）产品责任缺陷的诉讼时效

诉讼时效是指权利人在法定期间内不行使请求权，即丧失依诉讼程序强制义务人履行义务的权利的法律制度。

《产品质量法》规定，因产品存在缺陷造成损害要求赔偿的诉讼时效期间为2年，自当事人知道或者应当知道其权益受到侵害时起计算。因产品存在缺陷造成损害要求赔偿的请求权，在造成损害的产品交付最初消费者满10年丧失；但是，尚未超过明示的安全使用期的除外。

二、产品瑕疵责任

（一）产品瑕疵的含义

我国《产品质量法》第二十六条第二款第二项"具备产品应当具备的使用性能，但是，对产品存在使用性能的瑕疵作出说明的除外"中出现了产品瑕疵这一提法。关于产品瑕疵的含义，虽然《产品质量法》没有作出明确的界定，但是如果排除该法第四十六条对产品缺陷描述的情况，余下的产品质量问题实际上就是产品瑕疵。产品瑕疵是产品的一种一般性质量问题或非危险性质量问题，它是指产品不具备其应具备的价值、效用或契约约定效用或出卖人保证的品质。原则上产品瑕疵会造成产品在价值上的削弱，但不存在危及人身、他人财产安全的不合理危险。

(二) 产品瑕疵的认定

1. 产品瑕疵出现的情形

《产品质量法》第四十条对产品瑕疵的情形作出规定，一是不具备产品应当具备的使用性能而事先未作说明的；二是不符合在产品或者其包装上注明采用的产品标准的；三是不符合以产品说明、实物样品等方式表明的质量状况的。按照通俗说法，产品质量有瑕疵的情形即是产品为所谓的"处理品""残次品""等外品"。

2. 判断产品瑕疵的标准

（1）产品出现除缺陷以外的质量问题或非危险性的质量问题。产品缺陷与产品瑕疵共同构成了产品质量问题，因此，产品瑕疵应该是除产品缺陷以外的一种一般性质量问题或非危险性质量问题，不应该将二者的内涵、情形相混同。

（2）产品不具备其应具备的价值、效用或契约约定效用或出卖人保证的品质。产品瑕疵的根本表现在于，产品本身应当具有一定的效用而实际上不具有，或者是契约约定产品要具有一定的效用而实际不具有，或者是出卖人保证产品具有一定的品质而实际上不具有。一般来说，这种效用不应该是产品的主要效用而只是次要效用，这样才不影响该产品的使用和市场投放。

（3）产品在价值上有所削弱。由于有瑕疵的产品不具有其应有的效用，或者不具有当事人之间约定的品质，因此，会对产品的价值造成一定程度的削弱，进而与无瑕疵的同种商品相比，价格较低。因此，实际生活中我们会发现"残次品""等外品"等在价格上都相对便宜。

（4）产品本身不存在危及人身、他人财产安全的不合理危险。有瑕疵的产品仅仅是影响其使用功能的发挥，而不应当存在危及人身、他人财产安全的不合理危险，一旦存在这种不合理危险则应当认定为产品缺陷，这也是产品瑕疵与产品缺陷最根本的区别。

（5）生产者、销售者承担的义务和消费者享有的权利依情况具体划分。对于生产者、销售者事先知晓产品存在瑕疵的，承担事先告知义务，即应在产品显著位置标明产品存在何种瑕疵。对于生产者、销售者事先不知晓而是由消费者在使用过程中发现的，生产经营者应负责修理、更换、退货和赔偿。

对于消费者来说，如果事先已经被告知产品具有何种瑕疵，在购买产品后，消费者无权要求销售者就事先告知的产品问题进行更换、退货和赔偿。对于在购买后使用中发现的新的产品质量问题，消费者有权要求销售者负责修理、更换、退货和赔偿损失。

(三) 产品瑕疵责任与产品缺陷责任的区别

1. 责任性质不同。产品瑕疵责任，即产品生产者或销售者就产品的使用性、效用性、价值或其他品质所承担默示或明示担保责任，是一种基于约定而产生的合同责任，属于违约责任的范畴。产品缺陷责任，也称为产品责任，指产品生产者或销售者因产品缺陷造成人身、他人财产损害而应承担的法律责任，是侵权责任的一种，但是在某种意义上，产品缺陷责任也是一种违约责任。以汽车刹车失灵为例，既存在造成人身和财产损失的"不合理危险"，也存在不具备通常的使用性的"瑕疵"。可见产品缺陷往往会影响产品的效用。

2. 归责原则不同。由于二者的责任性质不同，导致了归责原则不同。由产品瑕疵产生的责任是一种基于约定而产生的合同责任，属于违约责任，其后果一般是对消费者造成经济损失，因此，适用过错责任原则。而由产品缺陷产生的是一种特殊的侵权责任，往往导致消费者的人身、财产安全受到损害，因此，对生产者适用严格责任，对销售者适用过错推定原则，生产者与销售者之间承担连带责任。

3. 赔偿方式、范围不同。对于产品瑕疵的赔偿方式主要是负责修理、更换、退货，给消费者造成损失的应当赔偿损失。对于产品缺陷的主要赔偿方式是损害赔偿。

4. 免责条件不同。产品瑕疵的免责条件是，销售者对其销售的产品存在的瑕疵如事先向买受者作出说明的，或产品存在瑕疵但有合同约定的免于承担责任之情形的，可以免予承担法律责任。关于产品缺陷的免责条件，《产品质量法》第四十一条规定，因产品存在缺陷造成人身、缺陷产品以外的其他财产损害的，生产者应当承担赔偿责任。生产者能够证明有下列情形之一的，不承担赔偿责任：①未将产品投入流通的；②产品投入流通时，引起损害的缺陷尚不存在的；③将产品投入流通时的科学技术水平尚不能发现缺陷的存在的。

学习内容 4　缺陷产品召回制度

随着全球经济一体化进程的加快,各种产品在全世界范围内广泛流通,与此同时,因产品设计、制造、警示等方面的缺陷给消费者造成的损害也日渐增多。发达国家普遍建立了缺陷产品召回制度,其中以美国最早,经过多年的实施,该制度在美国的发展也日臻成熟和完善。

目前,我国关于召回的专门规定有 2012 年出台的《缺陷汽车产品召回管理条例》以及 2007 年出台的《食品召回管理规定》《儿童玩具召回管理规定》和《药品召回管理办法》等。

一、缺陷产品召回制度的概念、特征及分类

缺陷产品召回制度是指产品的生产经营者在确定其产品在有效使用期内存在系统性缺陷后,根据其缺陷产品的数量、分布及产品缺陷的严重程度等情况,依照召回程序,在有关政府主管部门的指令或监督下,对缺陷产品通过警示、补充或者修正消费说明、撤回、退货、换货、修理、销毁等方式,有效预防、控制和消除缺陷产品的不合理危险,保护消费者的人身、财产安全的制度。该制度具有如下特征:

1. 召回义务主体的广泛性。因为产品缺陷可能出现和发生于产品流通的任何一个环节,将召回义务主体定义为生产经营者,即除了产品制造商外,还应该包括所有参与产品流通的市场主体,包括进口商、批发商、零售商等。这是因为考虑到产品有可能在销售、储存、运输等过程中出现不合理危险,而且消除这种危险的义务不适合完全由制造商来承担。

2. 产品缺陷应为系统性缺陷。产品召回的前提是产品存在缺陷,并且为系统性缺陷,而非偶然性缺陷。如系统性缺陷涉及公共安全,应该由政府采取相应措施通过产品召回的方式,及时有效地消除缺陷产品对公共安全的威胁。

3. 召回程序的法定性和监督性。由于缺陷产品召回涉及范围广、产品数量大,整个召回过程都应该在法定程序下和政府主管部门的监督或指令下进行,以保证召回的效果。

4. 召回目的的公益性。缺陷产品召回制度的目的在于预防缺陷产品对社会公众安全的威胁,最大限度地降低因缺陷产品所造成的风险和威胁,充分

保障消费者的权益,确保公众安全和社会利益的实现。

除此之外,对缺陷产品的召回按照不同的划分标准,可以划分为不同的种类。

1. 根据产品召回的启动原因,可分为主动召回和强制召回。主动召回是指当生产经营者自行或经他人通知发现其产品存在缺陷时,主动采取措施召回此缺陷产品,避免消费者权益遭受实际损害;强制召回是指当产品存在缺陷,而生产经营者不主动召回该产品时,由政府主管部门根据权限强制其召回的情形。

2. 根据召回产品的种类或性质差异,可以分为工业产品召回、食品产品召回、机械电子产品召回、医药产品召回等。这种分类标准因产品种类繁多而较为复杂。对产品召回进行这种分类有利于针对不同种类或性质的产品确定具体的召回主管部门,并制定不同的具体规则。

3. 根据产品缺陷的危害程度的不同,可以将产品召回分成三个等级。第一级为紧急产品召回,针对缺陷情况非常严重、可能引起严重人身伤亡的产品;第二级为次紧急产品召回,针对缺陷情况虽然严重,但不会造成严重人身伤害或财产损害的产品;第三级为普通产品召回,针对缺陷情况不严重,也不会造成严重人身伤害或财产损害的产品。这样分类实现了对缺陷产品的不同强度的监督管理,既能够提升召回制度的实效,又能够更好地实现消费者的知情权。

二、召回的含义与召回产品的缺陷认定

(一) 召回的含义

美国《布莱克法律词典》对召回的解释是:"制造商对消费者提出的,返回有缺陷的产品以进行修理或更换的要求。"《美国消费品安全法》规定:"受理消费品安全委员会就消费品提起诉讼的地区法院有权宣告涉案产品为有急迫危险的产品,并且准许采取一些临时性或者永久性的补救措施,以保护公众免遭产品的危害。这样的补救措施包括一项强制性命令:要求被告将产品存在的危险通知此种产品的购买者,告知公众,并且召回此种产品,对其予以修理、更换,或者退回此种产品的货款。"

我国《缺陷汽车产品召回管理条例》第三条第二款规定:"本条例所称召回,是指汽车产品生产者对其售出的汽车产品采取措施消除缺陷的活动。"我国《儿童玩具召回管理规定》第三条第三款规定:"本规定所称召回,是指按照规定程序和要求,对存在缺陷的儿童玩具,由生产者或者由其组织销售者

通过补充或修正消费说明、退货、换货、修理等方式，有效预防和消除缺陷可能导致的损害的活动。"我国《食品召回管理规定》第四条规定："本规定所称召回，是指食品生产者按照规定程序，对由其生产原因造成的某一批次或类别的不安全食品，通过换货、退货、补充或修正消费说明等方式，及时消除或减少食品安全危害的活动。"

综上所述，所谓"召回"，实际上是指如果产品存在危害人身、财产安全的情况，产品的生产经营者应当按照规定的程序和要求，通过补充或修正消费说明、修理、更换、收回等方式，及时消除其产品可能引起的人身、财产损害的过程。

（二）召回产品的缺陷认定

召回制度的主要目的是为了消除缺陷产品对社会安全所构成的危害。在现实生活中，偶然性、随机性的因素是无法避免的，即偶然性缺陷是无法根本避免和消除的；同时，偶然性缺陷一般不会造成大范围的人身伤害和财产损失。可以说，缺陷产品召回制度就是为了消除系统性的产品缺陷而设计的，偶然性因素导致的产品缺陷则无法通过召回得以消除。我国《缺陷汽车产品召回管理规定》第三条第二款规定："本条例所称缺陷，是由于设计、制造同一批次、型号或者类别的汽车产品中普遍存在的不符合保障人身、财产安全的国家标准、行业标准的情形或者其他危及人身、财产安全的不合理的危险。"在此，强制性标准与不合理危险标准同等适用，这一规定与《产品质量法》中关于缺陷的规定相比有了重要的进步。

三、缺陷产品召回程序

召回程序是缺陷产品召回法律制度实施的关键环节之一，对缺陷产品召回的功能发挥有着决定性的意义。美国的缺陷产品召回制度由一般程序发展到后来出现的简易程序，前者是企业在可能出现缺陷产品的情况下，按照法律规定向消费者产品安全委员会提供关于该产品的报告，由该委员会进行评估，确认产品缺陷，然后由企业实施召回。召回工作结束后，企业与消费者产品安全委员会等政府职能部门保存召回记录。后者则比较简便，主要依靠企业自愿或主动进行。这种简易程序的优点为。一方面，对于发现缺陷产品的召回企业而言，政府对缺陷的评估报告耗时过长，而时间越长，缺陷产品流通的范围就越广，日后召回的难度越大、费用也越高，因而大多数企业考虑到这些不利因素，都会积极主动地自觉召回缺陷产品，从而维护自身在公众中的信誉,提升企业形象;另一方面,对于政府职能部门而言,由于评估报告要作大量的市场分析、专业测量等系统工作,耗费很大的物力、财力,而简易程序则节省了行政资源。

缺陷产品召回的一般程序为以下五个步骤:

1. 缺陷产品信息的报告。生产商自身发现或者根据销售商、进口商、租赁商、修理商、消费者的信息反馈认为产品可能存在缺陷的,应当及时向主管部门报告,并以有效方式通知销售商暂停销售该产品。另外,消费者发现产品存在缺陷也有权向主管部门报告。报告的法律后果并不意味着产品必然存在缺陷,也不意味着厂商必须对报告产品采取召回措施。

2. 主管机构的评估鉴定。主管机构收到报告后,首先要做的是确认产品是否存在缺陷,产品缺陷的程度如何,生产商应负什么样的责任。

3. 制定缺陷产品召回计划。生产商在收到主管部门的召回结论后,应立即着手制定召回计划。该计划应包括的基本内容如下:产品存在与人体健康和生命安全有关的缺陷的种类、产生的原因,可能受影响的人群、严重程度和紧急程度;拟采取的召回措施的具体方法、范围和时限等;实施计划的组织机构、联系方式;通知消费者、销售者和服务业经营者的方案;召回缺陷产品后的处理措施;召回的预期效果。

4. 实施召回。首先生产商应当公布召回信息,生产商应当将其产品存在的缺陷、可能造成的损害及其预防措施、召回计划等,通过新闻媒体等有效方式通知有关销售商、租赁商、修理商和消费者,并通知销售商停止销售有关缺陷产品。其次,生产商在主管部门的协助和监督下,召回产品并依法对召回产品进行处理或销毁。

5. 召回总结报告。当生产商完成召回后,应向主管部门递交召回结果报告,由主管部门审查后向社会公布。同时,生产商和主管机构均应妥善保存有关缺陷产品的召回记录。

四、缺陷产品召回制度与强制收回制度比较

2002年7月13日,国家质检总局宣布对十家企业的插头插座实行强制收回,开创了对不合格产品实行强制收回的先例。这是我国首次实施强制收回制度,召回和收回虽然只有一字之差,而且收回作为缺陷产品召回的一项措施在《缺陷汽车产品召回管理规定》中也有明确规定,但是两者仍然存在区别:

1. 生产经营者的地位不同。缺陷产品召回制度中,召回主要是一种自律

性的行为；而在强制收回制度中，正是因为生产经营者缺乏良好的诚信，缺乏自觉和自律，因此其在强制收回制度中是作为接受行政处罚措施的行政相对人的角色出现的。

2. 行政主管部门的职责不同。缺陷产品召回制度中，行政主管部门主要负责立法和监督，在特殊情况下才能实现执法功能即强制召回；而在强制收回制度中，主管部门主要负责执法，即责令生产经营者停止生产或收回已经销售出厂的某种不合格产品，对不合格产品进行清理、查封，对收回的不合格产品进行监督销毁。

3. 对产品的处理措施不同。缺陷产品召回制度只是对某种产品的某一个部件进行修理或更换，产品经过修理后还可以继续使用；而强制收回制度则是对整个产品全部进行收回或销毁。

4. 适用前提不同。缺陷产品召回制度的适用前提是产品存在缺陷，可能危及人身、财产安全；而强制收回制度的适用前提则是产品直接危及人体健康、人身财产安全或产品存在致命缺陷。

案例分析

训练项目一：产品责任案例分析

【训练目的与要求】

通过训练，理解并掌握产品缺陷与产品瑕疵责任的认定标准，能够准确识别实际案件中的产品缺陷责任或者产品瑕疵责任的差异，分析并解决实际纠纷。

【实例训练】

案例 1：

原告诉称：原告的亲属林某在乘坐被告生产的日本三菱吉普车时，因前挡风玻璃在行驶途中突然爆裂而被震伤致猝死。我国法律规定，生产者应当对其生产的产品负责，经营者应当保证其提供的商品或者服务符合保障人身、财产安全的要求。据此请求判令被告对林某之死承担责任，给原告赔偿丧葬费、误工费、差旅费、鉴定费、抚恤金、教育费、生活补助费等共计人民币50万元。

被告辩称：经玻璃生产厂家两次鉴定和中华人民共和国国家建材局安全玻璃质量监督检验中心（以下简称国家质检中心）的分析测试，都认为事故车的挡风玻璃是在受到较大外力冲击的情况下爆破的。无论是《中华人民共和国产品质量法》第二十九条第一款（修订后的条款为第四十一条第一款），还是《中华人民共和国消费者权益保护法》第三十五条第二款都规定，产品生产者对消费者承担赔偿责任，要同时具备两个严格的前提条件：第一，必须是产品存在缺陷；第二，必须是因产品存在的缺陷造成人身或财产损害。事实已经证明，发生事故的车辆不存在产品质量问题，也就是说不存在产品缺陷，因此谈不上因产品缺陷造成损害。原告的诉讼请求没有事实根据和法律依据，应当驳回。

问题：

1. 被告的辩称能否成立？阐明理由。
2. 本案中所涉车辆是否为缺陷产品？我国认定缺陷产品的标准是什么？

重点提示：

本案例中出事故的挡风玻璃破裂的原因是一个重点问题。可能是受到较大外力的冲击，也可能是玻璃本身存在缺陷。被告的证据显然无法充分证明"较大外力"存在是一个确凿的事实。

案例2：

2009年7月4日，张某在某超市买到一台冰箱，冰箱附有产品合格证。张某买回冰箱后6天，发现冰箱噪声太大，遂找超市进行交涉，被告知：冰箱一开始使用时有些噪声是正常的，过一段时间就会好。没过多长时间，冰箱的制冷器又出了问题，到后来完全丧失了冷冻食品的功能，成了一个食品储藏柜。张某再去找超市，超市说冰箱不是它们生产的，冰箱不制冷属冰箱的技术问题，此事只有生产厂家才能解决，因此让张某去找生产厂家。张某认为生产厂家离本市有上千千米，况且冰箱又不像小件物品，可以来回搬运，只有先找超市，让超市找生产厂家。张某遭到超市拒绝，于9月15日向人民法院起诉，要求超市对冰箱进行维修，如修理不好，应负责退货。

问题：

1. 某超市对售出的有瑕疵的产品是否负责任？
2. 原告的诉讼请求能否成立？

重点提示：

瑕疵担保责任的产生，前提是当事人之间应有合法的合同关系，同时构成产品瑕疵担保责任还要求销售者不适当地履行合同，即销售者销售的商品不符合《产品质量法》第四十条规定的3种情形或不符合合同约定的质量要求的，销售者在这种情况下就要承担产品瑕疵担保责任。

销售者应承担如下责任：修理、更换、退货，如产品给消费者造成损失的，还应承担赔偿责任。当销售者依照法律的规定向用户或消费者承担任后，如果是属于生产者的责任或属于向消费者提供产品的其他销售者的责任的，销售者可以向生产者、供货者追偿。但是如果生产者之间，销售者之间，生产者与销售者之间订立的买卖合同、承揽合同有不同约定的，合同当事人按照合同约定执行。即销售者与生产者、供货者已经明确约定事后处理纠纷的事项，那么当事人应按约定责任承担。

案例 3：

2006 年 4 月 12 日，江西赣州某大酒店与赣州某能源有限公司签订了一份协议，约定 2006 年 5 月 30 日前，由能源公司为大酒店提供并安装两台热水器，大酒店于热水器安装完毕交付使用时支付该能源公司 6.5 万元。同年 4 月 15 日，该能源公司与广州某热水器生产厂家签订了一份购买两台热水器的购买合同，约定总价格为 3.5 万元，于 4 月 20 日前交货。能源公司收货后将这两台热水器为大酒店安装完毕并交付使用。后不到一个月，热水器出现质量问题，不能产生热水。经交涉，两台热水器退回广州某热水器生产厂家，生产厂家将 3.5 万元货款退回大酒店。后大酒店以产品责任提起诉讼，要求赣州某能源有限公司与广州某热水器生产厂家赔偿 3 万元损失。

案件审理中，对能源公司与热水器生产厂家的责任性质有两种意见：第一种意见认为，本案中虽然生产厂家退回了 3.5 万元货款，但还有 3 万元损失，且该损失是因热水器存在的质量问题导致，所以构成产品责任之诉和违约责任之诉的竞合，原告可以选择其一进行诉讼。第二种意见认为，本案中热水器只是存在质量瑕疵，但不存在产品缺陷，且导致的损害并不是产品以外的人身、财产损害，所以不构成产品责任之诉，而应是违约责任之诉。

问题：

1. 分析上述两种意见。
2. 对本案应当如何处理？

重点提示：

产品瑕疵与产品缺陷存在根本区别。产品责任法的目的是保护消费者的人身和财产安全，因此要求产品在使用中没有危险性。产品侵权责任中，产品的质量以可安全使用为标准，不能安全使用的产品就是有缺陷的产品，也就是说，构成产品侵权责任的条件是产品存在安全性方面的质量问题。

产品责任中的产品质量合格标准与合同责任中的产品质量合格标准是不一样的。在因产品质量不合格引起的合同纠纷中，应按有关法规、质量标准以及当事人的约定确定产品质量是否合格。而在产品责任中的产品质量合格标准应是不存在《产品质量法》第四十六条规定的缺陷。

案例 4[①]：**麦当劳咖啡案**

1992年2月，79岁高龄的斯黛拉·莉柏克，搭乘外孙驾驶的轿车，途经当地一家麦当劳快餐店，通过"驾车销售窗口"买了一杯咖啡，售价49美分。驶离餐馆后，莉柏克需要往咖啡里添加奶粉和白糖，外孙便停住了车。当时，老太太坐在前座乘客位，把杯子放在双膝之间，左手拿着奶粉袋和糖袋，右手试图打开杯盖，没料想，一个意外闪失，整杯滚烫的咖啡泼洒在两腿之间，致使大腿内侧、股腹沟、外阴部、前臀等处严重烫伤，其中极为严重的"三度烫伤"面积占全身皮肤的6%。

莉柏克住了八天医院，脱离了生命危险，出院后卧床不起，两个多月后，伤口才逐渐痊愈，后来又做过多次植皮手术，在长达两年的时间中难以自如行走。伤势初步稳定后，老人的女儿给麦当劳写了一封报怨信，以咖啡过烫为由，要求赔偿医疗费、照顾病号的误工费等，共计2万美元。可是，麦当劳仅同意支付800美元"安慰费"，莉柏克全家难以接受。随后，莉柏克以咖啡质量缺陷、危及人身安全、酿成责任事故为由，将麦当劳告到了联邦地区法院。

在美国的产品责任案中，消费者只要举证产品有缺陷，造成了人身及财产损害，往往就可以胜诉。在本案中，原告必须以令人信服的真凭实据，证明的确由于麦当劳咖啡的质量缺陷，以及由于麦当劳公司"轻率的""恶意的"行为，导致其人身伤害及财产损失。

庭审中的一个至关重要的问题是，麦当劳咖啡烫伤顾客的事故是司空见惯的家常便饭，还是偶尔发生的个别现象？在原告方律师要求下，法官下令，麦当劳公开内部秘密文件和统计数据。由于在美国，篡改文件和商业统计资料涉及"伪证罪"和妨碍司法的刑事重罪。于是，麦当劳将文件和统计数据如实在庭审中公开。令陪审团大吃一惊的是，这些文件和数据显示，在1982至1992年的10年期间，麦当劳总共遭到700余起咖啡严重烫伤事故的投诉，其中有数十起造成顾客外阴部、股腹沟、大腿内侧等"敏感部位"烫伤，给当事人造成了极大的身心痛苦。尽管联邦法院从未正式立案受理这些投诉，但暗地里，麦当劳平均每年花费5万美元，偿付因咖啡烫伤引起的庭外和解以及给受害者赔偿一点儿象征性的"安慰费"。

麦当劳辩护律师解释说，麦当劳每年售出大约10亿杯咖啡，10年以来，总共售出了大约100亿杯咖啡，相比之下，同期发生的烫伤投诉事故，只有区区700余起，即平均每1亿杯才出现7起烫伤事故，事故率为

---

① 法律快车 http://www.lawtime.cn/info/jiaotong/sgpcal/2010110166878.html.

0.0000007％，实际上相当于零，完全可以忽略不计。

陪审团认为，在事故率相当于零的数字背后，是700余位消费者惨遭严重烫伤的可怕事实。在美国的商业法规中，保护消费者人身安全是至关重要的原则性问题，岂能以统计数字为由，推脱抵赖。此外，原告律师提醒陪审团注意，常识告诉人们，麦当劳统计的投诉数字只是冰山一角。

同时，原告律师的抽样市场调查显示，麦当劳的咖啡确实烫得惊人，在全美快餐业名列榜首，独占鳌头。据调查，汉堡王（BurgerKing）、甜面圈（Dunkin' Donuts）、温迪（Wendy）等10余家麦当劳主要竞争对手出售的咖啡，以及普通美国家庭中饮用咖啡的温度，一般在70摄氏度至75摄氏度之间。可是，麦当劳所售咖啡的温度，竟然高达82摄氏度到86摄氏度，比同行业整整高出了大约10摄氏度到16摄氏度！烫伤专家出庭作证时指出，咖啡如此之烫，如果直接泼洒到皮肤上，将会在2秒到7秒内造成三度烫伤。

麦当劳主管产品质量的经理出庭作证称，咖啡温度过烫，恰恰系严格遵循了操作和质量控制程序。根据麦当劳公布的产品质量手册，咖啡应以96摄氏度左右的热水冲泡调和，当完成全部生产程序，最后端到顾客手上待饮时，咖啡温度应保持在82度至86度之间。

麦当劳的老总向陪审团解释说，咖啡温度的设置，是根据美国国家咖啡协会的推荐和建议。为了提取咖啡的迷人香味，以96摄氏度的热水冲泡调和时口味最好，在82摄氏度至86摄氏度之间饮用时口感最佳，味道醇厚。原告律师追问道："贵公司是否从顾客人身安全的角度着想，咨询过烫伤专家的专业意见？"麦当劳老总老老实实地回答："没有咨询过。"

作为全球财富500强大企业和世界第一大连锁快餐店，麦当劳把咖啡温度设定在快餐业"名列榜首"的高度，在10年期间破费50万美元巨款"化解"烫伤事故；与此同时，麦当劳从未就"高温咖啡"与烫伤事故频发之间的关系咨询过医学专家的意见，给陪审团留下了极为恶劣的印象。

对麦当劳更为不利的是，它一方面出售"高温咖啡"，一方面却漫不经心、疏忽大意，未在咖啡杯醒目之处以法律术语"警告"（Warning）"高温热饮，小心烫伤"，仅以极小字体"提醒"（Reminder）顾客注意。

麦当劳的律师强调，泼洒滚烫的咖啡会造成严重烫伤，这是"最基本的常识"。原告方反驳道，麦当劳咖啡的温度高得不可思议，顾客意外失手，泼洒了一小杯咖啡，竟然造成全身6％的皮肤"三度烫伤"，花费了高达数万美元的医疗费用，而且险些造成年高体弱的受害者生命危险，已经完全超出了"最基本的常识"范畴。

麦当劳是低档廉价的连锁快餐店，不是高尚雅致的咖啡沙龙；麦当劳的主顾是忙忙碌碌、来去匆匆的工薪阶层，不可能有那么多闲情逸致，严格遵循咖啡专家的建议。市场调查统计显示，购买麦当劳咖啡的顾客，大约有一半左右并未在店内饮用，或携至车上，或返回家中，或抵达办公室之后才喝。另外，麦当劳使用的咖啡杯，是那种柔若无骨、价廉简陋的一次性纸杯，很容易因意外失手导致咖啡泼洒。因此，如果咖啡滚烫，缺乏法律警告，极易给毫无心理准备的消费者造成无妄之灾。

最后，陪审团一致判决，麦当劳出售的咖啡温度过高，在产品安全问题上，疏忽大意，侵犯了原告的人身安全，造成了重大伤害事故和经济损失，因此，必须承担咖啡质量低劣的法律责任，偿付原告20万美元的"补偿性赔偿"（Compensatory Damages）。考虑到原告不慎失手，应对事故承担20%的责任，故麦当劳公司的实际赔偿总数为16万美元。

同时，陪审团判定，麦当劳不但应当承担咖啡过烫、质量低劣的法律责任，而且由于对顾客的投诉置若罔闻，对数百起烫伤事故漠然置之，其侵权行为已经明显体现了"轻率的"和"恶意的"性质，因此，除了"补偿性赔偿"之外，被告应偿付原告270万美元的"惩罚性赔偿"，此金额仅是麦当劳全球连锁快餐店两天的咖啡营业收入。判决公布后，全美震惊。随后，麦当劳在咖啡杯醒目之处，标明了"高温热饮，小心烫伤"的法律警示。同时，把咖啡温度降到了70摄氏度至72摄氏度。

主审法官认为，陪审团在认定事实方面基本恰当，判处"惩罚性赔偿"的理由亦相当充足，但是，在此案中，原告本人的责任不可低估，而且陪审团判决的"惩罚性赔偿"的金额明显过高，有失公平。于是，将"惩罚性赔偿"由270万改为48万美元，加上原有的16万美元"补偿性赔偿"，麦当劳应付的赔偿总额降低为64万美元。控辩双方皆不同意法官裁定，决定继续上诉。但没过多久，双方达成了秘密庭外和解。据披露，麦当劳秘密支付莉柏克的一次性"和解费"，总余额大约在60万～70万美元左右。其附加条件为受害者全家必须"保持沉默"，不得以写文章、出书、接受媒体采访等形式"旧案重提"，不得披露案情和解的内幕和细节，破坏麦当劳公司的商业信誉和形象。

问题：

1. 分析上述案例，完成分析报告。
2. 谈谈该案对我国产品缺陷认定制度的启示。

重点提示：

产品缺陷有四种情形：制造缺陷、设计缺陷、警示缺陷及发展缺陷。本案中产品缺陷属于警示缺陷。警示缺陷是指产品生产者或销售者有义务向消费者或使用者提供适当的书面材料，告知产品的正确用途，如果使用说明不当，造成损害，也可视为产品有缺陷。如美国《第二次侵权法重述》中指出，当产品具有不为人普遍知晓或合理预见的危险时，如果销售者知道或应当知道这一危险，就应当在产品的包装上就产品的使用方法提供说明和警示。在对经营者的警示义务要求上，美国法律规定较为严格。例如在警示用语上，警告（warning）和注意（reminder）两词的法律意义截然不同。这也为纠纷的解决提供了具体准确的法律依据。

训练项目二：常见产品责任纠纷处理

【训练目的与要求】

通过训练，能够分析认定常见产品责任纠纷的具体法律关系和争议焦点，并能够提出解决纠纷的建议。

【实例训练】

案例 1：啤酒瓶自爆责任案

2011 年 5 月 28 日，原告汪甲在家中宴请为其建房的雇工周某、严大、严二等吃晚饭，向汪乙购买了六箱由被告江西省某啤酒有限公司生产的特爽啤酒。当天晚上八时许，原告在吃完饭弯腰准备收置剩余啤酒时，啤酒瓶突然发生自爆，致使原告汪甲受伤。原告受伤后，先后在贵溪市人民医院、中国人民解放军第 184 医院、南昌大学第一附属医院、贵溪市罗河镇卫生院医治检查，共住院 11 天，出院时伤情诊断为左眼球穿通伤，巩膜裂伤，玻璃体、色素膜嵌顿，前房积血，角膜挫伤。2011 年 8 月 31 日，经贵溪市公众司法鉴定中心出具贵公众司鉴 [2011] 医鉴字 083102 号司法鉴定意见书，确定原告汪甲伤残等级为十级。事故发生以后，汪甲要求赔偿相关费用，被告以其公司生产的产品符合国家标准是合格产品为由，不予赔偿。于是汪甲诉至贵溪市法院，要求被告承担侵权责任。

本案在审理过程中，就产品符合国家标准、行业标准，仍造成原告人身损害的，被告是否应该承担侵权责任分歧较大，主要有两种意见。第一种意见认为，被告举出证据证明其生产的产品符合国家标准，且在产品标贴上注明警示性文字，原告未能举证啤酒存在产品缺陷。因此，在证据未显示啤酒瓶是自爆的情形下，被告不应承担侵权责任。第二种意见认为，被告应承担产品责任，赔偿汪甲损失。理由是"产品缺陷"有别于合同中的产品不合格，它不能简单以产品的国家标准或行业标准来评判，只要被告不能证明自己生产的啤酒瓶质量没有缺陷，就无法免除自身的赔偿责任。

问题：

1. 分别评析上述两种不同观点。
2. 提出对本案的处理意见。

重点提示：

产品存在缺陷的判断是解决产品侵权案件的关键性问题，它是产品提供者承担产品责任的首要条件。实践中，产品虽符合国家标准，但因不合理危险造成消费者人身或财产损害的情况仍时有发生。通过解读《产品质量法》的相关条款，可以透析出该法的立法宗旨，判断"缺陷"的核心为是否存在不合理危险，即产品是否存在着明显的或潜在的可能危及人身、财产安全的因素。产品的国家标准、行业标准只是产品所应达到的最低标准，加之标准制定的滞后性，仅以此作为产品缺陷认定的唯一标准，会为生产者主观逃避法律责任提供依据，而且对消费者也是不公平的。因此，判断产品是否存在缺陷的标准应设两个，即对于产品如设有强制性标准，在符合该强制性标准的同时，还应该符合以普通消费者对产品安全期待的一般标准。如果产品由于其存在着不合理危险并对消费者的人身或财产造成损害，即使它符合国家标准、行业标准，也不能成为生产者的免责事由，否则不仅无法保护消费者的利益，也与产品责任制度的立法本意背道而驰。

案例2：

2005年3月5日，湖北省大悟县消委接到大悟县夏店镇桥头村村民李某的投诉：2月6日，他在夏店镇一超市购买了由湖南省浏阳市太平桥镇某烟花厂生产的烟花。在除夕夜凌晨0时40分，李某点燃烟花时，本应飞向高空的烟花却突然从侧面斜溅飞去，直冲向李某的眼睛并发生了爆炸，鲜血随之而出。家人立即租车将他送到大悟县人民医院治疗，后转到武汉艾格眼科医院治疗，诊断为"外伤性黄斑穿孔"，被炸伤的右眼已失明。

事发后，消费者多次与烟花生产厂家联系，但厂家始终不予理睬。消费者遂向消委投诉。受理投诉后，大悟县消委即着手进行调解工作，并赴湖南浏阳实地调处，在浏阳市消委的配合下，经过反复调解，生产厂家同意赔偿消费者3万元。此后，经过再次调解，经销商和批发商亦同意共同赔偿消费者2.1万元。消费者共获得赔偿金5.1万元，纠纷得以圆满解决。

问题：

1. 试分析消协调解的主要依据和理由。
2. 本案中的烟花生产者是否应当承担产品缺陷责任？
3. 如果李某是向当地镇上一家商店购买烟花，则销售者应否承当责任？

重点提示：

本案为一起典型的消费者在使用商品时人身权受伤害的侵权损害赔偿案件。经营者在该案中负有民事损害赔偿的责任。

训练项目三：缺陷产品召回案例分析

【训练目的与要求】

通过训练，了解和掌握在现实生活中典型的新型产品质量案件的类型，并能够认定和分析、处理这类案件。

【实例训练】

案例 1：缺陷产品召回案

2009 年 8 月，日本丰田汽车公司开始了世界上最大规模的汽车召回，此次召回事件波及北美、欧洲、中国等多个国家和地区，至 2009 年 11 月，涉及的召回车辆达 420 万辆。2010 年 1 月 21 日，丰田再次宣布从北美市场召回 230 万辆油门踏板存在隐患的问题汽车，随后又宣布暂停销售存在缺陷的车型。目前，丰田汽车召回范围已经扩大到欧洲、亚洲、中东、拉美以及非洲地区。加上 2009 年所召回的车辆，迄今为止，丰田公司在全球召回汽车已达 700 万辆，接近其去年全年的产量。2001 年，日本三菱帕杰罗越野车召回事件；2006 年 8 月，戴尔全球召回 410 万块笔记本电池；2007 年 3 月，联想召回 20 万块电池，国内 4000 用户受影响；而丰田汽车的全球召回事件又再次使缺陷产品召回问题备受关注。

问题：

1. 试分析上述系列产品召回事件。
2. 上述召回事件对我国有哪些启示？

重点提示：

缺陷产品召回制度最早出现在美国的汽车业，此后，美国在多项涉及产品安全和公共健康的立法中引入了该项制度。产品如果存在缺陷，就可能带来巨大的安全隐患。如果不及时采取措施，就会延误消除隐患的时机，使危害进一步扩大。实践表明，召回制度有力地保证了产品质量和消费者权益，对提高生产商和销售商的产品质量意识、企业对技术改造及环保问题的关注度、市场竞争秩序的规范都十分有利。

案例 2：

2006 年 8 月，双叶家具公司质监中心对留存的 B16 转椅使用过的胶粘剂样品检验时发现，此种胶粘剂粘合力不足，由此可能造成 B16 转椅腿使用过程中出现开缝、拔榫等现象，并存在断裂的隐患。为此双叶家具公司决定对这些产品采取召回处理。

2007 年 1 月 27 日，央视曝光中山市的好太太电器等多家生产企业燃气灶存在严重安全隐患问题。29 日下午，好太太电器公司当场决定：认真执行国家有关部门对中山"好太太"所作的相关建议和处理；不再生产和销售不带熄火保护装置的嵌入式燃气灶，严格按照《家用燃气灶具国家标准》规定，立即全面启动改进产品设计等相关质量整改工作，直到全部产品通过质监部门的检测为止；从即日起对已经售出的不带熄火保护装置的嵌入式燃气灶全部召回，以确保消费者能够安全、放心使用中山"好太太"灶具。

2007 年 3 月 12 日，志高空调举行主题为"号召力见证世界品质"发布会，郑重公布"产品质量承诺召回制"：从购买之日起的 3 个月内，如出现任何非人为的质量问题，公司将免费召回，更换新机。

家电资深人士认为，志高所实施的"品质之光"召回制与国内的汽车召回制有着本质的不同，前者是对新产品的质量承诺，属于事前承诺，体现的是对自身产品品质的绝对信心和保障，同时也是一种升级的服务举措。而后者则是产品出现明显的质量问题后才宣布召回，属于事后补救。相比而言，前者更凸显社会责任感。

2007 年 6 月初，在蓝景丽家大钟寺家居广场租赁展位经营涂料超市的北京盛宏方大商贸有限公司，通过自查自纠发现涂料超市中经营的个别白乳胶、胶霸和瓷砖胶产品存在不合格的问题，并决定在该超市购买过不合格商品的消费者，凭有效票据及商品包装桶前往，将可以无条件退货并得到原价退款。

2008 年 3 月，瑞典家具巨头宜家集团召回在欧洲销售的 3600 把木高脚椅，原因是该椅子结构有问题，可能会使儿童掉下来。该集团发言人说：召回的 3600 把椅子，都是在当年一二月份生产、销售的，共在欧洲的 22 个国家销售；召回原因是椅子前面的固定栏杆原是用来防止儿童掉下来的，结果有一些松动了，但目前还没有儿童掉下来的报道。

问题：

1. 上述产品召回事件，属于自愿召回还是强制召回？
2. 评述上述多起召回事件。

重点提示：

如今，汽车、电子、数码等商家召回问题产品早已不是什么新鲜事。越来越多的企业都已经明白，只有负责任、讲诚信的商家才能赢得消费者的最终信任。

训练项目四：产品质量投诉处理

案例：

2005年2月26日16时10分，湖南省吉首市发生一起燃气热水器一氧化碳中毒事件，造成一死两伤的严重后果。当日19时，吉首市消委接到"12315"转来的投诉，即与吉首市工商局配合行动，将事发现场和有关物品封存，找到涉嫌引发事故热水器的经销商，并对与受害消费者家中品牌相同的"神州——小太阳"牌热水器及其他燃气具共52台进行了扣押，后经湖南省燃气具及能源产品质量监督检测中心进行事故责任鉴定，鉴定结论为，热水器安装不符合安全使用要求；燃气调压器不符合行业标准安全性能要求。

问题：

1. 消协、工商管理部门接到消费者关于产品质量的投诉，应当如何处理？
2. 消协、工商管理部门处理质量投诉时，主要的程序和应当注意的问题有哪些？

重点提示：

行政主管部门和消费者自治组织在消费者权益保护工作中必须尽到其职责，依法维护消费者的合法权益。

学习单元八　税收法律基础与案例分析

【学习目的与要求】

通过学习，学生理解并掌握税收的概念、特征和税法的基本原则，以及税法的构成要素等税法基本原理；同时重点掌握我国目前各种税种的具体内容以及不同税种应纳税额的基本计算方法和公式，并能够为企业或者个人进行一定的税务筹划。

【学习重点与提示】

理解并掌握税收的特征；税法的构成要素、各主要税种（包括增值税、营业税、所得税等税种）的纳税主体、征税对象、税率以及税额的计算等。

基本理论

学习内容1　税法基本理论

一、税收的概念与特征

税收是国家为了满足社会公共需要，按照国家法律规定的标准，强制地、无偿地向纳税人征收一定货币或者实物作为国家财政收入的一种分配方式。

在国家征税、纳税人纳税的税收征纳过程中，必然会产生社会产品的分配关系。分配的实质就是解决社会产品归谁占有、归谁支配，以及占有多少、支配多少的问题。分配的结果必然会发生社会产品所有权或支配权的单方面转移。这就决定了分配的实现需要某种权力的介入，这种权力可能是经济上的，也可能是政治上的。税收这种分配方式不同于一般的分配形式，其特殊之处在于税收是凭借国家的政治权力，而不是凭据财产权力来实现分配的。国家制定法律征税，纳税人必须依法纳税，不依法纳税就对其实行法律制裁。概括而言，税收是国家凭借政治权力实现的一种特殊的分配关系。税收的特征可以概括为强制性、无偿性和规范性（固定性）。

税收的强制性有两个方面的含义：一方面是针对税收分配关系的征收依据而言的，即税收是国家以政治权力作为依据而进行的一种分配。另一方面是以税收的法律关系而言的，即在国家税法规定的限度内，纳税人必须依法纳税，征税人必须依法征税，否则就要受到法律的制裁。

税收的无偿性是指国家征税后，纳税人所纳税款的所有权随之发生转移，国家对具体纳税人既不需要直接偿还，又不付出任何形式的直接报酬。

税收的规范性（或者税收的固定性）是指在征税前，国家通过法律形式把每种税的课征对象即征收数额或征收比例都规定下来，便于税收征纳，双方共同遵守，更能够对纳税机关进行有效约束，以免其滥用权力。

二、税收的分类与职能

（一）税收的分类

税收分类是按一定标准对各种税收进行的分类，一个国家的税收体系通常是由许多不同的税种构成的。每个税种都具有自身的特点和功能，但用某一个特定的标准去衡量，有些税种具有共同的性质、特点和相近的功能，从而区别于其他各种税收而形成一"类"。由于研究的目的不同，对税收分类可以采用各种不同的标准，从而形成不同的分类方法。通过对税收进行科学的分类，不仅能够揭示各类税收的性质、特点、功能以及各类税收之间的区别与联系，有利于建立合理的税收结构，充分发挥各类税收的功能与作用，而且对于研究税收发展的历史过程、税源的分布与税收负担的归宿以及中央与地方政府之间税收管理和支配权限的划分都具有重要的意义。世界各国大多实行复税制，税收模式不同，税种数量很多，可采用不同的标准，作出不同的分类。

1. 按征税对象性质的不同分为流转税类、所得税类（收益税类）、资源税类、财产税类、行为税类。由于课税对象不仅决定着税种的性质，而且在很大程度上也决定了税种的名称。因此，按课税对象进行分类是最常见的一种税收分类方法。

（1）流转税类。是以流转额为课税对象的税种。流转额具体包括两种：一是商品流转额，它是指商品交换的金额。对销售方来说，是销售收入额；对购买方来说，是商品的采购金额。二是非商品流转额，即各种劳务收入或者服务性业务收入的金额。由此可见，流转税类的课税对象非常广泛，涉及的税种也很多。但流转税类都具有一个基本特点，即以商品流转额和非商品流转额为计税依据，在生产经营及销售环节征收，收入不受成本费用变化的影响，而对价格变化较为敏感。我国现行的增值税、消费税、营业税、关税都属于这类税收。

（2）收益税类。是以纳税人的各种收益额为课税对象的税种，也称为所得税类。对纳税人的应纳税所得额征税，便于更好地调节国家与纳税人的利益分配关系。科学合理的收益税类可以促进社会经济的健康发展，保证国家财政收入的稳步增长和调动纳税人的积极性。收益税类的特点是征税对象不是一般收入，而是总收入减除各种成本费用及其他扣除项目以后的应纳税所得额，征税数额受成本、费用、利润高低的影响较大。我国现行的企业所得税和个人所得税都属于这类税收。

（3）财产税类。是以纳税人拥有财产数量或财产价值为课税对象的税种。对财产的课税，更多地考虑到纳税人的负担能力，有利于实现税负公平和缓解财富分配不均的现象，有利于发展生产，限制消费和合理利用资源。这类税收的特点是税收负担与财产价值、数量密切相关，能体现量能负担、调节财富、合理分配的原则。我国现行的土地税、房产税、契税、车船税都属于这类税收。

（4）资源税类。是以自然和某些社会资源为课税对象的税种。资源税类带有受益税的性质，征收阻力小，并且资源税类的税源比较广泛，因而合理开征资源税既有利于财政收入的稳定增长，又有利于合理开发和利用国家的自然资源和某些社会资源。这类税收的特点是税负高低与资源级差收益水平关系密切，征税范围的选择也比较灵活。

（5）行为税类。也称为特定行为目的税类，它是国家为了实现某种特定的目的，以纳税人的某些特定行为为课税对象的税种。开征行为税的主要目的在于国家根据一定时期的客观需要，限制某些特定的行为。这类税收的特点是征税的选择性较为明显，税种较多，并有着较强的时效性，有的还具有因时因地制宜的特点。我国现行的城市维护建设税、印花税等都属于这类税收。

2. 按税负能否转嫁，可分为直接税和间接税。所谓税负转嫁是指纳税人依法纳税后，通过种种途径将所缴税款的一部分或全部转移给他人负担的经济现象和过程，它表现为纳税人与负税人的不一致性。

（1）直接税是指由纳税人直接负担，不易转嫁的税种，如所得税类、财产税类等。它的特点是纳税人与负税人是同一主体，税负不发生转嫁。

（2）间接税是指纳税人能将税负转嫁给他人负担的税种，即国家向纳税人征税但由购买者负担的税种，如消费税、增值税、营业税等。它的特点是纳税人与负税人发生分离，纳税人通常将税金附加在商品的销售价格之上转嫁给购买者负担。

3. 按计税依据不同，分为从价税和从量税。

（1）从价税是以征税对象的价格为计税依据，其应纳税额随商品价格的变化而变化，能充分体现合理负担的税收政策，因而大部分税种均采用这一计税方法。

（2）从量税是以征税对象的数量、重量、体积等为计税依据，其课税数额与征税对象的数量相关而与其价格无关。

在实际运用时，同一税种的一种商品，也可以同时采用从量计征和从价计征两种方法。如我国消费税中的卷烟、白酒。

4. 按税收与价格的关系划分，税收可分为价内税和价外税。凡在征税对象的价格中包含税款的，为价内税，如现行的消费税；凡税款独立于征税对象的价格之外的，为价外税，如现行的增值税。

价内税，即税金是计税依据的组成部分，必须以含税价格作为计税依据的税种。我国现行流转税中的绝大多数税种（如消费税、营业税）都属于价内税。其特点是税随价转，税收收入随价格的变化而变化；税收与价格配合，可以直接调节生产，间接调节消费。

价外税，即税金是价格之外的一个附加额，必须以不含税价格作为计税依据的税种。在我国现行税制中，增值税属于价外税。其特点是价随税转，税负直接转嫁；税收配合价格，可以直接调节消费，间接调节生产。

5. 按税收收入归属与管理权限的不同，可将税种分为中央税、地方税、中央和地方共享税。

（1）中央税属于中央财政的固定收入，中央税即属于中央财政固定收入，归中央集中管理和使用的税种。如消费税、车辆购置税、海关代征的关税、进口环节的增值税和消费税。由国家税务局和海关负责征收。

（2）地方税属于地方财政的固定收入，归由地方管理和使用的税种。如房产税、城镇地使用税、契税、土地增值税、车船税等，由地税负责征收。

（3）中央地方共享税属于中央政府和地方政府共同的收入，如增值税、营业税、资源税、印花税、企业所得税、个人所得税等。

（二）税收的职能

税收职能是指税收所具有的内在功能，税收的职能主要表现在以下几个方面：

首先，税收的财政职能。税收是财政收入的主要来源。组织财政收入是税收的基本职能。税收具有强制性、无偿性、固定性的特点，筹集财政收入稳定可靠。税收的这种特点，使其成为世界各国政府组织财政收入的基本形式。目前，我国税收收入已占国家财政收入的90%以上。

其次，税收的经济职能。税收是调控经济运行的重要手段。经济决定税收，税收反作用于经济。这既反映了经济是税收的来源，又体现了税收对经济的调控作用。税收作为经济杠杆，通过增税与减免税等手段来影响社会成员的经济利益，引导企业、个人的经济行为，对资源配置和社会经济发展产生影响，从而达到调控宏观经济运行的目的。政府运用税收手段，既可以调节宏观经济总量，又可以调节经济结构。

再次，税收的再分配职能。税收是调节收入分配的重要工具。从总体来说，税收作为国家参与国民收入分配最主要、最规范的形式，规范政府、企业和个人之间的分配关系。从不同税种的功能来看，在分配领域发挥着不同的作用。如个人所得税实行超额累进税率，具有高收入者适用高税率、低收入者适用低税率或不征税的特点，有助于调节个人收入分配，促进社会公平。消费税对特定的消费品征税，能达到调节收入分配和引导消费的目的。

最后，税收的监督职能。税收具有监督经济活动的作用。税收涉及社会生产、流通、分配、消费各个领域，能够综合反映国家经济运行的质量和效率。既可以通过税收收入的增减及税源的变化，及时掌握宏观经济的发展变化趋势，又可以在税收征管活动中了解微观经济状况，发现并纠正纳税人在生产经营及财务管理中存在的问题，从而促进国民经济持续健康发展。

三、税法的概念与调整对象

（一）税法的概念

关于税法的概念，国内外有不同的说法。日本学者金子宏认为，税法"是关于税收的所有法律规范的总称"；我国台湾地区学者陈清秀认为，税捐法"即是规律作为课税权主体的国家或地方公共团体，与作为经济活动主体的人民间的法律关系。"

目前，国内学者一般认为，税法"是国家权力机关及其授权的行政机关制定的调整在税收活动中发生的社会关系的法律规范的总称"，即税法是调整税收关系的法律规范的总称。这一概念包括以下要件：

1. 税法的制定主体是国家权力机关和由其授权的行政机关，在我国中央一级分别是全国人大及其常委会和由其授权的国务院及其部门；在地方是拥有立法权的地方人大和地方行政机关。

2. 税法的调整对象是税收关系，它是在税收活动中各方主体之间发生的社会关系,包括税收分配关系和税收征纳关系。

3. 税法是有关税收的法律规范的总称,而不仅仅是某一部法律或某一方面的税收法律规定。税法在形式上既表现为国家权力机关制定的法律,又表现为宪法、行政法规、规章等法的形式;既表现为增值税法、税收征管法等专门的税收法律,又表现为存在于行政处罚法、刑法等法律中有关税收的法律规范。

税法对于所有的经济活动均发生影响,税收的负担尤其对国民的投资、消费及储蓄的可能性加以限制。税法直接或间接与私法的交易活动连结产生不同的税收负担。因此,它促使交易当事人尽可能选择在税收上对其有利的交易方式,而对于交易活动的形成发生作用。由于税法通过税收来限制人民的财产权,因此税法应特别重视税收正义。

税法是调整在税收活动过程中国家、征税机关和纳税主体等各方当事人之间产生的税收关系的法律规范的总称。税法的调整对象就是税收关系,是指税法主体在各种税收活动过程中形成的社会关系的总和。

税法与税收既有联系,又有区别。二者的联系表现在,税收活动必须有严格的法律依据,税法是税收活动得以顺利进行的法律保障,税收法定主义是税收活动必须恪守的根本准则。在现代法治国家,税法与税收是一一对应、形式与内容的关系,有什么样的税收活动,就必须有与之相应的税法存在,税收的强制性、固定性和无偿性等形式特征,正是税法属性的体现。现代各国在税种法立法中,普遍采取的模式是一种税收制定一种税法,即"一税一法"。

税法与税收的区别表现在,税收是一种经济活动,属于经济基础的范畴;而税法则是一种法律制度,属于上层建筑的范畴。税收收入及其对应的税收活动的客观存在,要求国家必须有相应的税收法律对此加以调整,这是实现税收职能的基本保障。

(二) 税法的调整对象

税法的调整对象是指税法所调整的社会关系的种类和范围,它具体是指税收活动中各方主体之间所发生的社会关系,这种社会关系简称税收关系。税法的调整对象是税法区别于其他法律的主要标准,正是税收关系性质、范围的特殊性,才使税法成为有别于其他法律的特定法律领域。关于税收关系的类型,一般是根据税收关系的内容来划分的,并存在"两分法"和"三分法"之说。

持"两分法"的学者又有两种观点:一种观点认为税收关系分为税收分

配关系和税收征收管理关系两类，并认为税收分配关系是一种经济利益关系，即实体利益分配关系，而税收征收管理关系是为税收分配关系服务并与之密切相联、不可分割的行政管理关系。另一种观点认为，税收关系分为税收体制关系（有的学者称其他税收关系）和税收征纳关系，前者是指各相关国家机关因税收方面的权限划分而产生的社会关系，即国家权力机关之间和由其授权的行政机关之间以及两者相互之间在税法的制定及解释权、税种开征与停征决定权、税率调整与税目增减决定权、减免税决定权、税收入库权和税收监督权等方面的权限分工与责权关系（这种关系中，一般不直接涉及纳税主体一方），实质上是一种权力分配关系；后者是指在税收征纳过程中发生的社会关系，主要体现为税收征纳双方之间的关系，即由代表国家的税收征管机关与负有纳税义务的单位和个人相互之间因为征税、纳税而发生的权利义务关系，它还可进一步分为税收征纳实体关系和税收征纳程序关系。

持"三分法"的学者认为，税收关系包括下列三种：一是税收经济关系，即国家与负有纳税义务的公民、法人和其他组织之间的财产流转关系；二是税收程序关系，即征税机关与纳税人在征税、纳税过程中产生的程序关系；三是税收权限关系，即中央和地方国家机关之间因划分和行使税收管理权限而产生的权限关系。应当说，"三分法"中所界定的三种具体税收关系都可归入上述"二分法"的划分中，只是所归属的类型不同而已：在持第一种"二分法"的观点中，税收经济关系应归入税收分配关系中；在持第二种"二分法"的观点中，税收经济关系应归入税收征纳关系中，属于税收征纳实体关系。所以，我国学者对税收关系的分类，从根本上说都是持"二分法"的，只是其所界定的具体内容不同。

上述"二分法"将税收关系分为税收分配关系和税收征纳关系较为科学，但需要对其作进一步的界定、细划和区分。按照税收债务关系说的理论，一切税收关系实际上都可归结为两个问题：一是有关税收债务确定的税收分配问题，另一个是有关税收债务履行（请求与清偿）的税收执行问题。因为无论是公法上的债务还是私法上的债务，其基本问题无非是上述两个方面。需要指出的是，坚持这一观点非常重要，它使我们对税收债务关系说的认识得以进一步深化，符合债法的共同法理，也为税法与民法在有关理论和制度上的移用提供了理论渊源。

在有关税收债务确定即税收分配关系中，需要解决两个问题：一是发生在相关国家机关之间有关税收方面的权力的划分，这种关系就是税权的分配关系即税收体制关系（权力分配关系、税收权限关系），它发生在相关国家机关系统内部，解决的是相互之间的税收收益权分配问题；二是发生在国家与纳税人之间的税收债务的成立、继承和消灭等税收分配问题，这种关系在性质上是一种发生在国家与纳税人之间的税收债务分配关系，上述"税收征纳实体关系""税收经济关系"就是属于这里所指的有关国家与纳税人之间税收债务内容的确定关系。应当说，税收权限关系和税收债务关系是统一的税收分配关系中两个不可分割的方面，只有税收债务的内容得到确定，税收权力分配关系才能最后得到明确的落实，而只有在税收权力分配关系中拥有税权的主体才能有权确定税收债务的内容。在实定法律中，税收权力分配关系一般由宪法、税收组织法、税收基本法等税收体制法来规定（主要应由宪法来规定），税收债务分配关系即有关税收债务的构成要素则由税收实体法（各实体税种法）来规定。

在有关税收债务履行的税收征纳关系中，也需要解决两个问题：一是有关征税权与纳税义务及其表现形式的征纳行为等具有实质内容的税收征纳权力义务关系。作为公法上金钱债务的税收债务具有非对待给付性，它的缴纳不可能像私法上的债务履行那样会寄希望于当事人的自愿行为，也不能由双方对所要履行的债务内容进行协商变更。因此，赋予征税机关拥有实现税收债务即保障实体税法执行的征税权，将纳税人在税收债务法上的债务转化为税收程序法上必须履行的法定纳税义务，是税法作为公法和强行法性质的必然要求，是税收债务得以履行和实现的保证，这也是公法之债与私法上债务的一个基本区别之一。二是有关征纳主体依据征纳权利实施征纳行为时所遵循的方式、步骤、时限和顺序等"完全"程序上的税收征纳权利义务关系（因为在这种"纯粹"形式上的关系特别是在税收正当程序中，纳税人是税收程序性权利的主要享有者，征税机关一般负有程序性义务），它是征纳关系中的征纳权利、征纳行为等实质性内容在时空上所展现的形式性内容。需要强调的是，实质性征纳行为和其形式性的方式、步骤、时限和顺序在税收征纳关系中是密切联系、交织在一起而发挥作用的，本书没有拘泥于对"程序"字面上的通俗理解，这也是税收程序作为一种"实体性法律程序"而不是以解决争讼为目的的"程序性法律程序"的要求所使然。

税收体制法和税收实体债务法所调整的税收分配关系一般应在立法和宏观层面上来解决，它所确定的税收关系是一种尚未发生的抽象性的税收收益关系和税收债务关系。而在税收征纳活动中所发生的征纳关系具有具体性、直接性和执行性的特点，它要在征纳双方之间建立直接的法律联系，以使抽象性的税收债务转化为具体的纳税义务并保证其履行，国家的税收入库权也在相关国家机关之间得以实现。税收分配关系只有通过税收征纳关系才能真正实现，两者是密切联系的，在一定意义上说后者是前者的延伸。

所以，税收关系是一个包括"两大类四小种"的综合性社会关系，一类是税收分配关系，它所要解决的是税收收益权的归属和税收债务内容的确定问题，亦即它进一步区分为税收权力分配关系和税收债务分配关系，前者由税收体制法调整，后者由税收债务法调整。另一类是税收征纳关系，其所要解决的是税收债务的实现问题，它也可进一步区分为具有实质内容的税收程序权力关系和具有形式意义的税收程序权利关系，这两种关系在税收征纳关系中既相互分工又密不可分，应由统一的税收程序法来调整，这符合税收征纳关系的直接性、执行性、大量性等特征的要求。正是税收程序关系的这些不同于其他社会关系的特殊性，使得调整税收程序关系的税收程序法成为与其他法律相区别的、具有独立价值的法律领域。

四、税法的特征与基本原则

（一）税法的特征

税法作为一种法律规范，和其他法律一样，是由国家指定或认可的，体现国家意志，并由国家强制力保证实施的社会规范，其具有一般法律规范的共同特征。但由于税法是以税收关系作为其调整对象，因此具有区别于其他法律的特征：

1. 税法结构的规范性：税收的固定性直接决定了税法结构的规范性或统一性，一般国家都实行"一法一税"，即按照单个税种立法，作为征税时具体操作的法律依据；同时各个税种虽然不同，就基本的税收要素而言，每部税法都是一致的。现代国家的税法都是经过一定的立法程序制定出来的，而不是约定俗成的，这表明税法属于制定法而不是习惯法。

2. 实体性规范和程序性规范的统一性：有关纳税程序方面的基本法，除《中华人民共和国税收征管法》以外，更多、更具体的税收程序规范是体现在各个税种当中的，包括税收法律关系主体在享受权利和履行义务过程中的具体程序，以及违法处理程序和税务纠纷的解决程序等。所以税法不是单纯意义上的实体法或是程序法，而是实体性法律规范和程序性法律规范的统一。

3. 税法规范的技术性：由于税收关系到国民经济生活的各个方面，随着经济生活的复杂化，税法也随之复杂化。为了既确保国家税收收入，又保证税负公平，防止税收逃避行为，保持与私法秩序的协调；既尽量减少对经济的不良影响，又体现出适度的调控。同时为满足税法与相关法律制度的协调，保障税收征管的有效，税法具有较强的技术性，尤其表现在税收构成要件的设计上，以及在税法实施中与私法债权和其他财产权的关系上、税收管理制度和征纳程序制度的建立上。例如税率、税目、减免税优惠、税务登记制度和发票管理制度等。

4. 税法的经济性：税法的经济性是由于税收的经济本质决定的。税法与行政法相分离的重要原因之一，就是现代市场经济条件下税收内涵的重大变化，即税收不仅是筹集财政收入的主要手段，而且承担着调节经济的重要职责。具体表现如下：税法作用于市场经济，直接调整经济领域中的特定税收关系，弥补市场失灵缺陷，提高经济效率；税法反映经济规律，不断地解决效率与公平的矛盾；税法是对经济政策的法律化，通过保障税收杠杆的有效利用，引导经济主体趋利避害。

5. 税法的形式性（外观性）：税法在规定课税要件和征纳程序时，虽要考虑纳税人的特殊情况，但通过深入到无数纳税人的主观上的、实质上的关系中来考虑其具体的、特殊性的情况往往是很困难的。所以，只能在某种程度上着眼于其外观情况来规定课税要件。这是税法具有外观性性质的原因所在。另外，在税法适用上，为确保对多数纳税人的征收，往往又不得不按其形式外观适用税法，这是税法的形式性原因所在。

6. 税法属于义务性规范：义务性规范是相对授权性规范而言的，是指直接要求人们从事或不从事某种行为的法律规范，即直接规定人们的某种义务，具体体现在以下几方面：

第一，从定义推理，税收是纳税人的经济利益向国家的无偿让渡。从纳税人的角度看，税法是以规定纳税义务为核心构建的，任何人都不能随意变更或违反法定纳税义务。

第二，权利义务对等是一个基本的法律原则。从财政的角度看，纳税人从国家的公共支出中得到了许多权利，这些权利是通过其他授权性法规赋予的。但从税法的角度看，纳税人则以尽义务为主，所以我们称税法为义务性法规。

第三，税法属于义务性法规，并不是指税法没有规定纳税人的权利，而是说纳税人的权利在其纳税义务的基础之上，是从属性的。

（二）税法的基本原则

所谓税法的基本原则，是指一国调整税收关系的基本规律的抽象和概括，是贯穿税法的立法、执法、司法和守法全过程的具有普遍性指导意义的法律准则。

1. 税收法定原则（又称税收法律主义）是税法至为重要的基本原则，或称税法的最高法律原则，它是民主和法治原则等现代宪法原则在税法上的体现，对保障人权、维护国家利益和社会公益具有举足轻重的作用。没有法律依据，任何主体不得征税或减免税收。一方面要求纳税人必须依法纳税；另一方面，课税只能在法律的授权下进行，超越法律规定的课征是违法和无效的。正因为如此，各国宪法一般也多对其加以规定。我国宪法既未对财政税收制度作专门的规定，又未对税收立法权作专门的规定，仅是在公民的基本义务方面规定"公民有依照法律纳税的义务"，故而税收法定原则在宪法上未得到明确的肯定。

税收法定原则的内容可以概括为课税要素法定、课税要素明确和依法稽征（征税合法性原则）三个具体原则。

2. 税收公平主义原则，是指税收负担必须根据纳税人的负担能力分配，负担能力相等，税负相同；负担能力不等，税负不同。

在现代各国的税收法律关系中，纳税人的地位是平等的，因此，税收负担在国民之间的分配也必须公平合理。有学者认为，税收公平原则是近代平等性的政治和宪法原则在税收法律制度中的具体体现。至于何谓公平，不同历史时期学者的认识也是处于不断的发展之中的。在抛弃绝对公平地按人头或其他定额标准征税的主张后，税收学界对公平原则的理解主要有两派：一为受益说，一为负担能力说。

在受益说中，水平公平是指凡自政府得到相同利益者应负担相同的税收，垂直公平是指凡自政府所得利益不同者应负担不同的税收。

负担能力说则引入相对牺牲的概念，认为凡具有相同纳税能力者应负担相同的税收，不同纳税能力者应负担不同的税收。这个观点被税法学界和税收立法者引进税法的观念中，并发展成税法上体现税收公平原则的量能课税原则。所谓税收负担能力，是指各纳税人的经济负担能力，其能力基础包括所得、财产和消费三个方面。

3. 税收效率原则

在一般含义上，税收效率原则要求以最小的费用获取最大的税收收入，并利用税收的经济调控作用最大限度地促进经济的发展，或者最大限度地减轻税收对经济发展的阻碍作用。它包括税收行政效率和税收经济效率两个方面。

税收行政效率可以从征税费用和纳税费用两个方面来考察。征税费用是指税务部门在征税过程中所发生的各种费用。这些费用占所征税额的比重即为征税效率。征税效率的高低和税务人员本身的工作效率又是密切相关的。而且对不同的税种，其征税效率也会存在很大的差异。纳税费用是纳税人依法办理纳税事务所发生的费用。相对于征税费用，纳税费用的计算比较困难，如将纳税申报的时间折算成货币，这本身就不是一件容易的事。又如，由于征税使纳税人忧虑不安，实际上付出了心理费用。因此，有人把纳税费用称为税收隐蔽费用。从数量方面看，穆斯格雷夫认为，纳税费用通常要大于征税费用。

税收经济效率的主旨在于如何通过优化税制，尽可能地减少税收对社会经济的不良影响，或者最大程度地促进社会经济良性发展。处在不同历史时期和不同经济体制背景下的学者对这个问题有着不同的答案。

4. 税收社会政策原则

税法的社会政策原则是指税法是国家用以推行各种社会政策，主要是经济政策的最重要的基本手段之一，其实质就是税收的经济基本职能的法律原则化。这一原则主要是资本主义从自由竞争阶段进入垄断阶段以后才提出的，并随即成为各国普遍奉行的税法基本原则。

社会政策原则确立以后，税法的其他基本原则，特别是税收公平主义原则，受到了一定程度的制约和影响。如何衡量税收公平，不仅要看各纳税人的负担能力，还要考虑社会全局和整体利益。社会政策原则的确定及其对税收公平主义原则的影响，是税法基本原则自现代以来发生的重大变化之一。

五、税法的构成要素

税法的构成要素，又称课税要素、税制要素，是指各种单行税种立法共有的基本构成要素的总称。这一概念包含两层含义：一是税法要素既包括实体性的，又包括程序性的；二是税法要素是所有完善的单行税法都共同具备的，仅为某一税法所单独具有而非普遍性的内容，不构成税法要素，如扣缴义务人。具体而言，税法要素主要包括以下内容：

（一）纳税人

纳税人，又可称为纳税主体或纳税义务人，是指税法规定的直接负有纳税义务的自然人、法人或其他组织。纳税人不同于负税人，负税人是经济学中的概念，即税收的实际负担者，而纳税人是法律用语，即依法缴纳税收的人。税法只规定纳税人，不规定负税人。二者有时可能相同，有时不尽相同，如个人所得税的纳税人与负税人是相同的，而增值税的纳税人与负税人就不一定一致。

（二）征税对象

征税对象是指征税主体、纳税主体共同指向的对象，它是各个税种间相互区别的根本标志。征税对象按其性质不同,通常划分为以下几类:(1)流转额,包括商品流转额和非商品流转额;(2)所得额或收益额,包括总收益额和纯收益额;(3)财产,即法律规定的特定范围的财产,如房产、车船等。

(三) 税率

税率是应纳税额与课税对象之间的数量关系或比例,是计算税额的尺度。税率的高低直接关系到纳税人的负担和国家税收收入的多少,是国家在一定时期内的税收政策的主要表现形式,是税收制度的核心要素。税率主要有比例税率、累进税率和定额税率三种基本形式。

1. 比例税率

比例税率是对同一课税对象,不论数额大小,都按同一比例征税,税额占课税对象的比例总是相同的。比例税率是最常见的税率之一,应用广泛。比例税率具有横向公平性,其主要优点是计算简便,便于征收和缴纳。比例税率又可细分为单一比例税率和差别比例税率。差别比例税率又可分为以下几种表现形式:

(1)产品差别比例税率,即按产品类别设计税率,既可按产品大类设计,又可按具体产品设计,如消费税。

(2)行业差别比例税率,即按应税产品或经营项目所归属的行业设计税率,不同行业实行不同税率,如营业税。

(3)地区差别比例税率,即对同一课税对象按照其所在地区设计不同的税率,如我国曾经征收的农业税。

2. 累进税率

累进税率是指按课税对象数额的大小规定不同的等级,随着课税数量增大而随之提高的税率。具体规定是按课税对象数额的大小划分为若干等级,规定最低税率、最高税率和若干等级的中间税率,不同等级的课税数额分别适用不同的税率,课税数额越大,适用税率越高。累进税率一般在所得课税中使用,可以充分体现对纳税人收入多的多征、收入少的少征、无收入的不征的税收原则,从而有效地调节纳税人的收入,正确处理税收负担的纵向公平问题。

3. 定额税率

定额税率又称固定税率,是按课税对象的计量单位直接规定应纳税额的税率形式,课税对象的计量单位主要有吨、升、平方米、千立方米、辆等。定额税率一般适用于从量定额计征的某些课税对象,实际是从量比例税率。

(四) 纳税环节、期限及地点

纳税环节指应税商品在流转过程中应当缴纳税款的环节。它确定一种税在哪个或哪几个环节征收。我国目前对流转税的征收多采用多环节征税的办法。

纳税期限是税法规定的纳税主体向税务机关缴纳税款的具体时间。税法规定纳税人按日、月、季度、纳税年度缴纳税款。纳税期限是衡量征纳双方是否按时行使征税权力和履行纳税义务的尺度。纳税期限一般分为按次征收和按期征收两种。在现代税制中,一般还将纳税期限分为缴税期限和申报期限两段,但也可以将申报期限内含于缴税期限之中。

纳税地点是指缴纳税款的场所。纳税地点一般为纳税人的住所地,也有规定在营业地、财产所在地或特定行为发生地的。

(五) 税收优惠

税收优惠是指税法对某些特定的纳税人或征税对象给予的一种免除规定,它包括减免税、税收抵免等多种形式。税收优惠按照优惠目的通常可以分为照顾性和鼓励性两种;按照优惠范围可以分为区域性和产业性两种。

减税是对应纳税额的少征。免税是对应征税额全部免除。减免税是对纳税义务的减轻或免除。与此相关的有起征点和免征额两个概念。起征点是计税依据的数额达到开征的界限。未达到起征点的不征税;达到或超过起征点的,按其全额征税。免征额是指在计税依据总额中免于征税的数额。它是按照一定标准从计税依据总额中预先减除的数额。免征额部分不征税,超过免征额的部分征税。

(六) 税务争议与税收法律责任

税务争议指征税机关与相对人(包括纳税主体与非纳税主体)之间因确认或实施税收法律关系而产生的纠纷。解决税务争议主要通过税务行政复议和税务行政诉讼两种方式,并且一般要以税务管理相对人缴纳税款为前提。在税务争议期间,税务机关的决定不停止执行。

税收法律责任是税收法律关系的主体因违反税法所应当承担的法律后果。税法规定的法律责任形式主要有三种:一是经济责任,包括补缴税款、加收滞纳金等;二是行政责任,包括吊销税务登记证、罚款、税收保全及强制执行等;三是刑事责任,对违反税法情节严重构成犯罪的行为,要依法承担刑事责任。

学习内容 2　流转税法律制度

一、流转税概述

(一) 流转税的概念与特点

流转税是以商品生产、流通和提供劳务的销售额或营业额为征税对象的各个税种的总称。我国现行的流转税有增值税、消费税、营业税和关税等。流转税具有以下特点：

第一，以商品生产、交换和提供商业性劳务为征税前提，征税范围较为广泛，既包括第一产业和第二产业的产品销售收入，又包括第三产业的营业收入；又对国内商品征税，也对进出口的商品征税，税源比较充足。

第二，流转税的征税对象是商品（或劳务）复杂多样的流转额，即以商品、劳务的销售额和营业收入作为计税依据，一般不受生产、经营成本和费用变化的影响，可以保证国家能够及时、稳定、可靠地取得财政收入。

第三，一般具有间接税的性质，课税隐蔽。特别是在从价征税的情况下，税收与价格密切相关，便于国家通过征税体现产业政策和消费政策。流转税在税赋负担上具有累退性。

第四，同有些税类相比，流转税在计算征收上较为简便易行，也容易为纳税人所接受。

(二) 几种流转税比较

增值税、消费税及营业税是流转税里最主要的三种税种，其区别如下：

1. 从征税对象来看

流转税的课税对象既包括商品销售额，又包括非商品销售额；增值税、消费税以商品销售额为主要课税对象，营业税以非商品销售额为主要课税对象；增值税的征税范围与营业税的征税范围是相互排斥的：营业税的应税资产是有形动产（征增值税）之外的其他资产，即有形不动产和无形资产。营业税的应税劳务是除加工、修理修配（征增值税）之外的所有劳务。总之，对于一种货物或劳务，要么征增值税，要么征营业税，二者互补但不交叉。

2. 从税目和税率设计来看

增值税、消费税通常按不同商品设置不同税目和税率，营业税则按不同行业设置税目和税率。这一方面是因为各个行业之间的盈利水平、负税能力不同，另一方面也是为了在保持各行业内部税负公平的前提下，体现国家的产业政策，有利于利用税收进行产业调整、促进产业升级。

3. 从纳税人计算纳税和税务机关征管来看

增值税、消费税在不同程度上都要计算抵税，而营业税通常以营业收入全额作为计税依据，计算简便，征管成本相对较低。

4. 从税负转嫁程度来看

增值税、消费税主要以商品销售额作为课税对象，税负转嫁程度高。营业税通常以营业收入作为课税对象，具有了直接税的某些特征，税负相对难于转嫁。企业所得税的课税对象是从营业收入中扣除了成本、费用的利润总额。

5. 从税收优惠来看

增值税、消费税的税收优惠相对较少，营业税的税收优惠相对较多。

二、增值税

（一）增值税的概念与特点

增值税是对在我国境内销售和进口货物以及提供加工、修理修配劳务的单位和个人，就其货物或劳务的增值额征收的一种税。增值税最大的特点是以增值额为课税对象。所谓增值额，是指一定时期生产过程中新创造的价值额，就一个环节而言，增值额是产出减去投入后的余额；就一个产品而言，增值额之和就是商品价值之和。目前我国征收增值税的主要法律依据是1994年施行并于2008年修订的《中华人民共和国增值税暂行条例》及于2008年颁布的《中华人民共和国增值税暂行条例实施细则》。

相对其他流转税而言，增值税具有以下的特征：

1. 实现普遍征税与多环节征税，税基广泛，税源比较充足。增值税可以从商品的生产开始，一直延伸到商品的批发和零售等经济活动的各个环节，使增值税能够拥有较其他间接税更广泛的纳税人。

2. 在各征税环节不重复征税，仅按每道环节的增值额征税，税收负担平衡，利于公平竞争。同时，在税收征管上可以互相制约，交叉审计，避免发生偷税现象。

3. 增值税是一种典型的间接税，税收负担具有转嫁性；实行价外计税的办法。

4. 对不同经营规模的纳税人采用不同的计税方法。

（二）纳税主体

增值税的纳税主体是在中华人民共和国境内销售货物或者提供加工、修理修配劳务以及进口货物的单位和个人。

增值税的纳税主体从税法地位和税款计算的角度可以分为两大类，即一般纳税人和小规模纳税人。所谓小规模纳税人，是指年销售额在规定标准以下，并且会计核算不健全，不能按规定报送有关税务资料的增值税纳税人。所谓一般纳税人，就是指年应税销售额超过规定的小规模纳税人标准，会计核算健全的企业和企业性单位。

（三）征税范围

征税范围主要包括销售货物；提供应税劳务；进口货物。

作为增值税征税范围内的销售货物，包括一般的销售货物、视同销售货物和混合销售等几种情况。

所谓一般的销售货物，是指通常情况下的货物所有权的有偿转让。这里的货物是指有形动产，包括电力、热力和气体等。

所谓视同销售货物，是指某些行为虽然不同于有偿转让货物所有权的一般销售，但基于保障财政收入，防止规避税法以及保持经济链条的连续性和课税的连续性等考虑，税法仍将其视同为销售货物的行为，征收增值税。

混合销售是指一项销售行为既涉及货物销售又涉及提供非增值税应税劳务，即一项行为涉及增值税和营业税的征税范围。例如，一家装饰公司以包工包料方式为用户进行房屋装修，其中既提供装饰公司劳务，又有墙纸（布）、地板等装饰材料的销售。其中，销售墙纸等装饰材料属于销售货物行为，应征收增值税，对于发生的装饰劳务则属于提供应税劳务行为，应征营业税。按照税法的规定，依据"经营主业"原则，在增值税和营业税两者之间选择一个税种征税。

（四）税率和征收率

我国增值税的税率分为三档，即基本税率、低税率和零税率。基本税率为 17%，适用于一般情况下的销售货物、提供应税劳务和进口货物。低税率为13％，适用于以下五类货物的销售和进口：粮食、食用植物油；自来水、暖气、冷气、热水、煤气、石油液化气、天然气、沼气、居民用煤炭制品；图书、报纸、杂志；饲料、化肥、农药、农机、农膜；国务院规定的其他货物。零税率即税率为零，仅适用于法律不限制或不禁止的报关出口的货物，以及输往海关管理的保税工厂、保税仓库和保税区的货物。

（五）应纳税额的计算

1. 一般纳税人应纳增值税额的计算

一般纳税人销售货物或提供应税劳务，其应纳增值税额要运用"扣税法"来计算，其计算公式为，应纳增值税额＝当期销项税额－当期进项税额。可见，要确定应纳增值税额，必须先分别确定当期销项税额和当期进项税额。

（1）当期销项税额的确定

当期销项税额是指当期销售货物或提供应税劳务的纳税人，依其销售额和法定税率计算并向购买方收取的增值税税款。其计算公式如下：

$$当期销项税额＝当期销售额×税率$$

（2）当期进项税额的确定

当期进项税额是指纳税人当期购进货物或者应税劳务已交纳的增值税税额。它主要体现在从销售方取得的增值税专用发票上或海关的完税凭证上。

2. 小规模纳税人应纳增值税额的计算

小规模纳税人销售货物或提供应税劳务，其应纳增值税额的计算不适用"扣税法"，而是适用简易的办法，即用不含税销售额乘规定的征收率，但不得抵扣任何进项税额。其计算公式为，应纳增值税额＝销售额×征收率。上述公式中的征收率为6％，但商业企业小规模纳税人的增值税征收率为4％，并且，凡年应税销售额在180万元以下的小规模商业企业，无论会计核算是否健全，一律不得认定为增值税一般纳税人。

3. 进口货物应纳增值税额的计算

进口货物的纳税人，无论是一般纳税人还是小规模纳税人，均应按照组成计税价格和规定的税率计算应纳税额，不得抵扣进项税额。其计算公式为，应纳增值税额＝组成计税价格×税率；如果进口的货物不征消费税，则上述的组价公式为，组成计税价格＝关税完税价格＋关税税额；如果进口的货物应征消费税，则上述的组价公式为，组成计税价格＝关税完税价格＋关税税额＋消费税。

三、消费税

(一) 消费税的概念及特征

消费税是对我国境内外从事生产、委托加工和进口应税消费品的单位和个人，就其销售额或销售数量，在特定环节征收的一种税。简单地说，消费税是对特定的消费品和消费行为征收的一种税。目前我国征收消费税的法律依据是 1994 年施行并于 2008 年修订的《中华人民共和国消费税暂行条例》（以下简称《消费税暂行条例》）及 2008 年出台的《中华人民共和国消费税暂行条例实施细则》。消费税的特征如下：

1. 征税项目具有选择性

各国目前征收的消费税实际上都属于对特定消费品或消费行为征收的税种。为适应我国目前的产业结构、消费水平和消费结构以及节能、环保等方面的要求，从 2006 年 4 月 1 日起，消费税的征税范围进行了有增有减的调整，消费税的税目由 11 个调整为 14 个。

2. 征税环节具有单一性——某一环节一次征收

消费税是在生产、进口、流通或消费的某一环节一次征收（卷烟除外），而不是在每个环节多次征收，即实行一次课征制。

3. 征收方法具有多样性

为了适应不同消费品的应税情况，消费税在征收方法上不力求一致，可采用从价定率的征收方式，也可以选择从量定额的征收方式。

4. 税收调节具有特殊性

这一特殊性表现在两个方面：一是不同的征税项目税负差异较大；二是消费税往往同有关税种配合实行加重或双重调节。

5. 消费税具有转嫁性

消费税无论采取价内税形式还是价外税形式，也无论在哪个环节征收，消费品中所含的消费税税款最终都要转嫁到消费者身上，由消费者负担，税负具有转嫁性，并且较其他税种更明显。

(二) 纳税主体与征税范围

凡在我国境内生产、委托加工和进口《消费税暂行条例》列举的消费品的单位和个人，为消费税的纳税主体。所谓"在中国境内"，是指应税消费品的起运地或所在地在中国境内。

(三) 税率与应纳税额的计算

消费税的税率包括两类，即比例税率和定额税率。但按照我国的税法，第一类卷烟、第二类卷烟及粮食薯类白酒采用定额兼定率的组合税率，即先按计税单位及定额的乘积计算一部分税额，然后再依价格与比例税率的乘积计算另一部分税额，最后两部分税额相加。

1. 从价定率

适用从价定率的消费品，其应纳消费税额计算公式为，应纳税额＝应税消费品的销售额×适用税率。

2. 从量定额

适用定额税率的消费品，其应纳消费税额计算公式为，应纳税额＝应税消费品的销售额×适用税率。

3. 从价兼从率

适用从价兼从率的组合税率的消费品应纳税额的计算公式为，应纳税额＝（应税消费品的数量×定额税率）＋（应税销售额×比例税率）。

除此之外，针对计税依据的确定，我国税法还有以下特殊规定：

第一，自产自用的应税消费品，用于连续生产应税消费品的不纳税；用于其他方面的，没有同类消费品销售价格的，按组成计税价格计算纳税，其公式为，组成计税价格＝（成本＋利润）÷（1－消费税税率）。公式中的应税消费品全国平均成本利润率根据国家税务总局规定的全国平均成本利润率确定。

第二，委托加工的应税消费品，以受托方同类消费品的销售价格为计税依据计算纳税。没有同类消费品销售价格的，按组成计税价格计算纳税，其公式为，组成计税价格＝（材料成本＋加工费）÷（1－消费税税率）。

第三，进口应税消费品，一律以组成计税价格为计税依据计算纳税，其公式为，组成计税价格＝（关税完税价格＋关税税额）÷（1－消费税税率）。

四、营业税

(一) 营业税的概念与特征

营业税（Business tax）是对在我国境内提供应税劳务、转让无形资产或销售不动产的单位和个人，就其所取得的营业额征收的一种税。营业税属于

流转税制中的一个主要税种。其特点如下:

1. 征税范围广、税源普遍

营业税的征税范围包括在我国境内提供应税劳务、转让无形资产和销售不动产的经营行为,涉及国民经济中第三产业这一广泛的领域。第三产业直接关系着城乡人民群众的日常生活,因而营业税的征税范围具有广泛性和普遍性。随着第三产业的不断发展,营业税的收入也将逐步增长。

2. 以营业额为计税依据,计算方法简便

营业税的计税依据为各种应税劳务收入的营业额、转让无形资产的转让额、销售不动产的销售额(三者统称为营业额),税收收入不受成本、费用高低影响,收入比较稳定。营业税实行比例税率,计征方法简便。

3. 按行业设计税目税率

营业税与其他流转税税种不同,它不按商品或征税项目的种类、品种设置税目、税率,而是从应税劳务的综合性经营特点出发,按照不同经营行业设计不同的税目、税率,即行业相同,税目、税率相同;行业不同,税目、税率不同。营业税税率设计的总体水平较低。

(二) 纳税主体与征税范围

营业税的纳税主体是在我国境内提供应税劳务、转让无形资产或者销售不动产的单位和个人。其征税范围为提供应税劳务;转让无形资产;销售不动产。

(三) 计税依据与计税方法

营业税的计税依据,是纳税人提供应税劳务的营业额、转让无形资产的转让额和销售不动产的销售额,统一简称为营业额。

营业税的计税方法较为简单,在确定了营业额以后,即可依照相应的法定税率,计算出应纳税额。其计算公式为:应纳营业税额=营业额×税率。

确定营业额的原则和具体方法:

1. 确定营业额的一般原则

营业额是指纳税人提供应税劳务、转让无形资产或者销售不动产时,向对方收取的全部价款和价外费用。其中,价外费用包括向对方收取的手续费、基金、集资费、代收款项、代垫款项及其他各种性质的价外收费。凡价外费用,无论会计制度如何核算,均应并入营业额计算应纳税额。

2. 确定营业额的特殊情况

营业税是对纳税人的全部营业额课税,但该营业额应是纳税人的实际营业收入额,这样征税才符合实质课税原则。

3. 营业额的核定

纳税人提供应税劳务、转让无形资产或销售不动产价格明显偏低而无正当理由的,主管税务机关有权按下列顺序核定其营业额:

(1) 按纳税人当月提供的同类应税劳务或者销售的同类不动产的平均价格核定。

(2) 按纳税人最近时期提供的同类应税劳务或者销售的同类不动产的平均价格核定。

(3) 按下列公式核定计税价格:

$$组成计税价格 = 计税营业成本或工程成本 \times \frac{(1+成本利润率)}{(1-营业税税率)}$$

学习内容 3 所得税法律制度

所得税是以所得为征税对象并由获取所得的主体缴纳的一类税的总称。所得税的特点如下:征税对象是所得,计税依据是纯所得额;计税依据的确定较为复杂;比例税率与累进税率并用;所得税是直接税;在税款缴纳上实行总分结合。

一、企业所得税法

(一) 企业所得税法概述

企业所得税是指以企业为纳税人,以企业一定期间的纯所得额为计税依据而征收的一种税。2007 年 3 月之前,我国企业所得税按内资、外资企业分别立法。2007 年 3 月 16 日,全国人大审议通过了《中华人民共和国企业所得税法》(以下简称《企业所得税法》),统一适用于内资企业和外资企业,并自 2008 年 1 月 1 日起开始实施。

(二) 企业所得税的纳税人

1. 企业所得税纳税人的范围

企业所得税法规定,企业和其他取得收入的组织为企业所得税的纳税人。具体包括企业、事业单位、社会团体以及其他取得收入的组织。

2. 居民企业和非居民企业

按照国际通行做法,企业所得税法将纳税人划分为"居民企业"和"非居民企业",并分别规定其纳税义务,即居民企业就其境内外全部所得纳税;非居民企业就其来源于中国境内所得部分纳税。非居民企业还应当就其取得的与其在中国境内设立的机构、场所有实际联系的境外所得纳税。可见,居民企业承担全面纳税义务,就其来源于我国境内的全部所得纳税;非居民企业承担有限纳税义务,一般只就其来源于我国境内的所得纳税。

居民企业包括依法在中国境内成立,或者依照外国(地区)法律成立但实际管理机构在中国境内的企业。

非居民企业包括依照外国(地区)法律成立且实际管理机构不在中国境内,但在中国境内设立机构、场所的,或者在中国境内未设立机构、场所,但来源于中国境内所得的企业。

(三) 税率

《企业所得税法》中规定的税率分为如下几种情况:

1. 一般情况下,企业的所得税率为25%。

2. 非居民企业在中国境内未设立机构、场所或者虽设立机构、场所但取得的所得与其所设立机构、场所没有实际联系的,应当就其来源于中国境内的所得缴纳企业所得税,其适用税率为20%。

3. 符合条件的小型微利企业,减按20%的税率征收企业所得税。所谓符合条件的小型微利企业,是指从事国家非限制和禁止行业,并符合下列条件的企业:

(1) 工业企业,年度应纳税所得额不超过30万,从业人数不超过100人,资产总额不超过3000万元;

(2) 其他企业,年度应纳税所得额不超过30万,从业人数不超过80人,资产总额不超过1000万元。

4. 国家需要重点扶持的高新技术企业,减按15%的税率征收企业所得税。

（四）征税范围

企业所得税按纳税年度计算。企业每一纳税年度的收入总额，减除不征税收入、免税收入、各项扣除以及允许弥补的以前年度亏损后的余额，为应纳税所得额。

1. 收入总额：销售货物收入，提供劳务收入，转让财产收入，股息、红利等权益性投资收益，利息收入，租金收入，特许权使用费收入，接受捐赠收入，其他收入。

此外，《企业所得税法》还规定收入总额中下列收入为不征税收入：

（1）财政拨款，即政府向纳税人无偿拨付的资金。

（2）依法收取并纳入财政管理的行政事业性收费、政府性基金。

（3）国务院规定的其他不征税收入。

2. 企业所得税准予扣除的项目：成本，费用，税金，损失和其他支出。

3. 企业所得税的限制扣除项目：公益性捐赠，固定资产支出，无形资产支出，长期待摊费用。

4. 企业所得税禁止扣除项目：与固定资产相关的扣除禁止，与无形资产相关的扣除禁止，与对外投资有关的扣除禁止，与亏损弥补相关的扣除禁止，其他项目的扣除禁止。

（五）应纳税额计算

1. 应纳税额计算的一般方法

具体的计算公式：

应纳税所得额＝收入总额－不征税收入－免税收入－准予扣除项目－以前年度的亏损

应纳税额＝应纳税所得额×适用税率－税收减免额－税收抵免额

2. 非居民企业应纳税额的计算

其适用税率为20%。根据税法，非居民企业按照下列方法计算其应纳税所得额：

（1）股息、红利等权益性投资收益和利息、租金、特许权使用费所得，以收入全额为应纳税所得额。

（2）转让财产所得，以收入全额减除财产净值后的余额为应纳税所得额。

（3）其他所得，参照前两项规定的方法计算应纳税所得额。

3. 企业所得税的税收抵免

（1）直接抵免。企业取得下列所得已在境外缴纳的所得税税额，可以从其当期应纳税额中抵免,抵免限额为该项所得依照《企业所得税法》规定计算的应纳税额;超过抵免限额的部分,可以在以后的 5 个年度内,用每年度抵免限额抵免当年应抵税额后的余额进行抵补:居民企业来源于中国境外的应税所得;非居民企业在中国境内设立机构、场所,取得发生在中国境外但与该机构、场所有实际联系的应税所得。计算公式为,抵免限额=境外所得×本国税率。

(2) 间接抵免。居民企业从其直接或者间接控制的外国企业分得的来源于中国境外的股息、红利等权益性投资收益,外国企业在境外实际缴纳的所得税税额中属该项所得负担的部分,可以作为该居民企业的可抵免境外所得税税额,按上述第(1)点规定的抵免限额内抵免。

二、个人所得税法

(一) 个人所得税概念与特征

个人所得税是以个人所得为征税对象,并且由获取所得的个人缴纳的一种税。个人所得税是各国开征较为普遍的一种税。以下是我国个人所得税的特点:

1. 个人所得税是一种所得税。个人所得税不是对个人所取得的收入征税,而是对个人取得的所得征税。税法上所称的所得,通常是指纳税人法定的收入总额扣除法定的扣除项目,如成本、费用、税金和损失等支出后的净额。作为征税对象的个人所得,有狭义和广义之分。狭义的个人所得仅限于每年经常、反复发生的所得;广义的个人所得是指个人在一定期间内,通过各种来源和方式取得或者获得的各种收益与利益,而不论这种收益与利益是偶然的,还是临时的;是货币的,还是实物的。目前,包括我国在内的世界各国所实行的个人所得税,大多以广义的个人所得为基础设计税收制度。

2. 个人所得税是一种直接税。所谓直接税是指税收负担不能转嫁出去而必须由纳税人自己承担的税种。除极少数特殊情况之外,个人所得税通常都不能转嫁,而必须由纳税人自己承担。

3. 个人所得税是以自然人个人为纳税人的一种所得税。所得税是以自然人或者法人的法定所得为课税对象的一种税制体系。虽然目前世界各国所征收的所得税在名称上五花八门,但是根据纳税人的属性不同,一般都可以分为两类:一类是以法人为纳税人的所得税,即企业(法人或者公司)所得税,另一类是以自然人个人为纳税人的所得税,即我们现在所讨论的个人所得税。

（二）纳税主体

我国个人所得税的纳税主体包括两类，即居民纳税人和非居民纳税人。区分这两类纳税主体的标准有两个，一个是住所标准，一个是时间标准。

1. 居民纳税人

凡在中国境内有住所，或者无住所而在境内居住满 1 年的个人即为居民纳税人，他们应就其源于中国境内、境外的所得，依法缴纳个人所得税。

2. 非居民纳税人

凡在中国境内无住所又不居住或者无住所而在境内居住不满 1 年的个人，是非居民纳税人，他们仅就其来源于中国境内的所得，缴纳个人所得税。

根据《中华人民共和国个人所得税法实施条例》（以下简称《个人所得税法实施条例》），下列所得，不论支付地点是否在中国境内，均为来源于中国境内的所得：

（1）因任职、受雇、履约等而在中国境内提供劳务取得的所得；

（2）将财产出租给承租人在中国境内使用而取得的所得；

（3）转让中国境内的建筑物、土地使用权等财产或者在中国境内转让其他财产取得的所得；

（4）许可各种特许权在中国境内使用而取得的所得；

（5）从中国境内的公司、企业以及其他经济组织或者个人取得的利息、股息、红利所得。尽管如此，凡在中国境内无住所，但在一个纳税年度中在中国境内连续或者累计居住不超过 90 日的个人，其来源于中国境内的所得，由境外雇主支付并且不由该雇主在中国境内的机构、场所负担的部分，免予缴纳个人所得税。

（三）征税范围

我国的个人所得税法实行分类所得税制，将属于征税范围的所得分为 11 个税目，这 11 项应税所得分别如下：

1. 工资、薪金所得。
2. 个体工商户的生产、经营所得。
3. 对企事业单位的承包经营、承租经营所得。
4. 劳务报酬所得。
5. 稿酬所得。
6. 特许权使用费所得。

7. 利息、股息、红利所得。

8. 财产租赁所得。

9. 财产转让所得。

10. 偶然所得。

11. 经国务院财政部门确定征税的其他所得。

(四) 税率与应纳税额的计算

个人所得税税率有两种：超额累进税率，适用于工薪所得、个体工商户的生产、经营所得以及对企事业单位的承包、承租经营所得；比例税率，其基本税率均为20%，适用于除上述三类所得以外的其他各类所得。

个人所得税的应纳税额应根据应纳税所得额和税率计算，公式如下：

$$应纳税额 = 应纳税所得额 \times 税率$$

1. 工资、薪金所得，以每月收入额减除费用3500元后的余额，为应纳税所得额。

2. 个体工商户的生产、经营所得，以每一纳税年度的收入总额，减除成本、费用以及损失后的余额，为应纳税所得额。

3. 对企事业单位的承包经营、承租经营所得，以每一纳税年度的收入总额，减除必要费用后的余额，为应纳税所得额。

4. 劳务报酬所得、稿酬所得、特许权使用费所得、财产租赁所得，每次收入不超过4000元的，减除费用800元；超过4000元的，减除20%的费用，其余额为应纳税所得额。

所谓每次收入是指以下内容：(1) 劳务报酬所得，属于一次性收入的，以取得该项收入为一次；属于同一项目连续性收入的，以一个月内取得的收入为一次。(2) 稿酬所得，以每次出版、发表取得的收入为一次。(3) 特许权使用费所得，以一项特许权的一次许可使用所取得的收入为一次。(4) 财产租赁所得，以一个月内取得的收入为一次。

5. 财产转让所得，按照一次转让财产的收入额减除财产原值和合理费用后的余额，为应纳税所得额。

6. 利息、股息、红利所得、偶然所得和其他所得，以每次收入额为应纳税所得额。

学习内容 4　财产税法律制度

一、财产税的概念、特征与分类

（一）财产税的概念与特征

财产税是指以各种财产为征税对象，并由对财产进行占有、使用或收益的主体缴纳的一类税。财产税这一类税种的课税对象是财产的收益或财产所有人的收入，主要包括房产税、财产税、遗产和赠与税等税种。对财产课税，对于促进纳税人加强财产管理、提高财产使用效果具有特殊的作用。我国目前的财产税主要包括土地税、房产税、契税、车船税、资源税等。同其他税类相比，财产税主要具有以下特点：

1. 土地、房屋等不动产位置固定，标志明显，作为课税对象具有收入上的可靠性和稳定性。

2. 纳税人的财产情况，一般当地政府较易了解，适宜由地方政府征收管理，有不少国家把这些税种划作地方税收。如美国课征的财产税，当前是地方政府收入的主要来源，占其地方税收总额的80%以上。

3. 以财产所有者为纳税人，对于调节各阶层收入，贯彻应能负担原则，促进财产的有效利用，有特殊的功能。

（二）财产税分类

1. 一般财产税和个别财产税

根据征收范围和课征方式的不同，财产税可分为一般财产税和个别财产税两大类。

（1）一般财产税。也称综合财产税，是对纳税人所拥有的全部财产，按其综合计算的价值进行课征的一种财产税。理论上是如此，但现实中一般财产税并非将纳税人所有的财产都作为计税依据，在课征时通常要考虑到对一定货币数量以下的财产和纳税人日常生活必需品的免税，以及负债的扣除，有的国家一般财产税中还规定了起征点。目前，世界各国的一般财产税大致有三种类型：第一，名为一般财产税，实为有选择的财产税，如美国现今的财产税就属于这种类型。第二，规定免税项目，以应税财产总价值额减去负债后的净额为计税依据,设免税扣除及给予生活费豁免,采用比例税率的一般财产税,如德国、荷兰等国就实行这种财产税。第三,以应税财产总价值额减去负债后的净值额为计税依据,采用累进税率,如英国、印度、瑞典等国就推行这种类型的财产税。

(2) 个别财产税。也称特别财产税或特种财产税,是对纳税人的某种财产单独课征的一种财产税。如对土地课征的土地税或地产税,对房屋课征的房产税,对土地和房屋合并征收的房地产税等均属于个别财产税。个别财产税在课征时一般不需要考虑免税和扣除。随着社会经济的不断发展,个别财产税呈现出合并的趋势,税种日趋减少。

2. 静态财产税和动态财产税

根据课税对象形态的不同,财产税可分为静态财产税和动态财产税两大类。

(1) 静态财产税,是对一定时期处于相对静止状态的财产,按其数量或价值进行课征的财产税。如地产税、房产税等均属于静态财产税。其特点是在征收时间上有一定的规律性,通常是定期征收,如房产税一般都是按年征收。

(2) 动态财产税,是对因无偿转移而发生所有权变动的财产按其价值所课征的财产税。如遗产税、继承税等。动态财产税是以财产所有权的变动和转移为前提课征的,其特点是在财产交易时一次性征收,如遗产税是在发生遗产继承行为时一次性征收。

3. 经常财产税和临时财产税

根据财产存续时间的不同,财产税可分为经常财产税和临时财产税两大类。

(1) 经常财产税是指每年要按期课征具有经常性收入的财产税。这种税收通常占财产税收入的绝大部分。

(2) 临时财产税是指非常时期政府为筹措财政资金而临时课征的财产税。如政府在国家遭遇战争、严重自然灾害或偿还债务等非常时期,为筹措经费,大多要征收包括财产税在内的各种临时税。临时财产税所占的比重一般不会太大,但税率可能比经常财产税税率要高。

4. 从量财产税和从价财产税

(1) 从量财产税,是指以纳税人的应税财产数量为计税依据,实行从量定额征收的财产税。其特点是纳税人应纳税额的多少,完全取决于其拥有财产的数量,而与其财产的价值无关,因而从量财产税一般不受价格变动的影响。

（2）从价财产税，是指以纳税人的应税财产的价值为计税依据，实行从价定率征收的财产税。其特点是纳税人应纳税额的多少，视其所拥有财产的价值大小而定，从价财产税通常受价格变动的影响较大。从价财产税又可分为财产价值税和财产增值税。所谓财产价值税，就是按财产的全部价值计算课征的财产税。在现实中，财产的计税价格又有原始价、重置价和市场价之分。所谓财产增值税，是指按财产的增值部分计算课征的财产税，即只对财产的现值超过原值的增值部分征税，而不考虑财产的总价值或财产净值。

二、土地税法

土地税是以土地为征税对象，由对土地进行占有、使用、收益的主体缴纳的一类税的总称。

（一）城镇土地使用税法律制度

城镇土地使用税是以城镇土地为征税对象，对拥有国有土地使用权的单位和个人征收的一种税。

1. 纳税主体

城镇土地使用税的纳税主体是指在城市、县城、建制镇、工矿区范围内使用土地的单位和个人。

2. 征税范围

城镇土地使用税的征税范围，包括在城市、县城、建制镇和工矿区内的国家所有和集体所有的土地。其中，城市的土地包括市区和郊区的土地；县城的土地是指县人民政府所在地的城镇的土地；建制镇的土地是指镇人民政府所在地的土地。

3. 计税依据

城镇土地使用税的计税依据，是纳税人实际占用的应税土地面积，土地面积计量标准为每平方米。

纳税人应税土地面积，按以下办法确定：

（1）凡由省级人民政府确定的单位组织来测定的，以测定的面积为准；

（2）尚未组织测定，但纳税人持有政府部门核发的土地使用证书的，以证书确认的土地面积为准；

（3）尚未核发土地使用证书的，以纳税人据实申报的土地面积据以纳税，待核发土地使用证以后再做调整。

4. 税率及应纳税额的计算

城镇土地使用税实行定额税率，且为幅度差别税额。

不同地域每平方米土地的年税额分别如下：（1）大城市1.5元至30元；（2）中等城市1.2元至24元；（3）小城市0.9元至18元；（4）县城、建制镇、工矿区0.6元至12元。

各省级人民政府应在上述的税额幅度内，根据市政建设状况和经济繁荣程度等，确定所辖地区的适用税额幅度；市、县人民政府在省级政府确定的税额幅度内再制定具体的适用税额标准，报省级人民政府批准执行。

此外，经省级人民政府批准，经济不发达地区的税额标准可以适当降低，但降幅不得超过规定的最低税额的30%；经济发达地区的适用税额可以适当提高，但须报财政部批准。

在确定了计税依据和具体适用的税额的基础上，便可计算应纳税额，其公式为，应纳税额＝实际占用的土地面积×适用税额。

（二）耕地占用税法律制度

耕地占用税是对在我国境内占用耕地建房或者从事其他非农业建设的单位和个人，按其实际占用的耕地面积征收的一种财产税。

1. 纳税主体

耕地占用税的纳税主体是在我国境内占用耕地建房或者从事其他非农业建设的单位和个人。此外，承包集体土地的农户和个体农民在其承包的耕地上进行非农业建设的，也是耕地占用税的纳税人。外商投资企业经批准征用的土地，免纳耕地占用税。

2. 征税范围

耕地占用税的征税对象是纳税人占用的耕地，其具体征税范围包括国家所有和集体所有的耕地。

3. 计税依据和税率

耕地占用税的计税依据是纳税人实际占用的耕地面积，实行从量定额征收。现行的税率为地区差别定额税率，即以县级行政区域为单位，按人均占有耕地面积的多少，参照经济发展情况，将全国划分为四类不同地区，各地区适用的具体税额分别如下：

（1）人均耕地不超过1亩的地区，每平方米为10元至50元；

（2）人均耕地超过1亩但不超过2亩的地区，每平方米为8元至40元；

(3) 人均耕地超过 2 亩但不超过 3 亩的地区，每平方米为 6 元至 30 元；

(4) 人均耕地面积超过 3 亩的地区，每平方米为 5 元至 25 元。

此外，农村居民占用耕地新建住宅，按照当地适用税额减半征收；经济特区、经济技术开发区和经济发达、人均耕地特别少的地区，适用税额可以适当提高，但最高不得超过当地适用税额的 50％；占用基本农地的，适用税额应当在当地适用税额基础上提高 50％。

在上述的计税依据和税率确定以后，即可计算应纳税额，其计算公式为，应纳税额＝实际占用耕地面积×适用税额。

（三）土地增值税法律制度

土地增值税是对转让土地权利而获取收益的主体，就其土地的增值额征收一种财产税。

1. 纳税主体

土地增值税的纳税主体是转让国有土地使用权、地上的建筑物及其附着物并取得收入的单位和个人，具体包括各类企事业单位、国家机关和社会团体及其他组织、个体经营者等。当然，其中也包括外商投资企业、外国企业、华侨、港澳台同胞及外国公民等。

2. 征税范围

土地增值税的征税范围包括转让国有土地使用权、地上的建筑物及其附着物而取得的收入，即转让的房地产的收入。

3. 计税依据

土地增值税的计税依据是土地增值额，即纳税人转让房地产所取得的收入减除法定扣除项目金额后的余额。纳税人转让房地产的收入，是指转让房地产的全部价款及有关的经济收益，包括货币收入、实物收入和其他收入。

上述法定的扣除项目包括如下内容：(1) 取得土地使用权所支付的金额；(2) 房地产开发的成本、费用；(3) 新建房及配套设施的成本、费用，或者旧房及建筑物的评估价格；(4) 与转让房地产有关的税金；(5) 财政部规定的其他扣除项目。

4. 税率和应纳税额的计算

土地增值税实行四级超额累进税率，具体规定如下：

(1) 增值额未超过扣除项目金额 50％的部分，税率为 30％；

(2) 增值额超过扣除项目金额 50％、未超过扣除项目金额 100％的部分，税率为 40％；

(3) 增值额超过扣除项目金额100%、未超过扣除项目金额200%的部分，税率为50%。

(4) 增值额超过扣除项目金额200%的部分，税率为60%。

上述每级增值额未超过扣除项目金额的比例，均包括本比例数。

在明确了计税依据和税率的基础上，即可计算土地增值税的应纳税额。应纳税额可按增值额乘适用的税率减去扣除项目金额乘速算扣除系数的简便方法计算，其基本公式是，应纳税额＝增值额×税率－扣除项目金额×速算扣除系数。

在上面公式中适用税率分别是30%、40%、50%、60%的情况下，速算扣除系数分别为0、5%、15%、35%。

三、房产税法

房产税是以房产为征税对象，依据房产价格或房产租金收入向房产所有人或经营人征收的一种税。

（一）纳税主体

我国房产税的纳税主体是在我国境内拥有房屋产权的单位和个人。

（二）征税范围

房产税的征税对象是在我国境内用于生产经营的房屋，具体包括建在城市、县城、建制镇和工矿区的房屋。个人所有非营业用房产用于居住的房屋免纳房产税，此处主要指居民居住用房，个人拥有的营业用房或者出租的房产，则应当照章纳税。

（三）计税依据和税率

房产税的计税依据是房产余值或房产租金收入。其中，房产余值是依照房产原值一次减除10%至30%后的余值；没有房产原值作为依据的，由税务机关参考同类房产核定。房产租金收入是房产所有人出租房屋所获得的报酬，包括货币收入和实物收入。

房产税实行比例税率，其中，依照房产余值计税的，税率为1.2%；房产出租的，以房租收入为计税依据，税率为12%。

在明确了计税依据和适用税率之后，即可计算应纳税额，其计算公式为，应纳税额＝房产原值×（1－扣除比例）×1.2%；或者应纳税额＝房租收入×12%。

四、契税法

契税是因土地、房屋权属发生移转变更而在当事人之间订立契约时,由产权承受人缴纳的一种财产税。契税法的主要法律规范是国务院于1997年7月7日发布并于当年10月1日实施的《中华人民共和国契税暂行条例》(以下简称《契税暂行条例》)。

(一) 纳税主体

契税的纳税主体,是在中国境内转移土地、房屋权属的过程中,承受土地使用权、房屋所有权的单位和个人。

(二) 征税范围

契税的征税范围包括转移土地、房屋权属的下述行为:
(1) 国有土地使用权出让;
(2) 土地使用权转让,包括出售、赠与和交换,但不包括农村集体土地承包经营权的转移;
(3) 房屋买卖;
(4) 房屋赠与;
(5) 房屋交换。

(三) 计税依据

契税的计税依据依不同情况可能是成交价格、核定价格或价格差额,具体如下:

1. 国有土地使用权出让、土地使用权出售、房屋买卖的,计税依据为成交价格。

2. 土地使用权赠与、房屋赠与的,其计税依据由征收机关参照土地使用权出售、房屋买卖的市场价格核定。

3. 土地使用权交换、房屋交换的,其计税依据为所交换的土地使用权、房屋的价格的差额。与交换价格差额不为零时,由多交付货币、实物、无形资产或者其他经济利益的一方缴纳税款。

此外,如果上述成交价格明显低于市场价格且无正当理由,或者所交换土地使用权、房屋的价格差额明显不合理且无正当理由,则应由征收机关参照市场价格核定。

另外，以划拨方式取得土地使用权的，经批准转让房地产时，应由房地产转让者补缴契税，其计税依据为补缴的土地使用权出让费用或者土地收益。

(四) 税率和应纳税额的计算

契税实行幅度比例税率，税率为3%～5%。在明确了计税依据和运用税率的基础上，即可计算契税的应纳税额，其计税公式如下：

$$应纳税额＝计税依据×税率$$

五、车船税法

车船税是以车船为征税对象而征收的一类财产税，它目前包括车辆购置税和车船使用税两类。车船税法的法源主要是2007年1月1日开始实施的《中华人民共和国车船税暂行条例》（及财政部、国家税务总局根据该条例制订的《中华人民共和国车船税暂行条例实施细则》。

(一) 车船税的纳税义务人

在中华人民共和国境内，车辆、船舶（以下简称车船）的所有人或者管理人为车船税的纳税人。车船的所有人或者管理人未缴纳车船税的，使用人应当代缴纳。从事机动车交通事故责任强制保险业务的保险机构为机动车车船税的扣缴义务人，应当依法代收代缴车船税。

(二) 税目、税率及税额计算

在计征车船税时，载客汽车和摩托车的计税单位为辆，载货汽车和三轮车、低速货车的计税单位为自重吨位，船舶的计税单位为净吨位。

学习内容5　资源与行为税法律制度

一、资源税法

资源税是对在我国境内开发、利用自然资源的单位和个人，就其开发、利用资源的数量或价值征收的一种财产税。我国资源税法的法源主要是《中华人民共和国资源税暂行条例》及《中华人民共和国资源税暂行条例实施细则》。

(一) 纳税主体

资源税的纳税主体是在中华人民共和国领域及管辖海域开采规定的矿产品或者生产盐（以下简称开采或者生产应税产品）的单位和个人。

(二) 资源税税目和单位税额（见表1）

表1

税目		税率
原油		销售额的5%～10%
天然气		销售额的5%～10%
煤炭	焦煤	每吨8～20元
	其他煤炭	每吨0.3～5元
其他非金属矿原矿	普通非金属矿原矿	每吨或者每立方米0.5～20元
	贵重非金属矿原矿	每千克或者每克拉0.5～20元
黑色金属矿原矿		每吨2～30元
有色金属矿原矿	稀土矿	每吨0.4～60元
	其他有色金属矿原矿	每吨0.4～30元
盐	固体盐	每吨10～60元
	液体盐	每吨2～10元

(三) 应纳税额的计算

资源税的计税依据是应税资源产品的课税数量。资源税的应纳税额，按照应税产品的课税数量和规定的单位税额计算，其计算公式为，应纳税额＝课税数量×单位税额。

在上述课税数量的确定上，应注意以下几点：

1. 纳税人开采或者生产应税产品销售的，以销售数量为课税数量。
2. 纳税人开采或者生产应税产品自用的，以自用数量为课税数量。
3. 纳税人不能准确提供应税产品销售数量的，以应税产品的产量或主管税务机关确定的折算比换算成的数量为课税数量。

二、行为税法

(一) 行为税及行为税法的概念

关于行为税的概念，有人认为是指以某些特定行为为征税对象的一类税，是一个泛指的集合概念。具体是指除了商品流转行为、取得收益行为、占有或转移财产等行为以外的，依法应当纳税的特定行为。[1]

有人将其称为行为目的税，认为按课税对象划分，行为税可以划分在流转税、所得税和财产税中，但由于其中某些课税对象兼有多种性质，不容易划入任何一种，所以独立作为一种税种。[2] 可见，行为税就是根据税收法律的相关规定，对某些行为（一般是指除了商品流转行为、取得收益行为、占有或转移财产等行为以外的依法应当纳税的特定行为）以列举方式加以征收特定行为的税种。同理，行为税法也就是国家对于有关行为税而制定的法律规范的总称。

(二) 行为税的种类

目前，对于行为税的分类很不一致。有人把行为税分为城市维护建设税、印花税、车辆购置税和土地增值税。[3] 有人认为，行为税分为固定资产投资方向调节税、印花税、证券交易税、屠宰税和筵席税。[4] 有人认为，行为税分为印花税、车辆购置税、资源税、土地使用税、耕地占用税和土地增值税。[5] 有人认为，行为税分为固定资产投资方向调节税、印花税、车船使用税、城市维护建设税、屠宰税和筵席税。[6]

由于国家对行为税的界定没有一个标准。确切地说，国家没有具体规定什么是行为税以及哪些税种属于行为税。而且，行为税是一项变动的税种，它紧跟时代的步伐尤其是政策的动向，行为税经过了设立、取消、合并、分出、变更等历程，而且以后会一直进行下去。因此，行为税很难作为一个统一的、标准的、不变的税种。从理论上讲，现在的行为税应包括证券交易税、

---

[1] 徐孟州：《税法》，中国人民大学出版社1999年版，第24页。
[2] 胡怡建：《税收学》，上海财经大学出版社2004年版，第382页。
[3] 胡怡建：《税收学》，上海财经大学出版社2004年版，第383～394页。
[4] 徐孟州：《税法》，中国人民大学出版社1999年版，第284页。
[5] 杨萍：《税法学原理》，中国政法大学出版社2004年版，第102～113页。
[6] 杨秀琴、钱晟：《中国税制教程》，中国人民大学出版社1999年版，第248页。

屠宰税、筵席税、城市维护建设税、印花税、车辆购置税和土地增值税。

(三) 行为税的特点

1. 政策性强，调解范围明确

行为税随着时代的变化而变化，尤其是政策对行为税起着主要或直接的影响，深受政策所"左右"。由此可知，行为税的政策性强。另外，由于行为税作为一个集合概念的税种，必然包括一定的子税种。而行为税应包括多少子税种，并不是一定的，但也并不能说行为税的调整范围就不确定。因为行为税从时间的一维角度即纵向而言，它的子税种是不确定的，但从每个时代即横向角度而言，它却是固定的，而且必须明确有多少税种以及具体是什么税种。所以，它的调整范围是明确的。

2. 时间性

行为税自问世以来就一直处于变动中，国家总是根据经济形势的变化而相应提出适时的行为税种类。

3. 层次性

从行为税调整的区域或立法层次看，行为税有的由中央政府直接掌管，有的由地方政府控管，这就使行为税在客观上形成层次性。如证券交易税即属于国家税，而其他的一些行为税，如屠宰税和筵席税等则属于地方税。

4. 征税对象的专有性

一般税种的征收对象为流转额、财产所有，而行为税的征税对象为行为。这是其他税种的征税对象大多不具有的。

(四) 行为税的特有原则

1. 灵活性原则

由于行为税与政策具有很大的相关性，所以行为税一样具有政策的某些特征。因为政策与法不同，法律相对具有稳定性，而政策具有多变性、灵活性。行为税的变化与政策紧密相关，所以行为税具有灵活性的特点，在适用中应体现灵活性原则。

2. 平衡性原则

从税收结构角度来说，税种有所得税、流转税、财产税和行为税，但它们并不是平等重要的，占的比例也不均等。一般发达国家以所得税为主，其他税种为辅；而发展中国家则以流转税为主，其他税种为辅；还有的国家同时以流转税和所得税为主,其他税种为辅。从中可以看出,行为税不是主要的税种,占的比例也很少,但它在税收结构中起到了拾遗补缺的平衡的作用。因此,行为税具有平衡性,在行为税适用中应运用平衡性原则。

3. 非中性原则

亚当·斯密在阐述税收调控时提出平等、确定、便利和经济原则。这体现了斯密所主张的"税收中性"。这也反映出市场经济是在"看不见的手"之下运作的,国家不得随意干预市场经济。因此,税收,这种国家常用的手段,也不得干预市场经济,这就是税收中性。但这是理想中的市场经济,也是资本主义早期的市场所接近的市场经济,而现实中的市场经济并非如此。由于信息的不对称,它是被扭曲的市场经济,就需要国家适度干预来对其进行校正。更主要的是,行为税明显带有政策色彩,所以更加偏离中性原则,具有非中性原则性。

(五) 印花税、城市维护建设税、车辆购置税

1. 印花税

印花税是对经济活动和经济交往中书立、领受的应税经济凭证所征收的一种税。1988年8月,国务院公布了《中华人民共和国印花税暂行条例》,于同年10月1日起恢复征收。证券交易印花税是印花税的一部分,根据书立证券交易合同的金额对卖方计征,税率为1‰。经国务院批准,财政部决定从2008年9月19日起,对证券交易印花税政策进行调整,由现行双边征收改为单边征收,即只对卖出方(或继承、赠与A股、B股股权的出让方)征收证券(股票)交易印花税,对买入方(受让方)不再征税。税率仍保持1‰。

印花税的特点如下:第一,兼有凭证税和行为税性质。印花税是单位和个人书立、领受的应税凭证征收的一种税,具有凭证税性质。另一方面,任何一种应税经济凭证反映的都是某种特定的经济行为,因此,对凭证征税,实质上是对经济行为的课税。第二,征税范围广泛。印花税的征税对象包括了经济活动和经济交往中的各种应税凭证,凡书立和领受这些凭证的单位和个人都要缴纳印花税,其征税范围是极其广泛的。随着市场经济的发展和经济法制的逐步健全,依法书立经济凭证的现象将会愈来愈普遍。因此,印花税的征收面将更加广阔。第三,税率低、负税轻。印花税与其他税种相比较,税率要低得多,其税负较轻,具有广集资金、积少成多的财政效应。第四,由纳税人自行完成纳税义务。纳税人通过自行计算、购买并粘贴印花税票的方法完成纳税义务,并在印花税票和凭证的骑缝处自行盖戳注销或画销。这也与其他税种的缴纳方法存在较大区别。

印花税根据不同征税项目，分别实行从价计征和从量计征两种征收方式。印花税以应纳税凭证所记载的金额、费用、收入额和凭证的件数为计税依据，按照适用税率或者税额标准计算应纳税额。应纳税额计算公式如下：

应纳数额＝应纳税凭证记载的金额（费用、收入额）×适用税率
应纳税额＝应纳税凭证的件数×适用税额标准

2. 城市维护建设税

城市维护建设税（以下简称城建税）是国家对缴纳增值税、消费税、营业税（以下简称"三税"）的单位和个人就其缴纳的"三税"税额为计税依据而征收的一种税。现行的《中华人民共和国城市维护建设税暂行条例》是国务院于 1985 年 2 月 8 日发布的，并于同年 1 月 1 日起实施。城建税的纳税义务人，是指负有缴纳"三税"义务的单位和个人，包括国有企业、集团企业、私营企业、股份制企业、其他企业和行政单位、事业单位、军事单位、社会团体、其他单位，以及个体工商户及其他个人。自 2010 年 12 月 1 日起，我国对外资企业恢复征收城建税和教育费附加。

城建税的征收范围包括城市、县城、建制镇以及税法规定征收"三税"的其他地区。城市、县城、建制镇的范围，应根据行政区划作为标准。

（1）计税依据

城建税的计税依据是指纳税人实际缴纳的"三税"之和。纳税人违反"三税"有关规定而加收的滞纳金和罚款，是税务机关对纳税人违法行为的经济制裁，不作为城建税的计税依据。但纳税人在被查补"三税"和被处罚时，应同时对其偷逃的城建税进行补税、征收滞纳金和罚款。

（2）税率

城建税的税率，是指纳税人应缴纳的城建税与纳税人实际缴纳的"三税"税额之间的比例。实行差别比例税率，即按照纳税人所在地的不同，实行了三档地区差别比例税率。具体为纳税人所在地为城市市区的，税率为 7％；纳税人所在地为县城、建制镇的，税率为 5％；纳税人所在地不在城市市区、县城或者建制镇的，税率为 1％。

城建税的适用税率，应按纳税人所在地的规定税率执行。但下列两种情况可按缴纳"三税"所在地的规定税率就地缴纳城建税，一是由受托方代征代扣"三税"的单位和个人，其代收代扣的城建税按受托方所在地适用税率计算；二是流动经营等无固定纳税地点的单位和个人，在经营期间缴纳"三税"的，城建税按经营地适用税率计算。

（3）应纳税额的计算

应纳税额＝实际缴纳的"三税"税额之和×适用税率

3. 车辆购置税

车辆购置税是以在中国境内购置规定车辆为课税对象、在特定的环节向车辆购置税者征收的一种直接税。

车辆购置税的纳税人是指境内购置应税车辆的单位和个人。其中购置是指购买使用行为、进口使用行为、受赠使用行为、自产自用行为、获奖使用行为以及以拍卖、抵债、走私、罚没等方式取得并使用的行为，这些行为都属于车辆购置税的应税行为。其中单位具体包括国有企业、集体企业、私营企业、股份制企业、外商投资企业、外国企业以及其他企业，事业单位、社会团体、国家机关、部队以及其他单位。其中个人具体包括个体工商户及其他个人，既包括中国公民又包括外国公民。

（1）征税范围

车辆购置税的征税范围包括汽车、摩托车、电车、挂车、农用运输车，具体如下：

第一，汽车。包括各类汽车。

第二，摩托车。包括轻便摩托车：最高设计时速不大于50km/h，发动机气缸总排量不大于50的两个或三个车轮的机动车；二轮摩托车：最高设计车速大于50km/h，或发动机气缸总排量大于50的两个车轮的机动车；三轮摩托车：最高设计车速大于50km/h，发动机气缸总排量大于50，空车质量不大于400kg的三个车轮的机动车。

第三，电车。包括无轨电车：以电能为动力，由专用输电电缆供电的轮式公共车辆；有轨电车：以电能为动力，在轨道上行驶的公共车辆。

第四，挂车。包括全挂车：无动力设备，独立承载，由牵引车辆牵引行驶的车辆；半挂车：无动力设备，与牵引车共同承载，由牵引车辆牵引行驶的车辆。

第五，农用运输车。包括三轮农用运输车：柴油发动机，功率不大于7.4kw，载重量不大于500kg，最高车速不大于40km/h的三个车轮的机动车；四轮农用运输车：柴油发动机，功率不大于28kw，载重量不大于1500kg，最高车速不大于50km/h的四个车轮的机动车。

（2）应纳税额的计算

车辆购置税实行从价定率的办法计算应纳税额。应纳税额的计算公式如下：

$$应纳税额＝计税价格 \times 税率$$

车辆购置税的税率为10％，车辆购置税的计税价格根据不同情况，按照下列规定确定：

a. 纳税人购买自用的应税车辆的计税价格，为纳税人购买应税车辆而支付给销售者的全部价款和价外费用，不包括增值税税款。

b. 纳税人进口自用的应税车辆的计税价格的计算公式如下：

计税价格＝关税完税价格＋关税＋消费税

c. 纳税人自产、受赠、获奖或者以其他方式取得并自用的应税车辆的计税价格，由管税务机关参照有关规定的最低计税价格核定。

学习内容6　税收征收管理法律制度

一、税务登记制度

（一）税务登记的内容

根据税法规定，凡有法律、行政法规规定的应税收入、应税财产或者应税行为的纳税人，应当向税务机关办理税务登记；凡法律、行政法规规定负有代扣代缴、代收代缴税款义务的扣缴义务人，应向税务机关办理扣缴税款登记。

税务登记通常分为设立税务登记、变更税务登记和注销税务登记等几种类型，其登记内容和程序各有不同。

1. 设立税务登记

根据《税收征收管理法》的规定，企业、企业在外地设立的分支机构和从事生产、经营的场所，个体工商户和从事生产、经营的事业单位（以下统称从事生产、经营的纳税人），自领取营业执照之日起30日内，应持有关证件，向税务机关申报办理登记。

2. 变更税务登记

纳税人在办理税务登记之后，凡单位名称、法人代表、住所或经营地点、经营范围、经营方式、经济性质、开户银行账号以及其他税务登记内容发生变化时，都应申报办理变更税务登记。这里分两种情况：一是纳税人需在工商行政管理机关办理注册登记的，应当自有关工商行政管理机关办理变更登记之日起30日内，持有关证件到原税务机关申报办理变更税务登记；二是纳税人按照规定不需要在工商行政管理机关办理变更登记的，应当自发生变化之日起30日内，持有关证件向原税务登记机关申报办理变更税务登记。

3. 注销税务登记

纳税人发生下列情形之一的,应当在办理注销税务登记前,向税务机关结清应缴纳的税款、滞纳金、罚款,缴销所有的发票和税务登记证件及税务机关发给的其他证件:

(1) 纳税人发生解散、破产、撤销以及其他情形的;

(2) 纳税人由于住所、经营地点变动而涉及改变税务登记机关的;

(3) 纳税人被工商行政管理机关吊销营业执照或者被其他机关予以撤销登记的。

税务机关对纳税人提交的注销税务登记的申请报告及所附的材料应当及时予以审核,对符合条件并缴清应纳税款、滞纳金、罚款和交回发票的,予以办理注销税务登记,收回税务登记证件,开具清税证明。

(二) 税务登记证件的使用和管理

税务登记证件是纳税人履行了税务登记义务的书面证明。

纳税人持税务登记证件,依法办理下列税务事项: (1) 开立银行账户; (2) 申请减税、免税、退税; (3) 申请办理延期申报、延期缴纳税款; (4) 领购发票; (5) 申请开具外出经营活动税收管理证明; (6) 办理停业、歇业; (7) 其他有关税务事项。

二、税款征收制度

税款征收制度是指税务机关按照税法规定将纳税人应纳的税款收缴入库的法定制度。它是税收征收管理的中心环节,直接关系到国家税收及时、足额入库。税款征收是税务机关依照税收法律、法规规定将纳税人应当缴纳的税款组织征收入库的一系列活动的总称,是税收征收管理的核心内容,是税务登记、账簿票证管理、纳税申报等税务管理工作的目的和归宿。税款征收的主要内容包括税款征收的方式、程序,减免税的核报,核定税额的几种情况,税收保全措施和强制执行措施的设置与运用以及欠缴、多缴税款的处理等。

(一) 税款征收方式

科学合理的税款征收方式是确保税款顺利足额征收的前提条件。由于各类纳税人的具体情况不同,因而税款的征收方式也应有所区别。我国现阶段可供选择的税款征收方式主要有以下几种:

1. 查账征收

查账征收是指纳税人在规定的期限内根据自己的财务报告表或经营成果，向税务机关申报应税收入或应税所得及纳税额，并向税务机报送有关账册和资料，经税务机关审查核实后，填写纳税缴款书，由纳税人到指定的银行缴纳税款的一种征收方式。因此，这种征收方式比较适用于对企业法人的征税。

2. 查定征收

查定征收是指由税务机关通过按期查实纳税人的生产经营情况确定其应纳税额，分期征收税款的一种征收方式。这种征收方式主要适用于对生产经营规模小，财务会计制度不够健全、账册不够完备的小型企业和个体工商户的征税。

3. 查验征收

查验征收是指税务机关对某些难以进行源泉控制的征税对象，通过查验证照和实物，据以确定应征税额的一种征收方式。在实际征管工作中，这种方式又分就地查验征收和设立检查站两种形式。对财务会计制度不健全和生产经营不固定的纳税人，可选择采用这种征收方式。

4. 定期定额征收

定期定额征收是指税务机关根据纳税人的生产经营情况，按税法规定直接核定其应纳税额，分期征收税款的一种征收方式。这种征收方式主要适用于一些没有记账能力，无法查实其销售收入或经营收入和所得额的个体工商户。

5. 自核自缴

自核自缴是指纳税人在规定的期限内依照税法的规定自行计算应纳税额，自行填开税款缴纳书，自己直接到税务机关指定的银行缴纳税款的一种征收方式。这种方式只限于经县、市税务机关批准的财务会计制度健全，账册齐全准确，依法纳税意识较强的大中型企业和部分事业单位。

6. 代扣代缴、代收代缴

代扣代缴、代收代缴是指依照税法规定负有代扣代缴、代收代缴税款义务的单位和个人，按照税法规定对纳税人应当缴纳的税款进行扣缴或代缴的征收方式。这种方式有利于加强对税收的源泉控制，减少税款流失，降低税收成本，手续也比较简单。

7. 委托征收

委托征收是指税务机关委托有关单位或个人代为征收税款的征收方式。

这种方式主要适用于一些零星、分散难以管理的税收。

(二) 应纳税额的核定

应纳税额的核定是指税务机关对纳税人当期或以前纳税期应纳税额的核实与确定。正常情况下，纳税人在生产经营过程中将其经营情况连续记录在案，然后根据财务会计记录核算其应纳税额。但是，如果纳税人不能、没有提供有关经营记录的，或提供虚假经营记录的，税务机关可根据一定的标准，核定其应纳税额，保证纳税人足额上缴应纳税额，防止偷逃税款。

1. **应纳税额核定的情形**

根据《中华人民共和国税收征收管理法》（以下简称《税收征收管理法》）第三十五条的规定，纳税人有下列情形之一的，税务机关有权核定其应纳税额：

(1) 依照法律、行政法规的规定可以不设置账簿的；

(2) 依照法律、行政法规的规定应当设置但未设置账簿的；

(3) 擅自销毁账簿或者拒不提供纳税资料的；

(4) 虽设置账簿，但账目混乱或者成本资料、收入凭证、费用凭证残缺不全，难以查账的；

(5) 发生纳税义务，未按照规定的期限办理纳税申报，经税务机关责令限期申报，逾期仍不申报的；

(6) 纳税人申报的计税依据明显偏低，又无正当理由的。

2. **应纳税额核定的方式**

《中华人民共和国税收征收管理法实施细则》（以下简称《税收征收管理法实施细则》）第四十七条规定，税务机关核定纳税人应纳税额时，可以采取的方法：

(1) 参照当地同类行业或者类似行业中经营规模和收入水平相近的纳税人的税负水平核定；

(2) 按照营业收入或成本加合理的费用和利润核定；

(3) 按照耗用的原材料、燃料、动力等推算或者测算核定；

(4) 按照其他合理的方法核定。

税务机关采用上述一种方法不足以正确核定应纳税额时，可以同时采用两种以上的方法核定。

(三) 税收减免

减税、免税是国家根据经济发展的需要，对某些纳税人或征税对象给予的鼓励或照顾措施。纳税人因有特殊困难,不能按期缴纳税款的,经省、自治区、直辖市、国家税务局、地方税务局批准,可以延期缴纳税款,但最长不得超过三个月;纳税人未按照规定期限缴纳税款的或扣缴义务人未按照规定期限解缴税款的,税务机关除责令限期缴纳外,从滞纳税款之日起,按日加收滞纳税款万分之五的滞纳金;纳税人可以按照法律、行政法规的规定向税务机关书面申请减税、免税。减税免税的申请须经法律、行政法规规定的减税、免税审查批准机关审批。地方各级人民政府、各级人民政府主管部门、单位和个人违反法律、行政法规规定,擅自作出的减税、免税决定无效。

1. 减免税的种类

归纳起来,我国的减税、免税主要有以下三种情况:

(1) 法定减税或免税。它是指在税法中明确规定的减税、免税。

(2) 特案减税、免税。它是指由国务院或财政部、国家税务总局、海关总署专案规定的减税免税。

(3) 临时减税、免税。它是指为了不影响纳税人的生产和生活,解决纳税人的特殊困难而临时批准的减税、免税。

2. 减免税的内容

从减免税的内容来看,我国的减免税主要包括以下几个方面:

(1) 鼓励生产的减税、免税。它主要是鼓励产品更新换代、促进出口,鼓励农民开垦荒地,鼓励从事农业生产等。

(2) 社会保障减税、免税。其目的是扶持社会福利事业、保障残疾人员就业和生活以及照顾老区、少数民族地区、边境地区、贫困地区等。

(3) 自然灾害减税、免税。

(四) 税款的缴纳

1. 纳税人、扣缴义务人应当按照法律、行政法规的规定或者税务机关依照法律、行政法规的规定确定的期限,缴纳或者解缴税款。未按规定期限缴纳税款或者解缴税款的,税务机关除责令限期缴纳外,应从滞纳税款之日起,按日加收滞纳税款万分之五的滞纳金。

2. 纳税人在合并、分立情形的,应当向税务机关报告,并依法缴清税款。纳税人合并时未缴清税款的,应当由合并后的纳税人继续履行未履行的纳税义务;纳税人分立时未缴清税款的,分立后的纳税人对未履行的纳税义务应当承担连带责任。

3. 欠缴税款数额较大的纳税人在处分其不动产或者大额资产之前,应当向税务机关报告。欠缴税款的纳税人因怠于行使到期债权,或者放弃到期债权,或者无偿转让财产,或者以明显不合理的低价转让财产而受让人知道该情形,对国家税收造成损害的,税务机关可以依照《合同法》第七十三条、第七十四条的规定行使代位权、撤销权。

4. 纳税人与其关联企业之间的业务往来,应当按照独立企业之间的业务往来收取或者支付价款、费用;不按照独立企业之间的业务往来收取或者支付价款、费用,而减少其应纳税的收入或者所得额的,税务机关有权进行合理调整。

5. 税款的退还与追征

依《税收征收管理法》第五十一条的规定,纳税人不论何种原因超过应纳税额多缴纳的税款,税务机关发现后应当立即退还;纳税人自结算缴纳税款之日起3年内发现的,可以向税务机关要求退还多缴的税款并加算银行同期存款利息,税务机关及时查实后应立即退还;涉及从国库中退库的,依照法律、行政法规有关国库管理的规定退还。如果纳税人在结清缴纳税款之日起3年后才向税务机关提出退还多缴税款要求的,税务机关将不予受理。

《税收征收管理法》第五十二条规定,税务机关对超过纳税期限未缴或少缴税款的纳税人可以在规定的期限内予以追征。根据该条规定,税款的追征具体有以下三种情形:

(1) 因税务机关的责任,致使纳税人、扣缴义务人未缴或者少缴款的,税务机关在3年内可以要求纳税人、扣缴义务人补缴税款,但是不得加收滞纳金。

(2) 因纳税人、扣缴义务人计算错误等失误,未缴或者少缴款的,税务机关在3年内可以追征税款,并加收滞纳金;有特殊情况的(即数额在10万元以上的),追征期可以延长到5年。

(3) 对因纳税人、扣缴义务人和其他当事人偷税、抗税、骗税等原因而造成未缴或者少缴的税款,或骗取的退税款,税务机关可以无限期追征。

(五) 税款征收的执行措施

1. 税收保全措施

所谓税收保全措施是指为确保国家税款不受侵犯而由税务机关采取的行政保护手段。税收保全措施通常是在纳税人法定的缴款期限之前税务机关所作出的行政行为。实际上就是税款征收的保全,以保护国家税款及时足额入库。

在国际上,许多国家的法律都规定了必要的税收保全措施,并由税务机关直接行使。从通常规定来看,税收保全措施具体有以下七种形式:责令纳税人提前结清应纳税款；责令纳税人提交纳税保证金；责令纳税人提供纳税担保；通知纳税人的开户银行暂停支付纳税人在银行的存款；通知有关支付单位暂停向纳税人支付应付款；扣押、查封纳税人的有关财产；限制纳税人的行动或活动范围，如阻止出境等。

参照国际通行做法，我国现行《税收征收管理法》第三十八条明确规定了税收保全措施，即税务机关有根据认为从事生产、经营的纳税人有逃避纳税义务行为的，可以在规定的纳税期之前，责令限期缴纳应纳税款；在限期内发现纳税人有明显的转移、隐匿其应纳税的商品、货物以及其他财产或者应纳税的收入的迹象的，税务机关可以责成纳税人提供纳税担保。如果在纳税人不能提供纳税担保，经县以上税务局（分局）局长批准，税务机关可以采取下列税收保全措施：

（1）书面通知纳税人开户银行或者其他金融机构冻结纳税人的金额相当于应纳税款的存款；

（2）扣押、查封纳税人的价值相当于应纳税款的商品、货物或者其他财产。

另外，《税收征收管理法》第四十四条还规定："欠缴税款的纳税人或者他的法定代表人需要出境的，应当在出境前向税务机关结清应纳税款、滞纳金或者提供担保。未结清税款、滞纳金，又不提供担保的，税务机关可以通知出境机关阻止其出境。"但是，个人及其所抚养的家属维持生活必需的住房和用品，不在税收保全措施的范围之内。

《税收征收管理法》规定上述税收保全措施，旨在预防偷逃税，保护国家税款不受侵犯，赋予税务机关必要的执法权。但是，税务机关必须严格按规定的条件和程序执行，严禁随意行使。如果税务机关滥用职权，违法采取税收保全措施或采取税收保全措施不当，使纳税人、扣缴义务人或者纳税担保人的合法权益遭受损失，应当依法承担赔偿责任。

税收保全措施在于促使纳税人依法及时足额缴纳税款，因此，纳税人在规定的期限内缴纳税款的，税务机关必须立即解除税收保全措施。如果税务机关未立即解除保全措施，使纳税人的合法权益遭受损失的，税务机关应当承担赔偿责任。

2. 税收强制执行措施

所谓税收强制执行措施是指税务机关在采取一般税收管理措施无效的情况下，为了维护税法的严肃性和国家征税的权力所采取的税收强制手段。这不仅是税收的的无偿性和固定性的内在要求，也是税收强制性的具体表现。当今各国都在税收法律或行政法规中赋予了税务机关必要的税收强制执行权，以确保国家征税的有效行使。

我国《税收征收管理法》第四十条赋予了税务机关必要的强制执行权。根据此条规定，从事生产、经营的纳税人、扣缴义务人未按照规定的期限缴纳或者解缴的税款，纳税担保人未按照规定的期限缴纳所担保的税款，由税务机关责令限期缴纳，逾期仍未缴纳的，经县以上税务局（分局）局长批准，税务机关可以采取下列强制执行措施：

（1）书面通知其开户银行或者其他金融机构从其存款中扣缴税款；

（2）扣缴、查封、依法拍卖或者变卖价值相当于应纳税款的商品、货物或者其他财产，以拍卖或者变卖所得抵缴税款。个人及其所抚养家属维持生活所必需的住房和用品，不在强制执行措施的范围内。税务机关采取强制执行措施时，对上述所列纳税人、扣缴义务人、纳税担保人未缴纳的滞纳金同时强制执行。但是，税务机关在采取强制执行措施时，要有确切的证据并严格按法律规定的条件和程序进行，决不能随意行使强制执行权。

（六）违反税款征收制度的法律责任

1. 纳税人有下列行为之一的，由税务机关责令限期改正，可以处二千元以下的罚款；情节严重的，处二千元以上一万元以下的罚款：

（1）未按照规定的期限申报办理税务登记、变更或者注销登记的；

（2）未按照规定设置、保管账簿或者保管记账凭证和有关资料的；

（3）未按照规定将财务、会计制度或者财务、会计处理办法和会计核算软件报送税务机关备查的；

（4）未按照规定将其全部银行账号向税务机关报告的；

（5）未按照规定安装、使用税控装置，或者损毁或者擅自改动税控装置的。

纳税人不办理税务登记的，由税务机关责令限期改正；逾期不改正的，经税务机关提请，由工商行政管理机关吊销其营业执照。

纳税人未按照规定使用税务登记证件，或者转借、涂改、损毁、买卖、伪造税务登记证件的，处二千元以上一万元以下的罚款；情节严重的，处一万元以上五万元以下的罚款。

2. 扣缴义务人未按照规定设置、保管代扣代缴、代收代缴税款账簿或者保管代扣代缴、代收代缴税款记账凭证及有关资料的，由税务机关责令限期改正，可以处二千元以下的罚款；情节严重的，处二千元以上五千元以下的罚款。

3. 纳税人未按照规定的期限办理纳税申报和报送纳税资料的，或者扣缴义务人未按照规定的期限向税务机关报送代扣代缴、代收代缴税款报告表和有关资料的，由税务机关责令限期改正，可以处二千元以下的罚款；情节严重的，可以处二千元以上一万元以下的罚款。

4. 纳税人伪造、变造、隐匿、擅自销毁账簿、记账凭证，或者在账簿上多列支出或者不列、少列收入，或者经税务机关通知申报而拒不申报或者进行虚假的纳税申报，不缴或者少缴应纳税款的，是偷税。对纳税人偷税的，由税务机关追缴其不缴或者少缴的税款、滞纳金，并处不缴或者少缴的税款百分之五十以上五倍以下的罚款；构成犯罪的，依法追究刑事责任。

扣缴义务人采取前款所列手段，不缴或者少缴已扣、已收税款，由税务机关追缴其不缴或者少缴的税款、滞纳金，并处不缴或者少缴的税款百分之五十以上五倍以下的罚款；构成犯罪的，依法追究刑事责任。

5. 纳税人、扣缴义务人编造虚假计税依据的，由税务机关责令限期改正，并处五万元以下的罚款。

纳税人不进行纳税申报，不缴或者少缴应纳税款的，由税务机关追缴其不缴或者少缴的税款、滞纳金，并处不缴或者少缴的税款百分之五十以上五倍以下的罚款。

6. 纳税人欠缴应纳税款，采取转移或者隐匿财产的手段，妨碍税务机关追缴欠缴的税款的，由税务机关追缴欠缴的税款、滞纳金，并处欠缴税款百分之五十以上五倍以下的罚款；构成犯罪的，依法追究刑事责任。

7. 以假报出口或者其他欺骗手段，骗取国家出口退税款，由税务机关追缴其骗取的退税款，并处骗取税款一倍以上五倍以下的罚款；构成犯罪的，依法追究刑事责任。

对骗取国家出口退税款的，税务机关可以在规定期间内停止为其办理出口退税。

8. 以暴力、威胁方法拒不缴纳税款的，是抗税，除由税务机关追缴其拒缴的税款、滞纳金外，依法追究刑事责任。情节轻微，未构成犯罪的，由税务机关追缴其拒缴的税款、滞纳金，并处拒缴税款一倍以上五倍以下的罚款。

9. 纳税人、扣缴义务人在规定期限内不缴或者少缴应纳或者应解缴的税款，经税务机关责令限期缴纳，逾期仍未缴纳的，税务机关除依照《税收征收管理法》第四十条的规定采取强制执行措施追缴其不缴或者少缴的税款外，可以处不缴或者少缴的税款百分之五十以上五倍以下的罚款。

10. 扣缴义务人应扣未扣、应收而不收税款的，由税务机关向纳税人追缴税款，对扣缴义务人处应扣未扣、应收未收税款百分之五十以上三倍以下的罚款。

11. 纳税人、扣缴义务人逃避、拒绝或者以其他方式阻挠税务机关检查的，由税务机关责令改正，可以处一万元以下的罚款；情节严重的，处一万元以上五万元以下的罚款。

12. 非法印制发票的，由税务机关销毁非法印制的发票，没收违法所得和作案工具，并处一万元以上五万元以下的罚款；构成犯罪的，依法追究刑事责任。

13. 从事生产、经营的纳税人、扣缴义务人有本法规定的税收违法行为，拒不接受税务机关处理的，税务机关可以收缴其发票或者停止向其发售发票。

14. 纳税人、扣缴义务人的开户银行或者其他金融机构拒绝接受税务机关依法检查纳税人、扣缴义务人存款账户，或者拒绝执行税务机关作出的冻结存款或者扣缴税款的决定，或者在接到税务机关的书面通知后帮助纳税人、扣缴义务人转移存款，造成税款流失的，由税务机关处十万元以上五十万元以下的罚款，对直接负责的主管人员和其他直接责任人员处一千元以上一万元以下的罚款。

15. 税务机关违反规定擅自改变税收征收管理范围和税款入库预算级次的，责令限期改正，对直接负责的主管人员和其他直接责任人员依法给予降级或者撤职的行政处分。

16. 纳税人、扣缴义务人有《税收征收管理法》第六十三条、第六十五条、第六十六条、第六十七条、第七十一条规定的行为涉嫌犯罪的，税务机关应当依法移交司法机关追究刑事责任。

税务人员徇私舞弊，对依法应当移交司法机关追究刑事责任的不移交，情节严重的，依法追究刑事责任。

17. 未经税务机关依法委托征收税款的，责令退还收取的财物，依法给予行政处分或者行政处罚；致使他人合法权益受到损失的，依法承担赔偿责任；构成犯罪的，依法追究刑事责任。

18. 税务机关、税务人员查封、扣押纳税人个人及其所扶养家属维持生活必需的住房和用品的，责令退还，依法给予行政处分；构成犯罪的，依法追究刑事责任。

19. 税务人员与纳税人、扣缴义务人勾结，唆使或者协助纳税人、扣缴义务人有《税收征收管理法》第六十三条、第六十五条、第六十六条规定的行为，构成犯罪的，依法追究刑事责任；尚不构成犯罪的，依法给予行政处分。

20. 税务人员利用职务上的便利，收受或者索取纳税人、扣缴义务人财物或者谋取其他不正当利益，构成犯罪的，依法追究刑事责任；尚不构成犯罪的，依法给予行政处分。

21. 税务人员徇私舞弊或者玩忽职守，不征或者少征应征税款，致使国家税收遭受重大损失，构成犯罪的，依法追究刑事责任；尚不构成犯罪的，依法给予行政处分。

税务人员滥用职权，故意刁难纳税人、扣缴义务人的，调离税收工作岗位，并依法给予行政处分。

税务人员对控告、检举税收违法违纪行为的纳税人、扣缴义务人以及其他检举人进行打击报复的，依法给予行政处分；构成犯罪的，依法追究刑事责任。

税务人员违反法律、行政法规的规定，故意高估或者低估农业税计税产量，致使多征或者少征税款，侵犯农民合法权益或者损害国家利益，构成犯罪的，依法追究刑事责任；尚不构成犯罪的，依法给予行政处分。

22. 违反法律、行政和法规的规定提前征收、延缓征收或者摊派税款的，由其上级机关或者行政监察机关责令改正，对直接负责的主管人员和其他直接责任人员依法给予行政处分。

23. 违反法律、行政法规的规定，擅自作出税收的开征、停征或者减税、免税、退税、补税以及其他同税收法律、行政法规相抵触的决定的，除依照本法规定撤销其擅自作出的决定外，补征应征未征税款，退还不应征收而征收的税款，并由上级机关追究直接负责的主管人员和其他直接责任人员的行政责任；构成犯罪的，依法追究刑事责任。

24. 税务人员在征收税款或者查处税收违法案件时，未按照《税收征收管理法》规定进行回避的，对直接负责的主管人员和其他直接责任人员，依法给予行政处分。

25. 违反税收法律、行政法规应当给予行政处罚的行为，在五年内未被发现的，不再给予行政处罚。

26. 未按照本法规定为纳税人、扣缴义务人、检举人保密的，对直接负责的主管人员和其他直接责任人员，由所在单位或者有关单位依法给予行政处分。

27. 纳税人、扣缴义务人、纳税担保人同税务机关在纳税上发生争议时，必须先依照税务机关的纳税决定缴纳或者解缴税款及滞纳金或者提供相应的担保，然后可以依法申请行政复议；对行政复议决定不服的，可以依法向人民法院起诉。

当事人对税务机关的处罚决定、强制执行措施或者税收保全措施不服的，可以依法申请行政复议，也可以依法向人民法院起诉。

当事人对税务机关的处罚决定逾期不申请行政复议也不向人民法院起诉、

又不履行的，作出处罚决定的税务机关可以采取《税收征收管理法》第四十条规定的强制执行措施，或者申请人民法院强制执行。

三、税务检查制度

（一）税务检查的概念与内容

税务检查是指税务机关依据国家税收法律、法规和财务会计制度的规定，对纳税主体履行纳税义务的情况进行审查和监督的一项管理活动。它是税务机关行使行政执法权的表现。税务检查的主体是税务机关，相对人是纳税人和扣缴义务人，客体则包括纳税人的应税财产、其所从事的应税经济活动和行为以及账簿、记账凭证、会计报表、存款账户和其他有关资料。

税务检查的职能有二：一是追补税收收入，二是以查促管。一方面税务机关依据税收法律法规赋予的执法权，对纳税人纳税行为进行税务稽查监督，对其税收违法行为给予纠正或处罚，促进纳税人积极履行纳税义务；另一方面税务检查也是对税务机关自身征税行为的检查和监督。这也决定了税务检查的作用与意义不仅在于对纳税主体纳税行为的监督检查，而且是对征税主体执法行为的监督制约。

正因为税务检查对税收征管工作具有查遗补缺、敦促改善的监控、保障功能，各国都极为重视税务稽查体系的建立。尤其是20世纪70年代以来，随着计算机、互联网及信息技术在税收领域的普遍应用，税收征管开始向"自动申报纳税—税务稽查"的现代模式转变。纳税人主动申报，税务机关抽样稽查，征税服务社会化三位一体的税收征管模式，使得科学、严密、高效的税务稽查体系成为决定税收征管质量的重要杠杆。各国均将税务稽查作为税款流失的最后一道防线，在税务稽查的机构设置、人员培训、程序设计、方式创新及计算机应用等方面精心部署，成就一套完整、科学、合理的税务稽查法律制度，以加强税收征管。

税务检查的基本内容如下：

（1）检查纳税人的账簿、记账凭证、报表和有关资料，检查扣缴义务人代扣代缴、代收代缴税款账簿、记账凭证和有关资料。

（2）到纳税人的生产、经营场所和货物存放地检查纳税人应纳税的商品、货物或者其他财产，检查扣缴义务人与代扣代缴、代收代缴税款有关的经营情况。

（3）责成纳税人、扣缴义务人提供与纳税或者代扣代缴、代收代缴税款有关的文件、证明材料和有关资料。

（4）询问纳税人、扣缴义务人与纳税或者代扣代缴、代收代缴税款有关的问题和情况。

（5）到车站、码头、机场、邮政企业及其分支机构检查纳税人托运、邮寄应纳税商品、货物或者其他财产的有关单据、凭证和有关资料。

（6）经县以上税务局（分局）局长批准，凭全国统一格式的检查存款账户许可证明，查询从事生产、经营的纳税人、扣缴义务人在银行或者其他金融机构的存款账户。税务机关在调查税收违法案件时，经设区的市、自治州以上税务局（分局）局长批准，可以查询案件涉嫌人员的储蓄存款。税务机关查询所获得的资料，不得用于税收以外的用途。

除上述基本内容外，根据不同税种的特点，税务检查还确定有不同的检查重点和具体内容。如对流转税额的检查、对所得税额的检查、对财产税额的检查、对资源税及特定行为税的检查，等等，均依据不同的会计规则和经营核算准则进行。

（二）税务检查的实施

1. 税务检查的形式

税务检查按组织形式分为纳税人自查、税务机关专业检查、部门联合检查等。其中，纳税人自查是由税务稽查机构组织纳税人的财会人员自行检查纳税情况的一种形式；专业检查即由税务机关主持进行的税务稽查，包括日常稽查、专项稽查和专案稽查三种；联合检查则是由税务稽查机构联合工商、银行等部门机构，对税源较大、业务复杂或纳税意识不强、偷漏税较严重的纳税人所进行的重点检查。专业检查是税务检查最主要的形式，其他形式一般应根据情况灵活选用或配合使用。

2. 税务检查的方法

税务检查是一项政策性和技术性很强的业务工作，涉及纳税人大量的财务会计资料，必须讲究科学的检查方法和技巧，才能减少盲目性，克服混乱性，提高效率，保证检查的质量和效果。

在实际的税务稽查工作中，检查方法也是多种多样的。一般来讲，税务检查的方法如下：室内检查和实地检查，全面检查法和重点检查法，全查法和抽查法，顺查法和逆查法，联系查法和侧面查法，比较分析法和控制计算法，观察法、查询法和外调法，盘存法等。具体采用哪种方法，应视检查的要求和被查对象的生产经营特点、财务管理水平和具体情况加以确定。由于各检查方法各有所长，实践中应有选择地结合起来灵活运用。

3. 税务检查的程序

根据《税务稽查工作规程》规定，税务稽查一般有确定稽查对象、实施稽查、审理和处理执行四个程序步骤。各程序由不同部门和人员分工负责。

税务机关派出的人员进行税务检查时，应当出示税务检查证和《税务检查通知书》，并有责任为被检查人保守秘密；未出示税务检查证和《税务检查通知书》的，被检查人有权拒绝检查。同时，税务机关及税务人员依法进行税务检查时，纳税人、扣缴义务人必须接受，如实反映情况，提供有关资料，不得拒绝和隐瞒。

税务机关依法进行税务检查时，有权向有关单位和个人调查纳税人、扣缴义务人和其他当事人与纳税或者代扣代缴、代收代缴税款有关的情况，有关单位和个人有义务向税务机关如实提供有关资料及证明材料。

案例分析

训练项目一：税收作用与功能案例的认定与分析

【训练目的与要求】

通过训练，进一步理解税收的重要功能，以及如何发挥出这些功能。

【实例训练】

案例1：

2006年7月26日下午，国税总局发布的征收个人二手房转让所得税的通知让平静的房地产市场沸腾了！继二手房征营业税年限由2年提高到5年后，此次征收个人所得税被看作房改新政的又一剂猛药。二手房市场再次打响继5月营业税之后的"避税战"。7月27日开始，为能赶在"大限"前搭上"末班车"，江苏省各地（南京、苏州、无锡、常州、南通、泰州等）办理二手房过户的人数激增。各大房产交易市场纷纷加班加点。8月1日，房产交易市场恢复了正常营业时间。与前一日人满为患的情形相比，房产交易市场显现出一片"疯狂"之后的沉寂。

问题：

从税法与税收的角度解读上述案例。

核心提示：

税收是国家调控经济的重要杠杆之一。

案例 2：

股票交易印花税对于中国证券市场来说，是政府增加税收收入的一个重要手段。1993 年我国股票交易印花税收入 22 亿元，占全国财政收入的 0.51％，2000 年此项收入达 478 亿元，占财政收入比重达到 3.57％。印花税增加了投资者的成本，这使它自然而然地成为政府调控市场的工具。

1992 年 6 月 12 日，国家税务总局和原国家体改委联合发文明确按 3‰ 的税率缴纳印花税，虽然当天指数并没有剧烈反应，但随后指数在盘整一个月后即掉头向下，一路从 1100 多点跌到 300 多点，跌幅超过 70％。

1997 年 5 月 12 日，证券交易印花税税率由 3‰ 提高到 5‰，更是在当天就形成大牛市的顶峰，此后股指下跌 500 点，跌幅超过 30％。为进一步促进证券市场的健康发展，经国务院批准，财政部决定调整证券（股票）交易印花税税率，由现行 1‰ 调整为 3‰。政策一出台，当日大盘即放量重挫，两市累积成交超过 4000 亿，281 点的跌幅也是 2005 年牛市行情启动以来的最大跌幅，近千家个股跌停。A 股高昂的"牛头"终于被印花税强行勒住。

问题：

从税法与税收的角度解读上述案例。

核心提示：

上述实例涉及税收的作用与功能。

训练项目二：个人所得税税收案例认定与分析

【训练目的与要求】

通过训练，掌握个人所得税的具体类型与计算依据。

【实例训练】

案例 1：

中国公民王某是一外商投资企业的中方雇员，2009 年收入情况如下：

(1) 1～12 月每月取得由雇佣单位支付的工资 15000 元；

(2) 1～12 月每月取得由派遣单位支付的工资 2500 元；

(3) 5 月一次取得稿费收入 8000 元；

(4) 6 月一次取得翻译收入 30000 元；

(5) 7 月一次取得审稿收入 3500 元；

(6) 8 月取得国债利息收入 6235 元；

(7) 10 月取得 2004 年 10 月存入银行的五年期满存款利息 25000 元；

(8) 12月1日取得2008年12月1日存入银行的一年期存款利息7155元。

问题：

对于以上收入，尽管王某已被告知，凡需缴纳个人所得税的，均已由支付单位扣缴了个人所得税，并取得了完税凭证原件，但王某仍不放心，他来到某会计师事务所税务代理部，就以下问题提出咨询：

1. 2009年取得的八项收入，哪些需缴纳个人所得税，哪些不需缴纳？
2. 需缴纳个人所得税的收入，支付单位扣缴个人所得税时是如何计算的？
3. 王某自己还应做些什么？

要求：请对王某提出的三项咨询内容作出回答。

核心提示：

1. 《中华人民共和国个人所得税法》第四条规定："下列各项个人所得，免纳个人所得税：……（二）国债和国家发行的金融债券利息；……"

2. 支付单位扣缴个人所得税的计算：雇员单位扣缴税款；派遣单位扣缴税款；稿费收入扣缴税款；翻译收入扣缴税款；审稿收入扣缴税款。

3. 王某还应持两处支付单位提供的原始明细工资、薪金单和完税凭证原件，到税务机关申报工资薪金收入，汇算清缴工资薪金收入的个人所得税，多退少补。

案例2：

某个人取得来自美国的一项特许权使用费，所得折合人民币12万元，以及一项股息所得折合人民币8万元，总计在美国缴纳税款折合人民币2万元；另外，该人还从日本取得一笔股息，折合人民币10万元，被日本税务当局扣缴所得税1万元。该人能够向国内主管税务局提供全面的境外完税证明，且已证明属实。

问题：

1. 计算境外税额扣除限额；
2. 计算在我国应当实际缴纳的税款（依据2011年新《个人所得税法》）。

核心提示：

按照分国分项限额扣除法进行境外已纳税额的扣除。纳税人境外已纳税额指按所得来源国家和地区的法律，应缴并已实缴的税额。境外收入合并计税的，在应纳税额中扣税，扣实缴税额或限额；境外收入未合并计税的，当限额大于实缴税额时，在应纳税额的基础上补差额。

案例3：

张某（系中国公民）为某单位技术职工，2011年9月份从本单位获得应税工资收入7000元。另外，其通过兼职从某一企业取得5000元的劳务报酬所得。在本月,张先生决定通过当地的政府慈善机构向某受灾地区捐赠 2000 元。

张先生有以下三种方案供其选择:

1. 直接从其工资所得中拿出 2000 元进行捐赠;
2. 直接从其兼职的劳务所得中拿出 2000 元进行捐赠;
3. 分别从工资所得和劳务所得中各拿出 1000 元进行捐赠。

问题:

以上三种方案哪种比较好?为什么?

重点提示:

根据《个人所得税法》及其实施细则进行思考。

训练项目三:企业税收案例认定与分析

【训练目的与要求】

通过训练,掌握企业基本税收种类的基本制度以及具体计算依据和方法,并能够进行一定的企业税收筹划。

【实例训练】

案例 1:

甲企业是增值税一般纳税人,主要从事印刷纸张及辅助材料的批发和零售业务,但是自身并无印刷设备,2011 年 6 月,甲企业将一批纸张赊销给一家印刷厂,价款为 100 万元,该印刷厂是增值税小规模纳税人,印刷厂将纸张加工成印刷品出售,并且由甲企业向购货方代为开具赊销金额范围内的增值税专用发票(发票上注明货物名称为印刷品),而购货方直接以银行转账的方式将货款支付给甲企业,以抵减印刷厂赊欠的货款。不足或超出的货款,由甲企业直接向印刷厂收取或以货物补足差额。甲企业总共为印刷厂开具增值税专用发票价款为 120 万元,销项税额为 20.4 万元。

问题:

1. 请分析该企业的这一做法可行吗?
2. 从税收的角度来看,该企业的做法属于何种性质的行为。
3. 在税收筹划中,应当如何避免该问题的出现。

重点提示:

甲企业的这种做法不可行,属于违反税法中虚开发票行为,应该按照实际交易的货款额开具发票给印刷厂,然后收取印刷厂的货款,这才符合税法规定。

案例 2：

某轮胎制造厂 2012 年效益情况良好，经公司领导同意，2012 年 12 月份，准备发放全年一次性奖金。按照岗位责任和公司效益情况，确定如下发放方式：

（1）总经理全年一次性奖金 100 万元，副总经理全年一次性奖金 95 万元。

（2）各部门经理全年一次性奖金 11 万元，各部门副经理全年一次性奖金 10.5 万元，假定各部门经理与副经理的月工资都是 1 万元/月。

（3）普通职工甲全年一次性奖金 5.5 万元，普通职工乙全年一次性奖金 5.4 万元，假定每个职工的月工资都是 4000 元/月。

已知：全年一次性奖金是指行政机关、企事业单位等扣缴义务人根据全年经济效益和对雇员全年工作业绩的综合考核情况，向雇员发放的一次性奖金。一次性奖金也包括年终加薪、实行年薪制和绩效工资办法的单位根据考核情况兑现的年薪和绩效工资。从 2005 年 1 月 1 日起，纳税人取得全年一次性奖金，单独作为一个月工资、薪金所得计算纳税，由扣缴义务人发放时代扣代缴。

问题：

1. 请分析企业对发放的全年一次性奖金应当如何代扣缴个人所得税。
2. 从税收的角度来看，以上的全年一次性奖金发放方法存在什么问题。
3. 在税收筹划中，应当如何避免该问题的出现。

重点提示：

从税收角度看，以上的全年一次性奖金年终一次性发放比分到各月发放税负要大得多。在税收筹划中，应把全年一次性奖金分配到各月发放。企业对发放的全年一次性奖金应作为一个月的工资计算纳税，就是用一次性奖金除以 12，对应的税率及速算扣除数，再用一次性奖金乘该税率减去相应的速算扣除数，就得出企业所要代扣缴的个人所得税。

训练项目四：税务筹划案例分析

【训练目的与要求】

通过训练，能够运用税法的相关规定进行合理合法的税收筹划。

【实例训练】

案例 1：

中山某日用化妆品厂将生产的化妆品、护肤品、小工艺品等组成成套化妆品销售。每套化妆品由下列产品组成：化妆品包括一瓶香水（30元）、一瓶指甲油（10元）、一支口红（15元）；护肤护发品包括两瓶浴液（25元）、一瓶摩丝（8元）；化妆工具及小工艺品（10元）、塑料包装盒（5元）。化妆品消费税率为30%，护肤护发品消费税率为8%。按照习惯做法，将产品包装后再销售给商家，应纳消费税如下：

$$(30+10+15+25+8+10+5) \times 30\% = 30.9 （元）$$

问题：

对上述案例中的税收进行筹划，制定筹划方案。

重点提示：

筹划思路：

该厂改变思路，将上述产品先分别销售给商家，再由商家包装后对外销售。实际操作中，只是更换了包装地点，并将产品分别开具发票，账务上分别核算销售收入即可。

筹划结果：

该厂经过筹划后每套化妆品应纳消费税 = $(30+10+15) \times 30\% + (25+8) \times 8\% = 19.14$（元）

每套化妆品节税额 = $30.9 - 19.14 = 11.76$（元）

案例2：

上海大众的销售模式：由大众汽车厂到汽车销售公司，再到专卖店，最后到顾客；广州本田的销售模式：由广州本田厂到专卖店再到顾客。

问题：

从税务角度分析，你认为哪种模式好？阐明理由。

重点提示：

上海大众的销售模式：1.8T 帕萨特（不含增值税）

大众汽车厂	汽车销售公司	专卖店	顾客
18万	20万	22万	23万

应纳消费税：$20 \times 5\% = 1$（万元）

广州本田的销售模式：2.4升新雅阁（不含增值税）

广州本田厂	专卖店	顾客
18万	22万	23万

应纳消费税：$22 \times 8\% = 1.76$（万元）

以10万辆车计算：税负相差 $10 \times 0.76 = 7.6$（亿）

综上，从税务角度来分析，上海大众的销售模式更好。

案例 3：

假设现有 A 软件生产企业已获利 5 年，税收优惠已到期，就可以考虑注销 A 企业，新成立 B 企业。A 企业原有办公用房价值 100 万元，计算机设备 20 万元，共有固定资产 120 万元，还有专利权 100 万元，非专利技术 100 万元，非货币性资产达 320 万元。

问题：

1. 需要再投入多少货币资金，B 企业就可以享受新办软件生产企业"两免三减半"所得税优惠？

2. 假设 A 企业仅有货币资金 660 万元，又无法贷款、借款融通资金，具体应当如何筹划方可以享受优惠。

3. 假设 A 企业货币资金还少些，仅有 360 万元，怎么办呢？

B 企业成立后，可以购买非专利技术以增强技术实力，但不能直接向 A 企业购买，只能走迂回路线。A 企业可以先将非专利技术卖给长期合作的友好企业 C 企业，B 企业再从 C 企业购买，同样可以享受优惠政策。此时是否存在筹划的风险性。

重点提示：

2006 年 1 月 9 日《财政部、国家税务总局关于享受企业所得税优惠政策的新办企业认定标准的通知》，对享受企业所得税定期减税或免税的新办企业的认定标准重新明确。只有同时符合"新注册成立"和"权益性出资人（股东或其他权益投资方）实际出资中固定资产、无形资产等非货币性资产的累计出资额占新办企业注册资金的比例一般不得超过 25%"两个条件，才能享受新办企业的所得税相关优惠。

多年来，国家对新办企业给予了种种税收优惠政策，包括行业性优惠、地区性优惠、行业与地区结合性优惠。行业性优惠中的行业主要有高新技术企业、软件生产企业、咨询业、信息业、技术服务业、交通运输业、邮电通信业、公用事业商业、物资业、对外贸易业、旅游业、仓储业、居民服务业、饮食业、教育文化业、卫生业等；地区性优惠中的地区主要是"老、少、边、穷"地区；行业与地区结合性优惠，主要是针对西部地区的交通、电力、水利、邮政、广播电视业。

同时，分立、合并、改制、改组、扩建、搬迁、转产、吸收新成员、改变领导关系、改变企业名称、承租后重新办理工商登记，都不能视为新办企业，不得享受新办企业税收优惠。

然而，在严格遵守国家政策规定的前提下，新办企业享受税收优惠仍有筹划空间。筹划的基本思路就是，加大货币性资产投入，降低非货币性资产的比例。比如，《财政部、国家税务总局、海关总署关于鼓励软件产业和集成电路产业发展有关税收政策问题的通知》规定，新办软件生产企业自获利年度起，享受企业所得税"两免三减半"优惠。

前述问题1可以考虑注销A企业，新成立B企业。A企业原有办公用房价值100万元，计算机设备20万元，共有固定资产120万元，还有专利权100万元，非专利技术100万元，非货币性资产达320万元。那么，只要再投入货币资金960万元，使B企业注册资金为1280万元，且非货币性资产未超过注册资金的25%，B企业就可以享受新办软件生产企业"两免三减半"所得税优惠。

问题2可以考虑保留A企业，分设B企业，将计算机设备、专利权、非专利技术划给B企业。另投入货币资金660万元，使B注册资金达到880万元，而非货币性资产为220万元，未超过注册资金的25%，可以享受优惠。B企业拥有计算机设备、专利权、非专利技术，完全可以取代A企业发展业务，A企业只要把办公场地租给B企业就可以了。

问题3保留A企业，分设B企业的思路不变，将计算机设备、专利权划给B企业，再投入货币资金360万元，则B企业注册资金达480万元。其中非货币性资产为120万元，未超过注册资金的25%，还能满足B企业享受优惠政策的条件。

B企业成立后，可以购买非专利技术以增强技术实力，但不能直接向A企业购买，只能走迂回路线。相关文件第二条规定："新办企业在享受企业所得税定期减税或免税优惠政策期间，从权益性投资人及其关联方累计购置的非货币性资产超过注册资金25%的，将不再享受相关企业所得税减免税政策优惠。"直接购买只能导致B企业不再享受优惠政策。A企业可以先将非专利技术卖给长期合作的友好企业C企业，B企业再从C企业购买，同样可以享受优惠政策。

不过，此时应充分考虑筹划的风险性。由于在操作链条中出现了C企业，很难保证核心技术不失密，一旦失密将导致企业失去竞争力，那可不是税收优惠能补偿的。

参 考 文 献

1. 杨紫烜. 经济法 [M]. 北京：北京大学出版社，2001.
2. 潘静成，刘文华. 经济法（第二版）[M]. 北京：中国人民大学出版社，2007.
3. 程宝山. 经济法基本理论研究 [M]. 郑州：郑州大学出版社，2003.
4. 李昌麒. 经济法学 [M]. 北京：中国政法大学出版社，2007.
5. [德] 威廉·冯·洪堡. 论国家的作用 [M]. 林荣远，冯兴元，译. 北京：中国社会科学出版社，1998.
6. 张守文. 经济法学 [M]. 北京：北京大学出版社，2006.
7. 邱本. 经济法通论 [M]. 北京：高等教育出版社，2004.
8. 单飞跃. 经济法教程 [M]. 北京：法律出版社，2006.
9. 张守文. 经济法总论 [M]. 北京：中国人民大学出版社，2009.
10. 刘文华，孟雁北. 经济法练习题集（第二版）[M]. 北京：中国人民大学出版社，2008.
11. 李艳芳. 经济法案例分析 [M]. 北京：中国人民大学出版社，2006.
12. 史际春等. 经济法 [M]. 北京：中国人民大学出版社，2005.
13. 江平. 经济法案例教程 [M]. 北京：北京大学出版社，2004.
14. [日] 金泽良雄. 经济法概论 [M]. 满达人，译. 兰州：甘肃人民出版社，1985.
15. [日] 丹宗昭信，厚谷襄儿. 现代经济法入门 [M]. 北京：群众出版社，1985.
16. [德] 罗尔夫·斯特博. 德国经济行政法 [M]. 苏颖霞，陈少康，译. 北京：中国政法大学出版社，1999.
17. [美] 斯蒂格利茨. 政府为什么干预经济 [M]. 北京：中国物资出版社，1998.
18. [英] 亚当·斯密. 国富论 [M]. 北京：商务印书馆，2005.
19. 史际春. 企业和公司法（第二版）[M]. 北京：中国人民大学出版社，2008.

20. 漆多俊．市场经济企业立法观——企业、市场、国家与法律［M］．武汉：武汉大学出版社，2000．

21. 单飞跃，王显勇．经济法视域中的企业法［M］．北京：中国检察出版社，2005．

22. 郑曙光．中国企业组织法理论评析与制度构建［M］．北京：中国检察出版社，2008．

23. 王保树．商事法论集（第二卷）［M］．北京：法律出版社，1997．

24. 张开平．英美公司董事法律制度研究［M］．北京：法律出版社，1998．

25. 毛亚敏．公司法比较研究［M］．北京：中国法制出版社，2001．

26. 梁慧星．民法总论［M］．北京：法律出版社，2001．

27. 曾世雄．民法总则之现在与未来［M］．北京：中国政法大学出版社，2001．

28. 龙卫球．民法总论［M］．北京：中国法制出版社，2002．

29. 刘得宽．民法诸问题与新展望［M］．北京：中国政法大学出版社，2002．

30. 王利民．民法［M］．北京：中国人民大学出版社，2002．

31. 赵旭东．公司法学［M］．北京：高等教育出版社，2003．

32. 柯芳枝．公司法论［M］．北京：中国政法大学出版社，2004．

33. 范健．商法［M］．北京：高等教育出版社，北京大学出版社，2007．

34. 孔祥俊．反不正当竞争法的适用与完善［M］．北京：法律出版社，1998．

35. 孔祥俊．反不正当竞争法新论［M］．北京：人民法院出版社，2001．

36. 徐士英等．竞争法新论［M］．北京：北京大学出版社，2006．

37. 王晓晔．竞争法研究［M］．北京：中国法制出版社，1999．

38. 曹士兵．反垄断法研究［M］．北京：法律出版社，1996．

39. 孔祥俊．反垄断法原理［M］．北京：中国法制出版社，2001．

40. ［美］波斯纳．反托拉斯法［M］．孙秋宁，译．北京：中国政法大学出版社，2003．

41. 王晓晔．反垄断法与市场经济［M］．北京：法律出版社，1998．

42. 王先林．WTO竞争政策与中国反垄断立法［M］．北京：北京大学出版社，2005．

43. 王先林. 知识产权与反垄断法 [M]. 北京：法律出版社，2008.

44. 尚明主编. 主要国家（地区）反垄断法律汇编 [M]. 北京：法律出版社，2004.

45. [美] 马歇尔·霍华德. 美国反托拉斯法与贸易法规 [M]. 孙南申，译. 北京：中国社会科学出版社，1991.

46. 文学国. 滥用与规制——反垄断法对企业滥用市场优势地位行为的规制 [M]. 北京：法律出版社，2003.

47. 吴伟达. 反垄断法视野中的价格竞争 [M]. 杭州：浙江大学出版社，2005.

48. 赵杰. 垄断的观念 [M]. 北京：人民出版社，2007.

49. 胡甲庆. 反垄断法的经济逻辑 [M]. 厦门：厦门大学出版，2007.

50. 郭德忠. 专利许可的反垄断规制 [M]. 北京：知识产权出版社，2007.

51. 朱家贤. 反垄断立法与政府管制 [M]. 北京：知识产权出版社，2007.

52. 李国海. 反垄断法实施机制研究 [M]. 北京：中国方正出版社，2002.

53. 沈四宝，刘彤. 美国反垄断法原理与典型案例研究 [M]. 北京：法律出版社，2006.

54. 李钟斌. 反垄断法的合理原则研究 [M]. 厦门：厦门大学出版社，2005.

55. 沈敏荣. 法律的不确定性——反垄断法规则分析 [M]. 北京：法律出版社，2001.

56. 张为华. 美国消费者保护法 [M]. 北京：中国法制出版社，2000.

57. 李昌麒，许明月编著. 消费者保护法 [M]. 北京：法律出版社，1997.

58. 贾俊玲，张智勇. 中国消费者权益保护法讲座 [M]. 北京：改革出版社，1995.

59. 许水俊. 消费者权益保护法 [M]. 北京：中国经济出版社，2004.

60. 吴景明. 消费者权益保护法 [M]. 北京：中国政法大学出版社，2002.

61. 麻昌华. 消费者保护法 [M]. 北京：中国政法大学出版社，2006.

62. 金福海. 消费者法论 [M]. 北京：北京大学出版社，2005.

63. 孔祥俊，张双根．"上帝"的盾牌［M］．北京：经济科学出版社，1996.

64. 张严方．消费者保护法研究［M］．北京：法律出版社，2003.

65. 王春娣，程德文．消费纠纷与精神损害赔偿［M］．北京：中国民主法制出版社，2001.

66. 庄洪胜，刘志新，吴立涛．人身损害赔偿疑难案例专家点评［M］．北京：人民法院出版社，2006.

67. 王泽鉴．商品制造人责任与消费者保护［M］．台北：台湾正中书局，1985.

68. 李昌麒．产品质量法学研究［M］．成都：四川人民出版社，1995.

69. 雷运龙，段晓茜．消费者权益保护法、产品质量法案例精选精析［M］．北京：法律出版社，1998.

70. 梁书文，孟昭科．最新质量事故损害赔偿及配套法律法规行政解释司法解释与典型案例［M］．北京：中国人民公安大学出版社，2001.

71. 杨李，刘延岭．生产经营消费者权益法律保护案例精析［M］．北京：中国政法大学出版社，1996.

72. 林益山．商品责任及保险与消费者保护［M］．台北：六国出版社，1988.

73. 邹海林．责任保险论［M］．北京：法律出版社，1999.

74. 刘文崎．产品责任法律制度比较研究［M］．北京：法律出版社，1997.

75. 张国山，段华临．市场运行与监督管理［M］．北京：北京工业大学出版社，1996.

76. 娄炳林．广告理论与实务［M］．北京：高等教育出版社，2003.

77. 吴正忠．最新户外广告规范化管理与行政执法实务全书［M］．北京：中科多媒体电子出版社，2003.

78. ［日］金子宏．日本税法［M］．战宪斌，郑林根，等，译．北京：法律出版社，2004.

79. 邓正来．研究与反思——关于中国社会科学自主性的思考［M］．北京：中国政法大学出版社，2004.

80. 葛克昌．税法基本问题——财政宪法篇（增订版）［M］．台北：台湾元照出版有限公司，2005.

81. 黄俊杰．纳税人权利之保护［M］．北京：北京大学出版社，2004.

82. 刘剑文．税法专题研究［M］．北京：北京大学出版社，2002.

83. 刘剑文，熊伟. 税法基础理论［M］. 北京：北京大学出版社，2004.

84. 刘剑文. 月旦财经法杂志［M］. 台北：台湾月旦出版社股份有限公司，2005.

85. 刘剑文. 财税法学案例与法理研究［M］. 北京：高等教育出版社，2004.

86. 刘剑文. 财税法学研究述评［M］. 北京：高等教育出版社，2004.

87. 刘剑文. 纳税主体法理研［M］究. 北京：经济管理出版社，2006.

88. 刘剑文. 财税法专题研究（第二版）［M］. 北京：北京大学出版社，2007.

89. 刘剑文. 走向财税法治——信念与追求［M］. 北京：法律出版社，2009.

90. 刘隆亨. 财产税法［M］. 北京：北京大学出版社，2006.

91. 廖益新，李刚，周刚志. 现代财税法学要论［M］. 北京：科学出版社，2007.

92. 田毅，赵旭. 他乡之税［M］. 北京：中信出版社，2008.

93. 张守文. 财税法疏议［M］. 北京：北京大学出版社，2005.

94. 张守文. 税法的困境与挑战——财富分割利器［M］. 广州：广州出版社，2000.

95. 葛克昌. 行政程序与纳税人基本权［M］. 北京：北京大学出版社，2005. 台北：台湾翰芦图书出版有限公司，2005.

96. 葛克昌. 税法基本问题（财政宪法篇）［M］. 北京：北京大学出版社，2005. 台北：台湾元照出版有限公司，2005.

97. 葛克昌. 所得税与宪法［M］. 北京：北京大学出版社，2005.

98. 陈清秀. 税法总论［M］. 台北：台湾元照出版有限公司，2006.

99. 黄茂荣. 税法总论——法学方法与现代税法［M］. 台北：台湾植根法学丛书编辑室，2005.

100. 黄茂荣. 税法总论——税捐法律关系［M］. 台北：台湾植根法学丛书编辑室，2008.

101. 黄茂荣. 税法各论（增订二版）［M］. 台北：台湾植根法学丛书编辑室，2007.

102. 刘丽. 税权的宪法控制［M］. 北京：法律出版社，2006.

103. 钱俊文. 国家征税权的合宪性控制［M］. 北京：法律出版社，2007.

104. 张美中. 税收契约理论研究 [M]. 北京：中国财政经济出版社, 2007.

105. 杨小强, 叶金育. 合同的税法考量 [M]. 济南：山东人民出版社, 2007.

106. 施正文. 税法要论 [M]. 北京：中国税务出版社, 2007.

107. 熊伟. 美国联邦税收程序法 [M]. 北京：北京大学出版社, 2006.

108. 翟继光. 财税法原论 [M]. 上海：立信会计出版社, 2008.

109. 李钦贤. 票据法专题研究 [M]. 台北：台湾三民书局, 1986.

110. 王小能. 票据法教程（第二版） [M]. 北京：北京大学出版社, 2003.

111. 叶永禄. 票据诉讼制度研究 [M]. 北京：法律出版社, 2008.

112. 谢怀栻. 票据法概论 [M]. 北京：法律出版社, 1990.

113. 张德荣. 票据诉讼 [M]. 北京：法律出版社, 2000.

114. 吕来明等. 票据法前沿问题案例研究 [M]. 北京：中国经济出版社, 2001.